科学社会主义的理论与实践 (第五版)

主编 童星

南京大学出版社

图书在版编目(CIP)数据

科学社会主义的理论与实践 / 童星主编. — 5 版
. — 南京：南京大学出版社，2014.6
 ISBN 978-7-305-13321-3

Ⅰ. ①科… Ⅱ. ①童… Ⅲ. ①科学社会主义理论－研究 Ⅳ. ①D0-0

中国版本图书馆 CIP 数据核字(2014)第 116715 号

出版发行	南京大学出版社	
社　　址	南京市汉口路 22 号　邮　　编	210093
网　　址	http://www.NjupCo.com	
出 版 人	左　健	

书　　名	科学社会主义的理论与实践(第五版)	
主　编	童　星	
责任编辑	府剑萍　　　　　编辑热线	025-83592193
照　　排	南京南琳图文制作有限公司	
印　　刷	丹阳市兴华印刷厂	
开　　本	787×960　1/16　印张 25　字数 480 千	
版　　次	2014 年 6 月第 5 版　2014 年 6 月第 1 次印刷	
ISBN	978-7-305-13321-3	
定　　价	52.00 元	

发行热线　025-83594756　83686452
电子邮箱　Press@NjupCo.com
　　　　　Sales@NjupCo.com(市场部)

* 版权所有，侵权必究
* 凡购买南大版图书，如有印装质量问题，请与所购
　图书销售部门联系调换

目 录

导　论　运用科学的精神研究社会主义
　第一节　科学社会主义的研究对象……………………… 1
　第二节　科学社会主义的研究方法……………………… 6
　第三节　科学社会主义的研究价值……………………… 16

上　篇

第一章　空想社会主义的理论与实践
　第一节　16～17世纪的早期空想社会主义……………… 21
　第二节　17～18世纪的空想社会主义…………………… 26
　第三节　19世纪批判的空想社会主义…………………… 30
　第四节　突破空想体系的最初尝试……………………… 39

第二章　社会主义由空想到科学的飞跃
　第一节　人类文明提供的优秀文化成果………………… 44
　第二节　近代资本主义发展提出的历史课题…………… 48
　第三节　马克思、恩格斯实现了社会主义从空想
　　到科学的飞跃………………………………………… 54

第三章　自由资本主义时期社会主义的理论与实践

第一节　对社会主义代替资本主义的科学论证 …………………… 60
第二节　自由资本主义时期社会主义革命的实践 ………………… 65
第三节　自由资本主义时期社会主义革命的理论 ………………… 69
第四节　自由资本主义时期对社会主义制度的构想 ……………… 73

第四章　科学社会主义从理论向现实的飞跃

第一节　帝国主义是无产阶级社会主义革命的前夜 ……………… 79
第二节　无产阶级社会主义革命"一国胜利"的理论 …………… 85
第三节　帝国主义时代无产阶级革命的理论 ……………………… 90
第四节　帝国主义时代俄国无产阶级的革命实践 ………………… 95

■ 中　篇 ■

第五章　创建科学社会主义制度的理论与实践

第一节　苏俄初建时期探索社会主义建设道路的实践 …………… 101
第二节　苏俄初建时期的政治建设理论 …………………………… 107
第三节　苏俄初建时期的经济建设理论 …………………………… 113
第四节　苏俄初建时期的文化建设理论 …………………………… 118

第六章　第一种社会主义模式——苏联模式

第一节　苏联模式形成的理论背景与历史条件 …………………… 123
第二节　苏联模式的基本内容及其特征 …………………………… 134
第三节　苏联模式的内在缺陷与弊端 ……………………………… 141

第七章　社会主义的其他模式

第一节　南斯拉夫模式 ……………………………………………… 151
第二节　匈牙利模式 ………………………………………………… 159
第三节　改良的"苏东"模式 ……………………………………… 164
第四节　越南、老挝、古巴的革新和朝鲜的现状 ………………… 175

第八章　发达资本主义国家的社会主义思潮和流派
　　第一节　民主社会主义 …………………………………… 184
　　第二节　欧洲共产主义 …………………………………… 192
　　第三节　西方马克思主义和第四国际的社会主义 ……… 199

第九章　第三世界的社会主义思潮和实践
　　第一节　第三世界社会主义的兴起 ……………………… 205
　　第二节　第三世界社会主义的类型与影响 ……………… 210
　　第三节　亚非拉国家共产党对科学社会主义事业的坚持与探索 …… 215

■ 下　篇 ■

第十章　经新民主主义革命走向中国特色的社会主义
　　第一节　新民主主义革命理论及其对民族独立主题的解决 ……… 221
　　第二节　建设中国特色社会主义理论及其对民富国强主题
　　　　　　的解决 ………………………………………………… 227
　　第三节　一个主题、两大理论、三位巨人 ……………… 232

第十一章　建设中国特色社会主义的基本路线
　　第一节　社会主义中国必须以经济建设为中心 ………… 238
　　第二节　四项基本原则是社会主义中国的立国之本 …… 244
　　第三节　改革开放是社会主义中国的强国之路 ………… 249

第十二章　建设中国特色社会主义的基本理论
　　第一节　社会主义本质论 ………………………………… 254
　　第二节　社会主义初级阶段论 …………………………… 260
　　第三节　社会主义改革论 ………………………………… 265

第十三章　建设中国特色社会主义的布局、表现和国际环境
　　第一节　中国特色社会主义的总体布局 ………………… 274
　　第二节　中国特色社会主义的宏观表现 ………………… 280
　　第三节　建设中国特色社会主义的国际环境 …………… 286

第十四章 社会主义初级阶段的建设纲领
  第一节　社会主义初级阶段的经济建设纲领 …… 291
  第二节　社会主义初级阶段的政治建设纲领 …… 306
  第三节　社会主义初级阶段的文化建设纲领 …… 311

第十五章 以"三个代表"思想为指针，加强执政党建设
  第一节　探索新时期执政党建设的新思路 …… 319
  第二节　探索高素质干部队伍建设的新途径 …… 326
  第三节　探索新时期反腐倡廉的新举措 …… 332
  第四节　用"三个代表"思想统辖执政党建设 …… 337

第十六章 "全面小康"、"科学发展"与"和谐社会"
  第一节　全面建设小康社会 …… 340
  第二节　贯彻落实科学发展观 …… 346
  第三节　构建社会主义和谐社会 …… 350
  第四节　中国特色社会主义理论体系 …… 360

第十七章 迎接两个"一百年"，实现中国复兴梦
  第一节　"五位一体"：建设中国特色社会主义的总布局 …… 368
  第二节　深化改革：推进国家治理体系和能力的现代化 …… 372
  第三节　反腐倡廉：保持与增强党和人民的血肉联系 …… 382
  第四节　"中国梦"：实现中华民族的伟大复兴 …… 386

结束语 …… 388

参考文献 …… 392

编者的话 …… 394

导 论

运用科学的精神研究社会主义

第一节 科学社会主义的研究对象

一、"社会主义"概念的历史演变

"社会主义"的概念是在历史中形成的。"社会主义"一词人们最初是在抽象的意义上使用的。在研究社会现象和人的问题时,人们需要考虑人的社会属性与自然属性的关系。"社会主义"被看作是对人的社会属性的强调,以区别于对人的自然属性的重视。比如,德国的神学家、历史学家、本笃派教士安塞尔姆·德辛在1753年与别人论战时,就把信奉天主教的神学家与倡导自然法的人区别开来,称那些强调人的社会性的人为"社会主义者"[①]。

其后,当人们对人与社会的关系作进一步考察时,当初被称为是强调人的社会属性的"社会主义"又被赋予社会本位的含义。比如,意大利传教士贾科莫·朱利阿尼于1803年所写的论文《驳反社会主义》中,指出人生下来就注定是社会的人,因此社会主义是自然所要求的和历史所遗留的,而资本主义的本质是个人主义,因此它是"反社会主义"。无独有偶,伟大的物理学家阿尔伯特·爱因斯坦后来也曾经写过一篇题为《我为什么相信社会主义》的文章,文中所讲的"社会主义"也是与极端个人主义相对立的、以社会的整体利益为本位的概念。

[①] 参见高放:"最早提出'社会主义'一词的德辛是何许人?",《社会主义研究》,1994年第3期。

由于社会现实生活中充满了形形色色的个人主义的行为,因而当人们以社会为本位的"社会主义"概念来考察具体的社会生活时,就会遇到理想与现实之间的尖锐矛盾。这时"社会主义"就被赋予了良好社会生活的含义,成为人们所追求的一种社会理想。在资本主义原始积累阶段,一批进步的文化人批判了资产阶级分子的非人道行为以及由于其贪利而造成的社会混乱状态,设想出了一种与现实的社会生活相隔离的"乌托邦"境界。在这一境界中存在的是:财产公有,人人平等,社会和谐。这种对人类美好生活状态的追求一旦与对资本主义社会的矛盾分析结合起来,就成为穷苦阶级用来对抗资产阶级的思想武器。因此到了19世纪,"社会主义"就已经成为一些进步阶级、激进的知识分子用来与资本主义作斗争的旗帜,各种反资本主义的思潮都将自己标榜为"社会主义"。

具有现代意义的"社会主义"概念是英国欧文派在其主办的《合作杂志》于1827年11月所刊登的文章中首先使用的。该文认为,凡是主张资本归公有的人是"公有主义者和社会主义者"。法国的圣西门派的信徒戎西埃雷主办的《环球》杂志则在1832年2月也把"社会主义"作为未来理想社会的名称。1834年,圣西门派的著名活动家比埃尔·勒鲁在其文章《论个人主义和社会主义》中,对"社会主义"概念作了阐述。他指出,在理解"社会主义"时要防止可能出现的两种极端:一种是过分夸大共同的原则,束缚个人的自由;另一种是过分夸大私人原则,发展个人主义和利己主义。因此,为了避免把个人与社会相对立或相分离,只有走"联合"或"社会主义"的道路,才能使占人口多数的贫苦老百姓的命运得到改善。这样,"社会主义"的概念就在空想社会主义者那里以不清晰的形式包含着理论、运动和社会制度等多重内容了。

由此可见,"社会主义"概念既不是无中生有,也不是凭空产生的。"社会主义"概念只是对社会主义思想的概括,而后者的出现要比前者早得多。现代意义上的"社会主义"概念是同资本主义社会现实中通行的原则和制度根本对立的,它反映出人类思想中追求普遍利益而不是狭隘的局部利益的努力。它的出现和逐步完善表明多少个世纪以来人类一直将社会的平等和正义作为自己奋斗的理想。正是由于有了这种理想,才使各个民族努力组织自己的社会,并使它与每个人的尊严、自由和平等的原则相协调。

二、"科学社会主义"概念的确立

尽管上述社会主义的概念反映了人类在历史发展中的某种理想和追求,但它还没有同由大工业所造就的人类最先进的无产阶级及其解放运动结合起来,因而它必然带有空想的性质。由于它的空想成分,因而也容易为破产的贵族、竞争中失败的资本家和小资产阶级分子所利用。在19世纪40年代,欧洲大陆先后产生出封建社会主义、资产阶级社会主义和小资产阶级的"真正的社会主义"。

19世纪40年代,卡尔·马克思和弗里德里希·恩格斯在创立他们的社会政治学说时,对各种非科学的社会主义思潮进行了批判。他们指出,封建社会主义以及与它携手同行的宗教社会主义所宣传的是一套笼络无产阶级,诱使无产阶级与破落的贵族、僧侣结盟而去反对资产阶级的说教,其目的是妄图以专制制度去拯救世界,因而"他们的臀部带有旧的封建纹章"[①]。

马克思和恩格斯还批判了所谓"真正的社会主义",指出这是一种在"有教养的"上层资产阶级中所产生的瘟疫——尽管他们也稍微为无产阶级悲叹几声,也多少组织几个改善下层阶级成员生活状况的可怜团体。他们满嘴是"爱",十分多情,但究其实质只不过是用所谓的抽象人性和肉麻的爱来将共产主义运动庸俗化[②]。

马克思和恩格斯还批判了小生产的社会主义,指出这种社会主义可能在某一特定阶段有一定的积极意义,但是由于它对社会历史发展进程和资本主义本身缺乏科学的认识,因而最终只能停留于手工业社会主义的水平上,并且还会为这种说教涂上宗教的色彩。

正是由于上述各种所谓"社会主义"的存在,为了与这些浅薄的学说相区别,特别是为了与自称为"科学社会主义"的"真正社会主义"相区别,马克思、恩格斯在当时从来不把自己的学说称为"社会主义",而是称为"共产主义"。因为在他们看来,在当时的欧洲,"社会主义意味着资产阶级的运动,共产主义则意味着工人的运动"。"既然我们当时已经十分坚决认定'工人阶级的解放只能是工人阶级自己的事情',所以我们也就丝毫没有怀疑究竟应该在这两个名称中间选定哪一个名称。"[③]

后来,在《1848年至1850年法兰西阶级斗争》一书中,为了与反对阶级斗争的空想社会主义学说相区别,马克思又使用了"革命的社会主义"一词,并将它看作是"共产主义"的同义词[④]。到19世纪50年代以后,在欧洲曾经泛滥一时的五花八门的各种非科学的社会主义已经逐渐偃旗息鼓了,只有工人运动仍然高举着社会主义的旗帜,因此在马克思的《资本论》第1卷出版以后,马克思、恩格斯有时也将工人解放运动及其目标表述为"社会主义"[⑤]。

马克思正式使用"科学社会主义"这一概念是在1874年至1875年初写作《巴枯宁〈国家制度和无政府状态〉一书摘要》的时候,并强调"'科学社会主义'也只是

---

① 参见《马克思恩格斯选集》第一卷,人民出版社1972年版,第274~275页。
② 参见《马克思恩格斯全集》第三卷,人民出版社1957年版,第536~537页。
③ 参见《马克思恩格斯选集》第一卷,第244页。
④ 参见《马克思恩格斯选集》第一卷,第479页。
⑤ 参见《马克思恩格斯全集》第十六卷,人民出版社1964年版,第232、240页。

为了与空想社会主义相对立时才使用"①。恩格斯使用"科学社会主义"概念要比马克思早一点,1873年1月,他在写作《论住宅问题》的第3篇时,在积极意义上谈到了"德国科学社会主义的精神"②。此后,恩格斯撰写《反杜林论》一书,在讨论他与马克思创立的学说同空想社会主义者圣西门、傅立叶和欧文等人的学说之间的相互关系时,称这三位思想家是批判的"空想社会主义者",而称他与马克思的学说则是"科学社会主义"。后来,他又把其中的三章汇集成单行本出版,书名为《社会主义从空想到科学的发展》。

作为马克思和恩格斯伟大学说的继承人与实践者,弗拉基米尔·伊里奇·列宁在领导俄国进行革命时,将推翻俄国资产阶级临时政府的行动称为"社会主义革命";并把从资本主义向未来社会的发展分为三个阶段:一是衰亡着的资本主义与生长着的共产主义相并存的阶段;二是社会主义阶段;三是共产主义阶段。

总结"社会主义"概念形成和发展的历史,从科学的意义上来说,"社会主义"的概念应该包括以下三个方面的深刻含义:一是关于无产阶级解放的历史条件、基本途径和根本任务的科学理论;二是无产阶级领导广大被压迫阶级和被压迫民族推翻资本主义统治、建设新社会的现实运动;三是胜利的无产阶级上升为统治阶级以后建立的以消灭剥削、发展生产力、实现共同富裕为目标的社会制度③。因此说,社会主义是科学理论、现实运动和社会制度的统一体。

在怎样科学地理解"社会主义"概念的问题上,正如马克思所说的那样,"'科学社会主义'也只是为了与空想社会主义相对立时才使用"的,所以,当不需要特别强调与空想社会主义的对立时,我们也可以把科学社会主义简称为"社会主义";或者说,我们所讲的"社会主义"就是特指科学社会主义。尽管从现实运动和社会制度的角度来看,社会主义不同于共产主义,它们分别属于同一现实运动和社会制度的两个不同的发展阶段或过程,但是从科学理论的角度来看,社会主义即科学社会主义,亦即共产主义,两者都是无产阶级的革命理论。

三、科学社会主义的研究对象

既然科学社会主义是科学理论、现实运动和社会制度三位一体的完整系统,因此,科学社会主义也就顺理成章地是研究社会主义的理论、运动和制度的形成与发展规律及其三者之间相互关系的学说。

首先,科学社会主义要研究它自身所包含的理论、运动和制度。

---

① 参见《马克思恩格斯选集》第二卷,人民出版社1972年版,第638页。
② 参见《马克思恩格斯选集》第二卷,第527页。
③ 在本书后面的章节中,我们将看到,这三句话的概括分别来源于恩格斯、列宁和邓小平的相关论述。

科学社会主义包含着无产阶级推翻旧世界、建设新世界的革命理论。这一理论首先是由马克思、恩格斯所创立的。他们借助于德国的古典哲学特别是黑格尔辩证法的合理内核、费尔巴哈唯物主义哲学的基本内核,创立了辩证的和历史的唯物主义世界观,并以此作为根本的立场、观点和方法去剖析资本主义的生产方式和阶级矛盾,探索无产阶级和全人类解放的规律。马克思和恩格斯所开创的科学社会主义理论,是研究无产阶级解放运动的性质、条件和一般目的的科学,是研究无产阶级解放运动发展规律的科学[①]。这一理论后来由列宁、斯大林、毛泽东和邓小平等人所丰富和发展。同时,马克思、恩格斯的后继者们还探讨了无产阶级夺取政权以后建设社会主义的理论。

科学社会主义也包含着无产阶级获得自身解放的条件及其现实的运动。马克思和恩格斯依据自由资本主义时代的特征,探讨了建立无产阶级国际组织的途径和准备无产阶级革命的道路。其后继者们则分别依据不同的时代条件和不同的国情,探讨了将社会主义革命付诸现实的过程和方法,以及革命胜利后建设社会主义的具体道路。

科学社会主义还包含着成为统治阶级的无产阶级所要建设的社会主义政治、经济和文化制度。尽管马克思、恩格斯生前只看到过无产阶级在短暂的时间里所创立的新制度的雏形——巴黎公社,但他们为未来的社会主义制度的建设指出了一般方向。在他们之后,马克思主义者们创立起崭新的社会主义制度,并在实践中不断对这种制度加以改革和完善。

其次,科学社会主义要研究社会主义的科学理论、现实运动、社会制度三者之间的相互作用、共同发展的一般规律。

一方面,科学社会主义的理论来源于社会主义的实践运动。这种实践既包括无产阶级在自己的政党领导下通过经济斗争、政治斗争和思想斗争,反对资本主义和一切剥削制度的革命运动;而且也包括无产阶级取得国家政权以后建立、改革和完善社会主义制度的建设实践。如果没有共产党领导下的无产阶级的革命与建设实践,科学社会主义的理论就会成为无源之水、无本之木。同时,如果没有社会主义革命与建设的实践检验,也就无法证明社会主义理论的科学与否。因此说,科学社会主义的理论只有在科学社会主义的实践中才能产生,才能获得检验和修正,才能不断得到丰富和发展。

另一方面,科学社会主义的实践运动又是无产阶级及其政党在科学理论的指导下自觉地改造旧世界、建设新世界的伟大的历史性的创造。社会主义运动,经过

---

① 参见《马克思恩格斯选集》第三卷,人民出版社1972年版,第323页;第四卷,人民出版社1972年版,第193页。

了从自发到自觉的转变过程,导致这一转变的关键则是马克思主义的诞生。科学社会主义的实践是不断地发展的。时代的前进和科学技术的进步不断地改变着社会主义革命和建设的条件和任务,新的条件和新的任务会向无产阶级提出新的运动目标;同时,科学社会主义理论的发展也会给无产阶级的社会主义实践运动以新的理论指导。由于这两方面的双向作用,科学社会主义的运动在"横"的方向上不断拓展,在"纵"的方向上不断深化。

科学社会主义的理论与运动必然会结出丰硕的果实。科学社会主义首先是从理论形态向实践运动飞跃,其后,科学社会主义的实践运动又向社会主义的现实制度飞跃。建立科学社会主义的社会制度,让这种社会制度发挥出最大的优越性,使之在同资本主义制度的长期并存、抗争与竞争中取得最后的胜利;并以这一胜利为新的起点继续前进,最终解放全人类。这是社会主义运动一切努力的出发点与归宿点。这一伟大而又艰辛的事业,又只有在社会主义的科学理论与实践运动的不断发展中才能最后完成。

正是在这样的意义上,恩格斯指出:"完成这一解放世界的事业,是现代无产阶级的历史使命。考察这一事业的历史条件以及这一事业的性质本身,从而使负有使命完成这一事业的今天受压迫的阶级认识到自己行动的条件和性质,这就是无产阶级运动的理论表现即科学社会主义的任务。"[①]

第二节 科学社会主义的研究方法

一、科学社会主义研究的一般方法

科学社会主义作为一种革命性和科学性相统一的完整的科学体系,一旦产生以后,就需要人们以科学的态度去看待和研究它。恩格斯曾经告诫无产阶级政党:必须"时时刻刻地注意到:社会主义自从成为科学以来,就要求人们把它当作科学看待,就是说,要求人们去研究它。"[②]

[①] 参见《马克思恩格斯选集》第三卷,第323页。
[②] 参见《马克思恩格斯选集》第二卷,第301页。

研究科学社会主义,必须本着科学的精神,运用科学的方法。对于任何一种科学理论研究,所选用的方法是否正确,对研究的结果影响极大。只有运用科学的方法,才有可能得出正确的结论。同时,由于社会主义是一项复杂的事业,要研究它,仅仅凭一种方法是不行的,必须依靠多种方法相互补充。这多种方法就构成了一个方法论的体系,它包括一般的方法论和若干具体的方法。

毫无疑问,研究社会主义的最一般方法是历史唯物论和历史辩证法。这一方法论是从古希腊哲学和中国古代哲学中萌发出来、经过西方近代哲学家和中国近代思想家的阐发,最后由马克思和恩格斯确立,并经过马克思主义者们(包括中国几代马克思主义者们)一个半世纪的坚持与发展而日益完善起来的科学的世界观和方法论。

这一科学的方法论首先要求人们在观察和研究社会理论、社会运动和社会现实制度时,必须从客观存在的事实出发,而不是从主观随意的想象和某种既定的原则出发。无论是马克思、恩格斯还是列宁,对于社会主义运动的发展过程以及未来社会的特征,都没有做过充分具体的描述,不是他们不会做,而是他们不愿意这样做。恩格斯强调:"共产主义对我们说来不是应当确立的状况,不是现实应当与之相适应的理想。我们所称为共产主义的是那种消灭现存状况的现实的运动。这个运动的条件是由现有的前提产生的。"[①]尽管他们也对走向新社会的道路做了某些预言,但这些天才的预见本身只是根据具体的历史条件所得出的结论。随着历史进程的演进,它的条件必然要发生这样那样的变化。因此社会不会完全按照人们预定的目标前进。历史的必然性是通过外在的、表面的偶然性表现出来的。在这里,与科学社会主义紧密相连的是马克思主义的一个基本原则——实事求是[②]。

其次,唯物辩证的社会历史理论承认经济关系和物质利益对社会发展和人的行为起着决定作用。在人类脱离蒙昧与野蛮时代而进入文明时代后,物质资料的生产超过了人本身的生产而在社会生活中占据统治地位。人类今天仍然处在物质生产占据统治地位的时期。当然,人类终有一天会到达这样一种状态,即精神的生产成为整个社会生活的中心;但是,人类在今天还不能提出这样的任务。在相当长的时期内,人类仍然必须把经济建设放在首要的、中心的位置上。科学社会主义在现时代的发展也仍然必须遵循这一原则。

再次,唯物辩证的社会历史理论要求人们必须全面地考察社会的政治制度、政治结构、思想传统、意识形态,乃至地理因素、人口因素对社会进步的巨大影响。在承认社会发展中的历史决定论的同时,要充分地估计人的主观能动性对社会进程

---

① 参见《马克思恩格斯选集》第一卷,第40页。
② 参见孙伯鍨:"唯物主义和实事求是",《江苏社会科学》,1995年第4期。

的作用。在社会历史发展中,先进阶级、先进政党、革命的理论、正确的策略都有着巨大的效用。问题是我们应当把这些具有主观能动性因素的功能控制在一定的范围内,而不能无限度地夸大它们的作用。

最后,唯物辩证的社会历史理论在承认历史前进性的同时,也要求人们必须客观地认识社会发展过程的曲折性。马克思主义以乐观的态度看待人类历史的发展前景,反对种种关于人类总是处在倒退、没落以致最后要归于毁灭的充满悲观和恐怖的预言,坚持认为人类的历史发展是前进的、上升的运动。在历史的前进中,由于技术的进步、生产力水平的提高以及各个民族所能遇到的发展机会,落后的国家可能会在历史进程中产生飞跃,有时甚至是巨大的飞跃。但是马克思主义又总是告诫人们要时刻注意并接受历史发展中不可避免的曲折性。这种曲折甚至倒退尽管有时非常严重,但是,它充其量也只是历史进程中的一个"插曲"。在历史的某种曲折面前,既不能惊慌失措,也不能掉以轻心。十分明显,我们在研究社会主义运动的历史和现状的时候,须臾也不能离开这样的方法论。

二、科学社会主义研究的具体方法

对科学社会主义的研究,还需要运用社会科学中经常使用的一些具体方法,主要是历史的方法、比较的方法和系统的方法等。

(一) 历史的方法

历史的方法是历史学和其他许多社会科学基本的研究方法,它强调的是社会生活过程在时间上的连续性。我们平时所讲的弄清楚"来龙去脉"、"让历史告诉未来"即是这一方法的具体运用。任何社会现象、社会运动都有其发生、发展的过程,都会存在若干前后相继的阶段。历史的方法就是要在发展过程和相继阶段中,弄清楚事件的基本线索,并凭借这一线索来理解事件发生的原因、发生的过程和所产生的结果。使用历史的方法的目的,就是要在事物表面变化的偶然性中寻找和认清事物内在的因果关系及其运动的规律性。

历史的方法具有两个最主要的因素:一是发展的因素;二是时间的因素。这两个因素分别决定了历史方法在具体运用时可采取以下两种形式:

一种形式是对事物起源的历史考察,突出的是时间因素。任何事物都不是生来就是如此的,它有自己的最初形态和发育过程,而这些又是和现今联系在一起,并决定着未来发展的方向。在这种形式下,历史方法重视的是通过对已经发生过的事件、过程的考证,找出这些过程和事件发生的具体背景、详细特点、结果与原因之间的特殊关联,从而将历史面貌尽可能地复原出来。

另一种形式是对发展逻辑的归纳,突出的是发展因素。这种形式不去追随社会生活的历史曲折性,相反,它主要是通过表面的偶然找出内在的必然即规律性,舍去实际社会生活过程中的某些细节和不重要的部分,将历史的曲折过程"拉直",从中再现出发展的主要线索和基轴,预测其发展的未来趋势。运用这种形式时更多地不是强调复原,而是舍弃和归纳。

历史方法的这两种形式是彼此关联、相互依赖、相互补充的。只有充分运用第一种形式,将已经过去的社会生活尽可能地复原到当时的状态,才有可能运用第二种形式加以抽象和概括;如果不经过第一种形式就主观地规定历史发展的逻辑,这样得出的逻辑就必然带有杜撰的色彩,从而缺乏真实性。反之,如果离开了对发展规律的归纳,仅仅对历史事件进行机械的罗列,不对它进行逻辑的概括,人们就会把历史看作是过眼烟云般的虚无主义的东西。

源于历史科学的这一基本方法对科学社会主义的研究是完全适用的。与其他历史事件的发生和发展过程一样,科学社会主义绝不是某种既定的或是一经出现就一成不变的东西,相反,它是发展着的理论与实践。科学社会主义无论是从其理论、运动还是制度来说,都处在不断的变革和创新之中,这种变革与创新不是主观随意的,而是遵循着一定的客观规律。因此,人们必须通过对科学社会主义作认真研究,努力去揭示这种变革、创新的过程,并寻找出其中的规律。

首先,在科学社会主义的研究中运用历史方法,要求人们对社会主义理论、运动和制度的产生、演变作出阶段性的考察,从而将历史的真实过程在思维中再现出来。

运用历史的方法来考察科学社会主义的变化发展,我们便可以发现:最初,社会主义的理论、运动和制度是以空想的形态存在的。到19世纪40年代,社会主义从空想变成了科学,这是一次巨大的飞跃。此后,科学社会主义又经历了一系列的发展阶段,它们并不是科学社会主义的领导者和倡导者们预先设计好的,而是由科学社会主义的内在规律所决定的。但是,社会主义究竟怎样发展,在发展中要经历哪些阶段,不同发展阶段的起点落在哪个民族身上,同一发展阶段在不同民族那里为什么会有不同的表现形式等等,所有这些都取决于现实社会所能提供的政治、经济、思想文化等各方面的条件以及这些条件之间的相互作用。

由于内在规律及其外在条件的共同作用,从19世纪40年代开始到21世纪初的一个半世纪的时期内,科学社会主义经历了若干发展阶段。第一个阶段是以欧洲大陆为起点的、以科学理论的创立为主要内容的发展阶段。与这一阶段相对应的是西方(严格说来是西欧)自由资本主义的巩固、平稳发展以及内部矛盾的逐渐暴露。在科学社会主义的这一发展阶段上,无产阶级的运动暂时还只能不断地积蓄力量,为未来的社会主义革命创造条件。

从19世纪末到20世纪的30、40年代,是科学社会主义发展中以欧亚大陆为起点的、以无产阶级社会主义革命运动为主要内容的阶段。与这一阶段相对应的是资本主义体系越出欧洲中心向北美和亚洲扩展,并且在其中的欧美国家出现由少数大资本家控制的垄断资本主义即帝国主义。在科学社会主义的这一发展阶段上,有两类民族国家最具有社会主义革命的可能性:一是资本主义有所发展、但同时又发展得不充分的国家;二是深受西方帝国主义国家的剥削、内外矛盾空前激化的国家。在这些国家中,无产阶级及其先锋队将社会主义革命提上了议事日程。

从20世纪的40年代至60、70年代,是科学社会主义发展中以亚洲、欧洲和北美完成社会主义政治革命的民族探索社会主义建设的最初模式,以西方发达资本主义国家和广大发展中国家分别探索社会主义革命道路为内容的阶段。与这一阶段相对应,经过两次世界大战,资本主义体系扩展到全球,社会主义与资本主义处于尖锐的敌对状态。在科学社会主义这一发展阶段上,第一个社会主义国家苏联所创建的社会主义的政治、经济、思想文化模式成为各社会主义国家所仿效的对象,而随着社会主义建设事业的发展,这一模式的弊端也逐渐暴露出来。

从20世纪70年代开始,科学社会主义进入自身变革、努力进行制度创新的阶段。从50年代开始,就有部分社会主义国家对苏联模式的普适性与有效性产生了怀疑。50、60和70年代,苏联与东欧国家先后三次掀起改革浪潮,不幸的是后来它们都背弃了社会主义事业。70年代末,中国在结束"十年文化大革命"后开始了迄今最为成功的社会主义改革。与此相对应的是世界"冷战"对峙格局崩溃,人类进入以和平与发展为主题的新时代。科学社会主义的这一新的发展阶段,是以地处东亚的中国在实行由传统向现代化转型过程中建设富有自身特色的社会主义为起点的。

其次,运用历史方法研究科学社会主义,还要求人们在对一种理论、运动和制度进行分析时应当将它们摆到具体的历史条件下,分析其产生的必然性,揭示其结果的合理性。

科学社会主义经历了一系列的发展阶段,在不同的发展阶段上,其理论、运动和制度不仅在内容和形式上发生了变化,而且在相互关系方面也发生了改变。对于这些变化,只有依据当时的历史条件才能得到合理的说明。如果我们不是从具体的历史时代、资本主义发展的具体阶段、社会发展所能提供的具体条件、历史进程所能提出的具体任务出发,来细心地考察科学社会主义的理论、运动、制度在不同阶段的内容和形式,就会犯教条主义或历史虚无主义的错误,也就无法正确理解科学社会主义的变动性与连续性。

西方一些学者或者出于无知,或者出于有意诋毁,常常花工夫去寻找青年马克思与老年马克思的矛盾、恩格斯与马克思的矛盾、列宁与马克思恩格斯的矛盾。他们寻找这类矛盾的目的,或者是为了证明科学社会主义具有内在的混乱性,或者是为了告诉人们社会主义的全部历史都是后人在反对前人的错误。

但事实完全不是这样。马克思本人的思想与理论有一个发展的过程,他与恩格斯都经历过从唯心主义者到形而上学唯物主义者、再到辩证唯物主义者,从激进的民主主义者到科学社会主义者的转变过程。马克思和恩格斯在创立科学社会主义以后,分别从不同的方面去发展共同的学说,特别是在马克思逝世后,当新的时代因素已经出现时,恩格斯及时地向前推进了科学社会主义理论。列宁生活在与马克思、恩格斯不同的时代,他所遇到的政治、经济、思想文化条件与其老师和前辈已经大不相同。在新的历史条件下,他必然要提出科学社会主义的新理论,进行科学社会主义的新实践。这些变异与革新,绝不是表明科学社会主义的内在混乱性,恰恰相反,它证明科学社会主义不是一种僵死的教条,而是充满活力的和具有自我更新因素的科学。

在科学地对待社会主义发展历程的问题上,我们一方面必须抛弃历史虚无主义,另一方面也必须坚决反对教条主义。应该充分认识到:无论是马克思、恩格斯还是列宁、斯大林、毛泽东、邓小平,他们的思想和实践都只能是他们所生活的那个时代的产物。他们尽管非常聪明并对未来作出了天才般的预测,但无论如何,他们都不可能完全超越他们各自所生活的那个时代。在自由资本主义时代,各国经济、政治发展较为平衡的条件下,马克思、恩格斯只能得出各国无产阶级一起革命、共同取得社会主义革命胜利的结论。假如他们在那时就提出一国无产阶级也可以首先革命并且取得胜利的理论指示,反而是不科学的。相反,在资本主义进入垄断阶段,各国政治、经济发展呈现出极大的不平衡性的条件下,要列宁死死守住马克思、恩格斯原来的结论,同样也是不科学的。又如在 20 世纪 50~60 年代,世界呈现出两极对峙的格局,资本主义与社会主义尖锐对立,帝国主义国家对中国实行严密封锁。在这样的历史条件下,毛泽东不可能打开国门向世界实行全方位的开放,并大刀阔斧地进行经济、政治、科技、教育体制的改革。改革开放的任务只能在世界走向缓和、和平与发展成为时代主题以后,由邓小平提出并加以实施。所以,我们在学习和研究马克思、恩格斯、列宁、毛泽东等人的论述和决策时,必须把它们放到当时的时间、空间和具体条件下加以理解,把握其中的精神实质和科学方法,而不能把它们当成"放之四海而皆准,付诸万世而不绝"的教条去到处照搬乱套。

第三,运用历史方法研究科学社会主义,还要求人们辩证地看待社会主义运动中的上升性和曲折性。

一些善良的人们往往对社会主义出现的失误、遇到的曲折不理解,认为社会主义既然是全人类的理想和科学的事业,就不应该发生诸如苏联解体、东欧剧变等社会主义制度失败的事件,社会主义也不应该在整个世界范围内陷入低潮。而某些别有用心的人则对科学社会主义运动所遇到的波折、出现的低潮感到幸灾乐祸,甚至据此就断言社会主义从此失败了。

对于别有用心的人或从本质上就是反社会主义的人来说,他们任何时候都会"寻找"或"制造"社会主义失误或失败的"例证",指望他们客观地看待社会主义是不可能的。但对于多数善良的人们而言,学会科学地看待社会主义的上升性和曲折性却是十分重要的。人们之所以对社会主义目前遇到的低潮不理解,通常是由下列几方面原因所造成的:

一是对资本主义产生、发展的历史不太了解,总以为资本主义在反封建的革命成功以后,就一帆风顺、平平稳稳地发展到今天。其实,资产阶级在采用革命手段打倒封建贵族以后,也遇到过被推翻的反动阶级的复辟活动,有的国家甚至政权又重新落到封建贵族手中。资产阶级是在经过多次复辟与反复辟的斗争、遭遇多次低潮后才巩固了自己的统治。无产阶级的社会主义事业当然也不会例外。

二是对无产阶级社会主义革命在全球取得最终胜利的长期性缺乏足够的认识。无产阶级革命在一个民族取得胜利要经过多次反复;革命胜利后要巩固自己的胜利成果,支持其他民族夺取政权并走向社会主义,也要经受曲折。只有当世界上绝大多数民族和国家都建立了无产阶级和其他劳动人民当家作主的新型政权,才能保证社会主义在全世界的胜利。要实现这一目标,需要全世界无产阶级和劳动人民经过好多个世纪的努力,需要经历多次失败与曲折。无产阶级从创立科学社会主义理论到今天,才不到160年时间;从建立世界上第一个社会主义国家至今,也才不到90年时间。在这么短的时间里,无产阶级在巩固、完善社会主义制度的过程中,经历一些低潮与曲折,不足为怪。

三是对社会主义的发展与完善所要付出的艰辛没有足够的思想准备。不少人总是以为社会主义是新生事物,具有强大的生命力;社会主义天然具有优越性,它能够在极短的时间内创造出比资本主义更多更好的物质与精神财富。事实上,已经取得社会主义革命成功的国家和民族,多数在科技、经济、政治上都比较落后。尽管它们在革命胜利后一段时间内追赶发达资本主义国家的速度比较快,但是要在各方面超越原先基础就比较好的发达资本主义国家并非是轻而易举的事情。对此,应当有充分的思想准备。

(二) 比较分析的方法

在对社会主义发展的历史考察中,其实已经包含了比较的方法。对社会主义的历史分析就是一种以现在为基点、追溯过去的纵向比较。比较的方法是多种学科常常运用的宏观分析的重要方法之一。比较分析大多用于对具有复杂性、多样性事物的研究,因为只有将这些事物加以分类,并对它们进行对比,人们才能从中找出事物的相似性与差异性、普遍性与特殊性。

比较方法在对科学社会主义的宏观分析中主要服务于两个意图:一是找寻一类事物的普遍性。如果被比较的事物属于同一序列,它们在结构或者职能上就会具有某些相似性,从而可以找到共同的指标和参量;二是通过规定一定的指标与参量,然后与具体的事物进行对照,找出具体的差异,从而认识具体事物的特殊性。这两者也是相辅相成的。没有预先设定的指标与参量,就无法找到具体事物的差异;而共同的指标与参量又只能从比较具体事物的差异中才能发现。

在运用比较方法时,必须明确比较的目的。对社会主义进行比较分析,是为了更好地认识和掌握科学社会主义理论、运动和制度的变化发展规律。比较分析既可以是纵向的,也可以是横向的。在纵向的比较上,既可以将同一国家社会主义的过去与现在加以比较,看清社会主义事业在该民族发展、壮大的历史;也可以将几个社会主义国家放在一起,比较其发展的历程,从中找出普遍性与各国的特色;还可以将全球社会主义的昨天与今天加以比较,看清社会主义发展的总趋势。在横向的比较上,可以将具体的社会主义国家与资本主义国家加以比较,既从中找出客观存在的差距,又加深对社会主义制度优越性的认识;也可以将不同社会主义国家的革命道路加以比较,从中总结经验教训,以便给正在准备与进行社会主义革命的民族提供指导;还可以将不同社会主义国家已经和正在进行的改革加以比较,吸取成功的经验和失败的教训,从中找出经济体制与政治体制改革的规律性。

在运用比较方法时,必须弄清楚比较分析方法适用的前提条件。任何比较都是同中求异、异中求同,拿来比较的事物或现象必须具有某种同等性即可比性。这种同等性是指多个需要比较的事物在某一属性或某几个属性上具有对等性质。对于那些一开始就不存在同等性即不具有可比性的事物,比较的结果就不可能是科学的。比如,有人经常在消费水平方面拿中国与美国比。这一比,结果非常清楚,中国目前的消费水平远不如美国。但是,某些人不满足于这一结论,进而推论说:美国是资本主义,中国是社会主义,因此,社会主义不如资本主义。这种推论就是荒唐的。导致中国与美国目前消费水平存在差异的因素非常多,两个国家近代发展的历史起点不同,资源环境各异,民族遭遇不一样,内外政策也有区别。因此,以上述众多因素导致的消费水平的差异来比较社会制度的优劣,就违反了同等性原则。

(三)系统的方法

系统方法的基础是系统论,系统论是20世纪40年代发展起来的一门带有横断性质的科学理论。系统方法强调分析对象的整体性、开放性和层次性,目前被广泛运用于经济学、管理学、政治学、社会学、法学、甚至文学的研究。系统方法要求人们在观察问题时首先应当从事物的整体特性着手,认定组成事物的各种成分的性质以及它们之间的联系都是由事物的整体性质决定的。其次,系统方法要求人们从分析对象的开放性出发,重视系统与其生存和发展的环境之间的相互作用。任何系统都与环境进行着物质的、能量的、信息的交流,系统正是在不断地与外界环境相互交流、相互作用中发展自身并增强功能的。一旦系统封闭起来,它就会使内部的无序状态不断加剧,从而会导致系统崩溃。由于任何系统都具有层次性,因此系统方法还要求人们对事物进行分层次的分析。客观世界是分成等级的。每一个体系作为一个组成部分可以归入更高一级的体系之中,而每一个体系内部的组成部分又可以看作是具有相对独立性的分体系。这样,系统的构成就具有了相对的意义:以某个体系为系统,高一级的则为超系统,低一级的则为子系统。

在运用系统方法研究科学社会主义时,我们首先应当将科学社会主义看成是一个由理论、运动和制度构成的整体。在科学社会主义的发展中,理论、运动和制度的发展与完善并不是平衡的和同步的。在社会主义由空想到科学的第一次飞跃中,首先完成飞跃的是理论,正是在科学社会主义理论的指导下,以往带有自发性质的工人运动,才上升到自觉的水平,变成为目标明确,以推翻资本主义、建立无产阶级专政并逐步过渡到共产主义为根本宗旨的科学社会主义运动。科学社会主义的理论与运动从1848年算起,前后经过70年,到1917年才实现了第二次飞跃,俄国无产阶级在列宁和布尔什维克党的领导下,建立了世界上第一个科学社会主义制度,完成了社会主义从理论与运动到现实制度的飞跃。

今天,当人们来考察和评价科学社会主义的时候,也应当将它作为一个整体来思考。20世纪90年代初,苏联以及由它一手帮助建立起来的东欧国家的社会主义制度发生了剧变,共产党失去了执政地位,"社会主义"的名称也从这些国家的宪法中取消了。不少人依据这一点,就宣布科学社会主义从此失败了。这种看法并不科学。应当承认,科学社会主义在这些民族和国家中遭受了巨大挫折,的确处于低潮。但是,在这些国家和地区,科学社会主义理论还在,科学社会主义运动还在;更何况,在世界范围内,科学社会主义制度还在一些民族和国家中,在十几亿人口中坚持和发展。怎么能说科学社会主义从此就失败了呢?

其次,我们在运用系统方法研究科学社会主义时,应当看到科学社会主义的产生、发展、前进,都是同整个人类社会的发展、变化联系在一起的。资本主义的生产关系从15、16世纪开始就在地球上立足生根了,经过17、18、19世纪的政治斗争,资本主义终于战胜了封建统治,先在欧洲、然后在北美形成了稳固的统治。接着,资本主义凭借商品、市场和贸易的力量,有时也加上"船坚炮利",将这种制度向世界各地推开,形成世界资本主义体系。科学社会主义只有在这一体系的薄弱环节,经过长期的理论与运动的积累,在革命的主客观条件具备时,才有可能打开缺口,并依靠自己独立的努力和奋斗,建立、巩固和发展社会主义制度。

正因为科学社会主义是在全球资本主义体系的环境下、并且是在经济落后的国度中产生出来和发展起来的,因此,当世界资本主义对它实行严密的封锁与扼杀时,它必须在特殊的条件下,依靠自己的力量,形成特殊的经济、政治发展模式。否则,它将无法存在下去,当然更谈不上发展。一旦资本主义体系衰落,整个世界处于和平发展的状态下,社会主义国家就应当抓住机遇,改革旧的经济、政治体制,利用人类已经创造出来的先进科学技术充实与发展自己。因此,科学社会主义制度,绝不是一成不变的东西,它在自己的发展过程中,会不断地依据世界环境的变化,进行改革、创新。在时代和世界格局发生巨变时,如果社会主义国家不进行变革,不顺应世界的潮流,它就会被历史抛到后面。因此,只有勇于改革,锐意进取,大胆创新,才能发展社会主义事业。但是,社会主义的任何改革,都必须以坚持和发展社会主义制度为根本目的,如果丢掉社会主义这一根本制度,任何的体制改革最后都会损害科学社会主义事业。

我们在运用系统方法分析科学社会主义时,还应看到社会主义制度的层次性。从本质上说,科学社会主义是一项世界性的运动和事业,共产党人的最终目标是在全世界实现共产主义,实现真正意义上的全球化。因此,全世界无产阶级必须联合起来,共同反对世界资本主义体系。但是各个国家、各个民族的无产阶级又必须依靠自己的力量,首先推翻本国和本民族的资产阶级。因此无产阶级的爱国主义必须同无产阶级的国际主义结合起来。

各个民族、各个国家的无产阶级在团结广大人民群众,选择社会主义革命和建设的道路、阶段与策略时,只能从本国的实际情况出发。从而,在世界社会主义运动中,就会出现不同的道路、不同的发展阶段和不同的策略并存的局面,世界社会主义运动就会呈现出不同的层次。有些国家的社会主义运动已经达到较高水平,有些国家则可能还处在较低的阶段上,对于不同层次的社会主义运动,我们都应当欢迎、支持;如果搞所谓"唯我独尊、唯我独革",到头来只能是孤家寡人。

层次分析的方法也可以运用在对具体的社会主义制度的考察上。社会主义作为一种根本的社会制度是由一系列的具体制度构成的。社会主义有自身的经济制度、政治制度、科技教育制度、思想文化制度等等。从根本社会制度的层面来看,社会主义制度是同资本主义制度相对立的。但在具体制度的层面上,社会主义应当吸取资本主义在发展中所积累起来的与人类文明的前进方向相一致的内容,比如,先进的科技和管理手段,还有经济上的商品、货币、市场、股份等等,即使在政治领域中,资本主义所创造的东西也不全是坏的,也有值得社会主义者思考和借鉴的优秀的东西。

第三节 科学社会主义的研究价值

学习和研究科学社会主义对于一个准备从事自然科学、工程科学和社会科学研究的青年人来说是非常重要的。我们很多人将来可能成为治党治国的精英人才,更可能成为精通业务的专家。对于这两种人才来说,熟悉和掌握科学社会主义都是必不可少的。

首先,学习和研究科学社会主义是为了锻造迎接新时代挑战的思想武器。人类刚刚走过20世纪,跨入21世纪。回顾100年前,19世纪末20世纪初,物理学发生了大革命,资本主义发生了部分质变、出现了垄断资本主义,爆发了世界大战,出现了社会主义革命和社会主义制度。

如今,20世纪末21世纪初,据报载,物理学正在发生第三次革命。上一个世纪之交发生的物理学革命创立了相对论和量子力学,现在物理学家已认识到目前的时间、空间概念需要发生根本的改变,要创立出一种能将重力、强核力、弱原子力和电磁力加以概括的弦论(String Theory),这一理论认为,物质的基本组成不是点状的粒子,而是延伸的弦[①]。

就整个世界政治舞台而言,当今正酝酿着重大的变革,国际力量正在重新组合,社会主义正在重新总结经验。对于这么一个过渡时期,世界究竟要发生什么,会发生什么,人们的说法不一。美国著名的政论家、战略家、前总统卡特的国家安全事务助理、霍普金斯大学外交政策教授、《大失败》一书的作者兹比格涅夫·布热津斯基,于1993年出版了一本据他说是对世界进行"紧迫的预警"的新著:《失去控制:21世纪前夕的全球混乱》(我国翻译为《大失控与大混乱》)。他认为冷战结束后,世界固有矛盾加剧,大国失控,出现全球混乱。美国面临众多难题,潜伏着分裂的危险;日本、西欧难成世界大国,西方腐败将丧失其全球作用;中国可能成为第四经济大国,成为反不公平的领导。

就中国科学社会主义理论与实践的历史来看,我们这个民族曾经涌现过一大批治党治国的精英人才。1956年世界社会主义运动出现了风波,毛泽东当时要全

---

① 参见"物理学领域将迎来第三次革命",《参考消息》,1996年8月5~6日。

党放心,"任凭风浪起,稳坐钓鱼船"①。中国当时不怕风浪,靠的是建党时期、土地革命时期、抗日战争时期、解放战争时期培养和锻炼出来的一批治党治国的人才。1960年毛泽东告诉美国友人埃德加·斯诺:共产党建党时,有党员50 000人,蒋介石"大屠杀"后,只剩下10 000人,后来经长征、抗日战争、解放战争,到60年代,那10 000人只剩下800人,靠这800人,治党治国几十年。

这些老一辈治党治国的英才是我们党第一代与第二代的政治家。现在我们党要能在新世纪中"任凭风浪起,稳坐钓鱼船",就需要有一批新的能担当起治党治国重任的政治家。要成为这样的政治家,就不仅要有知识、懂业务、胜任本职工作,而且首先要忠于马克思主义、科学社会主义,坚持建设有中国特色的社会主义理论。因为我们不是为别的任何制度去治党治国,而是要在坚持社会主义这一根本制度下治党治国。因此,没有扎实的科学社会主义理论,就治不好党,也治不了国。

当然,我们当中的很多人将来不会都是政治家,而更可能成为某一方面的专家,即便是这样,仍然要研究和思考科学社会主义。因为,任何才智与英华都有一个贡献给谁的问题。有些人可能只为个人去奋斗,有的人可能为某一狭隘的集团去奋斗,但是,这种奋斗是没有多少价值或价值不大的。一切的聪明才智只有与人类最为壮丽的伟大事业结合在一起,才能实现最大的价值。早在科学社会主义的创始人马克思还是一个中学生的时候,就对青年人所选择的职业与整个人类幸福的关系和价值问题作出了不朽的论述,他满怀豪情地写道:"如果我们选择了最能为人类福利而劳动的职业,那么,重担就不能把我们压倒,因为这是为大家而献身;那么我们所感到的就不是可怜的、有限的、自私的乐趣,我们的幸福将属于千百万人,我们的事业将默默地、但是永恒发挥作用地存在下去,而面对我们的骨灰,高尚的人们将洒下热泪。"②在今天,人类最为宏伟的事业就是争取全人类彻底解放的科学社会主义事业。我们只有了解、熟悉和研究这一事业,才能更自觉地投身于这一事业,用我们的专长为这一事业贡献力量。

其次,学习和研究科学社会主义也是为了在新的历史条件下创造出社会主义的新的理论和实践。马克思、恩格斯在吸取他们那个时代的人类一切优秀文明成果的基础上,创立了科学社会主义的不朽的理论丰碑。列宁、斯大林、毛泽东和邓小平又在各自所处的新的历史条件下,吸取人类文明的精华,向前推进了科学社会主义的理论与实践,使它更加完善。这说明了一个十分浅显的道理:只要人类的历史在前进,只要世界的科技、文化、经济、政治在发展,科学社会主义的理论与实践就必须在已有成果的基础上不断创新。只有依据人类发展的新情况、新成就、新经

---

① 参见《毛泽东选集》第五卷,人民出版社1977年版,第327页。
② 《马克思恩格斯全集》第四十卷,人民出版社1982年版,第7页。

验,概括出新的原理,得出新的结论,科学社会主义才能永远成为指导世界无产阶级和劳动人民创造历史的锐利武器。在今天,发展科学社会主义的任务已经历史地落在了我们的双肩之上。这无疑是人类所有的科学研究中一项难度最大、同时又非常吸引人的课题。

中国共产党人总结了自身发展的经验与教训,也总结了世界社会主义运动的经验与教训,在20世纪70年代末、80年代初开始了波澜壮阔、意义深远的第二次革命。这次革命给古老的中华文明带来了新的活力,给中国的现代化建设增添了新的推动力,也给处于低潮的世界科学社会主义运动带来了新的希望。在形形色色的反社会主义的人们断言社会主义从此失败的时候,中国共产党人及其领导下的社会主义运动,以有自己特色的新理论与新实践宣告了科学社会主义的新生。学习和研究科学社会主义将有助于我们从世界社会主义理论与实践的角度,以更广阔的视野理解建设有中国特色的社会主义理论与实践的辉煌意义。

社会主义这一课题比我们通常研究的自然科学、工程科学、社会科学中任何一个课题都要难得多。这是因为,社会主义本身包含着许许多多的领域与方面,仅仅靠哪门学科都解决不了问题,只有将许多学科的知识与方法结合起来,才能解决社会主义提出的各种问题。从不同专业而来的研究生共同研究和思考科学社会主义的问题,这本身就提供了一个极好的多学科合作研究的机会。

还要看到,科学社会主义又是我们生活在其中的社会制度,我们本身就是社会主义的一部分。我们每天都在投身于社会主义改革与建设,这一制度的前进、成功与完善都与我们休戚相关。正因为如此,科学社会主义离我们最近,它就是我们的生活;科学社会主义也和我们最亲,因为我们的一生都维系在这一制度上。因此,我们应当发挥自己的聪明才智,坚持不懈地研究科学社会主义,坚定不移地建设科学社会主义。

上篇

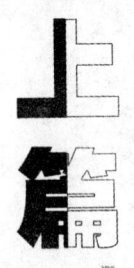

第一章　空想社会主义的理论与实践

第二章　社会主义由空想到科学的飞跃

第三章　自由资本主义时期社会主义的理论与实践

第四章　科学社会主义从理论向现实的飞跃

第一章

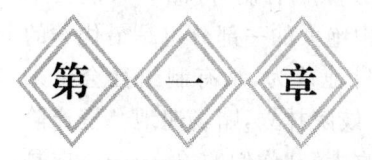

空想社会主义的理论与实践

第一节 16~17世纪的早期空想社会主义

一、莫尔的"乌托邦"

资本主义和与之对立的社会主义思想可以说是同时来到人世间的。资本主义刚刚在西欧萌芽,就出现了以批判资本主义、试图建立超越资本主义的更美好社会为主要内容的理论与实践。这种在不成熟的资本主义社会中代表不成熟的无产阶级利益的不成熟的理论与实践,就是空想社会主义。它是社会主义理论的前科学形态。空想社会主义起源于16~17世纪,当时资本主义刚刚处于简单协作的最初阶段。与资本主义针锋相对的空想社会主义,不仅包含某些理论、学说、理想,还包括为争取实现这些美好理想而进行的实际斗争或实验示范。因此,空想社会主义也有自身的理论与实践。

最早的空想社会主义者托马斯·莫尔恰恰就生活在资本主义发展最早、也是最快的英国。他攻读过文学和法律,长期在英国王室和政府部门担任重要职务。1516年,莫尔在人文主义思潮和柏拉图《理想国》思想的影响下,针对英国正在萌芽的资本主义的弊端,运用虚构的故事体裁,撰写了轰动当时英国和整个欧洲的不朽著作《关于最完美的国家制度和乌托邦新岛的既有益又有趣的金书》(后人简称《乌托邦》)。

莫尔首先批判了当时英国和欧洲的资本主义现实,指出私有制是万恶之源。他写道:"假使私有制度存在,假使金钱是衡量一切的标准,我以为国事的进行就不可能公正顺利……如不彻底废除私有制,产品不可能公平分配,人类不可能获得幸福。私有制存在一天,人类中绝大的一部分也是最优秀的一部分将始终背上沉重而甩不掉的贫困灾难担子。"① 他认为,私有制给社会带来腐败和罪恶,它造成了贫富两极对立,欺诈掠夺成风,妓院林立,赌场遍地。资产阶级贵族对平民进行残酷的经济剥夺,圈地运动是"羊吃人";"你们的羊,……一向是那么驯服,那么容易喂饱,据说现在变得很贪婪、很野蛮,以至于吃人"。② 因此,莫尔坚决主张彻底废除私有制,实行财产公有。他指出,只有公有制才能实现产品的平均分配,才能根除一切社会问题,人民才能"秩序井然"地过上幸福的生活。

莫尔描绘了作为他心中理想的"乌托邦"社会制度。在他虚构的"乌托邦"海外仙岛上,一切财产归全民所有,人们有计划地组织社会生产,实行普遍的义务劳动制度,消灭城乡之间的差别和对立,在国内的一切经济交往中取消商品、货币和市场,实行消费品按需分配的原则。怎样才能实现按需分配的原则呢? 莫尔认为"首先一切货品供应充足,其次则要防止有人所求超出自己所需",③即要消灭社会上的一切寄生现象如士绅、上层贵族、牧师、仆役、乞丐等等,消灭一切毫无实用的多余的行业,并杜绝华服、虚荣、赌博、聚敛珍宝,等等。

在未来社会的政治社会管理、生产劳动组织方面,莫尔也提出了自己独特的观点。他设计的"乌托邦"社会分为各种各样的基层组织,自上而下实行"总督——特朗尼菩尔——摄户格朗特——家长"的分级管理。任何领导者应当更多地关心老百姓而不是他个人的幸福,领导者的安全与荣誉也依赖于老百姓的富裕生活,领导者应当是人民的公仆,而不是人民的主人。整个"乌托邦"城实行的是民主政治,主要公职人员由公民选举产生,任何公事都必须由集体讨论决定。如果出现暴政或阴谋,则严惩不贷,从而使公职人员"不能轻易地共谋对人民进行专制压迫,从而变革国家的根本制度"。④ 对"乌托邦"公民而言,每个人每天只需要工作6小时,"对于生活上的必需或便利所万不可少的全部供应,这六小时不但够用,而且绰有余裕。"⑤ 在闲暇时间里,主要进行科学研究和技艺提高。但莫尔并不是一个禁欲主义者,他认为一切无害的健康的享乐都不应该禁止,一个人假如不千方百计地去追求幸福和快乐便是愚蠢的,"追求严峻艰苦的德行"和"甘愿忍受不会带来好处的痛苦"都是极不明智的,人应当过一种"符合于自然的生活"。

莫尔作为空想社会主义的第一位探索者和奠基人,在资本主义刚刚萌芽时就

---

① 莫尔:《乌托邦》,戴镏龄译,商务印书馆1982年版,第44页。
② 莫尔:《乌托邦》,戴镏龄译,第21页。
③ 莫尔:《乌托邦》,戴镏龄译,第62页。
④ 莫尔:《乌托邦》,戴镏龄译,第55页。
⑤ 莫尔:《乌托邦》,戴镏龄译,第57页。

率先揭露了资本原始积累的罪恶,指出私有制是一切罪恶的根源,并在此基础上描绘了一个包括崭新的生活方式在内的理想社会制度的蓝图。莫尔之后的空想社会主义者,大都是在他设想的社会制度基本轮廓内加以充实和改造,即便是马克思、恩格斯也从他的思想中吸取了有益的成果。但莫尔的理想还是建立在资本主义内部阶级矛盾不太明显、社会生产力水平还停留在家庭手工业、人们的生活需求还只是"万不可少"的日用品、封建等级关系还相当浓厚的基础之上,因而不可能指望它有太多的科学性。

二、康帕内拉的"太阳城"

托马斯·康帕内拉是16世纪末17世纪初意大利的思想家和卓越的爱国者。他从小备受来自肉体的和精神的双重压迫:家乡长期被西班牙人侵略蹂躏,处于经济上停滞、政治上四分五裂的状态;精神上长期遭受封建的罗马教廷的心理压迫。在这样恶劣的环境下,他萌发出反抗殖民者、反抗教会的"异端"思想。年轻时康帕内拉就曾因反对教会而先后3次被宗教裁判所监禁8年;后又组织和准备反抗西班牙侵略者的起义,因叛徒出卖,被捕入狱25年,换坐过50多个牢房(包括地牢和水牢),备受折磨。但顽强意志使他活了下来。他在狱中钻研柏拉图的《理想国》和莫尔的《乌托邦》,并于1602年完成了《太阳城》(1623年出版)一书,随后又发表了《论最好的国家》、《被战败的无神论》等著作。

《太阳城》无论从内容上还是从形式上都深受莫尔的《乌托邦》的影响。康帕内拉虚构了"太阳城"这一理想社会。那里的最高统治者是一位被称作"太阳"的司祭,即世俗界与宗教界的总首脑。在康帕内拉看来,只有太阳才是一切光、热和力量的来源,因此,代替充满黑暗的社会压迫和令人窒息的监狱生活的理想社会应当是"太阳城"。

像莫尔一样,康帕内拉坚决反对资本主义私有制,认为私有制是"万恶之固",私有制产生出利己主义、自私自利,并造成贫富分化、伪善和暴行。他主张全部生产资料和一切生活资料都归全民所有,"把'我的'、'你的'忘掉"[①],由社会统一组织生产,共同劳动,取消商品交换和货币,共同享有劳动成果,法律严明,人人平等。康帕内拉在反对私有制的前提下,提出了下列比莫尔更加先进的思想。

第一,重视建立以技能为主的生产组织。"乌托邦"以家庭为生产和分配的基本单位,由家长指挥,是一种以血缘为基础的比较落后的社会经济政治制度;而在"太阳城"中则突破了血缘关系,以生产小组为基层组织,由经验丰富、技能超群的人充当"王"即组长,统一指挥生产。

---

① 康帕内拉:《太阳城》,陈大维等译,商务印书馆1980年版,第92页。

第二，重视运用新的科学技术来发展生产力。在"太阳城"中，科学技术已经达到很高的水平并被广泛运用于生产过程。采用"各种秘密方法"和"巧妙机械"促使农作物丰收；采用良好的方法繁殖和饲养牲畜；"靠一种非常精巧的机械行使"来航海①；甚至还发明了航空术和星际空间望远镜。由于科学技术的广泛运用，"太阳城"中的领导人也"必须是哲学家、历史学家、政治学家和物理学家"②，以适应科学管理的要求。同时，科学技术也使"太阳城"的公民摆脱了繁重的体力劳动。与"乌托邦"中的公民相比，生活在"太阳城"中的人每天只要付出4小时的劳动时间从事生产活动，其余时间则可以从事各种科学文化活动和体育活动，以提高自身的整体素质。

第三，强调"劳动光荣"。康帕内拉既反对剥削，也反对寄生。他把人人劳动看作是获得自身价值的最光荣的任务，在"太阳城"里，任何工作都没有高低贵贱之分，精通手艺固然会受到格外的尊重，但服务性的工作也未必是不体面的，因而"每个人无论分配他做什么工作，都能把它看作是最光荣的任务去完成"③。康帕内拉关于一切劳动都是为社会服务、都是光荣的观点，无疑是对社会主义学说的重要贡献。

第四，反对剥削。"太阳城"中没有奴隶和仆人，社会财富公有。与"乌托邦"不同，"太阳城"中的领导人和一般公民都是平等的，公民们"都把'王'当作自己的父兄一样"。④ 在"太阳城"中，原来意义上的家庭消失了，代之以社会大家庭，人人亲如兄弟姐妹或父母子女，处处充满情谊和快乐。同时，社会财富公有，消费品按照按需分配的原则向公社领取，因此，"他们的公社制度使大家都成为富人，同时又是穷人；他们都是富人，因为大家共同占有一切；他们都是穷人，因为每个人都没有任何私有财产；因此，不是他们为一切东西服务，而是一切东西为他们服务。"⑤

第五，重视文化教育。"太阳城"提倡直观教学，对公民从儿童开始就进行自然科学、生产工艺和历史知识的教育；注重智育、体育和生产劳动，主张教育同生产劳动相结合、脑力劳动同体力劳动相结合。这是当今社会主义教育事业仍然为之努力奋斗的德智体全面发展目标的最早系统表述。

但是，康帕内拉对公有的理解也有比莫尔要粗俗的地方。在莫尔的"乌托邦"中，家庭不仅保存着，而且是社会的基本单位；婚姻实行严格的一夫一妻制，个人生活有相当的自主权，宗教信仰也有自由。而在康帕内拉的"太阳城"中，家庭被作为

---

① 康帕内拉：《太阳城》，陈大维等译，第35页。
② 康帕内拉：《太阳城》，陈大维等译，第15页。
③ 康帕内拉：《太阳城》，陈大维等译，第23页。
④ 康帕内拉：《太阳城》，陈大维等译，第35页。
⑤ 康帕内拉：《太阳城》，陈大维等译，第24页。

私有制的根源遭到取消,也不再实行严格的一夫一妻制;男女婚事都由领导人做主,将体格健康、容貌美丽、品德优良的男女配对成双,对体弱有病、外表丑陋的,不准生育后代,对不会生孩子的则宣布为"公妻";人们的衣着、发式、生育也都被严格规定着。这些想法,被以后某些人所歪曲、利用,成为他们反对社会主义和共产主义的借口。

三、闵采尔的"千年太平天国"

托马斯·闵采尔是一位德国的革命者,一生积极投身工人和农民的革命斗争,参与建立了秘密革命组织"上帝的选民同盟",并领导了威震整个欧洲大陆的农民战争,为此献出了宝贵的生命。尽管闵采尔没有写出像莫尔的《乌托邦》、康帕内拉的《太阳城》那样不朽的著作,但他在实际斗争中撰写了如《对诸侯讲道》、《致路德的答辩书》、《论据充分的辩护词》等小册子,运用宗教神学的语言,诉诸明火执仗的行动,从而开创了空想社会主义的另一类型,即同社会改革实践紧密相连的空想社会主义。

闵采尔比莫尔、康帕内拉更为进步的地方在于,他在批判私有制的基础上,还提出了消灭财产私有制和解除工人、农民受苦受难的现实途径。闵采尔激烈批判了资本主义私有制,揭露和抨击了封建贵族、诸侯、暴君的贪婪和残忍,痛斥了新兴的资产者和封建统治阶级的妥协、勾结。他明确提出,人世间的一切不平等的根源是财产私有制;私有财产是"真正基督教的障碍","一个人不能既侍奉上帝,又侍奉金钱"。因此,他主张并相信只要工农发动武装起义,用暴力推翻反动国家政权,就能从富人手中夺回财富,消灭私有制,实现财产的公有制。在他领导德国农民战争期间,他号召矿工们配合农民战争举起大刀严惩统治者。

闵采尔设想的未来理想社会是"千年太平天国"。在这个社会中,财产公有,人人劳动,人人平等,产品实行共同分配。新的理想社会的最高组织形式是公社。全体社员共同选举管理机构——议会,由议会来维护社会秩序和人民利益。对于不称职的议员,人民有权随时加以撤换。与莫尔、康帕内拉不同的地方在于,闵采尔不是代表社会的上层或知识分子来设想未来的理想境界,而是从工人、农民的实际状况出发去阐述人民真切的希望;他不是停留在对私有制的感情与理论的批判及对美好社会的憧憬上,而是投入现实的斗争,指出了通过阶级斗争和暴力革命道路来实现财产公有的正确方向。

在早期空想社会主义的发展中,如果说莫尔开辟了纯粹幻想式、理论性的思想体系,那么闵采尔则开创了注重革命实践的思想体系。当然,闵采尔所代表的只是平民无产者,还不是真正发展了的无产阶级,他关于阶级斗争和武装革命的理论还非常粗糙。恩格斯认为闵采尔猜测到了共产主义,"闵采尔所了解的天国不是别的，只不过是没有阶级差别，没有私有财产，没有高高在上和社会成员作对的国家政权的一种社会而已。"①

还在资本主义处于简单协作的最初发展阶段，三位早期的空想社会主义者就勇敢地批判了资本主义经济、政治上的弊端，揭示出私有制是一切罪恶的根源，并在批判旧世界中为早期的无产者和劳动人民描绘了美好的新世界。但是，由于当时资本主义的各种矛盾还没有明显暴露出来，无产阶级的阶级意识也还很薄弱，因此他们只能披上宗教神学的外衣，采用文学游记和乌托邦的形式来表述自己的思想。莫尔的《乌托邦》、康帕内拉的《太阳城》、闵采尔的《千年太平天国》，都只是以极为虚幻的形式表现出"共产主义思想的微光"。②

第二节　17～18世纪的空想社会主义

一、摩莱里的"社会主义法典"

17～18世纪，是资本主义手工工场大发展的时期，西欧的一些主要国家、特别是法国，资本主义发展迅速，启蒙思想广泛传播，封建的王权和宗教的神权统治瓦解。在资本主义工场手工业的这一发展阶段上，新兴资产阶级在经济上掌握了权力，同无产阶级的矛盾开始尖锐起来，这导致当时的一批思想家产生出更为系统的空想社会主义理论。其主要代表人物都来自法国，他们的主要武器是"理性"。

摩莱里是其中之一。他出身平民，当过教师，钻研过英国唯物主义哲学家霍布斯和洛克的思想。在他看来，人格源于环境，公益是善恶的标准，幸福是人生的目的。由于人的需求是相同的，因此应当得到同样的满足，从而人的社会地位和权利也就是平等的，应当共同劳动，共同使用土地资源，共同享受劳动成果。摩莱里把世界比作一张饭桌，"它足够全体进餐者需要的一切，桌上的菜肴，有时属于一切人，因为大家都饥饿，有时只属于某几个人，因为其余的人已经吃饱了，因而，任何

---

① 《马克思恩格斯全集》第七卷，人民出版社1959年版，第414页。
② 参见《马克思恩格斯全集》第七卷，第405页。

人都不是世界的绝对主宰者,谁也没有权利要求这样做。"①

从公平、公有的原则出发,摩莱里认为原始社会是人类的黄金时代。在原始的大家庭中,所有财产都是公有的,家长将产品平均地分给每一个成员,不存在把产品占为己有的现象。这种既自然纯朴、又符合理性的社会,后来由于家庭户数增加,人口发展,建立新的秩序,动摇了原先的家庭管理形式,从而毁坏了理性,背离了人类社会的自然法则,从而产生出私有制。

摩莱里认为,在他生活的社会中,所有的政治现象和道德现象都异化成为怪物:共和的政治变成少数人对多数人的奴役,贪欲的私利替代了公共的利益。"什么东西使这些怪物发生作用的呢?""这是私有制"②。"在没有任何私有财产的地方,就不会有任何因私有财产而产生的恶果。"③因此,摩莱里设想,在未来社会里,要保证财产不被私人占有,最根本的是依靠法律来规范。

他为社会主义规定了一部法典,其中包括基本法、分配法、土地法、城市规划法、公共秩序法、政府法、行政管理法、婚姻法、教育法、科学法、惩罚法等等。其中具有决定意义的是基本法,它是"可以从根本上消除社会的恶习和不幸的基本的和神圣的法律"④。其内容有三条:第一条,"社会上的任何东西都不得单独地或作为私有财产属于任何个人,但每个人因生活需要、因娱乐或因进行日常劳动而于当前使用的物品除外。"第二条,"每个公民都是依靠社会供养、维持生计和受到照料的公务人员。"第三条,"每个公民都要根据自己的力量、才能和年龄促进公益的增长。"⑤这三条基本法明确地规定了未来社会的基本特征:生产资料公有制;人人都平等地得到社会的供养;人人都为社会发展各尽所能。基本法充分体现了权利与义务的对等关系,初步具备了现代法律制度的色彩。同时摩莱里还通过对未来社会其他一系列的法律的描绘,勾画出未来社会的各个方面。

摩莱里在社会主义史上的贡献在于他开始积极地从理论上论证自己的主张,而不是像他的先驱者那样只是停留于对未来社会的描述。摩莱里提出并论证了人类社会的起点是符合自然状态和理性的公有制社会,即原始社会;论证了原始社会公有制演变成为私有制的过程。他还按照理性和人性的要求,提出并论证了从私有制重新复归到公有制的必然性。

摩莱里抛弃了早期空想社会主义普遍存在的梦幻般的神秘色彩,把理想社会置于现实生活的基地上,用庄严、简明的法律条文表达出来,在关于公有制、劳动权

---

① 摩莱里:《自然法典》,黄建华等译,商务印书馆1982年版,第22页。
② 摩莱里:《自然法典》,黄建华等译,第82页。
③ 摩莱里:《自然法典》,黄建华等译,第49页。
④ 摩莱里:《自然法典》,黄建华等译,第123页。
⑤ 摩莱里:《自然法典》,黄建华等译,第106~107页。

和各尽所能三条基本法的基础上构造了较完整的空想社会主义大厦。他还第一次提出了计划经济的思想。当然,摩莱里思想中的绝对平均主义成分很浓,他也不知道怎样由私有制走向生产资料公有制,甚至过分夸大了道德说教的作用。

二、马布利的"理性社会主义"

另一个法国的空想社会主义者是加布里埃尔·博诺·德·马布利。他出生在司法贵族家庭,曾经担任过外交官员,后来辞去官职,回到书房,进行科学研究,经过长达40年的探索,为后人留下多达15卷的《马布利全集》。马布利认为,理性是世间一切东西中最重要和最高尚的,理性亘古不变,凭借它人们才能理解一切。在理性的指导下,人们组成了原始社会,人人平等,人人具有同样的器官与需要,权利相同,共同劳动,财产公有,没有贫富和主仆之分,一切都符合自然,符合理性。但是,剩余产品的出现使买卖盛行,商业产生。于是大家逐渐忘掉公益,竭力牟取私利,从而违背了理性,变得贪婪和虚荣起来。

马布利认为奴隶制度、封建制度、资本主义制度都是违反理性的私有制。封建制度固然违背自然秩序,资本主义社会同样也违背自然秩序。只有以公有制为基础的社会制度才是符合自然秩序的社会制度。马布利在批判重农学派维护私有制的观点时,正确地区分了生产资料和消费资料。重农学派认为,私有制包括个人私有权、生活必需品私有权和土地私有权,三者密不可分,若缺少一项,其他两项也就随之解体。马布利则指出这三种权利是各自独立存在的,实行土地公有并不影响、否定个人私有权和生活必需品私有权;而在私有制时代,人们实际上丧失了上述两项权利。因此,人类必须消灭生产资料的私有制,才能回到自然状态,得到真正的幸福。"如果实行财产公有,可以非常容易地建立财产平等,并在这个双重的牢固基础上创造人们的幸福。"①

马布利理想中的社会是共和国。在共和国中,第一条法律就是禁止财产私有,一切劳动产品都是国家的珍宝和每个公民的财产,"人人都是富人,人人都是穷人,人人平等,人人自由,人人是兄弟。"②共和国的每个公民都须按自己的能力和精力,从事有益的劳动。劳动是光荣的事情,高尚的道德是调动劳动积极性和开展劳动竞赛的根本动力。共和国对于最勤劳的、劳动成绩最优异的要给予奖励。共和国内将按"需"分配,高度平均,取消商品和交换,但可以对外进行小规模贸易,以便换回邻国的物品,弥补本国的不足。

马布利提出,私有制已使人们养成了种种难以克服的恶习,立即消灭私有制、

---

① 《马布利选集》,何清新等译,商务印书馆1981年版,第82页。
② 《马布利选集》,何清新等译,第154页。

建立共和国是一步登天的想法,办不到,必须先进行社会改革,为理想社会的实现做好准备。他的改革方案主要包括实行限定最高数额的土地法;实行限制商业的政策;实行反对豪华法;禁止征收国税,减少国家支出;限制遗产继承,等等。他还认为,反对暴政的内战即社会革命是好事情,可以使社会有机体摆脱罪恶,恢复正常,获得更快的发展。

马布利以前的空想社会主义思想家大多以文学游记和法律条文的形式表达他们的思想,而马布利则以理性为武器,对公有制、民主和法制、按需分配等一系列原则进行了有力的理论的和逻辑的论证,强调了未来社会生产资料公有制的必然性,提出了同消灭私有制的目的结合在一起的改造现实世界的措施,并承认社会革命过程中暴力革命的重要性。但马布利的理想带有一定的禁欲主义味道,是一种"苦修苦炼的、禁绝一切生活享受的、斯巴达式的共产主义。"[①]

三、巴贝夫的"平等共和国"

格拉古·巴贝夫(原名弗朗索瓦·诺埃尔)出生于贫苦家庭,亲身体验到法国劳动群众的疾苦。1789年法国资产阶级革命爆发后,他积极投身革命洪流;1794年大资产阶级发动了"热月政变",他创办《人民论坛报》,同热月党反动派展开斗争;1796年与战友建立平等派密谋组织,准备领导人民进行武装起义,推翻剥削制度,建立平等共和国,后因叛徒告密而被捕,慷慨就义。

实现社会平等是巴贝夫学说的核心。巴贝夫指出,现有的资本主义制度是不平等的制度,是一种"奴隶的制度、无耻的制度和饥饿的制度。"[②]他理想的社会制度是"平等共和国"。在"平等共和国"中,"人民必须要求全部权利,必须坚决地表现出当家作主的意志;人民必须显示出自己的全部威力"[③]。为了实现真正的平等,土地和财产都应当是公有的,土地的收益、工场的产品,都应送入公共仓库。"平等共和国"是一个"农业国",兼营手工业。分配上实行绝对平均主义,保证社会成员在衣、食、住、行、医、教育等方面的需要。"平等共和国"的基本单位是"国民公社",它是一种以财产公有制为基础、实行有计划的生产和分配的新型经济组织。"国民公社"的领导机构是中央行政管理局,通过它来统一掌管整个公社的生产和消费,调整各地区的剩余劳动力与产品,掌握对外贸易,制订并实行统一的计划经济。

巴贝夫提出了武装夺取政权、建立劳动人民革命专政的主张。他认为,"政治

---

① 《马克思恩格斯选集》第三卷,第406页。
② 《巴贝夫文选》,商务印书馆1962年版,第48页。
③ 《巴贝夫文选》,第82页。

科学社会主义的理论与实践

革命就是贵族和平民之间、富人和穷人之间公开的战争","当一个国家的罪恶的和不法的组织机构使得这个国家的广大人民群众受尽痛苦、备尝屈辱和背着沉重不堪的铁链的时候,当大多数人民的生活状况已经恶劣到再也无法忍受的时候,那么被压迫者就一定要奋起反对压迫者。"[①]因而革命就是通过人民的武装斗争消灭旧制度。他还特别指出,从武装起义的成功到共和国的建立,中间必须经过一个过渡阶段。在这个阶段,要建立革命专政,组织胜利了的人民群众,镇压敌人的反抗,实行社会改革,巩固已获得的政权,为进一步在全国范围内建立公社制度创造条件。

巴贝夫的理论"超出整个旧世界秩序的思想范围"[②],这些思想"经过彻底的研讨,就成为新世界秩序的思想"[③]。如果说摩莱里、马布利只是对理想社会进行了具体设计的话,那么巴贝夫则对如何实现理想社会进行了大胆的探索,提出了许多发人深思的主张和想法,并亲自加以实践,一生为革命奋斗。当然,巴贝夫的理论也有明显的局限性,他的社会主义是一种农业社会主义,其发展进程有明显的超越性,绝对平均主义的成分也过于浓厚。他所主张的"要使这个民族在各个人之间是没有任何差别的绝对的平等"[④]的观念,仍然属于绝对平均的粗陋的空想社会主义范畴。

第三节　19世纪批判的空想社会主义

一、圣西门的"实业制度"

19世纪初,英国完成了产业革命,其他主要资本主义国家也纷纷开始进行产业革命,资本主义进入了机器大生产的发展阶段。在这一发展阶段,资本主义社会的基本矛盾日益显露,无产阶级同资产阶级的对立和斗争日趋激烈。与此相适应,空想社会主义也发展到了以圣西门、傅立叶、欧文为代表的最高、最重要的阶段。

[①] 《巴贝夫文选》,第28页。
[②] 《马克思恩格斯全集》第二卷,人民出版社1957年版,第152页。
[③] 《巴贝夫文选》,商务印书馆1962年版,第86页。
[④] 《巴贝夫文选》,商务印书馆1962年版,第86页。

克劳德·昂利·圣西门出身于法国的贵族世家,曾是著名启蒙学者达兰贝尔的学生,受到法国唯物主义和启蒙思想的熏陶。法国大革命爆发后,他投身革命洪流,完成了向资产阶级民主主义者的转变。法国资产阶级革命胜利后出现的新的社会矛盾,又促使他深入研究社会,先后发表了《一个日内瓦居民给当代人的信》、《论实业体系》、《论文学、哲学和实业》、《新基督教》等一系列空想社会主义著作,致力于工人阶级的解放事业,成为"工人阶级的代言人"。①

圣西门对社会发展规律进行了探讨。他认为人类历史是一个有规律的发展过程,新制度代替旧制度是一种进步。他用数学中的"数列"比喻人类社会之间的联系:"已经发生的一切和将要发生的一切,形成一个数列,数列的前几项是过去,后几项是未来。"②在历史发展中,正在消逝的过去的残余和正在成长的未来的萌芽是两种并存的因素,而新生的力量必将战胜衰老的力量。按圣西门的划分办法,人类经过五个时期:开化初期、希腊罗马奴隶社会、中世纪封建社会、"新封建制度"、未来的"实业制度"。人类社会将沿着上升的路线发展,真正的"黄金时代"应当是"实业制度"。他还强调所有制问题的重要性,认为"确立所有权是可以向政治社会提供的唯一基础",政府仅仅是形式,"所有制才是社会大厦的基石"③。

依据这一理论,圣西门分析了资本主义的社会结构。他指出法国的社会结构完全是金字塔形式:少数游手好闲者盘踞在最上层,广大劳动者为祖国创造了财富却被压在最底层。他说法国如果突然失去3 000名科学家、艺术家和手工业者这些"法国的社会之花",国家就会遭受不幸,整个民族就会变成一具没有灵魂的僵尸;而如果死去30 000名王公、贵族、主教、元帅这些游手好闲者,则不会给社会带来任何损害。他怒斥现在的社会完全是个"是非颠倒的世界"④,到处是没有才能的人统治有才能的人,道德败坏的人支配善良的公民。为了改变这种不合理的状况,圣西门认为应当推广"实业制度"。

圣西门指出,"实业制度"是人类合乎理性的要求,也是社会发展的必然趋势,可以保证社会得到最大安宁,人民享有最大自由。他写道:"在新的政治制度下,社会组织的唯一而长远的目的,应当是尽善尽美地运用科学、艺术和工艺的现有知识来满足人们的需要。"⑤圣西门在社会主义史上第一次用十分明确的语言把"满足人们的需要"规定为新的社会组织的"唯一而长远的目的",并提出了满足人们需要的手段。后来,他又明确提出实业制度的目的是提高无产阶级的福利:"人们应当

---

① 马克思:《资本论》第三卷,人民出版社1975年版,第684页。
② 《圣西门选集》第一卷,王燕生等译,商务印书馆1979年版,第42页。
③ 《圣西门选集》第一卷,王燕生等译,第188页。
④ 《圣西门选集》第一卷,王燕生等译,第239页。
⑤ 《圣西门选集》第一卷,王燕生等译,第243页。

把自己的社会尽量组织得有益于最大多数人,以最迅速和最圆满地改善人数最多阶级的精神和物质生活,作为自己的一切劳动和活动的目的。"①圣西门认为禁欲主义应当摒弃,在他设想的实业制度中,人们吃得最好,穿得最美,拥有很好的住宅,可以随意旅行,享受世上最美妙的东西;而且人们的智力水准也很高,能够运用自然规律、鉴赏艺术、富有诗情画意。圣西门对实业制度的结构作了明确规定。实业制度的最高权力机构是最高行政委员会和最高科学委员会,由最有才能的学者组成最高科学委员会,主管科学、文化、教育事业,由最优秀的实业家(即工人、农民、工厂主、商人和银行家)组成最高行政委员会。掌管者只是为公共利益服务的社会管理人员,由人民选举产生,和人民平等相处。在实业制度中应坚持下列原则:一切人都劳动;制定明确的和配合得十分合理的工作计划;废除一切特权,实现人的完全平等;个人收入应与他的才智、贡献成正比;一切人都享有最大限度的自由;妇女在政治上有选举权与被选举权。在实业制度下,国家将由统治人的机构转变为管理物和领导生产的机构。

圣西门丰富而精辟的思想为社会主义理论宝库增添了新的内容。他对资本主义的尖锐批判提供了启发工人的宝贵材料,他天才地预见到社会历史发展的进步性,敏锐地观察到一些阶级和阶级斗争问题,非常重视经济和科学的作用,从此把未来理想社会奠基于机器大生产之上。"后来的社会主义者的几乎一切并非严格是经济的思想都以萌芽状态包含在他的思想中。"②

但是,圣西门的"实业制度"是一个充满矛盾的方案:无产阶级的倾向和资产阶级倾向的影响结合在一起,社会主义的思想和非社会主义思想的成分结合在一起。他把人类社会发展的动力看作是理性推动的结果,认为哲学家的知识体系和理性观念决定社会政治制度,甚至把哲学家的思想看作是完善、推翻或建立社会政治制度的决定因素,这明显是错误的;他的"实业制度"中仍然保留了生产资料私有制;而且他把改变现有制度的希望寄托于国王和资产者的良心和理性,曾经指望通过呼吁和劝说使拿破仑良心发现,颁布一道法令就可以建立"实业制度",结果被拿破仑视作疯子。

二、傅立叶的"和谐制度"

沙利·傅立叶出生于商人家庭,中学毕业后经商,多年的推销员和经纪人的生活阅历使他对资本主义商业的内幕和种种罪恶有很深的了解。法国大革命以后日益显露的新的社会矛盾,促使他下决心去发现和创立新的科学,为人类解放开辟一

---

① 《圣西门选集》第三卷,董果良等译,商务印书馆1986年版,第163页。
② 《马克思恩格斯选集》第三卷,人民出版社1972年版,第300页。

条新的道路。他的代表作有《全世界和谐》、《四种运动论》、《论家务——农业协作社》(即《宇宙统一论》)、《经济的新世界或符合本性的协作的行为方式》(简称《新世界》)、《论商业》等。

对资本主义制度进行的无情揭露,是傅立叶全部学说中最精彩、最有生命力的部分。他指出资本主义制度是少数富人掠夺穷人的制度。"文明制度的机构在一切方面都是巧妙地掠夺穷人而发财致富的艺术"①;文明制度创造了大规模的工业生产和高度发展的科学艺术,"却不能保证给予人民劳动和面包"②,劳动阶级在工厂中劳动时间非常长,工资收入却很低,往往死于贫困所造成的长期饥饿和各种疾病;与此同时,饱食终日、无所事事的官吏、军人、商人和绅士们却过着寄生生活而加剧了劳动者的贫困。他愤怒地谴责文明制度"是恢复了奴隶制度"③,"是颠倒世界,是社会地狱"④。

傅立叶还无情地揭露资本主义商业活动中囤积居奇、投机倒把、买空卖空、哄抬物价、掺假掺杂、制造饥荒、宣告破产、贩卖黑奴等等36种罪行。傅立叶认为现代社会充满着冷酷的利己主义"医生希望自己的同胞患寒热病;律师则希望每个家庭都发生诉讼;建筑师希望一场大火把一个城市的四分之一化为灰烬;安装玻璃的工人希望下一场大冰雹把所有的玻璃打碎;……"⑤

由于傅立叶最善于用辛辣的讽刺和幽默的语言无情地揭露资本主义社会物质上的贫困和道德上的堕落,因而恩格斯在评论傅立叶时说:"傅立叶不仅是批评家,他的永远开朗的性格还使他成为一个讽刺家,而且是自古以来最伟大的讽刺家之一"⑥。"在傅立叶的著作中,几乎每一页都放射出对备受称颂的文明造成的灾祸所作的讽刺和批判的火花。"⑦"傅立叶对现存的社会关系作了非常尖锐、非常生动和非常明睿的批判",在马克思主义产生以前,对资本主义社会"能够进行这种批评的只有傅立叶一人"。⑧

傅立叶深信"社会的各个时期是服从于一般成长的规律的"⑨,人类社会是有规律地从低级向高级不断运动和发展的过程,"可分为四个成长的时期:童年时期、

---

① 《傅立叶选集》第三卷,汪耀三等译,商务印书馆1982年版,第114页。
② 《傅立叶选集》第一卷,赵俊欣等译,商务印书馆1979年版,第93页。
③ 《傅立叶选集》第一卷,赵俊欣等译,第117页。
④ 《傅立叶选集》第二卷,赵俊欣等译,商务印书馆1981年版,第103页。
⑤ 《傅立叶选集》第一卷,赵俊欣等译,第122页。
⑥ 《马克思恩格斯选集》第三卷,第300页。
⑦ 《马克思恩格斯选集》第三卷,第305页。
⑧ 《马克思恩格斯选集》第二卷,第656页、659页。
⑨ 《傅立叶选集》第三卷,汪耀三等译,第113页。

成长时期、衰退时期和凋谢时期,"①历经原始时期、蒙昧时期、宗教制度、野蛮制度、文明制度、保障制度、协作制度和和谐制度。尽管他还未能正确地划分五种社会经济形态,但他对人类历史的分期基本符合实际,这在空想社会主义者的历史观方面不能不说是一个重大的突破,他的具有唯物主义思想萌芽的历史观为研究人类历史提供了宝贵的资料。

傅立叶设想的理想社会是"和谐制度",其基本单位是"法朗吉"。根据他所设定的810种人的性格,每一种性格在理想社会中都有其相应的工作,每个人都应该配备一个协作副手,因而"法朗吉"适当的规模应是1 620人。"法朗吉"既是生产单位,又是生活单位,实行工业、农业、商业、家务、教育、科学、艺术的全面协作。在"法朗吉"内部,设有许多被称为"谢利叶"的专业劳动队,下设若干组。全体成员居住在一个被称为"法伦斯泰尔"的宏伟建筑群里,建筑群整齐美观,安排合理。新社会将不受旧式分工制度的束缚,人人参加劳动,每个人可根据自己的兴趣爱好自由地选择和交换工种,每种工作的劳动时间可以缩短,每天可选择七八种工作。劳动的多样化将使人们把"聪明灵巧贡献给自己比较喜爱的诱人的活动"②,人的创造欲望、竞赛欲望得到满足,社会生产力迅速发展。

傅立叶反对禁欲主义,主张在和谐社会中,凡是符合人类自然本性的情欲都应得到满足。在消费品分配问题上,他强调"协作制度是绝不主张平均主义的","在协作制度下,任何平均主义都是政治毒药"③,主张按劳动、资本和才能进行分配,但保证每个成员都有一定数量的最低收入。他还认为家务劳动、儿童教育将由社会来承担,家庭将失去原有的功能,妇女将从家庭束缚中解放出来。

傅立叶作为19世纪法国杰出的空想社会主义的代表,对资本主义制度进行了最尖锐的批判和最无情的讽刺,精湛独到;他在人类历史上第一次预见到了资本主义的经济危机,并把它恰当地称作"生产过剩引起的危机"④;他强调教育必须适应"和谐制度"的组织原则和经济制度的需要;他还在妇女解放问题上"第一个表明了这样的思想:在任何社会中,妇女解放的程度是衡量普遍解放的天然尺度。"⑤但是,正如恩格斯所一针见血指出的那样:"傅立叶主义还有一个而且是非常重要的一个不彻底的地方,就是它不主张废除私有制"⑥;同时他又幻想阶级冲突的和平

---

① 《傅立叶选集》第一卷,赵俊欣等译,第125页。
② 《傅立叶选集》第一卷,赵俊欣等译,第176页。
③ 《傅立叶选集》第三卷,汪耀三等译,第23、154页。
④ 《傅立叶选集》第一卷,赵俊欣等译,第56页。
⑤ 《马克思恩格斯全集》第三卷,第411~412页。
⑥ 《马克思恩格斯全集》第一卷,人民出版社1964年版,第579页。

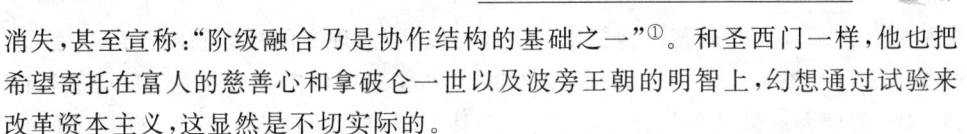

消失,甚至宣称:"阶级融合乃是协作结构的基础之一"①。和圣西门一样,他也把希望寄托在富人的慈善心和拿破仑一世以及波旁王朝的明智上,幻想通过试验来改革资本主义,这显然是不切实际的。

三、欧文的"共产主义试验"

罗伯特·欧文出生在英国一个手工艺人家庭,9岁开始独立谋生。特殊的经商才能使他在英国工商界崭露头角。1799年他在苏格兰新拉纳克大棉纺厂进行一系列有利于提高工人福利的改革试验,缩短工时,提高工资,禁止使用童工,设立廉价商品商店,扩大公园和广场,改善居住条件,建立食堂、幼儿园、创办互助会、保险部、医院,发放抚恤金,禁止惩罚工人,兴办学校,等等。他把工厂变成"完善的模范移民区"②,酗酒、诉讼、贫困救济和警察都绝迹了。

自1813年起欧文开始著书立说,发表了《新社会观,或人类性格的形成》、《论工业体系的影响》、《致拉纳克郡的报告》。他通过计算发现,剩余财富是工人创造的,应属于工人,并开始全面论述自己的社会主义观点。"欧文的共产主义就是通过这种纯粹营业的方式,作为所谓商业计算的果实产生出来的。它始终保持着这种实践的性质。"③1820年前后,欧文已经完全形成了空想社会主义的观点,完成了他一生中的重大转折。

与此同时,由慈善家转变成社会主义者的欧文遭到官场排斥,被逐出上流社会。1824年他带着4个儿子和一些学生来到美国创办"新和谐公社",但于1829年试验失败,资本主义的汪洋大海淹没了欧文的公社孤岛。此后他返回伦敦,转而领导工人运动,成为工人运动的领袖。1851年欧文80诞辰的庆祝会,马克思曾出席并聆听了欧文的演讲。欧文"把唯物主义学说当作现实的人道主义学说和共产主义的逻辑基础加以发展。"④他将其一生贡献给了社会改革和共产主义事业。

欧文对资本主义社会进行了批判。他指出私有制、宗教、现存的婚姻制度是资本主义的三大祸害,其中最主要的祸害是私有制。私有制无论"过去和现在都是人们所犯的无数罪行和所遭受的无数灾祸的根源"⑤。私有制使人产生利己主义,使富人变成"衣冠禽兽"和"两角兽",对劳动者残酷掠夺;它引起专横和奴役、仇视和战争,使全世界变成地狱,严重阻碍社会前进。传统的宗教维护私有财产,起着欺骗、毒害人民思想的作用。现行的婚姻制度则以私有财产和宗教信仰为基础,给儿

---

① 《傅立叶选集》第三卷,汪耀三等译,第268页。
② 《马克思恩格斯选集》第三卷,第302页。
③ 《马克思恩格斯选集》第三卷,第303页。
④ 《马克思恩格斯全集》第二卷,第167~168页。
⑤ 《欧文选集》第二卷,柯象峰等译,商务印书馆1981年版,第11页。

童和妇女带来极大的痛苦。他指出,"由此可以断定,现有的社会制度已经过时,迫切要求进行人类事业中的巨大改革。"①欧文通过试验得出下列结论:工人完全能够组织、管理大规模的现代化生产;生产工具不应成为统治人的东西,自愿组织的联合劳动必定代替雇佣劳动。

欧文提出了改造资本主义社会、建立理想社会的方案。生产资料的公有制是欧文理想社会的基础,"在合理组织起来的社会里,私有财产将不再存在。""个人日常用品之外的一切东西都变成公有财产。"②这种理想的社会是劳动公社联合体,它是"全新的人类社会组织的细胞。"③其根本原则是联合劳动、联合消费、联合保存财产和特权均等。公社成员既从事工业生产,又从事农业生产。公社是工农结合的新村,布局合理,环境优美,既有现代化生产和生活设施,又有农村的自然风光,因而消除了城乡对立。公社的基层组织是"组",按年龄划分,其功能是对组内成员进行管理、分工和教育。

这种组织体现了教育与生产劳动的结合,脑力劳动与体力劳动的结合。欧文认为公社的生产目的是满足全体成员的物质和文化生活需要,广泛运用先进技术和机器,消灭笨重的体力劳动,促进生产力的发展。在产品极大丰富的前提下,公社实行按需分配的原则,公社内没有商品交换,调剂余缺的交换媒介是"劳动券"。公社的最高权力归全体社员大会,一切重大问题由社员大会讨论决定。公社的组织领导和管理机构是公社总理事会,另外还有各种专业委员会,这些委员会由全体社员民主选举产生,公社没有警察、法庭、监狱和军队。

欧文作为19世纪空想社会主义最杰出的代表,天才地阐述了马克思、恩格斯创立的科学社会主义的一部分真理。他以资产阶级古典经济学家李嘉图的劳动价值论为依据,结合管理工厂的实践,得出了工人劳动除了生产出必要的生活资料,还生产出"剩余产品",而这些"剩余产品"则被企业主以利润的形式占有了,从而初步找到了工人阶级贫困的原因。他看到了生产力具有无限发展的前景,预言了共产主义社会的一些基本特征,如废除私有制、建立公有制、社会主义的生产目的、分配原则、三大差别的消除、科学技术的作用及提倡教育与生产劳动相结合,以德、智、体、行全面发展的原则培养人的观点等等。

由于欧文是从他的实践出发来设想未来社会的,因而他对理想社会的设计非常内行和细致。更为可贵的是,欧文不断将自己的共产主义理论付诸实施:前期一次又一次地进行"试验示范";遇到失败并最终破产后,又直接参加和领导工人运

---

① 《欧文选集》第二卷,柯象峰等译,第53页。
② 《欧文选集》第二卷,柯象峰等译,第14、15页。
③ 《欧文选集》第二卷,柯象峰等译,第20页。

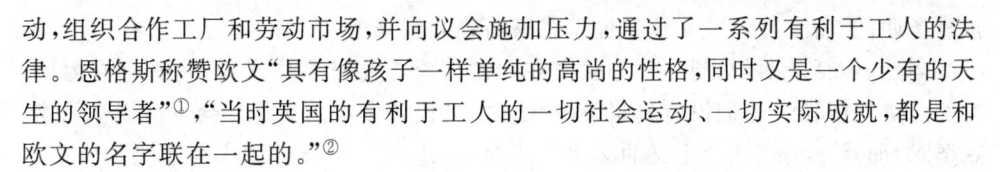

动,组织合作工厂和劳动市场,并向议会施加压力,通过了一系列有利于工人的法律。恩格斯称赞欧文"具有像孩子一样单纯的高尚的性格,同时又是一个少有的天生的领导者"①,"当时英国的有利于工人的一切社会运动、一切实际成就,都是和欧文的名字联在一起的。"②

四、空想社会主义的功绩、局限和历史地位

从莫尔的"乌托邦"一直发展到圣西门、傅立叶和欧文的学说,空想社会主义者在历史上做出了巨大的贡献。首先,他们的社会历史观中已经包含了趋向历史唯物主义的合理因素。比如,指出人类社会历史是一个有规律地向前发展的进程;力图从生产的发展上探求历史发展的动力;提出资本主义社会只是一个暂时的、过渡的阶段,它终将为社会主义所取代,等等。

其次,他们对资本主义制度作了前所未有的揭露和批判。空想社会主义者无情地揭露资产阶级的残暴和腐败,指出资产阶级的政治制度是一种新的压迫制度,是一种复活了的奴隶制;批判资本主义经济发展中的种种弊病,指出资本主义生产的无政府状态、生产和消费的失调必然引起周期性的经济危机;鞭笞资本主义的利己思想支配了一切社会阶级,人与人之间的关系成了纯粹的金钱关系。他们还怀着无限同情的心情诉说无产阶级的悲惨境地,并指出私有制是资本主义一切罪恶的根源,必须消灭资本主义制度才能解救苦难中的无产阶级。所有这些都成了无产阶级启蒙教育的极好教材。

再次,他们天才地预测了未来社会的许多特征和原则,如消灭私有制,实行以大生产为基础的公有制;生产的目的是满足广大人民群众的物质和精神生活的需要;有计划地统一组织社会生产;劳动不再是谋生的手段,而是乐生的需要;实行按需分配或按劳分配的原则;国家由对人的政治统治变成对物的管理和对生产过程的领导;以及消灭三大差别、教育与生产劳动相结合、妇女解放、和平外交等一系列积极的设想。可以毫不夸张地说,后来各社会主义国家在建设社会主义过程中所采取的种种方针政策乃至具体措施,几乎都可以从他们的天才"设计"中找到原型。

最后,他们当中的有些人如闵采尔、巴贝夫、欧文等,还分别通过试验示范和暴力革命的形式,不倦地实践着他们的理论主张。空想社会主义者的历史功绩受到马克思和恩格斯的高度评价,他们认为在科学社会主义产生以前,"空想主义本身包含着这种社会主义的萌芽"③。"德国的理论上的社会主义永远不会忘记,它是

---

① 《马克思恩格斯选集》第三卷,第413页。
② 《马克思恩格斯选集》第三卷,第415页。
③ 《马克思恩格斯全集》第三十四卷,第281页。

依靠圣西门、傅立叶和欧文这三位思想家而确立起来的。"①

当然,包括圣西门、傅立叶和欧文在内的所有空想社会主义者,也都存在着明显的历史局限性。他们没有真正发现社会主义代替资本主义是社会发展规律的客观要求,而是把实现社会主义的必然性建立在"理性"、"人道"、"永恒正义"、"绝对真理"和"天赋人权"等等的基础上;他们没有真正找到实现社会主义的现实道路,大多数人把实现社会主义理想的希望寄托在统治者的"良知"、剥削者的"良心发现"或是自身的"示范带头"上,少数人找到了阶级斗争和暴力革命的途径,但是对怎样搞阶级斗争和暴力革命也还缺乏科学的策略和方法;他们仅仅把无产阶级当成苦难的、亟待别人去加以解救的阶级,而看不到无产阶级能够自己解放自己,看不到无产阶级就是推翻资本主义、建设社会主义的现实阶级力量。所以他们的理论还是空想的、不成熟的理论。

当然,这种"不成熟的理论,是和不成熟的资本主义生产状况、不成熟的阶级状况相适应的。"②当时资本主义制度所产生的冲突才开始形成,人们对这些冲突特别是解决这些冲突的手段,还不可能认识得很清晰;当时无产阶级也才开始形成,其反对资本主义的斗争还停留在捣毁机器的初级阶段,无产阶级暂时只表现为被压迫的受苦的阶级,还无力解放自己,作为其阶级意识表现的空想社会主义学说,还不可能科学地说明无产阶级的历史使命。

但是,当资本主义走向成熟,无产阶级也日趋成熟时,空想社会主义原先具有的合理性就会转向其反面。随着历史的发展,资本主义社会及其所包含的矛盾冲突不断地显露出来,无产阶级及其对资产阶级的阶级斗争更是不断地成熟起来,因此,"批判的空想的社会主义和共产主义的意义,是同历史的发展成反比的。阶级斗争愈发展和愈具有确定的形式,这种超乎阶级斗争的幻想,这种反对阶级斗争的幻想,就愈失去任何实践意义和任何理论根据。所以,虽然这些体系的创始人在许多方面是革命的,但是他们的信徒总是组成一些反动的宗派。"③

---

① 《马克思恩格斯全集》第十八卷,第 566 页。
② 《马克思恩格斯选集》第三卷,第 409 页。
③ 《马克思恩格斯选集》第一卷,第 283 页。

第四节 突破空想体系的最初尝试

一、卡贝提出"过渡性社会制度"

19世纪30～40年代,在马克思主义诞生前夕,欧洲出现了一批较有声望的社会主义者。他们作为早期工人运动的活动家和思想家,在理论和实践方面超越了圣西门、傅立叶、欧文等人,开始突破空想体系,接近科学的社会主义。可以说,他们既不属于空想社会主义者,又未成为科学社会主义者,而是空想社会主义与科学社会主义之间"亦此亦彼"式的"过渡人物"。

法国的埃蒂耶纳·卡贝,曾加入旨在推翻波旁王朝的秘密革命团体"烧炭党",参加了1830年的法国七月革命。他创办《人民报》,宣传民主思想,猛烈抨击代表大资产阶级、大贵族利益的七月王朝,后遭迫害,被迫流亡国外。卡贝撰写的富于哲理性的小说《伊加利亚旅行记》,成为当时受苦人民的"福音书"和伊加利亚派共产主义者的"圣经"。法国各地都成立了卡贝主义团体,形成了相当规模的伊加利亚运动。

卡贝揭露了资本主义及其以前的社会制度下存在的严重贫富对立和社会罪恶。他指出:"货币、财富的不平等和私有制三者,乃是一切弊害、一切罪恶的根源。"[1]他指出现存的国家政权是维护贵族利益、镇压人民的工具,"法律是由贵族或者富人来制定"[2],这就"预示了一切事情的安排都将有利于巩固一部分人对另一部分人的统治与压迫"[3]。资本主义制度下的军队、监狱和警察都只是报复和压迫的工具,都是人类的耻辱和罪过。他呼吁用"伊加利亚共和国"来取消这种不平等的制度。在伊加利亚共和国中人们自由和自愿地联合起来争取共同利益。共和国的基本单位是"公社",财产公有,人人平等,实行权利与义务的统一,一切主权属于人民。

---

[1] 卡贝:《伊加利亚旅行记》第二、三卷,李雄飞等译,商务印书馆1982年版,第13页。
[2] 卡贝:《伊加利亚旅行记》第二、三卷,李雄飞等译,第379页。
[3] 卡贝:《伊加利亚旅行记》第二、三卷,李雄飞等译,第26页。

卡贝认为,不可能立即以共产主义制度代替私有制度。因此,他富有独创性地主张,在私有制和共产主义制度之间有一个"过渡性社会制度"。这种过渡性社会制度"是一种既保留私有制,又尽可能迅速消灭贫困和逐步废除财产与权力的不平等现象的制度;它通过教育为共产主义制度培养新的一代或若干代人;它实行普选制,并且首先开放言论和结社自由"①。在过渡性社会制度消除贫富分化的措施方面,卡贝提出了自己的主张:一是针对代内贫富分化的程度,对富人开征高额累进所得税,同时对穷人提供救济保障;二是根据代际贫富分化的转移,一方面开征遗产所得税,另一方面对穷人的孩子免费义务教育。卡贝认为,过渡性社会制度的基本原则就是既保留私有制、又着手限制和消除私有制所造成的恶劣后果,它的基础是私有财产制和逐步消灭财富的不平等。在卡贝看来,尽管共产主义是最终的目的,但在过渡性社会制度中,人们既得的权利还是以暂不触动为好。②

与关于过渡时期的思想相联系,卡贝提出了另一个独创性的见解即专政的思想,强调过渡时期必须保留镇压手段,用以阻止犯罪;设立"专政委员会",用以巩固胜利成果。卡贝发挥了巴贝夫提出的有关过渡时期思想的萌芽,将它发展成更加完整的过渡时期理论,这在社会主义思想史上是一个重要贡献。但是卡贝的"过渡性社会制度"也存在着不可忽视的空想和缺陷,比如:否认过渡时期必须以公有制代替私有制,主张保留私有制;认为对富人不应该"剥夺",而应该"说服",甚至声称"固然不应该为了富人而牺牲穷人,同样也不应该为了穷人而牺牲富人"。这表明他并不真正懂得阶级斗争的规律和无产阶级专政的必要性。

二、德萨米倡导理论和实践相结合

法国的狄奥多·德萨米不仅是革命理论的热情宣传者,而且是革命运动的积极参加者。他曾加入布朗基领导的革命密谋组织"四季社",并且是法国有影响的秘密团体"平等者协会"的创始人之一。德萨米出色的革命活动赢得了人民群众的普遍拥护,他曾被提名为国民议会的候选人。在空想社会主义史上,思想家们大致可分为两种类型,一种是莫尔开先河的理论型,一种是以闵采尔为代表的实践型,各自都有自己的弱点。而德萨米则注重把空想社会主义的理论同革命的实践结合起来,把乌托邦的理想同现实的工人运动结合起来。这是他对社会主义学说史的一大贡献。他不仅创立了自己的体系《公有法典》,宣称私有制必将为公有制所代替,资本主义必将为共产主义所代替,而且对这个理论体系进行孜孜不倦的宣传,

---

① 卡贝:《伊加利亚旅行记》第二、三卷,李雄飞等译,第385页。
② 卡贝:《伊加利亚旅行记》第二、三卷,李雄飞等译,第388页。

"以空前未有的巨大热情高呼:公有制!公有制!"[1]同时他还组织共产主义聚餐会,积极投身到当时轰轰烈烈的工人运动中去。他正是在革命的实践中看到了无产阶级不仅是一个受苦的阶级,而且是未来革命的主要力量,因而提出了要向无产者灌输共产主义真理的思想。

在空想社会主义史上,有关未来社会中脏活、累活、苦活由谁来干是一个很难解决的问题,从莫尔到傅立叶都没能给予较完满的回答,德萨米却提出了务实性很强的独到见解。他认为首先可以用机器代替人工来干脏活、累活、苦活,人只要对机器加以管理就行了;其次可以缩短工作时间来鼓励人们从事艰苦的工作;另外也可以用抽签的方法,决定由谁来干脏活、累活、苦活。这样,他就第一次比较科学地解决了这个难题,而不再沉湎于"劳动光荣"、"劳动是乐生的需要"等等说教。

三、布朗基组织政党、发动革命的实践

路易·奥古斯特·布朗基是一个革命的实干家,他将一生都献给了法国人民的解放事业和社会主义运动。他在艰苦曲折的斗争中,不断地组织秘密团体"家族社"、"四季社"、"中央共和主义社",多次发动起义,组织武装暴动。他积极引导群众开展多种形式的政治斗争,组织10万工人和平民游行,参加群众集会,注重宣传发动群众。布朗基一生中被关押33年7个月零16天,软禁2年8个月零14天,流亡国外或受警察监视6年10个月零24天。残酷的折磨,非人的待遇,都摧毁不了他的坚定信念和钢铁意志。他被人们誉为"被囚禁的普罗米修斯"。

布朗基对空想社会主义的贡献主要体现在两方面:一是第一次提出了暴力革命、武装夺取政权的思想;二是主张建立无产阶级的政党。布朗基指出:"武装和组织——这就是进步的主要工具,是消除贫困的有决定意义的手段。"[2]他认为人类历史从来就存在着穷人和富人不可调和的矛盾和斗争;在资本主义社会,仍然存在着资本家和工人阶级不可调和的矛盾和斗争。因此,他尖锐地批判了圣西门、傅立叶等人反对暴力革命,幻想通过规劝宣传、唤醒君主良知来取得胜利的错误论调,批判了蒲鲁东主义者反对罢工运动和一切政治斗争的错误主张。他深刻地指出,工人阶级要想彻底改变自己被剥削被奴役的地位,只有通过革命斗争、特别是暴力革命,以武力来夺取政权。

布朗基在长期的革命斗争中,积累了组织革命武装、举行革命起义的丰富经验。他强调要想取得革命的胜利,不仅需要对革命的忠诚、智力和勇敢,更需要严

---

[1] 德萨米:《公有制》,黄建华等译,商务印书馆1964年版,第9页。
[2] 《布朗基文选》,1952年俄文版,第152页。引自吴易风:《空想社会主义》,北京出版社1980年版,第394页。

密的组织纪律、统一的行动、整体的观点。他所组织的密谋革命团体,成为无产阶级政党的最初雏形。布朗基还主张,为了巩固革命成果,实现向共产主义社会的过渡,必须在革命胜利后建立强大的革命政权,对敌人实行无情的专政。他在总结1848年革命教训时说,如果革命后巴黎实行一年的革命专政,那么法国的历史可少走25年的弯路。

布朗基是一位坚定的无产阶级革命家,杰出的工人运动领袖。他不怕流血牺牲,不怕敌人威胁恐吓,不怕终生坐牢。在艰苦曲折的斗争中团结了一部分先进工人,培养了一支政治素质好的革命者队伍。由于他崇高的威望,当1871年巴黎公社革命委员会成立时,他两度被推举为唯一的一位尚在狱中的公社委员。马克思一直十分关注布朗基的命运,曾经为他进行募捐活动,并在报刊上揭露反动当局对布朗基的残酷迫害,以示对布朗基的声援。马克思称赞布朗基是"法国无产阶级政党的头脑和心脏"[①],列宁称赞他是"无可怀疑的革命家和社会主义的热烈拥护者"[②]。

四、魏特林的"无产阶级第一个独立理论"

威廉·魏特林是德国工人组织"正义者同盟"的重要领导人之一,他在欧洲各地开展工人运动,宣传共产主义。作为三大空想社会主义者与马克思、恩格斯之间的"过渡性人物",魏特林创立的社会主义学说内容十分丰富。

出身于裁缝的魏特林,作为无产阶级的一员,对资本主义进行了更直接、更有力的批判。他认为以私有制为基础的资本主义制度不过是一种现代奴隶制度,甚至比古代奴隶制更为恶劣,因为它用所谓的契约和法律把它的本质掩盖起来。这样的社会是无产者的地狱、资产者的乐园。资本主义私有制造成拜金主义泛滥,有钱就能买到一切。因此,"私有财产是一切罪恶的根源!"[③]资产阶级的民主、自由是虚伪的,所谓的选举自由只是一个欺骗,即使形式上给无产者以选举权,也毫无用处,选举一结束,依然是富人总有理。

在1842年出版的主要著作《和谐与自由的保证》一书中,魏特林描绘了他理想中的新社会制度的轮廓。这一社会是以财产共有共享制为基础的"和谐与自由"的社会,又称为"民主共产主义家庭联盟"。在这个社会里,没有政府,没有法律,没有私有财产,人人平等,共同劳动,取消商品货币,全体成员的能力和欲望都得到充分的和谐与自由。他特别强调对全社会的科学管理,精心设计了整套管理机构和制

---

① 《马克思恩格斯全集》第三十卷,人民出版社1975年版,第612页。
② 《列宁全集》第十三卷,人民出版社1959年版,第453页。
③ 魏特林:《和谐与自由的保证》,孙则明译,商务印书馆1960年版,第74页。

度;主张任人唯贤,通过"能力选举"选择最优秀的人担任各级领导机构的成员,并用这种方式不断地维持各级领导的新陈代谢。

魏特林在探索实现理想社会的现实力量和道路问题上超过了以往的空想社会主义者。他第一次把无产阶级不是当作受苦最深的阶级加以同情,而是将它看作是埋葬资本主义的唯一的社会力量。他还从进步法则出发论证了革命的必然性,新社会代替旧的资本主义社会也只有通过革命才能实现。他估计到废除私有制的革命必将遇到资产者的拼死抵抗,所以主张无产阶级必须武装起来"以牙还牙",暴力革命不可避免。他进一步发展了卡贝、德萨米等人的思想,提出战争过渡与和平过渡的设想以及过渡时期实行革命专政的问题,并强调过渡时期各级行政管理者要与人民同甘共苦,杜绝特殊化。此外,他还提出了无产阶级国际主义的思想萌芽,指出私有制产生以后才有了"祖国"的概念,无产阶级被压榨干净,没有私有财产,也就没有祖国,只有推翻了资产阶级统治,无产阶级才会有祖国。这是"工人没有祖国"[①]这一著名口号的第一次表述。

魏特林在创立社会主义学说的过程中,提出了许多闪烁真理火花的天才思想。正如列宁所说,他以理论家的身份或多或少地参加了科学社会主义思想体系的创造工作[②];马克思、恩格斯也称之为"德国无产阶级的第一次独立理论运动"的代表[③]。可惜的是,在马克思、恩格斯创立了科学社会主义以后,他仍抱住自己的那一套东西不放,拒绝马克思、恩格斯的热情帮助,最终落伍了。

[①] 后来马克思、恩格斯在《共产党宣言》中采纳了这一观点。
[②] 参见《列宁选集》第一卷,人民出版社1972年版,第256页脚注。
[③] 参见《马克思恩格斯选集》第四卷,第189页。

第二章

社会主义由空想到科学的飞跃

第一节 人类文明提供的优秀文化成果

一、自然科学的发展和新自然观的形成

19世纪40年代,马克思、恩格斯创立了科学社会主义理论体系,这绝非偶然。卡贝、德萨米、布朗基、魏特林等"过渡性人物"的出现,已表明社会主义由空想到科学的飞跃就要到来了。更重要的是因为,在这一阶段上资本主义制度在西欧得到确立和发展,现代工业无产阶级形成并开始走上政治舞台与资产阶级进行斗争。这是科学社会主义产生的深刻的社会背景和坚实的阶级基础。在这一背景和基础之上,马克思、恩格斯汲取了人类文明所提供的优秀文化成果,特别是总结了近代自然科学的发展,继承了19世纪三个最先进国家的三种社会科学思潮,即德国古典哲学、英国古典政治经济学、同法国一般革命学说相连的空想社会主义,并实现伟大的变革,从而才完成了社会主义由空想到科学的飞跃。

人类在对自然界加以改造与利用的过程中,渐渐地学会观察与探索客观自然现象。对自然现象比较精细的研究最初表现在亚历山大时期的希腊人所积累的有关天文、数学和地球科学的知识方面。这些知识当时是以自然哲学的形式出现的。近代自然科学是从15世纪下半叶开始的,波兰天文学家哥白尼那本关于日心说的不朽著作宣告了自然科学从神学中解放出来,从此开始了大踏步的前进。

首先获得发展的是关于地球上物体和天体的力学,和它同时出现并为它服务的,是数学方法的发现和完善化。在以力学家牛顿和生物分类学家林耐为标志的这一时期,自然科学有了一些伟大的成就:最重要的数学方法如解析几何、对数、微积分等基本被确定下来;刚体力学的主要规律也弄清楚了,如开普勒发现了行星运动规律,牛顿提出了机械运动三定律和万有引力定律。当时化学还刚刚借燃素说从炼金术中解放出来,地质学还没有超出矿物学的胚胎阶段,古生物学还不存在。在生物学领域中,人们主要的还是搜集和初步整理大量的材料,至于各种生命形式的相互比较,还几乎谈不上。从15世纪下半叶到18世纪,自然科学的所有成就都引导人们对自然界形成了一个总观点,其中心是"自然界绝对不变"的形而上学见解。人们普遍认为,在自然界中今天的一切都和开始时一样,而且以后永世也不会变更。

在这一僵化的形而上学自然观上打开第一个缺口的是康德。他提出的关于太阳系形成的"星云假说"和潮汐对地球自转起阻碍作用的理论,宣告了地球和整个太阳系是在时间的进程中逐渐生成的东西。接着赖尔提出了地球缓慢变化的理论,进一步在形而上学的自然观上打开了新的缺口。物理学也有巨大的进步,最突出的是能量守恒与转化定律的发现,它是由三个不同的科学家即迈尔、焦耳和格罗夫几乎在同时总结出来的。它证明了这样一个事实:一切所谓物理能即机械能、热、光、电、磁,甚至所谓化学能,在一定条件下都可以相互转化,而不发生任何能的损耗。从拉瓦锡的氧化学说特别是道尔顿的原子学说问世以后,化学也以惊人的发展向旧的自然科学思想发起了攻击。在生物学领域,生理学和比较解剖学有了巨大的发展,特别是施莱登和施旺先后发现了植物和动物的细胞,使得人们可以对不同种类的生物机体进行比较研究。通过细胞,从植物到动物,从低等生物到高等生物,没有什么不是可以相互过渡、相互转化的。这一点也由生物进化论所证明。沃尔弗首先用渐成论反对物种不变说,后来经奥肯、拉马克、贝尔的努力,生物进化的理论具有了确定的形式,而在整整100年之后,1859年达尔文在他的《物种起源》一书中将进化论胜利地完成了。

到19世纪初,自然科学的上述发展形成了新的自然观:"一切僵硬的东西溶化了,一切固定的东西消散了,一切被当作永久存在的特殊东西变成了转瞬即逝的东西……整个自然界,从最小的东西到最大的东西,从沙粒到太阳,从原生生物到人,都处于永恒的产生和消灭中,处于不断的流动中,处于无休止的运动和变化中。"[①]

[①] 《马克思恩格斯选集》第三卷,第453～454页。

二、社会科学的探索及其新成果的取得

自然界有自己的历史,人类社会也有自己的历史。与人类对自然研究产生丰硕的自然科学成果相对应,人类对社会现象的研究在 19 世纪初也产生了许多积极的成果。

千百年来,在唯心主义历史观的影响下,人们在对各种社会历史现象的研究中,首先注意到的只是政治和暴力事件,认为它们在历史上无疑起着决定的作用;其次受到重视的是思想、文化和宗教的变迁与发展;经济事实则被当作文化史的附属因素偶尔提及。直到 17 世纪下半叶,第一个走上资本主义手工工场发展道路的英国,才出现了作为独立学科的政治经济学,它为分析资产阶级社会的经济关系奠定了科学基础。这门学科稍晚一点在法国也有了发展。古典政治经济学在英国从威廉·配第开始,到大卫·李嘉图结束;在法国从比埃尔·布阿吉尔贝尔开始,到西斯蒙第结束。作为英国古典政治经济学的完成者,李嘉图对交换价值决定于劳动时间这一规定作了最透彻的表述和发挥,正确地说明了商品的价值是由劳动创造的,商品价值量的大小由劳动量的大小决定,而劳动量的大小则以劳动时间来衡量。从而彻底推翻了以前关于价值起源的谬论,揭示出劳动者在人类社会生活中的真实作用和商品经济的内在规律。如果说李嘉图的主要思想在于承认生产力和资产阶级生产可以无限发展的话,那么,西斯蒙第学说中基本的东西就是关于因为广大人民群众低水平的消费而必须限制资本主义的思想。西斯蒙第作为小资产阶级批评家,已经看到了资本主义制度的阴暗面,指出在这一制度下必然发生经济危机。

但是,无论是英国的还是法国的古典经济学家们都没有提出过、更没有研究过诸如劳动生产物在什么历史条件下变成商品,劳动为什么表现为价值,价值的本质是什么,同一劳动过程如何具体地创造价值与使用价值,以及货币的起源与本质是什么等等这一类问题。古典政治经济学还触及到剩余价值问题,肯定了它的存在,分析了它的具体形式——利润、利息和地租。与此相适应,古典政治经济学的另一贡献,是提出了当时社会阶级结构和各阶级利益矛盾的学说。但他们不了解阶级是一个历史现象,更没有揭开资本主义剥削的秘密。

对于社会历史的发展,资产阶级的思想家们也提出过不少合理的见解。18 世纪的法国启蒙学者提出过一个著名的命题:环境决定人。但是,启蒙学者们所讲的环境不是经济关系和经济制度,而是政治法律制度。这样,"环境决定人"就演变成由天才人物、圣贤豪杰按自己的意志制订的政治法律制度决定整个社会,最后则归结为"意见支配世界"了。这个学说忘记了政治法律制度不是决定社会的最后因素,在其背后还有更深刻的物质动因。启蒙学者没有研究的问题由法国波旁王朝

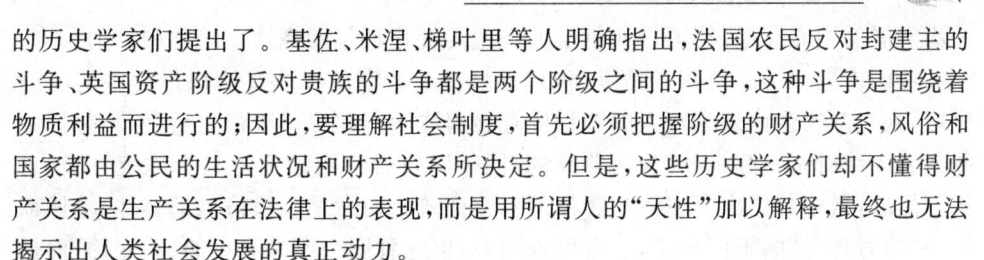

的历史学家们提出了。基佐、米涅、梯叶里等人明确指出,法国农民反对封建主的斗争、英国资产阶级反对贵族的斗争都是两个阶级之间的斗争,这种斗争是围绕着物质利益而进行的;因此,要理解社会制度,首先必须把握阶级的财产关系,风俗和国家都由公民的生活状况和财产关系所决定。但是,这些历史学家们却不懂得财产关系是生产关系在法律上的表现,而是用所谓人的"天性"加以解释,最终也无法揭示出人类社会发展的真正动力。

三、资产阶级古典哲学的发展

在人类具有了一定的自然知识和社会知识之后,必然会对这两门知识加以概括与总结,以理论的形式表达对整个世界普遍本质的看法,这就有了哲学的发展。哲学首先形成于古希腊,最初的哲学家们围绕着什么是世界的本原和终极本质这个问题来建立自己的学说,形成了哲学发展中唯物主义的德谟克利特路线与唯心主义的柏拉图路线的斗争。同这种斗争交织在一起的还有辩证法思想与形而上学思想的对立。

到了中世纪,神学统治了一切,哲学成了论证神学的工具。尽管这样,经院哲学中仍然存在带有唯物主义倾向的唯名论与带有唯心主义倾向的唯实论的斗争。资产阶级的兴起迫切要求建立自己的世界观,从16世纪末、17世纪初开始,英国唯物主义哲学繁荣起来。培根成为近代唯物主义的始祖,但是,培根在恢复古代唯物主义传统的同时,却使唯物主义蒙上了经验论的色彩。此后,霍布斯和洛克进一步发展唯物主义学说,他们着重研究了经验的性质。差不多同时,在欧洲大陆的其他一些国家,主要是法国与荷兰,产生了与经验论相对立的唯理论。法国哲学家笛卡儿与荷兰哲学家斯宾诺莎都把不证自明的公理作为知识的根据,演绎推理被视为唯一可靠的方法。他们把逻辑范畴视为绝对的、先验的,这就有可能脱离唯物主义基础,向唯心主义方向发展;但同时却包含了一定的辩证法思想。近代唯物主义发展的高峰是18世纪的法国唯物主义哲学,狄德罗、爱尔维修和霍尔巴赫都继承了洛克的感觉论,但坚决地反对和驳斥了其中的不可知论和唯心主义的因素。

近代资产阶级唯物主义由于先天的脆弱性,在其产生后不久便开始了向唯心主义的转变。从洛克的感觉论出发,贝克莱走向主观唯心主义,休谟则抹去贝克莱唯心主义的神学色彩,企图调和科学与宗教的对立,形成怀疑主义与不可知论。在德国,莱布尼茨则将唯理论同唯心主义结合起来。

从培根到莱布尼茨,哲学家们关心的重点是关于认识的来源和本质、人的认识能力、认识的过程及其机制、认识的形式和真理等问题。如果说古代哲学是以本体论为主,近代哲学则以认识论为主。古代哲学多半把主体置于消极被动的地位,而近代哲学则将客体置于消极被动的地位。如何解决主体与客体的关系成为哲学进一步发展的中心课题,德国古典哲学的产生与变化正是围绕这一问题展开的。

德国古典哲学的奠基者是康德,其贡献在于肯定了主体在认识过程中的能动作用,同时却错误地认为在人的知识中存在着先验的起源。康德之后,谢林想把主体与客体绝对统一起来,成为无差异的"同一";费希特则把主体与客体统一于"自我";最后,黑格尔提出了主体与客体的对立面统一的命题。黑格尔把客体、主体都作为"绝对观念"的不同形式,二者可以同一,但这种同一不是静止的、不变的,而是处在永恒的运动变化之中。正是在描绘"绝对观念"的变化时,他继承了古代与近代的辩证法思想,对辩证法的规律作了最彻底、最全面的研究和论证。尽管黑格尔把自然界、社会和人类思维看作一个相互联系和相互转化的统一发展过程,但是,他不把精神、思维看成是自然界和社会的产物,相反却把自然界和社会看成是从思维中产生出来的。这样,唯心主义的茂密体系就把活生生的辩证法窒息了。

第二节 近代资本主义发展提出的历史课题

一、产业革命和资本主义的发展

14世纪和15世纪的欧洲,随着生产技术的进步、社会分工的扩大、商品生产的增长和国内外市场的形成,首先在沿海的一些城市中,稀疏地出现了资本主义生产的最初萌芽;随后在法国南部、莱茵河畔、德意志内部的一些城市中,也孕育起资本主义的因素。从中世纪的农奴中产生了初期的城市市民,从这些市民中产生了最初的资产阶级分子。美洲的发现,绕过非洲的航行,给新兴资产阶级开辟了新的活动场所;东印度和中国市场的开辟,对美洲的殖民化贸易,使商业、航海业和工业空前高涨起来。在国内,对劳动者进行暴力剥夺,在国外,从事血腥的殖民掠夺,这就是资本主义的发迹史。资产阶级从它诞生的第一天起,就把"财产私有权的神圣不可侵犯"宣布为第一信条。可是,资产阶级的第一件"丰功伟绩"恰恰就是对"神圣所有权"进行最无耻的凌辱,对人身施加最粗暴的暴力。

资产阶级的工场手工业迅速代替了封建的行会经营方式,然而,市场总是在扩大,需求总是在增加,甚至工场手工业也不再能满足需要了。于是,蒸汽机的发明出现了,它引起了工业生产的革命。现代大工业代替了工场手工业,工业中的百万富翁、现代的资产者应运而生。大工业建立了世界市场,世界市场又使商业、航海业和陆路交通得到巨大发展,并反过来促进了大工业的发展和资产阶级的壮大。

在现代资产阶级发展的每一个阶段上,都有与其相应的政治上的成就相伴随。它在封建制度下是被压迫的等级,在一些新兴城市是武装的和自治的团体,在另一些地方则组成君主国中纳税的第三等级。后来,在工场手工业时期,它成为等级君主国或专制君主国中同封建贵族相抗衡的势力。最后,从大工业和世界市场建立的时候起,它在英、法等国家通过革命夺得了独占的政治统治,建立起资产阶级的专政。

马克思、恩格斯在《共产党宣言》中强调指出:"资产阶级在历史上曾经起过非常革命的作用。"[①]"资产阶级在它的不到一百年的阶级统治中所创造的生产力,比过去一切世代创造的全部生产力还要多,还要大。自然力的征服,机器的采用,化学在工业和农业中的应用,轮船的行驶,铁路的通行,电报的使用,整个整个大陆的开垦,河川的通航,仿佛用法术从地下呼唤出来的大量人口"[②],等等,所有这些都标志着人类物质文明的巨大发展。

资产阶级奔走于全球各地,到处创业,到处建立联系,挖掉了工业脚下的民族基础。在新的工业发展的基础上,资产阶级建立起具有统一政府、法律和关税的国家。随着经济、政治上的胜利,资产阶级形成了新的观念、新的社会关系。它使人和人之间除了赤裸裸的利害关系,除了冷酷无情的"现金交易",再也没有任何别的联系;它把人的尊严变成了交换价值,把所有的情感、欲望都淹没在利己主义打算的冰水之中。由于生产工具的迅速改进和交通的极其便利,资产阶级把一切民族甚至最野蛮的民族都卷到文明中来。它使乡村从属于城市的统治,使未开化的和半开化的国家从属于文明国家,使农民的民族从属于资产者的民族,使东方从属于西方。一句话,资产阶级力求按照自己的面貌改造整个世界。

二、资本主义内在矛盾的暴露

资产阶级革命的启蒙思想家们曾经提出过激动人心的口号:为自由、平等、博爱而奋斗! 在他们看来,以往的一切社会形式、国家形式和传统观念,都应当被当作不合理的东西扔到垃圾堆里去。过去的一切只值得怜悯和鄙视,只有在资本主义社会中才能阳光普照,才能理性高于一切。他们虔诚地相信,资本主义制度一旦建立起来,迷信、偏私、特权和压迫,必将为永恒的真理和正义,为基于自然的平等和不可剥夺的人权所代替。

---

① 《马克思恩格斯选集》第一卷,第253页。
② 《马克思恩格斯选集》第一卷,第256页。

但是,启蒙学者的预言和美好愿望却被资本主义制度的丑恶现实彻底粉碎了。这个理性的王国不过是资产阶级的理想化的王国;永恒的正义只在资产阶级的司法中得到实现;平等只不过被归结为法律面前的资产阶级平等;被宣布为主要的人权之一的是资产阶级的所有权;而理性的国家在实践中不过表现为资产阶级的专政。

资产阶级是靠剥夺小生产起家的。这种剥夺使个人分散的生产资料转化为社会集中的生产资料,同时也使劳动者转化为无产者。他们的劳动条件一旦转化为资本,资本主义生产方式一旦站稳脚跟并且进一步发展,对私有者的进一步剥夺就要采取新的形式。现在要剥夺的已经不再是独立经营小私有制的劳动者,而是那些剥削许多工人的资本家。这种剥夺最初是通过资本主义生产方式本身的内在规律起作用,即通过资本的集中进行的。一个资本家打倒许多资本家。

随着生产资本的集中或少数资本家对多数资本家的剥夺,规模不断扩大的劳动过程的协作形式日益发展,科学日益被自觉地应用于工艺方面,土地日益被有计划地共同利用,劳动资料日益转化为只能共同使用的劳动资料,一切生产资料因作为结合起来的社会劳动的共同生产资料使用而日益节省。它所导致的结果是:一方面是对雇佣劳动者榨取的增长导致少数百万富翁财富的增长;另一方面却是千百万雇佣劳动者贫困的增长,并导致对资产者仇恨的增长。资本主义生产过程这种矛盾的增长和激化导致了在周期性的循环中出现危及整个资产阶级社会生存的"商业危机"——经济危机。

"在危机期间,发生一种在过去一切时代看来都好像是荒唐现象的社会瘟疫,即生产过剩的瘟疫。社会突然发现自己回到了一时的野蛮状态;仿佛是一次饥荒、一场普遍的毁灭性战争,吞噬了社会的全部生活资料;仿佛是工业和商业全被毁灭了——这是什么缘故呢?因为社会上文明过度,生活资料太多,工业和商业太发达。社会所拥有的生产力已经不能再促进资产阶级文明和资产阶级所有制关系的发展;相反,生产力已经强大到这种关系所不能适应的地步,它已经受到这种关系的阻碍;而它一着手克服这种障碍,就使整个资产阶级社会陷入混乱,就使资产阶级所有制的存在受到威胁。资产阶级的关系已经太狭窄了,再容纳不了它本身所造成的财富了——资产阶级用什么办法来克服这种危机呢?一方面不得不消灭大量生产力,另一方面夺取新的市场,更加彻底地利用旧的市场。这究竟是怎样的一种办法呢?这不过是资产阶级准备更全面更猛烈的危机的办法,不过是使防止危机的手段愈来愈少的办法。"[①]

资产阶级的生产关系和交换关系,资本主义的所有制关系,这个曾经仿佛用法

---

① 《马克思恩格斯选集》第一卷,第257页。

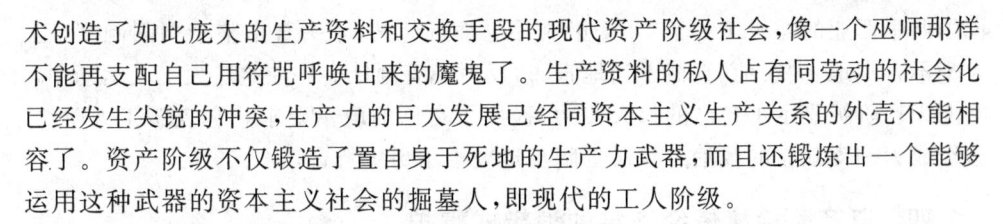

术创造了如此庞大的生产资料和交换手段的现代资产阶级社会,像一个巫师那样不能再支配自己用符咒呼唤出来的魔鬼了。生产资料的私人占有同劳动的社会化已经发生尖锐的冲突,生产力的巨大发展已经同资本主义生产关系的外壳不能相容了。资产阶级不仅锻造了置自身于死地的生产力武器,而且还锻炼出一个能够运用这种武器的资本主义社会的掘墓人,即现代的工人阶级。

三、无产阶级的形成及其独立运动的兴起

伴随着资本主义的发展,无产阶级即现代工人阶级也在同一程度上发展。工人只有当他们找到工作的时候才能生存,然而只有当他们能为资本增殖效力的时候才能找到工作。这些不得不零星出卖自己的劳动力,像其他任何货物一样,也是一种商品,同样受到竞争和市场的影响。随着机器的推广和分工的发展,工人的劳动已经失去了任何独立的性质,工人变成了机器的附属品,资本家花在工人身上的费用,几乎只限于维持工人生活和延续后代所必需的生活资料,从而劳动力的价格是同它的生产费用相等的。劳动愈单调、愈简单、愈使人感到厌恶,工资也就愈减少。而且,工人阶级不仅在工厂里遭受资本家的直接剥削,也要受到整个资本家阶级的剥削。资本主义的激烈竞争,还不断使小工业家、小商业者、小食利者、手工业者和农民纷纷加入到工人阶级的队伍中来,因而资产阶级越是发展,无产阶级的队伍也就越在扩大。

无产阶级反对资产阶级的斗争是和它的存在同时开始的。最初的斗争形式都是自发的,开始是个别的工人,然后是某一工厂的工人,再后是某一地方的某一劳动部门的工人,同直接剥削他们的个别资产者作斗争。他们不是攻击资产阶级的生产关系,而是攻击生产工具本身,如捣毁机器,烧毁工厂,等等。随着工业的发展,无产阶级不仅人数增加了,而且结合成更大的集体,力量日益增长。在这种情况下,个别工人和个别资本家之间的冲突日益具有两个阶级冲突的性质。工人的斗争造成了他们之间日益扩大的团结,工人们彼此联系起来了,许多性质相同的地方性斗争汇合成全国性的斗争,汇合成阶级斗争。而一切阶级斗争都必将发展为政治斗争。

19世纪30～40年代在英、法、德等国,无产阶级反对资产阶级的斗争先后发展成声势浩大的政治运动。1831年11月,法国里昂工人举行起义,提出了争取民主共和国的要求,使斗争具有鲜明的政治性质。这一壮举表明了现代工人阶级的觉醒。不久,在英国爆发了全国性的宪章运动,这是世界上第一次群众性的、富有政治色彩的无产阶级革命运动。这次运动已经不是个别工厂、个别部门的工人反对个别资本家,也不仅仅限于提出某些经济要求,它是英国工人阶级独立的政治斗争,是无产阶级作为一个阶级与整个资产阶级展开的搏斗。在英国宪章运动期间,

德国西里西亚的纺织工人于1844年6月也举行起义,矛头直指整个剥削制度,工人毫不含糊地、尖锐地、直截了当地宣布:反对私有制社会!在这三大工人运动中,欧洲无产阶级显示了自己的伟大实力,提出了自己的政治要求。它表明工人阶级已经成为一支独立的政治力量昂首阔步地登上了历史舞台。

四、资产阶级庸俗经济学的诡辩式辩护

19世纪30年代以后,资本主义制度固有的矛盾逐渐暴露,无产阶级与资产阶级的矛盾上升为社会的主要矛盾,无产阶级发展成为威胁资产阶级生存的社会力量。历史的发展敲响了资产阶级政治经济学的丧钟。现在摆在资产阶级经济学面前的问题不再是这个或那个原理是否正确,而是它们对资本是否有利。为了对付无产阶级,挽救和掩盖资本主义的危机,庸俗的、诡辩式的经济学逐渐代替了古典政治经济学。

庸俗经济学首先是由法国的让·巴蒂斯特·萨伊创立的。他自诩是亚当·斯密学说的注释者与传播人,其实他抛弃了古典政治经济学的合理成分,却继承和发展了其中错误的东西。差不多与萨伊同时、并与之齐名的英国庸俗经济学的鼻祖托马斯·罗伯特·马尔萨斯,则是一位代表资产阶级化了的地主贵族利益的经济学家。

与古典经济学的贡献针锋相对,庸俗经济学派提出了两条荒谬的原理。第一条原理是价值并非由劳动、而是由效用所决定。萨伊说,当人们承认某东西有价值时,所根据的总是它的有用性;创造有效用的物品,就是创造财富;物品的效用成了物品价值的基础。而效用则是由土地、资本和劳动三个要素共同创造的,甚至太阳、空气、气压也在价值创造中起作用。于是,古典经济学的劳动价值论就被庸俗的效用价值论取代了。这不仅贬低了劳动者在创造价值中的决定作用,而且把资本家与土地所有者统统说成是价值的创造者,似乎工人、资本家和土地贵族是应当相互合作的。庸俗经济学掩盖了资产阶级作为生产资料的占有者是在剥削雇佣工人劳动的基础上发财致富的事实。

据此,庸俗经济学派又引申出第二条原理,即资本主义社会各阶级在经济利益上是"协调一致"的。既然土地、资本和劳动都是创造价值的要素,而这三要素又不一定属于同一个所有者,于是当发生生产要素的买卖与租用关系时,生产要素的所有者就要收取一定的代价。对借用劳动所付的代价叫做工资,对借用资本所付的代价叫做利息,对借用土地所付的代价叫做地租。庸俗经济学派企图通过"劳动—工资、资本—利息、土地—地租"这个三位一体的公式来论证工人、资本家和土地所有者的通力合作。这就把古典学派所揭示的资本家、土地所有者对雇佣工人的剥削以及他们之间在经济利益上的对立一笔勾销了。庸俗经济学不敢正视资本主义

社会中现实的生产关系,不敢正面回答历史提出的课题。

五、黑格尔哲学的分裂与资产阶级奴仆哲学的泛滥

19世纪30年代前后,黑格尔的辩证唯心主义体系在德国的独占统治达到顶点。他的内容丰富、矛盾迭出的整个学说给政治观点极不相同的党派留下了广阔的活动场所,激进派力图从中引出革命的结论,保守派则竭力从中寻找反对革命的论据。这场斗争的展开和激化终于促成了黑格尔派的分裂。正像冬天的冰块到了春天就要融化一样,沉睡在黑格尔哲学中的辩证方法正慢慢地苏醒过来反抗自己的保守体系。随着宗教与哲学斗争的深入,黑格尔派分裂成老年黑格尔派与青年黑格尔派。后者是激进派,它的成员大多是黑格尔的较年轻的自由派学生,他们志在革新老师的哲学,力图从他的辩证方法中引出革命的和无神论的结论。在黑格尔派解体的过程中,起决定作用的是路德维希·费尔巴哈,因为只有他才真正打破了黑格尔思辨唯心主义的体系,使哲学从神学世界转到现实世界,从唯心主义转到唯物主义,重新确立了唯物主义在哲学中的统治地位。

费尔巴哈虽然突破了黑格尔哲学的体系,却没有真正克服黑格尔哲学。他不是辩证地、有分析地否定黑格尔哲学,而是把其辩证法的合理内核连同唯心主义体系一同否定了;他紧紧抓住了自然界和人,然而由于离开了历史的辩证发展,无论自然界和人在他那里都不过是一句空话。同时,费尔巴哈的"美文学的、有时甚至是夸张的笔调",以及"对于爱的过度崇拜",后来竟成了从1844年起在德国有教养的人们中间像瘟疫一样传播开来的"真正的社会主义"的理论出发点。

在费尔巴哈之后,莫泽斯·赫斯从其人本主义中发展出一种"真正的社会主义"。他认为共产主义是人的本质即平等和自由的现实化和经验性存在。在共产主义社会中,人们将充分意识到自己的本质,公共命令与个人自由将不再对立。新世界的宗教不需要教堂和牧师,也不需要超验的神,它是"爱的宗教",人在自发的爱和勇敢中显示自己。青年黑格尔分子麦克思·施蒂纳则从否定方面推倒了费尔巴哈作为人的抽象概念的"类",代之以独一无二的"唯一者",提出了"唯一者"哲学。它是非宗教、非道德、非法律、非国家、非社会的怪胎,宣扬一切从我出发、以我为圆心、以个人利益为半径的极端个人主义。"唯一者"哲学的出现标志着青年黑格尔运动的终结。整个青年黑格尔运动始终没有离开哲学的立足地,没有找到从抽象的范畴王国通向现实世界的道路,因而也不能回答历史提出的课题。

19世纪30年代,在资本主义内在矛盾暴露比较充分的英、法等国,出现了以"反形而上学"为旗号来偷运主观唯心主义的新哲学,即实证主义,其早期代表人物是法国的奥古斯特·孔德和英国的约翰·斯图尔特·穆勒。在孔德看来,人类社会分成三个阶段,即与神学阶段相一致的军事阶段,与形而上学相一致的过渡阶

段,与实证阶段相一致的科学—工业阶段即资本主义阶段。他认为资本主义是人类社会发展的最高阶段。他还攻击革命时期的"自由"、"平等"是革命的"形而上学"的教条,本质上是"无政府"的。宣称在资本主义制度建立以后,应当讲"秩序";社会越发展,国家与政治越不可少;分工越细,越要搞中央集权。穆勒公开表明自己既不是民主主义者,也不是社会主义者,因为还不能预见到用一种什么样的制度来实现人人平等的目的。他要求"构成劳动阶级的无知识的人们"同他们的雇主,为公众和社会的利益而结合起来。尽管孔德、穆勒及其信徒也赞成对现存资本主义制度实施某些有利于劳动阶级的改良,但究其实质,他们在政治方面是个人独裁的代言人;在政治经济方面是资产阶级统治的代言人;在人类活动的所有领域则是等级制度的代言人。这些向统治者献媚的哲学家,显然也回答不了历史提出的课题。

第三节 马克思、恩格斯实现了社会主义从空想到科学的飞跃

一、马克思、恩格斯创立新世界观的历程

资产阶级思想家们没有走的一步,终究有人要迈出;他们没有解决、也不可能解决的问题,终究有人要通过科学的探索来加以解决。这一工作首先是由马克思、恩格斯担当起来的。

青年马克思与恩格斯尽管生活道路不同,却殊途同归,几经辗转找到黑格尔哲学,参加了青年黑格尔运动;马克思要用理论来说明现实,恩格斯则从现实去寻找理论,他俩从不同的角度达到理论与实际的结合;他们都具有革命民主主义的政治倾向。并且都没有在这一政治立场上停顿下来,而是勇敢地投身于严峻的现实斗争,探索时代提出的历史课题。

获得哲学博士学位的马克思放弃了在大学当教授的念头,开始了政治活动。在其第一篇政论性文章中,马克思用辛辣、明快的笔触,揭露了德国反动的书报检查制度,对君主专制政治发起了猛烈的进攻。对马克思政治立场的转变具有决定意义的,是他在《莱茵报》的斗争。正是在这一时期,他坚决站到劳动人民的立场

上,捍卫他们的物质利益,并从中得出国家的制度和管理原则是由客观经济关系决定的结论。这表明马克思开始转向唯物主义。与此同时,马克思从维护贫苦农民的权利出发,发展到注意那些关系到无产阶级与所有劳动者共同利益的共产主义问题。他一方面参加了有关社会主义问题的讨论,一方面研读圣西门派和魏特林、卡贝、德萨米等人的著作,为创立科学的共产主义作准备。

恩格斯在成为青年黑格尔派以后,来到资本主义已经高度发展的英国曼彻斯特。政治问题和经济问题成为他研究的中心问题。正是在这里,恩格斯亲眼看到资本主义发展产生的严重后果,亲身接触到真正从事大工业的无产阶级。他在细心观察与研究的基础上得出下列结论:迄今为止在历史著作中根本不起作用或只起极小作用的经济事实,在现代世界中是一个决定性的历史力量;经济事实是现代阶级对立、党派斗争、因而也是全部政治历史的基础。恩格斯分析比较了英国的社会主义学说和法国、德国、瑞士的社会主义运动,强调指出:共产主义并不是英国或其他什么国家的特殊情况造成的结果,而是以现代文明社会的一般情况为前提所必然得出的结论,真正解决现存社会问题的唯一道路是实行共产主义。到1843年上半年,马克思与恩格斯从不同的途径脱离了唯心主义,并且超出了各种空想社会主义学说。

从1843年下半年开始,马克思读了许多历史著作,对英、法、德、美等国的历史作了研究;对黑格尔的法哲学作了批判,指出是人民创造国家制度而不是相反。这年秋天到第二年春天,马克思、恩格斯在《德法年鉴》上发表了一系列文章。马克思论述了政治异化问题并初次阐明了无产阶级的历史使命,指出无产阶级在资本主义社会中是"人的完全丧失",只有通过"人的完全恢复"才能恢复自己,因而能够成为人类解放中唯一可以依靠的物质力量。恩格斯研读了斯密、穆勒、李嘉图、马尔萨斯等人的著作,指出资产阶级政治经济学作为一门科学是私有制关系的反映;并从人道主义观点出发,指明只有通过工人阶级的革命,才能为人类同自然界的和解以及人类本身的和解开辟道路。

1844年,马克思写作了《经济学哲学手稿》(又称"巴黎手稿")。他以费尔巴哈的人本学为理论出发点,论述了"异化劳动",用真正的人的类本质来同现实的人的存在相对立,用作为人的本质力量之表现的劳动来和异化劳动相对立,分析揭示私有财产的本质和起源。在此基础上,他批判了以往各种共产主义学说的不彻底性,指出共产主义必须是对于私有财产即人的自我异化的积极扬弃。这种共产主义作为完成了的自然主义,等于人道主义,是人与自然、人与人之间矛盾的真正解决。可见,马克思在离开唯心主义走向唯物主义,在离开民主主义走向共产主义的过程中,曾经有一段时间站在费尔巴哈人本主义基地和人道主义的共产主义的立场上。

1844年8月,马克思与恩格斯再次会见,奠定了他们在理论批判和革命活动的各方面进行毕生合作的基础。作为这次会见与合作的产物是《神圣家族》的写作。在这本著作中,他们批判了黑格尔的思辨方法及其唯心主义历史观;论述了唯物主义是共产主义的逻辑基础;开始从抽象人的观点向现实人的观点转变,从人类概念向生产关系概念转变,从异化史观向实践观点转变。它是马克思、恩格斯早期思想演变的最后阶段,是历史唯物主义和科学共产主义诞生的前夜。

1845年11月至1846年8月,马克思、恩格斯再次合作,写下了标志历史唯物主义创立的巨著《德意志意识形态》。在这一著作中,他们对费尔巴哈唯物主义进行了批判,唯物主义地改造了黑格尔的思辨辩证法,阐明了唯物史观的基本原理,科学地论证了共产主义。紧接着,马克思在《哲学的贫困》中进一步唯物地改造了黑格尔辩证法,初次运用唯物史观研究了政治经济学。1848年,马克思、恩格斯为共产主义者同盟拟定《共产党宣言》。这部著作天才地以透彻鲜明的笔调叙述了新的世界观,即包括社会生活在内的彻底的唯物主义,最全面最深刻地发展了辩证法以及关于阶级斗争、关于共产主义新社会的创造者无产阶级所负的世界历史使命的理论。《共产党宣言》的发表,标志着真正的、科学的新世界观的形成。

二、唯物史观的创立是哲学中的伟大变革

马克思、恩格斯的新世界观在哲学上所实现的伟大变革主要表现在科学的唯物史观的创立。

一切唯心主义哲学家都是从社会意识决定社会存在这一原则出发来观察社会历史问题的,他们或者到"伟大人物"的主观愿望中,或者到神秘的"世界理性"中去寻找历史的动力。马克思、恩格斯以前的唯物主义哲学家,包括像费尔巴哈这样的杰出人物在内,虽然坚持了唯物主义的自然观,却在观察社会历史问题时背叛了自己的立场,滑向唯心主义。总之,"第一,以往的历史理论,至多是考察了人们历史活动的思想动机,而没有考究产生这些动机的原因,没有摸到社会关系体系发展的客观规律性,没有看出物质生产发展程度是这种关系的根源;第二,过去的历史理论恰恰没有说明人民群众的活动"[①]。以往的思想家之所以不能摆脱唯心史观,既有阶级立场和社会历史条件方面的原因,又有认识方面的原因。

马克思、恩格斯亲自参加了无产阶级的革命斗争实践,总结了无产阶级的阶级斗争经验,深入研究了全部人类历史,批判地继承了法国启蒙学者、复辟时期的历史学家以及黑格尔等人有关社会历史发展的有价值的论点和推测,加深和发展了哲学唯物主义,把唯物主义由对自然界的认识推广到对人类社会的认识,从而创立了历史唯物主义。

---

① 《列宁选集》第二卷,人民出版社1972年版,第586页。

对于历史唯物主义的基本原理,马克思在《〈政治经济学批判〉序言》中曾作了简要而精辟的表述:"人们在自己生活的社会生产中发生一定的、必然的、不以他们的意志为转移的关系,即同他们的物质生产力的一定发展阶段相适合的生产关系。这些生产关系的总和构成社会的经济结构,即有法律的和政治的上层建筑竖立其上并有一定的社会意识形式与之相适应的现实基础。物质生活的生产方式制约着整个社会生活、政治生活和精神生活的过程。不是人们的意识决定人们的存在,相反,是人们的社会存在决定人们的意识。社会的物质生产力发展到一定阶段,便同它们一直在其中活动的现存生产关系或财产关系(这只是生产关系的法律用语)发生矛盾。于是这些关系便由生产力的发展形式变成生产力的桎梏。那时社会革命的时代就到来了。随着经济基础的变更,全部庞大的上层建筑也或慢或快地发生变革。"[①]社会的发展总是通过人的活动来实现的,人民群众是历史的创造者,历史活动是群众的事业。在马克思、恩格斯看来,社会是一个活的有机体,"社会经济形态的发展是一种自然历史过程"[②]。

历史唯物主义的创立是人类认识史上的空前大革命。它把唯心主义从最后的避难所即社会历史领域中驱逐出去,为社会生活各方面的研究奠定了科学基础,并使关于社会、关于社会规律的学说,变成同其他科学一样能够提供精确的知识和预见的科学。

三、剩余价值学说的创立是政治经济学中的伟大变革

马克思、恩格斯的新世界观在政治经济学中所实现的伟大变革主要体现在剩余价值学说的创立。马克思批判地继承了古典政治经济学的劳动价值学说,同时指明了劳动的二重性,研究了商品价值形式的发展过程,论证了商品价值所表现的是人与人之间的社会关系,从而创立了独立完整的、唯一科学的价值论。在这个基础上,马克思又进一步研究了古典政治经济学中所包含的有关剩余价值的合理见解,从而发现古典经济学家触及的仅仅是剩余价值的具体形式,他们的阶级本能使他们不敢深入研究剩余价值的起源,因而不能够把握剩余价值的实质,不能够把剩余价值当作理解全部资本主义生产的钥匙。

马克思不是就利润和地租这些特殊形式来考察剩余价值,而是着重考察剩余价值的纯粹形式。他指出剩余价值不可能在流通中产生,只能产生于生产过程。资本家之所以能够获得剩余价值,是因为他们从市场上购买了一种特殊的商品,即劳动力。劳动力商品的独特性在于:它是一种创造价值的力量和源泉,能够产生比

---

① 《马克思恩格斯选集》第二卷,人民出版社 1972 年版,第 82~83 页。
② 《马克思恩格斯选集》第二卷,第 208 页。

自己的价值更多的价值。劳动力的使用使资本家除了收回劳动力的价值外,还能获得剩余价值,这部分剩余价值是被资本家不付报酬而无偿占有的。这就科学地阐明了剩余价值的起源,揭开了资本主义剥削的秘密。马克思还通过对不变资本与可变资本的分析,进一步论证了带来剩余价值的只是资本家用于购买劳动力的可变资本;研究资本家榨取剩余价值的两种方式——绝对剩余价值的生产和相对剩余价值的生产;通过平均利润、生产价格和利息、地租理论,科学地阐明了剩余价值在不同资本家之间及其同地主阶级之间的分配过程,从而证明了整个资产阶级和其他剥削阶级都是工人血汗的榨取者。

剩余价值理论最初是以萌芽状态的形式表现在马克思40年代的著作中,后来逐步发展成为一个严密的科学体系,它正确地说明了资本主义生产方式的剥削实质,揭示了资本主义生产本身的运动规律。剩余价值学说是马克思经济理论的基石,它的创立使政治经济学的发展进入了一个崭新的阶段。科学的社会主义就是从此开始,并以此为中心发展起来的。

四、科学社会主义的创立是社会主义思想史上的伟大变革

马克思、恩格斯创立了历史唯物主义,对社会发展的客观规律作出了科学的说明,从而证明了人类全部社会生活以及不同社会的更替都取决于生产方式内部的矛盾运动。他们又在政治经济学中彻底揭示了资本与劳动的关系,创立了剩余价值学说,对资本主义制度的本质作出了最科学的说明,揭开了空想社会主义者所猜不透的资本主义剥削的秘密。从此,空想社会主义便失去了任何存在的理由。

马克思、恩格斯认真研究了在他们以前出现的各种空想社会主义学说,尤其是19世纪的三大空想社会主义者的理论和卡贝、德萨米、魏特林等人有关共产主义的著作,既肯定了空想社会主义所包含的合理成分,又指出了这种学说中所存在的唯心史观、空想主张以及否认暴力革命等错误的东西。他们的伟大功绩首先在于把社会主义与无产阶级的根本利益联系起来,教会了工人阶级认清自身所肩负的伟大历史使命,用科学来代替幻想,用斗争来挣脱身上的锁链。

马克思、恩格斯的伟大功绩还在于创立了科学的阶级斗争理论和无产阶级专政学说。他们认为,在阶级社会中,一切社会的历史都是阶级斗争的历史;阶级之间的斗争,是历史发展的伟大动力;一切阶级斗争都是围绕着经济利益这个中心而进行的,并不可避免地要发展为政治斗争;无产阶级反对资产阶级的阶级斗争必然要导致无产阶级专政,而这个专政不过是达到消灭一切阶级和进入无阶级社会的过渡。马克思、恩格斯不仅为实现社会主义指明了道路,而且科学地论证了实现共产主义的条件,为人类展示了美好的远景。他们认为,在共产主义社会的高级阶段上,迫使人们奴隶般地服从分工的情形已经消失,脑力劳动与体力劳动的对立也随

之消失，劳动成了生活的第一需要，生产力增长起来，集体财富的一切源泉都充分涌流出来，人们将各尽所能，按需分配。

科学社会主义的出现是一件具有世界历史意义的大事，是社会主义思想史上的一场革命；它为无产阶级树立了光辉的旗帜，将无产阶级从迷惘混沌中引导到社会主义的光明大道上来。这时，无产阶级就会由"自在的阶级"变成"自为的阶级"，不再像空想社会主义者那样耽于幻想，在朦胧中摸索，而是有目的地组织起来，在自己的先锋队即无产阶级政党的领导下，同资产阶级战斗。他们将在斗争中建立无产阶级专政并通过这种专政为实现无产阶级与全人类的彻底解放、为最终达到共产主义而努力奋斗。

第三章

自由资本主义时期社会主义的理论与实践

第一节 对社会主义代替资本主义的科学论证

一、社会主义代替资本主义是生产方式发展的必然结果

如前所述,空想社会主义的历史局限主要在于找不到社会主义代替资本主义的客观必然性,找不到实现这一社会变革的阶级力量,找不到完成这一变革的现实道路。马克思、恩格斯对社会主义必然代替资本主义的科学论证就是针对空想社会主义者的历史局限性来进行的。他们运用历史唯物主义和剩余价值理论,着重分析了社会主义代替资本主义的客观规律、阶级力量和现实道路。这种分析首先在他们向全世界公布科学社会主义学说的《共产党宣言》中作出,以后又体现在伟大巨著《资本论》以及他们一系列其他论著中,最后在恩格斯的《社会主义从空想到科学的发展》一书中得到了集中的概括和总结。

在《社会主义从空想到科学的发展》中,恩格斯科学地论证了社会主义是资本主义生产方式内在矛盾运动的必然结果。首先,恩格斯指明引发资本主义社会变革的原因在客观经济生活中。基于社会存在决定社会意识这一历史唯物主义的基本原理,他运用以社会存在来说明社会意识的特有分析方法,指出:"一切社会变迁和政治变革的终极原因,不应当在人们的头脑中,在人们对永恒的真理和正义的日益增进的认识中去寻找,而应当在生产方式和交换方式的变更中去寻找;不应当

第三章 自由资本主义时期社会主义的理论与实践

在有关的时代的哲学中去寻找,而应当在有关的时代的经济学中去寻找。"①人类的全部历史证明,社会发展的最终动力在于生产方式内部生产力和生产关系之间的矛盾运动,社会发展的根本规律是生产力决定生产关系,或曰生产关系一定要适合生产力的性质和水平。

其次,恩格斯分析了现实资本主义社会的基本矛盾及其主要表现。资本主义社会的基本矛盾是社会化的生产力同私人占有的生产关系之间的矛盾,因为这时"生产资料和生产实质上已经变成社会化的了。但是,它们仍然服从于这样一种占有形式,这种占有形式是以个体的私人生产为前提……社会化生产和资本主义占有的不相容性,也必然愈加鲜明地表现出来。"②

表现之一,在生产领域内部,社会化的大生产要求具有组织计划性,然而这种组织计划性又受到私人占有形式的局限,只能在个别企业内实施,不可能扩大到整个社会,于是,"社会化生产和资本主义占有之间的矛盾表现为个别工厂中的生产的组织性和整个社会的生产的无政府状态之间的对立。"③

表现之二,在分配和消费领域,社会化生产导致财富的急剧增加,但财富的分配在私人占有的条件下只能被少数资本家所控制,"因此,在一极是财富的积累,同时在另一极,即在把自己的产品作为资本来生产的阶级方面,是贫困、劳动折磨、受奴役、无知、粗野和道德堕落的积累。"④

表现之三,在生产与消费之间,"市场的扩张赶不上生产的扩张。冲突成为不可避免的了"⑤。生产无限扩大的趋势同社会购买力相对缩小(用现代经济学的语言来说,就是有效需求不足)之间的矛盾,必然导致周期性爆发的生产过剩的经济危机。

表现之四,在人与人之间,社会化大生产的代表者是无产阶级,而资本主义私人占有制度的既得利益者是资产阶级,因而社会化大生产和资本主义私人占有之间的矛盾就直接表现为无产阶级和资产阶级的对立和斗争。

最后,恩格斯论述解决资本主义基本矛盾的途径。恩格斯根据社会发展的最一般规律即生产关系一定要适合生产力的性质和水平,强调资本主义生产方式基本矛盾的解决不可能是社会化的生产力永久性地被私人占有的生产关系所窒息,"这种解决只能是在事实上承认现代生产力的社会本性,因而也就是使生产、占有和交换的方式同生产资料的社会性相适应。而要实现这一点,只有由社会公开地

---

① 《马克思恩格斯选集》第三卷,第425页。
② 《马克思恩格斯选集》第三卷,第428页。
③ 《马克思恩格斯选集》第三卷,第431页。
④ 《马克思恩格斯选集》第三卷,第432页。
⑤ 《马克思恩格斯选集》第三卷,第433页。

和直接地占有已经发展到除了社会管理不适于任何其他管理的生产力。"①而由生产资料的私人占有制过渡到社会占有制,就是用社会主义制度代替资本主义制度。

由此可见,恩格斯没有诉诸于任何主观评价或是主观信念,完全依据人的主观世界之外的经济事实和社会发展规律,科学地论证了社会主义代替资本主义是不依任何人的意志、也不依任何阶级的意志为转移的客观历史进程。

当然,资产阶级特别是它的国家机器也或多或少感受到了资本主义社会基本矛盾及其一系列表现的巨大压力,因而进行了某些改良,包括推行股份制、托拉斯和国有制,实施经济发展计划,等等。恩格斯作为伟大的唯物主义者,实事求是地评价了资产阶级政府的这些改良②,一方面指出:"无论转化为股份公司和托拉斯,还是转化为国家财产,都没有消除生产力的资本属性……资本关系并没有被消灭,反而被推到了顶点";一方面也承认,这些改良尽管"不是冲突的解决,但是它包含着解决冲突的形式上的手段,解决冲突的线索。"③这就是说,虽然资产阶级政府没有解决也不可能解决资本主义生产方式内在的基本矛盾,它们的作为却为社会主义者以后解决这一矛盾提供了手段和线索。

二、无产阶级是资本主义的掘墓人和社会主义的建设者

社会主义必然代替资本主义,这是社会发展的客观规律。但是,社会规律的实现同自然规律不同,自然规律是自发地起作用,而社会规律则必须通过人的主观能动性的发挥才能实现。空想社会主义者不仅不能阐明资本主义转变为社会主义的客观规律,也找不到实现这一转变的现实阶级力量。与此相反,马克思、恩格斯认为:"资本主义生产方式日益把大多数居民变为无产者,同时就造成一种在死亡的威胁下不得不去完成这个变革的力量。"④这就是说,"资产阶级不仅锻造了置自身于死地的武器;它还产生了将要运用这种武器的人——现代的工人,即无产者。"⑤

---

① 《马克思恩格斯选集》第三卷,第437页。
② 其实,马克思晚年亲眼目睹了英国新出现的"股份公司"和"合作工厂",也实事求是地作了科学的分析,指出:"那种本身建立在社会生产方式的基础上并以生产资料和劳动力的社会集中为前提的资本,在这里直接取得了社会资本(即那些直接联合起来的个人的资本)的形式,而与私人资本相对立,并且它的企业也表现为社会企业,而与私人企业相对立。这是作为私人财产的资本在资本主义生产方式本身范围内的扬弃。"(参见马克思:《资本论》第三卷,人民出版社1975年版,第493页)据此,长期以来国内外学术界就股份公司、合作工厂的所有制属性产生了明显的分歧和激烈的争论。如果说我们可以把西方资本主义国家的股份公司、合作工厂的所有制属性问题暂时撇开不予讨论的话,那么对我们社会主义中国的股份公司、合作工厂则可以毫不迟疑地认定它们都是公有制的表现形式。
③ 《马克思恩格斯选集》第三卷,第436页。
④ 《马克思恩格斯选集》第三卷,第438页。
⑤ 《马克思恩格斯选集》第一卷,第257页。

现代无产阶级不仅是资本主义社会的掘墓人,还是社会主义社会和共产主义社会的建设者。马克思、恩格斯论证说,无产阶级这一伟大的历史使命,是由它所处的社会经济条件和自身的阶级特点所决定的。

首先,无产阶级是先进生产力的代表者,是具有远大前途的阶级。"在当前同资产阶级对立的一切阶级中,只有无产阶级是真正革命的阶级。其余的阶级都随着大工业的发展而日趋没落和灭亡,无产阶级却是大工业本身的产物。"① 无产阶级同最先进的经济形式即现代化的机器大生产相联系,代表着社会化大生产发展的要求,它的阶级利益是同人类历史发展的客观规律完全一致的。无产阶级的队伍和力量,随着资本主义大工业的发展而不断发展和壮大。

其次,无产阶级是革命最坚决最彻底的阶级。无产阶级除了劳动的双手之外,一无所有,备受资产阶级的剥削与压迫,他们"没有什么自己的东西必须加以保护,他们必须摧毁至今保护和保障私有财产的一切。"② 因而他们最有觉悟,最富于革命的坚决性和彻底性。革命对于无产阶级来说,"失去的只是锁链。他们获得的将是整个世界。"③ 无产阶级同社会化大生产相联系,因而最没有狭隘性和自私自利性,最大公无私,最有远大的政治眼光,不但是资本主义的掘墓人,而且是社会主义和共产主义的创造者。无产阶级只有解放全人类,才能最后解放自己。"过去的一切运动都是少数人的或者为少数人谋利益的运动。无产阶级的运动是绝大多数人的、为绝大多数人谋利益的自觉的独立的运动。"④

第三,无产阶级是最富有组织性、纪律性和革命团结的阶级。从物质财富上说,无产阶级是一无所有的;但是无产阶级并非一钱不值,它在同资产阶级的斗争中有一件最锐利的武器,这就是组织纪律性和革命的团结。无产阶级的组织纪律性和革命团结,不是从天上掉下来的,也不是出自善良的愿望,它是从资本主义大生产的物质条件中成长起来的。机械化的大生产要求工人们互相支持,密切合作,步调一致;现代化的交通工具和通讯设施,也为无产阶级的互相支援和团结战斗提供了有利条件。尤其要看到,无产阶级的革命团结是在他们反对资产阶级的共同斗争中培养起来的。无产阶级不仅直接受各个资本家的剥削,而且还共同受整个资本家阶级的剥削,共同的命运和遭遇把他们联系在一起,使他们互相同情,团结互助。凭借着高度的组织纪律性和革命的团结,没有任何生产资料和国家政权的无产阶级,将通过自己不屈不挠的斗争,获得国家政权和全部生产资料,建立起劳

---

① 《马克思恩格斯选集》第一卷,第261页。
② 《马克思恩格斯选集》第一卷,第262页。
③ 《马克思恩格斯选集》第一卷,第285~286页。
④ 《马克思恩格斯选集》第一卷,第262页。

动者当家作主的社会主义社会。

三、社会主义代替资本主义的主要步骤

无产阶级在发挥主观能动性推翻资本主义社会、建设社会主义社会的过程中，还必须遵循客观规律，选择正确的道路和方法，才能完成自己伟大的历史使命。空想社会主义者始终没有找到社会主义代替资本主义的现实道路，而马克思、恩格斯早在《共产党宣言》中，就开始探索这条道路及其所要经过的基本步骤。

按照马克思、恩格斯的设想，"工人革命的第一步就是使无产阶级上升为统治阶级，争得民主。"①这就是无产阶级运用阶级斗争和暴力手段进行"社会主义革命"。后来他们反复强调："将近四十年来，我们都非常重视阶级斗争，认为它是历史的直接动力，特别是重视资产阶级和无产阶级之间的阶级斗争，认为它是现代社会变革的巨大杠杆；所以我们决不能和那些想把这个阶级斗争从运动中勾销的人们一道走。"②随着革命经验的积累，他们又不断修改与丰富原有的结论，比如在《共产党宣言》1872年德文版序言当中指出：宣言"有些地方已经过时了。特别是公社已经证明：'工人阶级不能简单地掌握现成的国家机器，并运用它来达到自己的目的。'"③强调必须砸碎旧的国家机器，重建无产阶级自己的新的国家机器，即实行无产阶级专政。

在通过社会主义革命砸碎旧的国家机器、建立起自己的革命专政以后，"无产阶级将利用自己的政治统治，一步一步地夺取资产阶级的全部资本，把一切生产工具集中在国家即组织成为统治阶级的无产阶级手里，并且尽可能快地增加生产力的总量。"④这就意味着第二步进行"社会主义改造"（即把生产资料集中到国家手里），第三步开展"社会主义建设"（即增加生产力的总量），为将来进入共产主义社会准备物质基础。

1875年马克思在《哥达纲领批判》中又一次论及了由资本主义社会发展到共产主义社会所必须经过的四个历史阶段，即资本主义社会、过渡时期或无产阶级专政、共产主义的低级阶段即社会主义社会、共产主义的高级阶段即完全成熟的共产主义社会⑤。

《共产党宣言》中的"三步走"和《哥达纲领批判》中的"四阶段"是完全一致的。当国家机器和生产资料都控制在资产阶级手里的时候，处于资本主义社会；经过社

---

① 《马克思恩格斯选集》第一卷，第272页。
② 《马克思恩格斯选集》第三卷，第374页。
③ 《马克思恩格斯选集》第一卷，第229页。
④ 《马克思恩格斯选集》第一卷，第272页。
⑤ 参见《马克思恩格斯选集》第三卷，第10～12、21页。

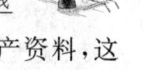

会主义革命的胜利,无产阶级夺取了国家机器,资产阶级仍然控制着生产资料,这时处于过渡时期或无产阶级专政;经过社会主义改造,无产阶级又进一步掌握了生产资料,于是进入社会主义社会;然后再进行社会主义建设,继续发展生产力,为过渡到完全成熟的共产主义社会准备物质基础。

马克思、恩格斯科学论证了社会主义代替资本主义的客观规律、阶级力量和现实步骤,彻底克服了所有空想社会主义者不可避免的局限性,这标志着社会主义完成了由空想到科学的飞跃。迄今为止,马克思、恩格斯对于社会主义代替资本主义是社会发展规律的客观要求的论证仍然是完全正确的,继续成为我们为社会主义和共产主义事业而奋斗的理论支柱。马克思、恩格斯关于社会主义代替资本主义所依靠阶级力量的论证也基本上是正确的,只不过我们在理解现代无产阶级的时候不能局限于他们当时所阐述的采矿、钢铁、机械、纺织等几支产业工人大军,而要把在服务业部门从业的大批"白领"也包括进来,因为20世纪下半叶以后发达资本主义国家的产业结构和劳动者队伍结构已经随新技术革命而发生了根本性的变化。至于马克思、恩格斯关于社会主义代替资本主义现实步骤的论证,则不能当作一成不变的教条到处乱套,由资本主义以及前资本主义社会如何走向社会主义和共产主义社会,完全取决于各国家、各民族的具体情况来定。

第二节　自由资本主义时期社会主义革命的实践

一、1848年欧洲革命中的无产阶级运动

在马克思、恩格斯生活的自由资本主义时期,西欧与北美的先进国家还没有具备直接举行无产阶级社会主义革命的条件,无产阶级暂时还只能积极地参与资产阶级民主革命,创建自己的政党并进行某些利用暴力破坏资本主义制度的尝试。《共产党宣言》问世不久,欧洲革命浪潮就汹涌而至。这次革命既是对刚刚问世的科学社会主义学说的现实检验,也是科学社会主义理论与工人运动实践相结合的良机。

1848年欧洲革命由一连串的革命事件所组成。首先是意大利巴勒莫的一月革命特别是法国巴黎的二月革命,接着是维也纳和柏林的三月革命,此后,中欧和

南欧被压迫民族的解放斗争蓬勃开展起来,革命席卷了整个欧洲大陆。虽然这场革命的主要任务还是解决资本主义与封建主义的矛盾,其性质仍然是资产阶级民主革命,但这时的欧洲自由资本主义的发展水平较高,在一些民族里,无产阶级已经有了相当程度的发展,因此与资本主义同封建主义矛盾并存的是无产阶级同资产阶级的矛盾。出于对无产阶级的恐惧,资产阶级随时可能背叛革命而同封建的反动势力结成联盟,因此在这场革命中,无产阶级注定要以一种独立的社会力量出现,并提出自己在经济上与政治上的要求。

1848年欧洲革命爆发以后,马克思、恩格斯立即投入革命的洪流。他们在巴黎改组了共产主义者同盟中央委员会,起草了《共产党在德国的要求》,制定了德国无产阶级在资产阶级民主革命中的纲领和策略。4月初他们回到德国,创办了大型日报《新莱茵报》,马克思任总编。《新莱茵报》一方面批判德国国内的封建贵族统治,批判欧洲反动势力的支柱俄国沙皇的专制统治;另一方面不断揭露自由资产阶级对革命的背叛和小资产阶级的动摇与妥协。《新莱茵报》还热情地将法国工人阶级的革命经验介绍给德国和欧洲其他各国的无产阶级。《新莱茵报》成了"当时民主运动中唯一代表无产阶级观点的报纸"。[①] 正因为这样,反动势力就对它特别憎恨和惧怕,于1849年5月19日查封了《新莱茵报》。

《新莱茵报》停刊后,马克思、恩格斯来到了正在举行起义的德国南部,满腔热情地支持护宪斗争,试图将这次由小资产阶级领导的起义引上无产阶级革命的道路。后来由于德国和整个欧洲的反动势力的疯狂反扑,革命形势急转直下,马克思只好离开德国。恩格斯则去了普法尔茨,加入了由奥古斯特·维利希领导的以工人为主力的志愿兵团,并担任副官,参加和亲自指挥了多次大规模的战斗,发挥出独特的军事才能。在起义被镇压后,恩格斯才离开德国,去伦敦与马克思会合。

1848年欧洲革命的规模大、时间长、斗争形式多样,它为无产阶级革命和科学社会主义理论的发展提供了丰富的经验材料。马克思、恩格斯从这次革命的实践出发,研究了无产阶级革命和无产阶级专政的基本理论与策略,写下了大量的理论著作,丰富了科学社会主义。

二、1871年的巴黎公社革命

马克思、恩格斯关心和支持的另一次革命实践是1871年3月巴黎工人的起义和他们建立巴黎公社的创举。当时,代表法国大资产阶级利益的路易·波拿巴王朝,对内残酷地剥削无产阶级和其他人民大众,对外屡次发动战争,其统治地位十分脆弱。1870年9月,波拿巴王朝因在普法战争中的惨败而垮台,但这并没有缓

[①] 参见《马克思恩格斯选集》第三卷,第36页。

解资产阶级与无产阶级的矛盾。取代波拿巴王朝的法国资产阶级国防政府,在德军压境、民族危亡的关键时刻,却对爱国抗战的工人武装大肆压制与打击,对德国则企图屈膝求和。1871年2月,软弱的法国资产阶级国防政府在与德国政府媾和后,立即向武装起来的巴黎无产阶级进攻,挑起了内战。巴黎的工人被迫起义,毅然夺取了政权,并建立了自己的政府即巴黎公社委员会。

早在普法战争刚刚爆发时,以马克思、恩格斯为代表的国际工人协会总委员会就先后发表了两篇关于普法战争的"宣言",为法国无产阶级制定正确的政策;并在巴黎公社革命期间通过各种渠道向巴黎无产阶级提出了"进军凡尔赛"、"消灭梯也尔政府"、"没收法兰西银行"等项有益的建议(遗憾的是这些建议未被巴黎公社的领导采纳)。为了动员各国的无产阶级支持法国的巴黎公社,马克思给"国际"各个支部写了数百封信。在巴黎的无产阶级经过72天的奋战、终未能够保住红色政权时,马克思又写了大量的文章,介绍公社的真实情况,驳斥资产阶级和形形色色的反动势力对巴黎公社的诬蔑与攻击。1871年5月30日,即在公社最后一个街垒陷落的两天以后,马克思就完成了总结巴黎公社经验的巨著《法兰西内战》。

巴黎公社革命的伟大实践成为发展和完善科学社会主义理论的重要源泉。马克思、恩格斯通过总结巴黎公社的实践经验,得出了一系列无产阶级革命和无产阶级专政的重要原理,比如:无产阶级要推翻资产阶级的统治,就必须打碎资产阶级国家机器,因为"工人阶级不能简单地掌握现成的国家机器,并运用它来达到自己的目的"①;无产阶级必须建立自己的专政,而这一专政的首要条件是要有一支无产阶级的军队;公社"实质上是工人阶级的政府,是生产者阶级同占有者阶级斗争的结果,是终于发现的、可以使劳动在经济上获得解放的政治形式";②为了"防止国家和国家机关由社会公仆变为社会主人",③巴黎公社采取的两项前所未有的创举即民主选举和撤换公职人员、不给公职人员以任何特权,将成为永垂史册的"巴黎公社原则"。

三、两次组建"国际",积蓄革命力量

1848年欧洲革命以后直到19世纪末,除了巴黎公社革命这一短暂的风暴以外,资本主义处于相对和平的发展时期。西欧的资产阶级民主革命基本结束,无产阶级社会主义革命的时机尚未成熟,因为"在这种普遍繁荣的情况下,即在资产阶级社会的生产力正以在资产阶级关系范围内一般可能的速度蓬勃发展的时候,也

---

① 参见《马克思恩格斯选集》第二卷,第372页。
② 《马克思恩格斯选集》第二卷,第378页。
③ 参见《马克思恩格斯选集》第二卷,第335页。

就谈不到什么真正的革命。……新的革命,只有在新的危机之后才有可能。但是新的革命的来临,像新的危机的来临一样,是不可避免的。"①

在这一背景下,马克思、恩格斯断然抛弃了"社会主义革命已经临近"的想法,指出当时的欧洲大陆经济发展的状况还没有成熟到可以铲除资本主义生产方式的程度,无产阶级也还没有成熟到可以马上夺取政权的程度。他们宣布革命的第一阶段已经结束、但革命并没有结束,因此,"革命死了,革命万岁"!② 右的"危机消失论"和"左"的"人为革命论",都是错误的;无产阶级正确的斗争策略应当是积蓄力量,为未来革命高潮的到来做好组织和干部队伍的准备。

在总结1848年欧洲革命经验的过程中,马克思、恩格斯发现,虽然德国和其他国家的无产阶级在革命中发挥了极其重要的作用,但各国的无产阶级基本上处在闭关自守的状态下,组织上、思想上相互隔绝。资产阶级之所以在这场革命中击败了各国封建势力的顽抗和无产阶级的起义,靠的就是国际资本同盟的力量。无产阶级要能在下一次革命中真正有所作为,就必须加强无产阶级的国际联合。"忽视在各国工人间应当存在的兄弟团结,忽视那应该鼓励他们在解放斗争中坚定地并肩作战的兄弟团结,就会使他们受到惩罚,——使他们分散的努力遭到共同的失败。"③ 无产阶级要依靠国际联合来进行独立的革命运动,就必须有自己的国际组织。

马克思和恩格斯认为,当时的欧洲大陆已进入政治反动年代,人民群众结社和集会的权利都被剥夺了。在这种情况下,单个国家的无产阶级很难建立独立的革命组织,要开展实现自己目标的革命斗争,也只能依靠国际工人运动。加上1857年世界经济危机的出现,欧洲各国的无产阶级陷入更大的贫困与痛苦之中,罢工浪潮不断,无产阶级的政治斗争开始复苏。特别是1864年9月,英国、法国、德国、意大利和波兰等国的工人代表为了支持波兰人民的斗争,在伦敦圣马丁堂隆重集会,决定成立"国际工人协会"(史称"第一国际")。因此,以"国际"的名义推进无产阶级的国际联合,让各国无产阶级团结在科学社会主义的旗帜下,就成为摆在马克思、恩格斯面前的迫切任务。

马克思、恩格斯参与了第一国际的创建并亲自领导了这一无产阶级群众性的国际组织。当时,在欧美各国的工人运动中,各种形式的社会主义理论和半社会主义宗派还有相当大的市场。为了将欧美正在战斗的无产阶级联合成一个忠于科学社会主义理论与实践的坚强的整体,马克思、恩格斯将原则性与灵活性结合起来,

---

① 《马克思恩格斯选集》第一卷,第488页。
② 参见《马克思恩格斯选集》第一卷,第418页。
③ 《马克思恩格斯选集》第二卷,第134页。

起草了"实质上坚决,形式上温和"的《国际工人协会成立宣言》和《国际工人协会共同章程》,规定了无产阶级国际联合发展的根本方向。在第一国际的活动中,马克思、恩格斯先后同蒲鲁东主义、拉萨尔主义、工联主义、巴枯宁主义等非科学的社会主义理论、思潮与宗派进行了坚决的斗争,从而使《共产党宣言》中表达的科学社会主义原理在各国工人运动中得到了广泛的传播。

19世纪70年代以后,欧洲革命形势要求工人阶级的组织迅速上升为政党;第一国际内部反对"在理论上一窍不通……在干阴谋勾当方面却是颇为能干"[①]的巴枯宁宗派主义的斗争,也表明无产阶级的国际联合应当以各国无产阶级政党的发展为基础。欧美各国无产阶级的当务之急是在自己的国家中建立群众性的社会主义政党。鉴于这一形势,第一国际在完成了自己的历史使命以后,于1876年7月宣布解散。到19世纪80~90年代,欧美国家相继建立了民族国家内的社会主义政党,加上国际工人运动又一次蓬勃发展,各国工人迫切要求加强国际联合,协调行动。在恩格斯的倡导下,1889年7月14日在巴黎召开了国际社会主义者代表大会,成立了各国社会党的国际联合组织即"第二国际"。在第二国际的前半期,恩格斯从各国政党建设的实际出发,批判了反对一切权威的巴枯宁主义、幻想通过普选就可以建立自由国家的拉萨尔主义、鼓吹和平长入社会主义的福尔马尔主义等各种错误思潮,实际指导了各国无产阶级政党的组建与发展。

第三节 自由资本主义时期社会主义革命的理论

一、无产阶级革命和无产阶级专政的学说

马克思、恩格斯总结了1848年欧洲革命、1871年巴黎公社革命以及组建和领导两个"国际"等社会主义运动的实践经验,提出了关于无产阶级社会主义革命和无产阶级专政的理论。主要包括以下内容:

(1)各国无产阶级必须利用资本主义的重大经济危机,建立自己的军队,或者运用暴力的形式,或者利用和平的手段,共同推翻资产阶级的统治。在非常特殊的

---

① 参见《马克思恩格斯选集》第四卷,人民出版社1972年版,第395~396页。

条件下,即资产阶级还没有充分武装起来时,无产阶级可以通过和平的手段夺取政权;但是,在一般情况下,"工人阶级必须在战场上争得自身解放的权利。"①

(2) 无产阶级在革命中必须打碎资产阶级国家机器,创造无产阶级专政的政治形式,建立起新型的国家。马克思,恩格斯认为,剥削阶级国家机器是压迫和剥削无产阶级和广大人民群众的工具,以往的各种政治变迁不过是争夺和不断加强这一国家机器。无产阶级革命则不同,对无产阶级来说,"奴役他们的政治工具不能当成解放他们的政治工具来使用。"②打碎资产阶级国家机器是无产阶级掌握政权的第一个条件。当然无产阶级革命所要打碎的只是旧政权的纯粹压迫机关,至于旧政权的某些合理的职能,无产阶级则可以加以充分地利用。

打碎资产阶级的国家机器,并不表示无产阶级就不要国家机器,无产阶级要维护自己的政权,就必须建立自己的国家机器。巴黎无产阶级在自己的斗争中,终于创造出无产阶级专政的政治形式,他们组成了公社,从而找到了在革命胜利时将权力保持在人民手中的办法。巴黎公社式的无产阶级新型国家具有自己的特点:首先,主权在民,国家公职人员由人民选举和监督,实行"真正的负责制";人民对公职人员中不称职者可以随时撤换和罢免。其次,反对特权,实行低薪制,建设廉价政府,防止公务人员生活特殊化。第三,废除官僚集中制,实行民主集中制,在民主的基础上集中;组织统一的民主共和政体,权力中心在公社委员会,而不在个别领导人那里,委员会中实行平等表决,少数服从多数;领导人实行任期制。第四,公社不是议会式的"清谈馆",而是同时兼有立法和行政事务的机关;公社实行有利于工人阶级的经济措施和政策。

(3) 无产阶级在革命中必须建立巩固的工农联盟。马克思、恩格斯总结了1848年欧洲革命特别是法国革命的经验和教训,指出在一个农民占人口多数的国度里,无产阶级能不能争取到农民作为自己的同盟军,这是关系到革命成败的大问题。无产阶级革命如果得不到农民的"合唱","它在一切农民国度中的独唱是不免要变成孤鸿哀鸣的"。③ 无产阶级之所以能和农民结成联盟,其原因就在于:一方面,无产阶级同农民都受资本主义的剥削,只是受剥削的形式不同而已,因此两者可以结成联盟;另一方面,农民由于自己的经济地位与特点,决定了他们不能代表自己,因此,工农联盟的领导者只能是无产阶级。

(4) 无产阶级在革命中必须坚决支持被压迫民族和被压迫人民的正义斗争。马克思、恩格斯认为,被压迫民族和被压迫人民争取独立解放的斗争是无产阶级革

---

① 《马克思恩格斯选集》第二卷,第443页。
② 《马克思恩格斯选集》第二卷,第434页。
③ 参见《马克思恩格斯选集》第一卷,第699页注释。

命运动的重要组成部分。这是因为:首先,"任何民族当它还在压迫别的民族时,不能成为自由的民族。"①因此,压迫民族的无产阶级必须坚决支持被压迫民族的解放运动,这不仅是无产阶级国际主义的要求,也是无产阶级自身解放的先决条件。其次,被压迫民族解放运动的高涨是无产阶级革命的重要前提。对殖民地、附属国这类被压迫民族的掠夺是资本主义发展必不可少的条件和生命线,一旦民族解放运动高涨,就会给殖民地宗主国的资本主义统治以沉重打击,从而为无产阶级革命创造条件。

二、无产阶级革命"共同胜利"的学说

马克思、恩格斯通过对1848年欧洲革命和1871年巴黎公社革命的总结,已经发现:欧洲各国的资产阶级依靠相互之间的支持与合作,打败了欧洲大陆势力强大的封建统治;而当其中一国的无产阶级起来为自己的解放进行革命的时候,各国资产阶级更是串通一气,联起手来共同对付该国的无产阶级。最为典型的是普法战争中互为敌手的法、德两国资产阶级军队,一旦面对法国巴黎工人的革命,立即捐弃前嫌,握手言和,联合镇压巴黎公社的革命。这充分说明,的的确确存在着一个资本的国际同盟。

马克思在《资本论》中进一步运用剩余价值的转形即瓜分理论,科学论证了国际资本同盟存在的经济必然性。在资本主义社会中,工人创造出来的剩余价值首先转形为利润,并通过利润在行业内和行业外的平均化过程形成了平均利润,从而导致所有工业资产阶级共同瓜分工人所创造出来的剩余价值,产生了工业资产阶级的利益共同体;接着,一部分利润转形为利息,导致银行资本家也来瓜分工人所创造出来的剩余价值,产生了工业资产阶级和金融资产阶级连为一体的利益共同体;再次,一部分利润又转形为地租,土地所有者也来瓜分工人所创造出来的剩余价值,产生了工业资产阶级、金融资产阶级和土地所有者三位一体的利益共同体;最后,随着商品输出和资本输出的发展,利润的平均化过程又越过国界、在全世界的范围内更大规模地展开,最终导致形成了各国资产阶级的利益共同体——"国际资本同盟"。

剩余价值的转形即瓜分理论说明,工人所面对的敌人不单是本企业、本行业直接剥削自己的资本家,而是国内的所有剥削者——工业资产阶级、金融资产阶级和土地所有者,甚至是全世界的资产阶级——国际资本同盟。为了对付共同的敌人国际资本同盟,就有必要建立无产阶级自己的国际劳动同盟。如果以一国无产阶级的力量来对抗国际资本的力量,显然要导致无可挽回的失败。所以马克思、恩格

---

① 《马克思恩格斯选集》第一卷,第288页。

斯强调:"既然各国工人的状况是相同的,既然他们的利益是相同的,他们又有同样的敌人,那么他们就应当共同战斗,就应当以各民族的工人兄弟联盟来对抗各民族的资产阶级兄弟联盟。"①

马克思、恩格斯还从革命爆发并取得胜利的客观条件方面入手,论证无产阶级社会主义革命"共同胜利"的理论。他们认为,带有普遍性的经济危机会使资本主义陷入全面的社会动乱,无产阶级与资产阶级的矛盾会空前激化起来,在这种情况下,无产阶级社会主义革命的条件便具备了。由于在自由资本主义阶段,各国经济、政治的发展相对比较平衡,各国无产阶级革命的条件相对来说也会几乎在同时成熟,因而无产阶级社会主义革命是世界性的革命。它将在一切资本主义国家里,至少在英国、法国、德国等几个发达的资本主义国家里同时发生,才能取得胜利,"无论是法国人、德国人或英国人,都不能单独赢得消灭资本主义的光荣。"②

应当承认,马克思、恩格斯关于无产阶级社会主义革命"共同胜利"的理论,不是他们的个别结论,而是他们科学社会主义学说中的核心原理之一,并贯穿于他们的全部理论之中,指导着他们的全部实践。早在向全世界公开自己的科学社会主义学说的《共产党宣言》中,他们就提出了"工人没有祖国"③的著名论断,大力宣传无产阶级国际主义;在几乎所有重要文献和重要演讲(当然包括《共产党宣言》在内)的末尾,他们都要发出号召:"全世界无产者,联合起来!"他们还为组建两次"国际"、为无产阶级的国际联合进行干部队伍的准备,耗费了毕生的精力。

三、坚持无产阶级政党领导的学说

马克思、恩格斯在总结巴黎公社的教训时反复指出,公社之所以失败,最主要的原因是法国无产阶级发动社会主义革命的客观条件与主观条件都不成熟,其突出表现是缺乏一个以科学社会主义理论为指导思想的无产阶级革命政党。在巴黎公社委员会中,占据主要领导地位的是布朗基派、蒲鲁东派和新雅各宾派,这个委员会不是一个坚持科学社会主义理论指导的、组织严密的无产阶级政党的核心。

鉴于这一教训,马克思、恩格斯强调指出:"工人阶级在反对有产阶级联合权力的斗争中,只有组织成为与有产阶级建立的一切旧政党对立的独立政党,才能作为一个阶级来行动。工人阶级这样组织成为政党是必要的,为的是要保证社会革命获得胜利和实现这一革命最终目标——消灭阶级。"④

---

① 《马克思恩格斯选集》第一卷,第289~290页。
② 《马克思恩格斯全集》第三十九卷,人民出版社1974年版,第87页。
③ 参见《马克思恩格斯选集》第一卷,第270页。
④ 《马克思恩格斯选集》第二卷,第138页。

马克思、恩格斯在指导各国无产阶级建党的过程中发展了科学的建党理论。首先,他们认为,一个无产阶级的政党必须有一个革命的、科学的纲领。党纲是一面公开树立起来的旗帜,只有确立了党纲,无产阶级先进分子才能集合起来。革命的、科学的党纲必须以科学社会主义为指导思想,必须明确规定党的最终目的,党纲的具体内容必须依据环境和党本身的发展而改变。

其次,他们认为无产阶级政党必须在斗争中重视策略问题;在制定策略时,必须坚持原则性与灵活性的统一。任何策略"必须以党的无产阶级性质不致因此发生问题为前提",在这一"绝对的界限"内,"一切可以达到目的的手段都是有用的,不论是最强制的,或者是看起来最温和的。"[①]无产阶级政党制定策略必须从实际出发,"对每一个国家说来,能最快、最有把握地实现目标的策略,就是最好的策略。"因此,无产阶级在争取胜利的斗争中,既要进行武装斗争,也要在和平时期学会合法斗争,学会使用普选权这一新的"最锐利的武器",并时刻准备将自己的活动"从议会斗争的舞台转到革命的舞台"[②]。

第三,无产阶级的政党必须加强自身的组织建设和思想建设。马克思、恩格斯认为,要保持无产阶级政党的先进性,就必须坚持不懈地同内部的各种错误倾向作斗争。在思想斗争中,必须从实际出发,采用自由辩论和讨论的方式,反对粗暴压制,反对贸然行事。在组织建设上,党的代表大会是最高权力机关,它提供了让党员发表自己意见的机会,党的最高权力机关实行年会制。

第四节 自由资本主义时期对社会主义制度的构想

一、关于未来社会发展阶段的构想

无论是马克思、还是恩格斯,生前都没有见到过成功的无产阶级社会主义革命,仅仅看到过巴黎无产阶级进行的夺取政权的尝试。因此,作为科学社会主义的创始人,马克思、恩格斯只能依据他们对历史发展规律的理解和对巴黎公社经验的

---

① 参见《马克思恩格斯选集》第四卷,第469~470页。
② 参见《马克思恩格斯全集》第二十二卷,人民出版社1965年版,第327页。

概括,并从当时西方主要资本主义国家生产力的发展水平出发,得出关于无产阶级社会主义革命成功以后社会发展阶段的设想与预测。

马克思早在《1844年经济学哲学手稿》中就谈到,在消灭了现实的私有财产以后,共产主义运动"实际上将经历一个极其艰难而漫长的过程"①。在1849年至1850年,他还多次谈到无产阶级在夺取政权以后社会将顺次经历民主主义共和国、社会共和国、社会共产主义共和国、纯粹的共产主义共和国等阶段。

后来,马克思在《哥达纲领批判》中指出,在无产阶级社会主义革命胜利以后,作为新社会发展的第一阶段是无产阶级专政。"在资本主义社会和共产主义社会之间,有一个从前者变为后者的革命转变时期。同这个时期相适应的也有一个政治上的过渡时期,这个时期的国家只能是无产阶级的革命专政"②;而"这个专政不过是达到消灭一切阶级和进入无阶级社会的过渡。"③

当人类进入无阶级社会即共产主义社会以后,社会的发展还会依经济发展成熟程度的不同,经历两个阶段。共产主义社会的第一阶段即低级阶段就是社会主义社会,"它不是在它自身基础上已经发展了的,恰好相反,是刚刚从资本主义社会中产生出来的,因此它在各方面,在经济、道德和精神方面都还带着它脱胎出来的那个旧社会的痕迹。"④

作为共产主义社会的低级阶段,其基本特征是消灭了资本主义私有制,建立起以国家代表整个社会占有全部生产资料的公有制;由于生产资料成为社会所有,实现了社会化大生产,并克服了资本主义社会生产无政府状态的弊端,实行社会生产计划化,因而已经无须存在商品与货币了;也正由于生产资料完全公有化了,因此消费品就可以按照唯一的尺度即劳动尺度来分配;这时,已经不存在阶级,虽然还可能有国家,但它已处在消亡之中,其职能同旧国家相比必然发生很大的改变。

在马克思、恩格斯看来,共产主义社会的第一阶段已经实现了生产资料社会所有制和按劳分配,已经消灭了剥削,这无疑是人类历史的一大进步;但是,它还有不足。因为在这一阶段上,生产者的权利是和他们提供的劳动量的多少成比例的,平等就在于以同一个尺度即劳动来计量;它还不可能考虑到人们在体力、智力上天生存在的差别,还不能考虑劳动者实际赡养的人口多少的差别,因而按劳分配所体现出来的平等权利,仍然是不平等的。除此之外,在共产主义的低级阶段上,社会生产力还没有发展到很高的程度,社会财富还不可能像泉水般涌流出来,还不可避免

---

① 参见《马克思恩格斯全集》第四十二卷,人民出版社1979年版,第140页。
② 《马克思恩格斯选集》第三卷,第21页。
③ 《马克思恩格斯选集》第四卷,第332~333页。
④ 《马克思恩格斯选集》第三卷,第10页。

地存在着城乡之间、工农之间、脑力劳动与体力劳动之间的差别,人们在道德和精神方面还受着旧社会残留下来的传统与习惯的影响,劳动暂时还是谋生的手段而不是人的第一需要。

马克思、恩格斯对共产主义第一阶段即社会主义阶段的设想比较科学地预测和概括了这一阶段的社会前景,无疑具有十分深刻的理论和实践指导意义。但我们也必须看到,他们的勾画也夹杂着某些不切实际的因素。比如对商品、货币、市场和交换等等持否定态度,按劳分配的单一性、国家消亡问题上的某些判断等等方面,也都不同程度地存在着偏差与失误。这是由以下两方面原因造成的:一是当时缺乏实践方面材料的充分支持,马克思、恩格斯在批判地吸收空想社会主义关于未来社会设想的过程中,难免把某些未经清理的、不切实际的因素作为科学的养料结合进自己的理论中。二是人们对未来社会的认识受到历史条件的制约。恩格斯曾经指出:"我们只能在我们时代的条件下进行认识,而且这些条件达到什么程度,我们便认识到什么程度"①。我们不能因为他们设想中某些结论不符合实际而否认整个科学社会主义学说的科学性,也不能以教条式的态度来对待他们的这些设想。

马克思、恩格斯设想中的共产主义高级阶段是人类社会发展的美好境界,这是在自身基础上得到充分发展的、已经彻底消灭了旧社会痕迹的、完全成熟的共产主义社会。在共产主义社会的高级阶段上,迫使人们奴隶般地服从分工的情形已经消失,脑力劳动和体力劳动的对立也随之消失;劳动不再是谋生的手段,而成为生活的第一需要;随着个人的全面发展,社会生产力也极大地增长起来;集体财富的一切源泉都充分地涌流出来。"只有在那个时候,才能完全超出资产阶级权利的狭隘眼界,社会才能在自己的旗帜上写上:各尽所能,按需分配!"②

正如列宁后来所说,在马克思、恩格斯生活的时代,共产主义还只是一个远大的理想,他们只能给我们描述美好未来的大体轮廓,至于从低级阶段怎样才能过渡到高级阶段,"生产力将怎样迅速向前发展,将怎样迅速发展到打破分工、消灭脑力劳动和体力劳动的对立,把劳动变为'生活的第一需要'",以及"人类会经过哪些阶段,通过哪些实际办法达到这个最高目的",国家"消亡的日期或消亡的具体形式",马克思与恩格斯没有、也不可能给我们留下详细的现成答案,这些答案要我们在现实的科学社会主义实践中去寻找,去验证。③

二、关于未来社会基本特征的构想

马克思、恩格斯认为,未来社会的首要特征是生产资料社会所有基础上的高度

---

① 《马克思恩格斯选集》第三卷,第 562 页。
② 《马克思恩格斯选集》第三卷,第 12 页。
③ 参见《列宁选集》第三卷,人民出版社 1972 年版,第 253、257 页。

社会化的大生产和高度发达的大工业。他们在分析资本主义时,既批判了这种剥削制度残酷的一面,同时也指出:"资本的文明面之一是,它榨取剩余劳动的方式和条件,同以前的奴隶制、农奴制等形式相比,都更有利于生产力的发展,有利于生产关系的发展,有利于更高级的新形态的各种要素的创造。因此,资本一方面会导致这样一个阶段,在这个阶段上,社会上的一部分人靠牺牲另一部分人来强制和垄断社会发展(包括这种发展的物质方面和精神方面的利益)的现象将会消灭;另一方面,这个阶段又会为这样一些关系创造出物质手段和萌芽,这些关系在一个更高级的社会形态内,使这种剩余劳动能够同一般物质劳动所占用的时间的较显著的缩短结合在一起。"①资本主义创造出高度社会化的生产力和高度发达的大工业,它们是建立共产主义的物质前提。无产阶级的任务就是将这种物质前提建立在生产资料社会所有制的基础之上。马克思、恩格斯还探讨了未来社会建立在公有制基础上的社会化大生产的具体实现形式,特别是考察了合作工厂和股份企业。马克思、恩格斯将这种股份企业称为"社会企业",并认为它是从资本主义生产方式转化为未来的联合生产方式的一种过渡形式。

马克思、恩格斯认为,未来社会的另一个特征是公有制基础上出现的人的全新存在方式和生产方式。事实上,在他们看来,消灭私有制并不是共产党人的最终奋斗目标;无产阶级和全人类在消灭剥削阶级、实现解放后怎样进行生活和生产,怎样使人获得全面的解放和自由,才是共产党人奋斗的终极目标。早在《共产党宣言》中,马克思、恩格斯就笔调鲜明地描绘了消灭私有制以后的社会新结构:"代替那存在着阶级和阶级对立的资产阶级旧社会的,将是这样一个联合体,在那里,每个人的自由发展是一切人的自由发展的条件。"②在《资本论》第一卷中,马克思更是明确地把这一社会组织结构的新形式以"自由人联合体"6个字来概括。③ 在这个联合体中,人们的生产方式和生活方式获得了全新的形式,人们"用公共的生产资料进行劳动,并且自觉地把他们许多个人劳动力当作一个社会劳动力来使用……这个联合体的总产品是社会的产品。这些产品的一部分重新用作生产资料。这一部分依旧是社会的。而另一部分则作为生活资料由联合体成员消费。"④

究竟怎样才能实现以人的全面自由和全面发展为前提的"自由人联合体"?马克思站在人类社会历史发展规律的高度,指明了人的真正自由是物质生产、社会生活和人的能力全面发展的结果,而不是人与生俱来的东西。马克思在《1857~

---

① 《马克思恩格斯全集》第二十五卷,人民出版社1974年版,第925~926页。
② 《马克思恩格斯选集》第一卷,第273页。
③ 参见马克思:《资本论》第一卷,人民出版社1983年版,第58页。
④ 《马克思恩格斯全集》第二十三卷,人民出版社1972年版,第95页。

第三章 自由资本主义时期社会主义的理论与实践

1858年经济学手稿》中把人类社会的历史发展划分为三大形态或三大阶段:"人的依赖关系(起初是完全自然发生的),是最初的形态,在这种形态下,人的生产能力只能是在狭窄的范围以内和孤立的地点上发展着。以物的依赖性为基础的人的独立性,是第二大形态,在这种形态下,才形成普遍的物质交换,全面的关系,多方面的需求以及全面的能力的体系。建立在个人全面发展和他们共同的生产能力成为他们的社会财富这一基础上的自由个性,是第三个阶段。第二个阶段为第三个阶段创造条件。"① 这就是说,原始社会、奴隶社会和封建社会都属于人与人的依赖阶段,由于生产能力低,人的自由度也低;在资本主义社会,由于市场经济得到了巨大的发展,社会财富的积累,出现了人依赖于物的关系,生产能力的发展,使人的自由度也有提高;到了未来共产主义阶段,由于共同的社会生产能力得到了巨大的发展,人既不依赖于人,也不依赖于物,人的自由独立的个性得到了全面的发展,这时才是人的全面自由,才能建立真正的"自由人联合体"。

在《资本论》第3卷中,马克思更加透彻地阐明这一"自由王国"实现的条件。他深刻指出:"自由王国只是在由必需和外在目的规定要做的劳动终止的地方才开始;因而按照事物的本性来说,它存在于真正物质生产领域的彼岸。""这个自然必然性的王国会随着人的发展而扩大;但是,满足这种需要的生产力同时也会扩大。这个领域内的自由只能是:社会化的人,联合起来的生产者,将合理的调节他们和自然之间的物质变换,把它置于他们的共同控制之下,而不让它作为盲目的力量来统治自己;靠消耗最小的力量,在最无愧于最合适于他们的人类本性的条件下来进行这种物质变换。"② 1880年恩格斯也发表了同样的观点。他指出,在未来社会,"生产的发展使不同社会阶级的继续存在成为时代的错误。随着社会生产的无政府状态的消失,国家的政治权威也将消失。人终于成为自然界的主人,从而也就成为社会的主人,成为自身的主人——自由的人。""这是人类从必然王国进入自由王国的飞跃。""完成这一解放世界的事业,是现代无产阶级的历史使命。"③

综合马克思、恩格斯的上述精彩论述,我们可以得出,要达到人的全面解放和自由、建立自由人联合体,有三个前提条件④:第一,物质生产领域的自由,使人成为自然界的主人。科技的高度发达使人认识、驾驭了自然界的发展规律,劳动不仅是谋生的手段,更变成人的生活第一需要和生命力的内在表现。第二,社会生活领域的自由,使人成为社会结合的主人。在物质生产的集体财富充分涌流后,有必要

---

① 《马克思恩格斯全集》第四十六卷(上),人民出版社1979年版,第104页。
② 马克思:《资本论》第三卷,人民出版社1966年版,第962~963页。
③ 《马克思恩格斯全集》第十九卷,人民出版社1963年版,第245~247页。
④ 参见高放:"跨世纪的社会理想一定会实现",《社会科学》,1998年第8期。

也有可能实行"各尽所能,按需分配",这时人与人之间才实现了真正的平等,在自由人联合体内外彼此协调。高度社会化的人不仅能够通过计划生产合理地调节人与自然界之间的物质交换,而且能合情合理地调节人与人之间的文化、感情和精神的自由交往。第三,人的能力全面发展的自由,使人能够成为人自身的主人。人人都能够自觉地约束自己,遵守联合体的规章制度;人人的能力都有得到全面发展的自由,这种能力包括德、智、体、美、劳诸多方面;未来的自由人能够具有从事多种体力劳动和脑力劳动的本领。"一旦全能的人普遍涌现,那么以往由畸形的人虚构出来的全能的神就将完全消失,宗教也将成为并不神秘的文化遗产。共产主义就是公共主义,自由人联合体就是公共化最高程度的具体表现和最终归宿,这是世界大同和大同世界的胜境。"①

---

① 《马克思恩格斯全集》第十九卷,第 245~247 页。

第四章

科学社会主义从理论向现实的飞跃

第一节 帝国主义是无产阶级社会主义革命的前夜

一、帝国主义的基本经济特征

自由资本主义在经过了充分的发展以后,于19世纪70～90年代,开始逐步向垄断资本主义即帝国主义过渡。恩格斯晚年以惊人的洞察力考察了这一过渡中出现的某些新现象,如股份公司、某些部门与企业的国有化、证券交易所、殖民地的新作用、食利者人数的增加等等,并作出了精辟的阐述和分析。但由于当时帝国主义还没有发育成熟,各种矛盾还没有充分暴露,他不可能形成完整的帝国主义理论。

创立帝国主义理论的重任历史地落在了列宁的肩上。早在第一次世界大战爆发前,列宁就运用马克思主义的基本原理,研究了关于资本主义发展新阶段的几乎所有文献资料。据统计,仅在他《关于帝国主义的笔记》中,就对148部著作和刊登在49种刊物上的232篇论文作了摘要与评论。列宁正是在批判地吸收这些研究成果的基础上,于1916年写成了《帝国主义是资本主义的最高阶段》。在这部著作中,列宁总结了自《资本论》问世以来西欧资本主义的新发展,第一次对帝国主义作了最全面、最系统的科学分析,对资本主义垄断阶段的本质、特征及其发展规律作了明确的阐述,揭示了帝国主义与修正主义的必然联系,得出了"帝国主义是资本主义的最高的和最后的阶段"、"帝国主义是无产阶级社会主义革命的前夜"等光辉论断。

帝国主义之所以为无产阶级社会主义革命创造了条件,原因在于它有不同于自由资本主义的特征。列宁概括与总结了帝国主义的五大经济特征。首先是帝国主义的垄断特征。列宁指出,自由资本主义的生产不断走向集中,而生产的集中又引起了垄断。集中与垄断成为资本主义发展现阶段的一般的和基本的规律。"垄断代替自由竞争,是帝国主义的根本经济特征,是帝国主义的实质。"①

帝国主义经济的第二个特征是形成了金融资本和金融寡头。列宁指出,随着资本主义生产由集中发展为垄断,银行则从普通的中介人变成了万能的垄断者,它支配着所有资本家和小业主的几乎全部货币资本,以及本国和许多国家的大部分生产资料和原料来源。在生产集中和垄断的过程中,银行资本和工业资本彼此渗透,相互结合,形成了一种新的金融资本。少数掌握巨额金融资本的人就成了金融寡头,他们统治着国家的经济命脉和政治权力,主宰着社会生活的一切重要方面。

帝国主义经济的第三个特征是资本输出具有了特别重要的作用。列宁指出,金融资本的统治加剧了资本积累和垄断资本再生产的矛盾,使得市场、原料来源和投资场所之间的矛盾日益尖锐化。这一矛盾的发展,必然会形成大量的"过剩资本"。资本家为了将这一部分资本利用起来,获得高额利润,势必对外经济扩张,其重要手段就是资本输出。"自由竞争占完全统治地位的旧资本主义的特征是商品输出。垄断占统治地位的最新资本主义的特征是资本输出。"②

帝国主义经济的第四个特征是形成了国际垄断。列宁认为,各垄断集团为了获取高额利润,争先恐后地向国外输出资本,为争夺销售市场、原料产地、投资场所和势力范围而展开激烈的斗争。当各大垄断集团谁也打不倒谁的时候,那些势均力敌的大垄断集团往往会暂时缔结各种国际协定,以便结成国际垄断同盟,共同瓜分世界市场。

帝国主义经济的第五个特征是最大的资本主义列强已经把世界领土分割完毕。列宁认为,资本主义向垄断阶段的过渡,是同分割世界斗争的尖锐化联系着的。"资本家瓜分世界,并不是因为他们的心肠特别毒辣,而是因为集中已经达到这样的阶段,使他们不得不走上这条获取利润的道路。"③到20世纪初,世界上的领土差不多已经被帝国主义分割完毕。但是,这种分割对各列强来说在份额上并不平衡,先发展起来的帝国主义国家瓜分得多,后起的帝国主义国家则抢占得少。分赃的不均必然引起帝国主义列强们重新瓜分世界的激烈斗争。

---

① 《列宁选集》第二卷,人民出版社1972年版,第883页。
② 《列宁选集》第二卷,第782页。
③ 《列宁选集》第二卷,第795页。

最后，列宁给"帝国主义"下了一个包括以上五大特征在内的科学定义："帝国主义是发展到垄断组织和金融资本的统治已经确立、资本输出具有特别重大的意义、国际托拉斯开始分割世界、最大的资本主义国家已把世界全部领土分割完毕这一阶段的资本主义。"①

二、帝国主义的历史地位

列宁进一步指出，如果不仅注意到帝国主义的经济特征，而且注意到帝国主义所处的历史地位，那就应当给"帝国主义"另外下一个更为确切完备的定义："帝国主义是资本主义的特殊历史阶段。这种特殊性分三个方面：①帝国主义是垄断的资本主义；②帝国主义是寄生的或腐朽的资本主义；③帝国主义是垂死的资本主义。"②

正是垄断使资本主义生产走向更高的社会化。但是从自由竞争中成长起来、并与自由竞争并存的垄断并不能完全消除竞争，相反，它使竞争更加激烈。所有这些都导致社会化大生产与生产资料资本家占有制的矛盾更加尖锐、更加激烈。"垄断是从资本主义向更高级的制度的过渡。"③这就是说，资本主义已经发展到它的最后阶段，垄断资本主义为人类社会过渡到共产主义创造了物质条件。

列宁深刻地揭露了帝国主义的寄生性和腐朽性。首先，垄断统治必然产生停滞和腐朽的趋势，它表明资本主义生产关系已成为阻碍生产力发展的桎梏。当然，这只是一种趋势，并不排除资本主义在个别部门、个别国家或个别时期内仍然会迅速发展。其次，在资产阶级中形成和发展出一个特殊的食利阶层。那些拥有亿万金钱的金融寡头靠发行有价证券和实行参与制，占有了巨大的社会财富，他们日益脱离生产过程，过着"剪息票"的寄生生活。第三，资本输出使一些帝国主义国家变成剥削殖民地人民的"食利国"。第四，资本主义国家在政治上走向全面反动。经济上的垄断统治，资产阶级内部的尖锐争斗，全世界劳动人民反帝斗争的不断高涨，所有这些都迫使垄断资产阶级走向政治反动，以维护自己的统治。"垄断资本主义（帝国主义就是垄断资本主义）的政治上层建筑，就是从民主制转向政治反动。自由竞争要求民主制。垄断则要求政治反动。……帝国主义无论在对外或对内政策中，都同样力求破坏民主，实行反动。"④最后，帝国主义的殖民统治绝不容许殖民地半殖民地国家的资本主义自由发展。它们不仅要让殖民地半殖民地国家现

---

① 《列宁选集》第二卷，第808页。
② 《列宁选集》第二卷，第883页。
③ 《列宁选集》第二卷，第808页。
④ 《列宁全集》第二十三卷，人民出版社1958年版，第34~35页

存的前资本主义剥削方式适合于自己的需要,而且力求保存和巩固它们。这就导致这些国家的人民遭受帝国主义和本国反动派的双重压迫,陷于极端贫困的境地。同时,各帝国主义国家为争夺殖民地和势力范围,重新瓜分已被分割完毕的世界,必然要进行"狗咬狗"的战争,给全世界劳动人民带来更加巨大的灾难。

在资本主义发展的帝国主义阶段,这一制度所固有的基本矛盾即生产的社会化和生产资料私人占有之间的矛盾进一步加剧,使得帝国主义体系的其他各种矛盾,如帝国主义国家内部无产阶级和资产阶级的矛盾、殖民地半殖民地国家和帝国主义宗主国之间的矛盾、帝国主义国家之间为争夺势力范围而产生的矛盾等等,都达到了空前尖锐化的程度。前两种矛盾的激化,必然引起无产阶级社会主义革命和殖民地民族民主革命;后一种矛盾的激化,将导致帝国主义之间爆发战争。这些革命和战争势必导致帝国主义的灭亡和社会主义的胜利。

正是在此意义上,列宁认为,"帝国主义时代是成熟的和衰败的资本主义时代,这时资本主义正处于崩溃的前夜,已经成熟到要让位给社会主义的地步了。"①列宁从无产阶级革命的可能性与必然性上确定帝国主义的历史地位,强调帝国主义是"过渡的资本主义",是"成熟的和衰败的资本主义",是"垂死的和腐朽的资本主义"。列宁并没有断言帝国主义马上就要死了,就要腐烂了;恰恰相反,列宁肯定了帝国主义国家在经济、技术等方面仍然存在着发展的可能性。

三、社会主义革命中心由西欧向俄国转移

在自由资本主义时代,马克思、恩格斯认为社会主义革命的条件必须是资本主义所造就的生产力与生产关系高度发达,无产阶级在人口中占绝大多数。因此,他们期待着社会主义革命将首先在最为发达的国家爆发,并多次指明世界社会主义革命的中心地带在欧洲,特别是在社会民主党力量强大的德国。恩格斯在1884年致考茨基的信中表达了对德国无产阶级的期望:"整个德国都卷入了社会革命,小农被拉入工业,最守旧的地区也被卷入这个运动,因而整个德国的革命化比英国或法国彻底得多。"而正在这时,"恰好一个德国人——马克思已经从理论上总结了英国和法国的实践和理论发展的成果,揭示了资本主义生产的全部本质,从而也提示了它的最终的历史命运,这就给德国无产阶级提供了它的先驱者英国人和法国人从来没有过的纲领。一方面是更加深刻的社会变革,另一方面是人们更加心明眼亮——这就是德国工人运动势不可挡地发展起来的奥秘。"②

当马克思、恩格斯在对德国无产阶级寄予无限希望时,也意味深长地将目光转

---

① 《列宁全集》第二十二卷,人民出版社1958年版,第100页。
② 《马克思恩格斯选集》第四卷,人民出版社1995年版,第669页。

向了俄国。在《共产党宣言》1882年俄文版序言中,他们写道:"在1848～1849年革命期间,不仅欧洲的君主,而且连欧洲的资产者,都把俄国的干涉看作是帮助他们对付刚刚开始觉醒的无产阶级的唯一救星。沙皇曾被宣布为欧洲反动势力的首领。现在……俄国已是欧洲革命运动的先进部队了。"在俄国,"除了迅速盛行起来的资本主义狂热和刚开始发展的资产阶级土地所有制外,大半土地仍归农民公共占有。那么试问:俄国公社,这一固然已经大遭破坏的原始土地公共所有制形式,是能够直接过渡到高级的共产主义的公共所有制形式呢?或者相反,它还须先经历西方的历史发展所经历的那个瓦解过程呢?"[①]尽管马克思、恩格斯承认,"假如俄国革命将成为西方无产阶级革命的信号而双方互相补充的话,那么现今的俄国土地公共所有制便能成为共产主义发展的起点。"[②]但他们仍然认为俄国的革命必须先由西方即欧洲与北美的社会主义革命来支持和引导,"只要欧洲和北美一实行改造,就会产生巨大的力量和做出极好的榜样,使各个半文明国家自动地跟着我们走,单是经济上的需要就会促成这一点。"[③]

但是到了19世纪末、20世纪初,马克思、恩格斯曾经寄予很大希望的欧洲,资本主义进入了平稳的和平发展时期。这些国家无产阶级政党中的上层分子大多被资产阶级用从海外殖民地所榨取来的高额剩余价值中的一小部分所收买,即使是历史悠久的德国社会民主党也被伯恩施坦和考茨基等人所把持,修正主义思潮泛滥。欧洲发达国家举行无产阶级革命的可能性已经不大。社会主义革命的中心转移到了经济上相对落后的俄国。

沙皇俄国在1861年废除农奴制度后,资本主义开始迅速发展,无产阶级也随之发展壮大。自19世纪末开始,俄国生产集中和资本集中的过程加快,当时俄国最大工厂的规模已经超过了德国。在生产集中和资本集中的基础上,垄断组织迅速产生并发展起来。到20世纪初,俄国也挤进了帝国主义的行列。但是同西欧、北美的老牌帝国主义国家比起来,俄国仍然是一个落后、贫穷和半野蛮的国家。在经济上,存在着农奴制的残余,农业是国民经济中的主要部门,人口的绝大部分是农民;工业生产技术较为原始,主要的重工业部门多为外资所控制。在政治上,人民毫无政治权利,继续遭受沙皇专制制度的残暴统治和压迫。

刚刚进入帝国主义行列的沙皇俄国,因为其落后,成了20世纪初世界各种矛盾的交汇点。

首先是广大贫苦农民与地主、富农的矛盾。农奴制的废除并没有消除农民和

---

① 《马克思恩格斯选集》第一卷,第230～231页。
② 参见《马克思恩格斯选集》第一卷,第231页。
③ 《马克思恩格斯全集》第三十五卷,人民出版社1971年版,第353页。

地主之间的矛盾,地主在"解放"农奴时,用"割地"、"赎金"等办法对农民进行掠夺,以后又用"工役制"、"对分制"等形式继续奴役农民。随着农村资本主义的发展,农民又遭受新生富农的盘剥。

其次是无产阶级与资产阶级的矛盾。俄国工人的处境极端恶劣,工作日长达12~13小时,甚至15~16小时;缺乏必要的劳动保护;少得可怜的工资还常常被资本家用罚款等手段克扣掉。工人生活困苦,罢工、示威连续不断。

第三是民族矛盾。俄国是一个多民族国家,沙皇政府对非俄罗斯民族实行歧视、侮辱、欺凌和压迫的政策,占人口总数57%的非俄罗斯民族处于无权或权利很少的境地。沙皇俄国成了各民族的监狱。

第四是封建地主阶级与新兴资产阶级的矛盾。农村的封建地主阶级顽固维持着农奴制的残余,阻碍资本主义的发展,因而同农村与城市的新兴资产阶级之间也存在着冲突。

第五是沙皇俄国与被其奴役的民族之间的矛盾。沙皇政府长期对外侵略扩张,侵占和剥削中国、土耳其、波斯等国家的广大地区,同被它侵占国家的人民之间存在着尖锐的民族矛盾与阶级矛盾。

最后是俄国与其他帝国主义国家之间的矛盾。沙皇俄国与日本、德国等帝国主义国家为争夺殖民地、市场和原料产地,也是矛盾重重。

总之,落后的、残暴的沙皇专制统治将帝国主义各种最坏的东西都聚集在自己身上,各种矛盾相互加剧、相互激荡,最后导致社会经济、政治和精神的全面危机。作为社会危机外在标志的是各个阶级、阶层再也无法忍受惯常的剥削与压迫,纷纷以极端的形式进行政治参与。不仅工人运动不断高涨,农民运动风起云涌,学生运动也蓬勃开展,甚至自由派资产者和地方自治局的自由派地主也"抗议"沙皇政府的"极端行动",要求进行"改革"。

当时的俄国不仅具有革命的形势,还具备了用革命方法来解决社会矛盾的现实力量。虽然俄国的工业不如欧洲国家发达,无产阶级在人口中的比例还比较小,但俄国的无产阶级与欧洲发达国家的无产阶级相比,有其自身的特点。首先,俄国无产阶级所受的剥削和压迫最为深重,处于专制统治之下,除了革命没有其他的生路,因而具有坚定的革命性。其次,俄国的工人贵族人数不多,力量较小,影响不大。第三,俄国工人的集中程度较高,从而便于组织。俄国的农民同西欧国家的农民相比也有自身的特点。他们遭受农奴制残余和不发达资本主义的双重奴役与压迫,和工人之间有着天然的联系,知道只有无产阶级能够帮助他们获得土地并免受地主、资产阶级的剥削,因而便于同工人结成革命的联盟。

由于俄国既是帝国主义各种矛盾的集合点,又具备解决这些矛盾的现实力量,因而便成为帝国主义链条中最薄弱的一环,成为帝国主义时代世界革命的中心。

第二节 无产阶级社会主义革命"一国胜利"的理论

一、帝国主义时代科学社会主义的新课题

在 20 世纪初,各帝国主义国家为争夺世界市场和殖民地而忙于扩军备战。但是很多人对即将到来的帝国主义战争没有思想准备,有的甚至被暂时的和平景象所欺骗。列宁正确地预见到,在当时的历史条件下,帝国主义就意味着战争。和平只是前后两次战争之间的休战,一旦帝国主义利用和平的时机做好了备战的工作,接下来就会发起新的战争。因此,帝国主义的和平只能是暂时的、虚伪的。

在帝国主义时代,资产阶级发动战争的目的是为了重新瓜分世界市场和殖民地,从而掠夺更多的自然资源和财富。为此,资产阶级必须在国内进行战争动员,完全撕去民主的外衣,强迫国内经济、社会生活军事化;战争也必然要消耗大量的资源和财富,并夺去广大人民群众的安宁甚至生命。所以一旦世界大战爆发,欧洲各国的无产阶级和劳动群众立即陷入绝对贫困化之中,忍饥挨饿,受苦受难,甚至牺牲生命。他们强烈盼望结束资本主义制度,进入科学社会主义理论所揭示的美好的理想境界。这就是说,世界大战的爆发把无产阶级社会主义革命的课题提到了最为迫切的地位。

与此同时,社会主义革命如何进行、在哪里进行的问题成为新一代马克思主义者思考的"热点"。自科学社会主义理论问世以来,欧洲的无产阶级为社会主义革命奋斗了几十年,却总是以失败告终,社会主义一直未能从科学理论转变为社会现实。这也引起社会主义者对几十年来一直恪守的社会主义革命"共同胜利"的理论进行认真的反思。

如前所述,马克思、恩格斯一直强调社会主义革命不会是一个国家的革命,而是在一切文明国家里至少是英、法、德等国家同时发生的革命。马克思早在《1848 年至 1850 年的法兰西阶级斗争》一书中就明确指出:"法国发生的任何一次新的无产阶级起义都必然会引起世界战争。新的法国革命将被迫立刻越出国家范

围去夺取欧洲的舞台,因为只有在这个舞台上才能够实现19世纪的社会革命。"①马克思在总结巴黎公社失败的教训时再一次强调:"巴黎公社之所以失败,就是因为在一切主要中心,如柏林、马德里以及其他地方,没有同时爆发同巴黎无产阶级斗争的高水平相适应的伟大的革命运动。"②直到1892年恩格斯还认为,欧洲工人阶级要取得社会主义的胜利,"至少需要英法德三国的共同努力,才能得到保证。"③

在经历了巴黎公社失败的痛苦,经历了资本主义和平发展时期的沉默以后,资本主义国家的社会主义革命还会卷土重来吗?怎样才能把社会主义的科学理论转变为现实制度,实现几十年来无产阶级和广大劳动群众梦寐以求的理想?如果革命再次来临,仍然是最早设想的同步爆发、共同攻击、同时胜利的老模式,还是由德国人开始、法国人跟上、英国人完成的分工合作模式,抑或是后来设想的相继发生、相继胜利的新模式?如果社会主义革命不是首先在发达资本主义国家爆发的话,它会在什么类型的国家爆发?面对这一时代课题,出现了三种不同的回答。

第一种回答是由第二国际内那班死搬马克思、恩格斯教条的"学理主义者"作出的,其代表者主要有德国的卡尔·考茨基、俄国的格奥尔基·瓦连廷诺维奇·普列汉诺夫等人。他们抓住马克思、恩格斯关于社会主义革命"同时胜利"的结论不放,不顾历史条件的变化,断言社会主义革命不可能在一个国家内首先取得胜利。在他们看来,社会主义之所以不能由科学理论转变为社会现实,是由于条件尚未成熟,革命力量及其国际联合还有待于继续积累。普列汉诺夫在十月革命前夕还认为,这时要着手组织社会主义革命会陷于"极其有害的空想","所能组织的只是饥饿",甚至指责号召进行社会主义革命行动的人是"向无产阶级献媚"。④

作出第二种回答的是爱德华·伯恩施坦等"修正主义者",他们一方面鼓吹资本主义国家还没有成长到实现社会主义的地步,即还没有实现社会主义的客观经济前提,无产阶级还没有在全国人口中占绝大多数;另一方面从根本上否定无产阶级革命,认为几十年来社会主义之所以不能实现,原因就在于选择了不得人心的阶级斗争和暴力革命的道路和手段。他们提出通过普选制进入议会并逐步取得议会的多数席位,从而和平长入社会主义社会的"议会道路"。这就公开放弃和背叛了无产阶级的社会主义革命。

作出第三种回答的是列宁为代表的俄国布尔什维克。列宁驳斥了第二国际修

---

① 《马克思恩格斯选集》第一卷,第418页。
② 《马克思恩格斯全集》第十八卷,人民出版社1964年版,第180页。
③ 《马克思恩格斯选集》第三卷,第403页。
④ 参见普列汉诺夫:《在祖国的一年》,三联书店1980年版,第207页。

正主义者和学理主义者的谬论,指出:"对于社会主义问题,我们的社会革命党人和孟什维克是抱着学理主义的态度,即根据他们背得烂熟但理解得很差的教条来看待的。他们把社会主义说成是遥远的、情况不明的、渺茫的未来","其实,社会主义现在已经在现代资本主义的一切窗口中出现,在这个最新资本主义的基础上前进一步的每一项重大措施中,社会主义已经直接地、实际地显现出来了。"[1]列宁运用马克思主义的立场、观点和方法,研究新情况,解决新问题,根据帝国主义时代世界形势的最新发展,敏锐地觉察到革命中心的转移,并鲜明地提出了社会主义革命能够、而且必须首先在一国胜利的新理论。

二、帝国主义战争瓦解了国际资本同盟

如果说马克思、恩格斯"共同胜利"的理论是立足于国际资本同盟客观存在这一事实基础之上的话,那么,列宁"一国胜利"的理论首先就源于国际资本同盟的瓦解这一新的历史事实。在帝国主义战争中,各国资产阶级政府兵戎相见,大打出手,相互之间的利害冲突早已超越了它们所谓的"共同利益"。列宁运用帝国主义时代资本主义政治、经济发展不平衡的规律,科学地解释了这一新事实。

在自由资本主义时期,资本主义各国的发展是相对平衡的,一个国家要想超过另一个国家,必须经过相当长时间的努力;而且那时世界上存在着大片未被资本主义占领的领土,后发的资本主义国家在扩充自己的殖民地和附属国时,并不一定需要从先发展起来的资本主义国家手中去夺取,因此它们之间也不容易发生大规模的军事冲突;资本主义国家还可能互相勾结起来,共同干涉和镇压个别国家内部无产阶级的革命运动,形成国际资本同盟。马克思、恩格斯正是在这样的历史条件下,依据当时的事实,得出了社会主义革命不可能在一国胜利的结论。

进入帝国主义时代以后,情况就不同了。根据列宁的分析,由于垄断组织的统治以及科学技术的迅速发展和应用,资本主义国家间发展的不平衡性加剧了。那些走上资本主义道路较晚的国家能够利用科学技术的巨大发展,不受大量旧的固定资本的束缚,较快地采用最新技术,在较短的时间内,以跳跃的方式赶上并超过老牌资本主义国家。这种发展的不平衡性造成帝国主义列强间的经济、政治实力的对比发生明显的变化。后起的国家经济和政治实力都比较强,但是它们所拥有的殖民地和势力范围,相对于老牌资本主义国家来说却比较小,它们强烈要求按照自己的实力得到相应量的殖民地和势力范围。

但是,这时的世界市场与领土已经被先发展起来的老牌帝国主义国家瓜分完毕了。老的想保住已经抢到手的地盘,新的则要求按实力重新分割。在这种情况

---

[1] 《列宁全集》第三十二卷,人民出版社1985年第2版,第219页。

下,原先存在的国际资本同盟就必然要瓦解,相互间的利害冲突早已超越了它们所谓的"共同利益",问题只有通过军事冲突和战争来解决。帝国主义国家间爆发的激烈冲突和大规模战争,既使它们无暇顾及也无力镇压个别国家内部爆发的无产阶级革命,又使它们相互削弱,并且个别较弱的国家必然遭受特别严重的打击,从而形成帝国主义链条中的薄弱环节,便于被无产阶级去突破,使社会主义革命在个别国家内的胜利成为可能。

三、帝国主义战争创造了革命的形势

帝国主义战争不仅瓦解了国际资本同盟,为社会主义革命的"一国胜利"提供了可能;而且带来了政治、经济、社会的全面危机,创造了夺取社会主义革命"一国胜利"所必需的主客观条件。

列宁认为,在帝国主义时代,特别在发生帝国主义战争的条件下,首先发起无产阶级社会主义革命运动的,并不是那些对外有力量进行掠夺、对内有本钱收买本国工人上层分子的发达资本主义国家,而是资本主义经济发展相对比较落后的国家。因为后者是帝国主义各种矛盾的焦点,只要具备革命所必需的主客观条件,社会主义革命就能成功。列宁所选择的革命"突破口",也不是经济最落后、资本主义组织最不发达的国家,因为,"没有一定程度的资本主义,我们是不会成功的。"①

列宁认为,尽管革命的终极原因在于社会基本矛盾的对抗性,但革命能否爆发并取得胜利,却取决于革命的主客观条件是否具备。革命的客观条件就是革命形势,列宁提出了衡量革命形势到来的三个主要特征:"①统治阶级不可能照旧不变地维持自己的统治;'上层'的某种危机,即统治阶级的政治危机,给被压迫阶级的愤怒和不满造成一个爆破的缺口。光是'下层不愿'照旧生活下去,对革命的到来通常是不够的;要革命到来还须'上层不能'照旧生活下去。②被压迫阶级的贫困和灾难超乎寻常的加剧。③由于上述原因,群众积极性大大提高,这些群众在'和平'时期忍气吞声地受人掠夺,而在动荡时期,整个危机形势和'上层'本身都迫使他们去进行独立的历史性的发动。"②

但并不是任何客观的革命形势都会引起革命,只有既具备革命形势、再加上主观变化的条件才会产生革命。"这种主观变化就是:革命阶级能够发动足以打倒(或摧毁)旧政府的强大的群众革命行动,因为这种政府,如果不'推'它,即使在危机时代也不会'倒'的。"③

---

① 列宁:《对布哈林〈过渡时期的经济〉一书的评论》,人民出版社 1958 年版,第 59~60 页。
② 《列宁选集》第二卷,人民出版社 1972 年版,第 620~621 页。
③ 《列宁选集》第二卷,第 620~621 页。

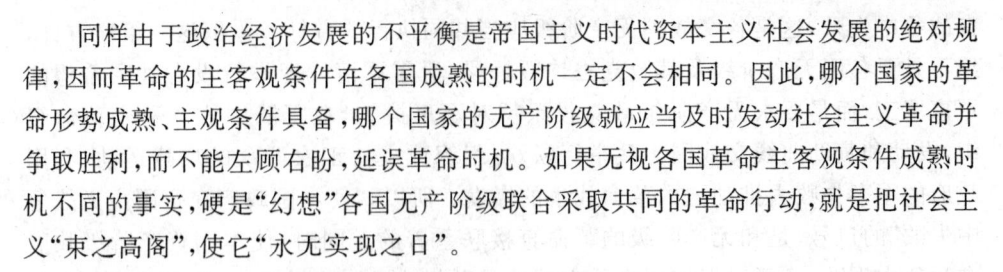

同样由于政治经济发展的不平衡是帝国主义时代资本主义社会发展的绝对规律,因而革命的主客观条件在各国成熟的时机一定不会相同。因此,哪个国家的革命形势成熟、主观条件具备,哪个国家的无产阶级就应当及时发动社会主义革命并争取胜利,而不能左顾右盼,延误革命时机。如果无视各国革命主客观条件成熟时机不同的事实,硬是"幻想"各国无产阶级联合采取共同的革命行动,就是把社会主义"束之高阁",使它"永无实现之日"。

四、变帝国主义战争为国内革命战争

第一次世界大战确实为欧洲不少国家特别是俄国的无产阶级创造了千载难逢的革命形势。交战国的任何一个政府都不敢担保自己明天会怎样,都摆脱不了财政破产、割让领土、被逐出自己国家等危险,都生活在"火山"上。千百万人在后方忍饥挨饿,在战壕中丢了性命,人民群众的不满情绪日趋增长,风潮、罢工、游行示威和反战运动愈来愈激烈。大难临头,出路何在?列宁写道:"在整个历史上,特别在战争期间,站在原地不动是不可能的。不是前进,就是后退。在用革命手段争得了共和制和民主制的 20 世纪的俄国,不走向社会主义,不采取走向社会主义的步骤……就不能前进。"①

战争引发革命。革命形势产生于战争并随战争发展起来。因此,作为无产阶级政党的最基本任务就是:"必须向群众揭示革命形势的存在,解释革命形势的广度和深度,唤起无产阶级的革命意识和革命决心,帮助无产阶级进而采取革命行动,建立适应革命形势的组织来进行这方面的工作。"而要把帝国主义战争变为国内革命战争,无产阶级及其政党就应该主动地采取实际行动。根据当时特定的历史条件和具体情况,列宁认为要把当时的帝国主义战争变为国内革命战争,"首先应当采取下列步骤:①无条件否决军费开支,退出资产阶级内阁;②同'国内和平'政策完全决裂;③凡是政府和资产阶级实行戒严、取消宪法规定的自由的地方,都建立秘密组织;④赞助各交战国士兵在所有的战壕内和战场上举行联欢;⑤支持无产阶级的各种群众性的革命发动。"②这样,一旦时机成熟,就应当坚决果断地领导群众开展革命斗争,直至武装起义,夺取政权。

同"变帝国主义战争为国内革命战争"的策略口号紧密相连,列宁提出的另一个策略口号就是"使本国政府在战争中失败"。只有使本国资产阶级政府在帝国主义战争中遭受失败,才能从根本上削弱本国资产阶级的势力,从而更容易将帝国主义战争变为国内革命战争。因此,无产阶级政党必须采取各种办法促使本国政府

---

① 《列宁全集》第三十二卷,人民出版社 1985 年版,第 218 页。
② 《列宁全集》第二十一卷,人民出版社 1959 年版,第 139 页。

在战争中失败,这是各交战国无产阶级应当共同执行的方针。采取这一策略方针,绝不是要各国无产阶级及其政党去炸毁桥梁、泄露军情或者举行没有胜利希望的军事罢工,而是要求无产阶级政党投票反对军事拨款,在军队中成立秘密革命组织,发动和赞助前线交战国士兵举行联欢,组织或支持工农群众的反战运动,利用政府的军事失败去推动国内革命战争的爆发。所以,"使本国政府在帝国主义战争中失败"的口号,是和无产阶级的革命直接联系着的。同时,使本国资产阶级政府在战争中失败,还可以促使原来受它压迫和剥削的民族获得解放,这样就能保证各国无产阶级更加团结,并取得相互支援,推动无产阶级在国内革命战争中夺取胜利。

革命催生社会主义。列宁指出:"帝国主义战争是社会主义革命的前夜。这不仅因为战争带来的灾难促成了无产阶级的起义(如果社会主义在经济上尚未成熟,任何起义也创造不出社会主义来),而且因为国家垄断资本主义是社会主义的最充分的物质准备,是社会主义的前阶,是历史阶梯上的一级,在这一级和叫作社会主义的那一级之间,没有任何中间级。"[①]

第三节 帝国主义时代无产阶级革命的理论

一、社会主义革命"一国胜利"理论的提出与完善

关于社会主义革命可以在单独一个国家或几个国家中胜利的论点,最早出现在德国社会民主党人格奥尔格·亨利希·福尔马尔1878年写作的《孤立的社会主义国家》一文中。不过福尔马尔没有为此提供充分的科学论证,而且他走向了另一个极端,即认为在一个国家内可以单独取得社会主义的最终胜利。

列宁在欧洲爆发帝国主义战争的条件下,在对帝国主义的种种特征和革命所必需的主客观条件进行科学分析以后,才提出了社会主义革命可能在一国首先爆发并取得胜利的原理。这个原理包含着一系列的具体前提:帝国主义时代资本主义的政治经济发展在主要国家出现了不平衡;帝国主义的内在矛盾与经济特征造成帝国主

[①] 《列宁全集》第三十二卷,第218~219页。

义在全球统治链条上出现了薄弱环节;帝国主义战争使国际资本同盟不复存在;个别国家如俄国由于客观矛盾与无产阶级的主观努力,已经形成了革命形势。

列宁关于无产阶级社会主义革命"一国胜利"的提法,本身也有一个发展的过程。最初他在1915年《论欧洲联邦口号》一文中首次表述这一新原理的时候,用的是"可能"这样较为缓和的语气。他指出:"经济政治发展的不平衡是资本主义的绝对规律。由此就应得出结论:社会主义可能首先在少数或者甚至在单独一个资本主义国家内获得胜利。"①这里说"可能""一国胜利",并不意味着排斥"共同胜利"的模式。但是到了1916年,在写作《无产阶级革命的军事纲领》一文时,列宁就以更加明确、更加肯定的语言否定"共同胜利"的模式,只承认"一国胜利"的模式了。他写道:"资本主义的发展在各个国家是极不平衡的。而且在商品生产的条件下也只能是这样。由此可以得出一个确定不移的结论:社会主义不能在所有国家内同时获得胜利。它将首先在一个或者几个国家中获得胜利,而其余的国家在一段时期内将仍然是资产阶级的或者资产阶级以前时期的国家。"②

而且,列宁这时所讲的"一国胜利",仅仅指社会主义革命过程中一个国家的无产阶级向反动政权发起冲击,建立起革命政权,使自己上升为统治阶级;并非指社会主义可以在一个国家获得最终的胜利。列宁特别指出:"一个落后的国家开始革命比较容易,因为在这个国家里敌人已经腐朽,资产阶级没有组织起来,但是要把革命继续下去,就需要万分谨慎、小心和坚忍不拔。"③因为个别国家的社会主义政权的维持与巩固,还需要世界无产阶级的支持,社会主义在一国的最终胜利需要依靠世界各国的社会主义革命作为基础。列宁的"一国胜利"论,实际上蕴含了通过一个又一个连续不断的"一国胜利",最终实现社会主义的"共同胜利"。

二、民族殖民地革命理论的提出与完善

明确区分压迫民族和被压迫民族,这是列宁在帝国主义时代对马克思主义关于民族殖民地理论的重大发展。19世纪末、20世纪初,发展到帝国主义阶段的资本主义,早已超出了民族国家的范围,民族压迫在新的历史条件下扩大并加剧了。帝国主义时代的资产阶级把殖民地作为资本输出和商品倾销的广阔场所、夺取工业原料和廉价劳动力的重要基地,以解决由于垄断资本的出现而产生或加剧了的原料、燃料的缺乏以及商品和资本相对过剩等一系列矛盾。这样,19世纪末开始了抢夺殖民地的大高潮,到20世纪初,世界上的领土就被少数先进的资本主义国

---

① 《列宁选集》第二卷,第709页。
② 《列宁选集》第二卷,第873页。
③ 《列宁全集》第三十四卷,人民出版社1985年版,第233页。

家瓜分完毕,从而形成了帝国主义的殖民体系。于是,世界上所有的民族便被划分为两大部分:一部分是人数众多的被压迫民族,另一部分是人数甚少、却拥有巨量财富和强大军事实力的压迫民族。而"所有导致革命的资本主义基本矛盾、帝国主义基本矛盾,所有引起了对第二国际作激烈斗争的工人运动中的基本矛盾……都是同世界人口的这种划分联系着的。"①

列宁认为,从帝国主义时代世界已经分成压迫民族和被压迫民族这一基本事实出发,无产阶级政党要解决民族殖民地问题,就"应当要求无条件地、无代价地立即解放殖民地,——而这个要求在政治上的表现只能是承认自决权。"②民族自决权就是承认各被压迫民族有摆脱帝国主义统治、实现政治分离的权利。民族自决权是彻底反对一切民族压迫的表现。各民族有自决权,并不等于各民族都有分离的义务。各民族有自决权,仅仅意味着各民族的人民群众应该自己掌握自己民族的命运,根据民族利益和民族意志来解决本民族的一切问题。

列宁指出,各被压迫民族要求分离,要求有自决的自由,绝不是想要分裂,绝不是不顾各民族的历史传统、盲目成立小的国家,而是希望各民族在真正民主和真正国际主义的基础上实现民族大融合。可是,在帝国主义对弱小民族肆意实行暴力兼并、殖民统治和民族压迫的现实条件下,如果没有分离的自由,便不能从强制的融合、暴力的兼并过渡到自愿的融合。人类只有经过被压迫民族完全解放的过渡时期,即他们有分离自由的过渡时期,才能最终达到各民族的必然融合。

正是从反帝斗争和无产阶级革命的根本利益出发,列宁对被压迫民族解放斗争的意义给予极高的评价。早在1913年,列宁就欢呼"世界风暴的新泉源已在亚洲涌现出来了","我们现在正处在这些风暴盛行及其'反转来影响'欧洲的时代。"③殖民地和半殖民地是帝国主义的生命线,它们的民族解放斗争是一支从帝国主义的后方打击帝国主义的伟大力量,必将促使帝国主义各种矛盾的尖锐化,加剧整个资本主义世界的危机,从根本上动摇帝国主义的统治。

对于帝国主义国家的无产阶级来说,支持被压迫民族的解放斗争,绝不是什么抽象的"正义"或"博爱"的问题,而是自身解放的必要条件。因此列宁反复说明,马克思鉴于无产阶级革命的利益高于一切,始终把"压迫其他民族的民族是不能获得解放的"这个国际主义和社会主义的根本原则放在第一位。在帝国主义时代,压迫民族的无产阶级更应当以马克思为榜样。

列宁关于先进国家的无产阶级必须同殖民地半殖民地人民结成反帝统一战线

---

① 《列宁选集》第四卷,第318页。
② 《列宁选集》第二卷,第724页。
③ 《列宁选集》第二卷,第439页。

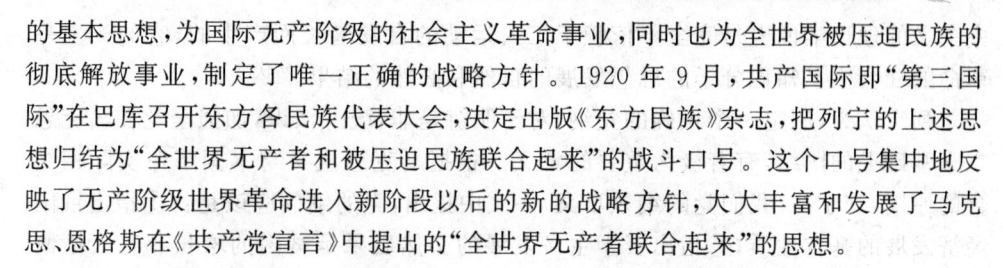

的基本思想,为国际无产阶级的社会主义革命事业,同时也为全世界被压迫民族的彻底解放事业,制定了唯一正确的战略方针。1920年9月,共产国际即"第三国际"在巴库召开东方各民族代表大会,决定出版《东方民族》杂志,把列宁的上述思想归结为"全世界无产者和被压迫民族联合起来"的战斗口号。这个口号集中地反映了无产阶级世界革命进入新阶段以后的新的战略方针,大大丰富和发展了马克思、恩格斯在《共产党宣言》中提出的"全世界无产者联合起来"的思想。

三、无产阶级革命政党理论的提出与完善

列宁提出无产阶级政党必须以马克思主义作为自己的指导思想。这是因为马克思主义是无产阶级的思想体系。它不仅揭示了资本主义制度的实质,论证了资本主义灭亡和社会主义胜利的必然性,而且给无产阶级提供了阶级斗争这个锐利武器,并教导无产阶级政党如何运用这个武器去达到取得政权和组织社会主义社会的伟大目标。列宁指出:"没有革命的理论,就不会有革命的运动。在醉心于最狭隘的实际活动的偏向同机会主义的时髦宣传密切融合的情况下,必须始终坚持这种思想。"①

列宁认为,为了坚持马克思主义,既要坚决同各种曲解马克思主义并使之庸俗化的机会主义作斗争,也要坚决反对教条主义。我们决不把马克思主义理论看成是某种一成不变的和神圣不可侵犯的东西。社会主义者如果不愿意落后于实际生活,就应当在各个方面把这门科学推向前进。列宁还特别强调,俄国的社会主义者尤其需要独立地探讨马克思主义理论。这是因为,马克思主义一般原理的具体运用,在英国不同于法国,在法国不同于德国,在德国又不同于俄国。所以,对于俄国社会主义者来说,决不能仅仅满足于马克思、恩格斯所提出的一般公式和一般结论,也不能限于照搬照抄别国的经验,而要以革命的精神和科学的态度对待马克思主义,把马克思主义理论同本国的革命实践结合起来,具体解决本国革命斗争中所提出的问题。

要建立一个马克思主义的无产阶级革命政党,不仅要求党的领袖透彻地理解马克思主义理论,摆脱形形色色的非无产阶级思想,还要坚持对党员和广大工人群众进行马克思主义教育,把科学社会主义灌输到工人群众中去,不断提高党员和工人阶级的思想觉悟。列宁指出,工人阶级的阶级地位使它自发地倾向于社会主义,但是工人阶级决不能在自己的运动中创造出完整的独立的思想体系,单靠工人阶级自己只能产生工联主义意识。"而社会主义学说则是由有产阶级的有教养的人即知识分子创造的哲学、历史和经济的理论中成长起来的。……同样,俄国社会民

---

① 《列宁选集》第一卷,第241页。

主主义的理论学说也是完全不依赖于工人运动的自发增长而产生的,它的产生是革命的社会主义知识分子的思想发展的自然和必然的结果。"①

列宁认为,制定一个正确的党纲,对于明辨是非,统一认识,加强全党在马克思主义基础上的团结,有着极为重要的意义。根据马克思主义与本国革命实际相结合的原则,列宁在《我们党的纲领草案》一文中提出,党的纲领应该是:"①指出俄国经济发展的基本性质;②指出资本主义发展的必然后果是贫困的增长和工人愤慨情绪的增长;③指出无产阶级的阶级斗争是我们运动的基础;④指出社会民主主义工人运动的最终目的,指出工人运动为了达到这些目的必须努力夺取政权,指出运动的国际性;⑤指出阶级斗争必要的政治性;⑥指出保护剥削者、造成人民无权地位和受压迫地位的俄国专制制度是工人运动的主要障碍,因此,为了整个社会发展的利益,也必须争取政治自由,这是党的迫切的政治任务;⑦指出党将支持反对专制制度的一切政党和居民阶层,将对我国政府蛊惑人心的诡计进行斗争;⑧列举各项基本的民主要求;⑨然后提出保护工人阶级的要求;⑩保护农民的要求,并且说明这些要求的一般性质。"②

党内在纲领和策略问题上取得基本一致的意见之后,党的团结和统一就有了共同的思想基础和政治基础;但是,如果没有组织上的统一,党的思想统一和政治统一是不能巩固的。因此列宁十分重视从组织上建党。他认为,党应当是工人阶级有组织的部队,绝不能像尔·马尔托夫等人所主张的那样,仅仅是个人偶然的凑合;这支部队由中央和地方各级组织所组成,每个党员都必须加入其中的一个组织。只有把全体党员组织起来,才能保证党对党员实行监督和领导,才能通过全体党员带领无产阶级去同敌人进行战斗,并夺取最后胜利。

根据当时俄国的历史条件,列宁认为,为了维护党的秘密工作和领导核心的稳定,必须建立职业革命家组织,把一切秘密职能集中在少数职业革命家手中。除此之外,还要建立广大的基层组织,党正是通过这些组织同广大群众保持着密切的联系。

列宁指出,党必须有统一的纪律。遵守党纪,执行党章,这是每个党员的义务,在党内决不允许有不受党纪约束的所谓"特殊"党员。他还强调,党必须按照集中制原则组织起来。"为了保证党内团结,为了保证党的工作的集中化,还需要有组织上的统一,而这种统一在一个多少超出了家庭式的小组范围的党里面,如果没有正式规定的党章,没有少数服从多数的原则,没有部分服从整体的原则,那简直是不可想象的。"③

---

① 《列宁选集》第一卷,第247～248页。
② 《列宁全集》第四卷,人民出版社1958年版,第221～222页。
③ 《列宁选集》第一卷,第482页。

第四节　帝国主义时代俄国无产阶级的革命实践

一、1905 年革命和 1917 年 2 月革命

1905 年,俄国爆发了帝国主义时代第一次资产阶级民主革命。工人运动的高涨促进了农民运动的发展,并波及到沙皇军队。同年 10 月爆发了全俄政治总罢工,12 月爆发了莫斯科工人武装起义。由于敌我力量悬殊,加上各地武装起义缺乏统一的组织和领导,这次革命最终失败了。

1905 年革命的中心内容是土地问题。列宁指出:"这个问题的实质,就是农民为消灭地主土地占有制和俄国农业制度中一切农奴制残余而斗争,因而也就是为消灭俄国整个社会政治制度中的农奴制残余而斗争。"[①]因此,这次革命就其性质来说是资产阶级革命,它的目的和任务是推翻沙皇专制制度和肃清农奴制残余,而不是直接进行社会主义革命。但是,这次革命和西欧历史上的资产阶级革命又有明显的不同,无产阶级成为运动的领导力量和先锋队,农民由过去的资产阶级同盟军转变为无产阶级的同盟军。

列宁在参与领导 1905 年俄国资产阶级民主革命时,指出了资产阶级民主革命与社会主义革命的区别和联系。他认为,如果将俄国革命的完整进程视为一根链条,其中就存在两个环节:资产阶级民主革命与社会主义革命。这两个阶段既有区别又有联系,不能用一道万里长城将它们隔开,也不能以一个环节来代替另一个环节。无产阶级参加资产阶级民主革命,是争取社会主义革命和建立无产阶级专政的一个必经阶段,是"沿着民主共和制的道路,向社会主义革命迈出第一步",是为了"扫清在民主共和制的基地上真正地和坚决地为社会主义斗争的道路。"[②]因此,无产阶级不能跨越资产阶级民主革命的阶段,而应当努力扩大资产阶级民主革命的范围,把它进行到底,以便在时机成熟时立即将民主革命转变为社会主义革命。

列宁认为:无产阶级应当在资产阶级革命中掌握领导权,实现无产阶级同广大

[①] 《列宁全集》第十三卷,人民出版社 1959 年版,第 399~400 页。
[②] 《列宁选集》第一卷,第 623 页。

农民的革命联盟,并在此基础上建立工农民主专政。这是无产阶级政党夺取民主革命的彻底胜利并立即转变为社会主义革命的根本保证和决定性条件。列宁特别强调,从民主革命向社会主义革命的过渡必须具备多种条件,其中最为重要的是无产阶级的力量和觉悟。为了提高无产阶级的觉悟、加强无产阶级的力量,列宁反复教导无产阶级一定要提高阶级斗争观念,警惕资产阶级为夺取革命胜利成果而向无产阶级发动新的进攻。

经过12年的力量积累和艰辛努力,俄国的工人和士兵终于在1917年2月(俄历)推翻了沙皇政府,取得了资产阶级民主革命的胜利。这次革命不同于其他民主革命的地方在于,革命胜利后最初一段时间里出现两个政权的并存:一个是主要的、真正的、实际的、掌握全部政权机关的资产阶级临时政府;另一个是补充的、附属的、"监督性"的政府——彼得格勒工兵代表苏维埃。后者虽然没有掌握国家政权机关,但它直接依靠的是绝大多数人民,是武装的工人和士兵。两种性质完全不同的政权并存的局面只是俄国革命中一个过渡的、不稳定的现象,它不可能长久保持下去。事实上,二月革命后俄国资产阶级正在运用各种方法排除、削弱和消灭工兵代表苏维埃,企图建立单一的资产阶级政权。

二、"四月提纲"和1917年10月革命

身在国外的列宁得知二月革命胜利的消息后,立即写了五封"远方来信",对当时俄国的革命形势和无产阶级政党的任务作了精辟的分析。他号召人民不要信任资产阶级临时政府,不要给它以任何支持,应当继续为争取社会主义与和平而斗争;提醒布尔什维克党要保持自己的独立性,决不同其他妥协党派接近并签订任何协定;要求布尔什维克党尽快将城乡的无产阶级组织和武装起来,为保证革命在新的阶段的完全胜利做好准备。

1917年4月列宁回到彼得格勒。他在群众欢迎会上用"社会主义革命万岁"的口号作为自己演说的结束语。第二天,他就在布尔什维克党的领导工作人员会议上作了《论无产阶级在这次革命中的任务》的报告。这就是著名的《四月提纲》。在《四月提纲》中,列宁明确指出,二月革命推翻了沙皇制度,资产阶级执掌了政权,这表明俄国的资产阶级民主革命已告完成,革命的第一阶段已经结束。下一步应该从革命的第一阶段过渡到革命的第二阶段,在革命的第二阶段上,应当将政权转到无产阶级和贫苦农民手中。

列宁肯定了俄国无产阶级在两次民主革命中所创造的工兵代表苏维埃这一革命组织形式,指出这是无产阶级和农民掌握革命政权的唯一可能的模式。当时的俄国,两个政权并存,无产阶级可以公开活动,资产阶级临时政府还没有来得及集结反动暴力镇压劳动群众。从这一实际情况出发,列宁提出了"全部政权归苏维

埃"的著名口号。为了实现这个目标,列宁制定了如下的策略:不给临时政府以任何支持,同时也不号召立刻推翻它。布尔什维克党的任务是在群众中揭露临时政府的种种谎言,指出它也是一个帝国主义政府,根本不可能给人民带来真正的民主与和平;应该在武装的工人和士兵的压力下,迫使资产阶级交出政权,建立单一的工兵代表苏维埃政权。

但是,列宁在争取革命和平发展的途径时,始终没有放松用暴力革命推翻资产阶级政权的准备。他在为布尔什维克党四月代表会议起草的决议中指出:"无产阶级的党应当用全副精力向人民说明:必须组织和武装无产阶级,使它同革命军队结成最紧密的联盟;必须抛弃信任临时政府的政策,以防止类似1848年6月巴黎的大规模枪杀无产阶级的惨剧。"[①] 而当革命和平发展的可能性消失以后,他及时制定了武装起义的策略。9月底列宁决定将彼得堡和莫斯科作为武装起义的地点。这是俄国的政治、经济中心,也是资产阶级国家的"神经中枢"。无产阶级夺取了这两座城市,就能为夺取全国胜利铺平道路。

列宁开创了由中心城市武装起义,夺取中央政权,然后向农村进军的道路。十月革命进程中,彼得堡、莫斯科等中心城市都派出了成千上万的优秀工人到农村去。在苏维埃政权派出的大批宣传员、特派员协助下,不到几个星期的时间,就在二十几个省城建立了苏维埃政权。到1918年春,苏维埃政权已"到了最偏僻的农村"。列宁把这一阶段建立无产阶级国家机器的胜利,称为"苏维埃政权的凯歌行进"。

三、十月社会主义革命的划时代意义

俄国十月革命的胜利,突破了帝国主义链条中最薄弱的一环,破坏了无所不包的资本主义体系,在占世界1/6的土地上实现了社会主义革命,建立起第一个无产阶级专政的社会主义国家。它完成了社会主义发展史上的第二次伟大飞跃,即在继社会主义从空想发展为科学之后,又使社会主义由科学理论发展为现实制度。从此,人类历史开始了一个崭新的纪元,即无产阶级社会主义革命的新纪元,从资本主义向社会主义、共产主义过渡的新纪元。

俄国十月革命的胜利,证明了列宁关于无产阶级社会主义革命"一国胜利"学说的正确。这一伟大学说及其指导下的革命实践,从空间上看,它把马克思主义的普遍真理同俄国革命的具体实践相结合,开辟了各国无产阶级运用马克思主义的新途径;从时间上看,它采取实事求是的态度,根据时代发展的新特点,大胆改变马克思主义体系中已经过时的结论,补充进符合新时代特点的新结论,从而把马克思

---

① 《列宁全集》第二十四卷,人民出版社1957年版,第245页。

主义发展到一个崭新的阶段——列宁主义阶段。

战争和革命改变了世界的政治面貌。俄国无产阶级利用帝国主义战争所造成的革命形势，毅然发动十月社会主义革命并取得完全的胜利，这极大地振奋了欧洲无产阶级的革命斗志，推动了欧洲工人革命运动的发展。紧接着俄国的十月革命，在欧洲的许多国家也爆发了革命，在德国、奥地利、匈牙利、波兰、捷克、芬兰等国，都曾一度建立了苏维埃政权。同时，在俄国十月革命的鼓舞下，亚洲、非洲、拉丁美洲也出现了民主运动和民族解放运动蓬勃高涨的新局面。

十月革命的胜利，打破了全球只有一个资本主义体系的局面，改变了世界的整体结构。"现在地球上有两个世界：一个是资本主义旧世界，它陷入了困境，却永远不会退让；一个是正在成长的新世界，它还很弱，但一定会壮大起来，因为它是不可战胜的。"① 当然，对于新生的制度，列宁没有感情用事地随意美化它，而是一再说明："新的世界，社会主义的世界，是以苏维埃共和国的面貌出现在我们面前的。毫不奇怪，这个世界不会一生下来就完美无缺，不会像密纳发那样一下子从丘比特脑袋里钻出来。"②

---

① 《列宁全集》第四十二卷，人民出版社1987年版，第327页。
② 《列宁全集》第三十五卷，人民出版社1985年版，第61页。

中篇

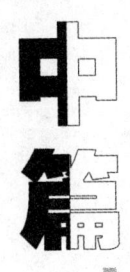

第五章　创建科学社会主义制度的理论与实践

第六章　第一种社会主义模式——苏联模式

第七章　社会主义的其他模式

第八章　发达资本主义国家的社会主义思潮和流派

第九章　第三世界的社会主义思潮和实践

第五章

创建科学社会主义制度的理论与实践

第一节　苏俄初建时期探索社会主义建设道路的实践

一、剥夺剥夺者，退出帝国主义战争

1917年10月到1918年夏天，俄国无产阶级运用"赤卫队攻击资本主义"，进一步巩固苏维埃政权。在全国范围内，掌握政权的无产阶级首先发布一系列国有化法令，将地主占有的土地和大资本家占有的大企业收归国有；接着实行银行的国有化，既割断了地主、资产阶级复辟的财政来源，又获得了经济改革的"杠杆"；还宣布废除沙皇政府和资产阶级临时政府欠下的一切外债，实行对外贸易垄断制。

列宁充分估计到改造私人资本的困难和复杂性，没有简单下命令立即将全部资本主义企业收归国有，而是首先在资本主义中小企业中实行工人监督，要求那些在经济机关和企业中供职的旧有人员坚守岗位，忠于职守，听从苏维埃政权的命令。实行工人监督尽管还不是社会主义，但它迫使企业主进行正常的生产，避免了经济的瓦解和混乱，也有利于工人在监督过程中学到管理经济的本领。但是，在当时国内外严峻形势下，俄国的中小资本家不愿意接受和平改造的计划，他们用怠工、偷转资金、亏欠公款、关闭工厂、以至发动内战的手段来回答工人的监督，因此后来苏维埃政权不得不加快国有化的步伐。

在对外关系方面，十月革命胜利后的第二天，苏维埃政权就颁布和平法令,向各交战国提出立即进行公正的、民主的和平谈判,寻求不割地、不赔款、各民族平等的和平。但协约国拒绝了苏维埃俄国的和平建议。苏维埃共和国只好单独同德国进行和平谈判。在谈判中,德国提出了要求割让帝俄波罗的海和波兰属土以及乌克兰等地的苛刻条件。鉴于当时苏维埃政权还不巩固,国内反革命势力还很猖獗,列宁力主对德媾和、退出战争。他排除党内种种阻力,大力宣传"让出空间以便赢得时间"的战略思想[①],终于促成俄德两国于1918年3月正式签订布列斯特—里托夫斯克和约。和约签字后,列宁指出:"布列斯特和约的重大意义,在于我们能够在极端困难的情况下第一次大规模地利用了帝国主义者之间的矛盾,使社会主义终于占了便宜。"值得一提的是,由于同年11月德国在世界大战中失败,凡尔赛和约剥夺了德国在大战中获得的一切特权,布列斯特和约被自动废止。结果,苏维埃俄国既赢得了宝贵的时间,也没有丧失同样宝贵的土地。

经过上述努力,苏维埃俄国暂时获得了和平喘息的时机,初步具备了把工作重心转移到经济建设上来的条件。于是,列宁着手制定第一部社会主义建设纲领——《苏维埃政权的当前任务》,1918年4月俄共(布)中央委员会讨论通过,整个俄国开始准备进行社会主义改造和社会主义建设。在这部社会主义建设纲领中,列宁向俄国无产阶级和劳动人民发出了"管理俄国"的伟大号召,并指出,"我们对于西方的因为种种原因而迟迟尚来爆发的社会主义革命,究竟能给予何种重大协助,这全看我们解决我们面前的组织任务的程度如何而定。"[②]列宁还设想,如果德国革命迟迟不爆发并取得胜利,那么我们的任务就是学习德国人的国家资本主义。在无产阶级专政条件下,有了这种无比高于俄国现时经济的国家资本主义,俄国就能得到实现社会主义所需要的全部条件。他甚至过于乐观地预测,如果俄国的国家资本主义能在半年左右时间里建立起来,那就能保证1年以后社会主义能在俄国最终巩固起来,从而使俄国立于不败之地。

二、实行"战时共产主义",粉碎外国武装干涉

但从1918年夏天起,俄国国内的反动势力(包括邓尼金、高尔察克、尤登尼奇、弗兰格尔等)与协约国帝国主义者(最多时达14个国家)勾结起来,发动了反苏维埃政权的战争。战火很快吞噬了俄国3/4的国土,城市与产粮区的联系被切断。工厂因缺乏原料、燃料,被迫停工,交通瘫痪,工人忍饥受饿,每天只领到1/8磅面包,甚至还有完全领不到面包的日子,大批工人逃离工厂。苏维埃共和国危在旦夕,而且无路可退。列宁在回顾这段历史时说:"那时我们四面被封锁,被包围,与

---

① 参见《列宁选集》第三卷,第490页。
② 《列宁选集》第三卷,第494页。

全世界隔绝,以后又与南方产粮区、与西伯利亚、与产煤区隔绝,我们无法恢复工业。那时我们必须敢于实行'战时共产主义',不怕采取非常措施,我们可以忍受半饥饿、甚至比半饥饿更坏的生活,但我们无论如何要捍卫住工农政权,尽管有闻所未闻的经济破坏和缺乏流转,我们也要捍卫住工农政权。"①

1918年夏至1921年春,是苏维埃俄国最为困难的年代,内战、粮荒迫使苏维埃政权实施"战时共产主义"即"军事共产主义"政策。"战时共产主义"是以军事行动为特征、以余粮收集制为核心的社会经济政策。它的基本内容是:把全国组织成一个统一的军营,实行集中管理体制,工业原料和产品实行统一供应和统一分配,对主要消费品实施配给制,推广普遍的义务劳动制。

在"战时共产主义"时期,对新生的苏维埃政权来说,最为重要的是军队与粮食。军队是粉碎14国武装干涉和国内反动势力叛乱的最基本条件。苏维埃政权开始组建工农自己的军队——红军。到1918年夏天,红军人数已达到30万;到1920年夏天,红军人数已超过300万。粮食则是当时一切物资中最重要的物资。军队需要粮食,城市的工人、居民和机关工作人员需要粮食,每一颗粮食都与苏维埃共和国的生死存亡攸关。因为俄国革命是先夺取中心城市,然后向农村进军,城市是不出产粮食的,单是断粮这一条就可以置苏维埃政权于死地。1918年5月,列宁起草了《关于粮食专卖法令的要点》,决定把一切余粮收归国家所有,违者要制裁。富农和富裕农民对粮食专卖进行抵制,拒绝按固定价格把粮食卖给国家。在迫不得已的情况下,列宁组织工人征粮队下乡,进行"十字军征伐"。1919年1月,苏维埃政权又把国家所需要的全部粮食分摊给各产粮省。这就是余粮收集制。可见,以余粮收集制为核心的"战时共产主义"政策是在特定环境下不得不采取的特殊政策,它实行的是强制性的不等价交换。列宁事后承认,苏维埃政权欠了农民的账。

在特殊的战争环境下,苏俄实行了一系列战时措施:在1918年底完成了对大中型企业的国有化;国家通过订货、供应原材料和燃料的方式将小工业和手工业纳入国家计划;从农业货币税过渡到实物税再过渡到余粮收集;取消自由贸易,由消费公社统一向居民分配消费品;以实物工资和对少年儿童、中学生、国家机关工作人员的免费伙食制来对付急剧的通货膨胀。

"战时共产主义"是有功劳的。正是依靠它,苏维埃共和国才胜利地驱逐了14国的武装干涉,平息了国内反动势力的叛乱。在战争结束后,列宁指出:"我们取得了胜利(尽管世界上最强大的国家都给我国的剥削者撑腰)这一事实不仅表明,工人和农民在谋求自身解放的斗争中能创造出什么样的英勇奇迹。这一事实也表明,当孟什维克、社会革命党人、考茨基之流说我们实行'战时共产主义'是一

---

① 《列宁选集》第四卷,第526页。

种过错时,他们实际上起了资产阶级走狗的作用。应当说我们实行'战时共产主义'是一种功劳。"①

但是,也必须看到,"战时共产主义"的功劳是有限度的。它既不是预先制定的经济政策,也不是严密系统的经济制度,而是在险恶的内战环境中被迫采取的非常措施。"如果看不到和不理解这一点,那就是一种莫大的罪恶了。"②因为无论是在理论上还是在实践中,"战时共产主义"都有失误。

在理论上,列宁曾多次说过,社会主义是不能"制定的",结果"战时共产主义"还是犯了一个"制定"社会主义的错误。列宁回忆说:"我们原来打算(或许更确切些说,我们是没有充分根据地假定)直接用无产阶级国家的法令,在一个小农国家里按共产主义原则来调整国家的生产和产品分配。现实生活说明我们犯了错误。"③

在实践上,执行"战时共产主义"的过程中也做了一些错事。首先,在国有化方面,在大生产还没有恢复、原料燃料断绝、缺乏管理力量和管理经验的情况下,急于没收中小企业,不仅增加了政治上的敌对力量,而且背上了沉重的经济包袱。其次,准备消灭货币和实行垄断贸易。"俄共将力求尽量迅速地实行最激进的措施,来准备消灭货币,首先是以存折、支票和短期领物证等等来代替货币,建立有钱一定要存入银行的制度等等。"④在一个小农占优势的国家里,准备消灭货币、取消买卖关系,是注定要碰壁的;实行垄断贸易,禁止地方周转,废除私商活动,也势必把经济搞瘫痪。列宁后来承认:"我们在贸易国有化和工业国有化方面,在禁止地方周转方面做得过分了。"⑤再次,在征收余粮方面,采取"强制+说服"的方法,"依照军事方式来行动",工人征粮队下乡也是配备武装的。这就严重侵犯了农民的利益,挫伤了农民的生产积极性。在国内外敌人大兵压境的情况下,农民短期内还可以忍受,以便抗击敌人;但是一旦战争结束,农民的不满情绪就普遍暴露出来。

三、实施"新经济政策",恢复和发展国民经济

1921年春,俄国抗击外敌入侵和平息内部叛乱的战争取得了胜利,但同时却发生了政治、经济危机。农业歉收固然是危机爆发的直接原因,但根本的原因则是战时勉强能通行、能为人们所接受的过于严酷的政策,在战争结束后人们就无法再忍受了。"战时共产主义"不适合俄国当时生产力发展的状况。同年10月,列宁发

---

① 《列宁选集》第四卷,第517页。
② 参见《列宁全集》第三十二卷,人民出版社1958年版,第333、208页。
③ 《列宁选集》第四卷,第571页。
④ 《列宁选集》第三卷,第769页。
⑤ 《列宁全集》第三十二卷,第208页。

现由于私人市场比国家市场强大,农民开始和政府对抗,不再把余粮交给国家,而是卖给了私商。这表明原来设计的由国家用工业品来换取农产品、以此建立工人与农民关系的计划失败了。因此有必要从国家交换制退到由国家调节商品买卖和货币流通的制度,允许自由贸易。列宁坦诚地呼吁:"无论如何,我们不应当设法隐瞒什么,而应当爽直地说:农民对于我们和他们之间所建立的这种形式的关系,是不满意的,他们不要这种形式的关系并且不愿意再这样生活下去,这是不容置辩的。他们的这种意志已经明确地表现出来了,这是广大劳动群众的意志。我们必须考虑到这一点。我们是十分清醒的政治家,所以能够爽直地说:'让我们来重新审查我们对农民的政策吧'。"①

列宁总结了"战时共产主义"政策的失误,提出了向社会主义作迂回过渡的"新经济政策"。这一政策主要有两部分内容:一是实行粮食税制度,将余粮收集制改为农业货币税制,恢复粮食的自由贸易;二是实行租让制,具体包括:把一部分企业交给资本家经营;把小商人组织起来成立合作社;国家通过向商业资本家支付佣金的方式,让他们帮助国有企业推销产品并向小生产者收购产品;向资本家出租土地、森林和矿区。这一政策一方面允许私人资本主义进行自由贸易,另一方面运用国家资本主义的一系列原则,并且把这两方面紧密地结合起来。

"新经济政策"的核心就是用粮食税代替余粮收集制,实行粮食税的实质就是调整工农之间的关系。在国内战争时期,工、农两大阶级结成了政治军事联盟,农民从工人那里获得土地,工人从农民那里取得粮食;转变到和平时期以后,必须建立新的联盟的基础,即"满足其最迫切的经济需要。"②

以粮食税为核心的"新经济政策",在很大程度上满足了农民物质利益的要求。粮食税的总额只有余粮收集总额的一半,"在纳税后剩余的一切粮食、原料和饲料,农民可以自己全权处理,可以用来改善和巩固自己的经济,也可以用来提高个人的消费,用来交换工业品、手工业品和农产品",从而调动了农民的生产积极性。从恢复已经破产的经济来看,也必须从振兴农业、改善农民生活、调动农民生产积极性开始。列宁认为,农民成了当时的"中心人物","全国统一的经济计划要求把这件事作为注意和关怀的中心,作为'突击'工作的中心。"③当时有人责问:为什么不首先改善工人的生活?列宁反驳说:如果没有粮食、没有原料怎么恢复大生产?不恢复大生产又怎么改善工人的生活?"要增加粮食的生产和收成,增加燃料的收购和运输,非得改善农民生活状况,提高他们的生产力不可。应该从农民方面开始。谁

---

① 《列宁全集》第三十二卷,第204页。
② 参见《列宁文稿》第二卷,人民出版社1978年版,第304页。
③ 参见《列宁选集》第二卷,第527页。

若不明白这一点,谁若认为把农民提到第一位就等于'放弃'或者类似放弃无产阶级专政,那他简直是不去认真思考问题而陷于空谈。"①

"新经济政策"的实行从原先的国家垄断贸易退到了社会主义的商品交换。在"战时共产主义"时期,国家把国营工厂和私营工厂的产品统统控制在自己手中,经过国家的供销机构、合作社、代销人与农民交换。在"新经济政策"初期,只允许私商、资本家、富农参与交换活动,经销国家批拨给他们的商品,严格限制他们的活动范围。半年多后放松了限制,1921年10月政府开始执行调节商业的政策:一方面允许私商有完全的贸易自由,可以向农民做买卖,出售工业品,收购农产品,但"严厉惩罚"那些违反法令、贩卖烧酒、贩卖反动书刊的投机者;另一方面,用经济的力量与私商进行竞争,限制和克服私商的消极作用。

苏俄实行的"新经济政策"遭到西方帝国主义分子、俄国国内孟什维克反对派的攻击,他们认为这是"共产主义在苏俄破产的明证",是慌忙退却到资本主义。列宁批驳了帝国主义分子和孟什维克反对派对"新经济政策"的种种曲解和攻击。

首先,列宁指出,"新经济政策"从某种意义上来说是退却,但不是慌忙的退却,而是自觉的有准备的退却。"对于那些大喊大叫的孟什维克,我们只要指出一点就够了:还在1918年春,共产党人就公开主张同国家资本主义结成联盟来反对小资产阶级的自发势力,并为这个主张辩护。"②"新经济政策"是老早就预定的,退却的"阵地是事先准备好的"。"新经济政策"的基本原则早在1918年春第一次"喘息"时期就已经明确规定,只是由于俄国地主资产阶级和欧洲帝国主义对苏俄的联合进攻,才不得已中断了下来。

其次,列宁指出,"新经济政策"不是向资本主义的退步,而是采取的向社会主义过渡的迂回形式。列宁把1918年春和1921年10月所实行的利用国家资本主义形式来建设社会主义经济的迂回战略比作是攀登高山中的绕行。为了攀登一座非常险峻的高山,登山者已经爬上世上没人曾到过的高处,但发现按原来的路线和攀登方法走下去,可能更加困难,甚至会失足,陷入绝境。为了最终登上顶峰,必须先返过身来向下走,寻找一条比较可靠的绕行道路。

第三,列宁指出,实行"新经济政策"是为了巩固自己的阵地,退却到一定的时候是要停止的。在实行租让制以后,苏俄国内出现了一些偏离"新经济政策"的做法。比如,一些部门允许私商作为农民和国外市场的中介人,由他们向农民采购粮食和原料出口,允许外国资本将苏俄财富席卷而走,实际上放弃了国家对外贸的垄断。有些人进一步提出"政治退却"问题,甚至要求修改宪法,让资产阶级在苏维埃

---

① 《列宁选集》第四卷,第515页。
② 《列宁全集》第四十二卷,人民出版社1987年版,第111页。

中享有代表权。列宁反击说:够了,不能再作任何让步了,我们不能为有钱的外国人进行偷窃提供方便。他把在实施"新经济政策"中出现的问题比喻为"不听使唤的汽车","国家掌握在我们手中,但是,……在新经济政策方面,它是否按照我们的意志行动了呢?没有",它"不是开往要它去的地方,而是开往别人要它去的地方"。共产党人的任务就是要控制这部车及其行驶的方向①。

那么,能否做到既实行租让制,又制止资本主义的进攻呢?列宁认为是可以的,关键是要重新配置力量,适时转入对资本主义的进攻。到1922年,列宁就要求采取措施,同私人资本主义的非法活动作斗争,反对贿赂、投机、非法交易和破坏劳动法的行为;坚决维护对外贸易垄断权;坚决制止一切损害社会主义国家主权和利益的谈判。这不是终止"新经济政策",而是保卫社会主义。

能否既给农民以贸易自由,又不导致资本主义泛滥、破坏工农联盟的基础呢?列宁肯定地回答:"能够,因为问题在于掌握分寸。"②既然允许农民自由地处理手中多余的农副产品,就必须敞开流通渠道,人为地堵塞等于自杀。然而允许贸易自由并不是无范围、无限度的,限度和范围的大小根据社会主义的利益来决定,超出所允许的范围和限度,就要进行无产阶级专政。

在执行"新经济政策"的过程中,列宁号召共产党员必须学会文明经商。不是去摧毁旧的商业,而是掌握它、利用它,随着经济的发展而随时加以调整。这种改良比原先脱离经济基础的所谓"革命"要唯物得多、脚踏实地得多。和狼(投机商)在一起,就得学狼叫,其目的是排挤、打击以至最后消灭这些"狼"。③

第二节 苏俄初建时期的政治建设理论

一、过渡时期的阶级斗争

苏维埃政权建立以后,俄国社会究竟进入了什么发展阶段?列宁经过认真的

---

① 参见《列宁全集》第四十三卷,人民出版社1987年版,第85页。
② 《列宁全集》第四十一卷,人民出版社1986年版,第55页。
③ 参见《列宁选集》第四卷,第579页。

研究,确认俄国处于由资本主义向社会主义、共产主义前进的"过渡时期",这一时期仍然存在着激烈的阶级斗争,为此,布尔什维克就必须坚持无产阶级专政,加强执政党自身的建设。特别是在实行"战时共产主义"的日子里,列宁形成并发展了以阶级斗争和无产阶级专政为主要内容的政治建设理论。

列宁认为,要了解过渡时期阶级斗争的根源、特点和规律,首先就得弄清楚什么是阶级。他完全以对生产资料是否占有以及取得财富的方式和多寡等经济标准来确定阶级,指出:"所谓阶级,就是这样一些大的集团,这些集团在历史上一定社会生产体系中所处的地位不同,对生产资料的关系(这种关系大部分是在法律上明文规定了的)不同,在社会劳动组织中所起的作用不同,因而领得自己所支配的那份社会财富的方式和多寡也不同。"①

列宁分析道,同当时俄国宗法式自然经济、小商品生产、私人资本主义、国家资本主义、社会主义五种经济成分并存的社会经济结构相适应,存在着无产阶级、资产阶级和小生产者等三大阶级。这种经济结构和阶级状况决定了"在资本主义和共产主义中间隔着一个过渡时期……这个过渡时期不能不兼有这两种社会经济结构的特点或特征。这个过渡时期不能不是衰亡着的资本主义与生长着的共产主义彼此斗争的时期,换句话说,就是已被打败但还未被消灭的资本主义和已经诞生但还非常脆弱的共产主义彼此斗争的时期。"②

列宁清醒地认识到,一方面被推翻的剥削者不仅保留着某些生产资料,还有金钱,还有广泛的社会联系,特别是还得到国际资本的支持,所以在整个过渡时期,特别是剥削者被推翻的初期,他们不会甘心失败,存在复辟企图,必然要进行反对无产阶级的阶级斗争。另一方面在过渡时期,从富农、富裕农民和投机者中不可避免地会产生出新的资本家;在国家机关的职员和工人阶级中,由于资产阶级的侵蚀和渗透,也不可避免地会产生新的资产阶级分子;实行"新经济政策"后,在小生产和自由贸易的基础上,也会产生被人们称为"耐普曼"的新资产阶级。"我们共和国的命运归根到底将取决于农民群众是跟着工人阶级走,忠实于和工人阶级的联盟呢,还是让'耐普曼'即新资产阶级把他们和工人拆开,使他们和工人分裂。"

列宁多次说过:"社会主义就是消灭阶级。"为了实现社会主义,首先要推翻地主和资本家,废除他们的所有制,对他们进行专政;其次要教育改造小生产者,克服与小生产相联系的巨大的习惯势力和保守势力;再次要消灭城乡之间、工农之间、脑力劳动与体力劳动之间的差别。要消灭阶级就必须进行阶级斗争,但仅仅抓阶级斗争,阶级还是不会消灭的。列宁发展了马克思关于"阶级的存在仅仅同生产发

---

① 《列宁选集》第四卷,第10页。
② 《列宁选集》第四卷,第84页。

展的一定历史阶段相联系"①的思想,指出在无产阶级专政下大力发展生产力,才是消灭阶级的根本途径。

二、过渡时期的无产阶级专政

列宁根据俄国过渡时期阶级斗争和党内思想斗争的实践经验,强调指出:"只有承认阶级斗争、同时也承认无产阶级专政的人,才是马克思主义者。"②而无产阶级专政就是"劳动者的先锋队——无产阶级同人数众多的非无产阶级的劳动阶层(小资产阶级、小业主、农民、知识分子等等)或同他们的大多数结成的特殊形式的阶级联盟,是反资本的联盟,是为彻底推翻资本、彻底镇压资产阶级反抗并完全粉碎其复辟企图而成立的联盟,是为最终建成并巩固社会主义而成立的联盟。"③

列宁认为,无产阶级专政同社会主义民主是一致的,没有无产阶级专政就没有社会主义民主,以为专政就是废除一切民主,是完全错误的。无产阶级专政是对多数人实行民主,对少数人实行专政。不实行最广泛的民主,不把大多数人团结在无产阶级的周围,就不能对少数人实行专政,就不能保卫和巩固已取得的胜利。十月革命前,列宁就说过:"民主是一种国家形式,一种国家形态。"④十月革命后,他力图把这一理论贯彻到苏维埃的政治生活中去。他把社会主义民主具体化为:由劳动人民而不是由资产阶级选举国家管理人员;废除选举上一切官僚主义形式的手续和限制,选举人有权随时撤销被选人;劳动群众在无产阶级先锋队的领导下,学会并开始管理国家。"这就是在俄国实行的民主制的主要特征,这种民主制是更高类型的民主制。"⑤

列宁还论述了无产阶级专政同社会主义法制的一致性,指出:"有人把革命暴力和专政用来违法乱纪,我要警告你们防止这种违法乱纪现象。革命暴力和专政如果用的得当,该用的时候就用,该用于谁就用于谁,那是很好的东西。"⑥如果不按照社会主义的法律去使用暴力,暴力就可能变成坏的东西。列宁非常警惕野心家、阴谋家打着无产阶级专政的幌子违法乱纪,他写道:"野心家、冒险家已在某些地方混进我们的队伍,自称为共产主义者,欺骗我们","这些只图升迁的人,在地方上采取强迫手段,以为这是很好的办法。实际上这有时使农民们说:'苏维埃政权万岁,但要打倒康姆尼!'(即共产主义)……我们不应当忘记:任何放肆,任何鲁莽

---

① 《马克思恩格斯选集》第四卷,人民出版社1972年版,第332页。
② 《列宁选集》第三卷,第199页。
③ 《列宁全集》第二十九卷,人民出版社1956年版,第343～344页。
④ 《列宁选集》第三卷,第257页。
⑤ 《列宁选集》第三卷,第524页。
⑥ 《列宁全集》第二十九卷,第137页。

急躁,都会造成莫大的害处。"①

三、过渡时期的执政党建设

在十月革命胜利后组成的苏维埃政府中有布尔什维克政党的代表,也有左派政党和右派政党的代表。1917年12月,在这个联合政府中有11名布尔什维克、7名左派社会革命党人。1918年2月底,左派社会革命党人退出联合政府。1921年春,社会革命党和孟什维克因策动海军叛乱和农民暴动而被取缔。1922年俄共(布)召开十一大,苏俄正式实行共产党一党执政制度。

列宁认为,共产党一党执掌政权,并不等于它对国家的领导不受任何制约。无产阶级专政是由若干"齿轮"组成的复杂体系,如果没有各种将共产党和人民群众联系起来的"传动装置",党的领导作用就无法实现。比如工会就是一个灵活而较为广泛、力量强大的无产阶级机构,党通过这个机构同本阶级的群众保持密切联系,无产阶级专政通过这个机构在党的领导下实现。又如非党的工农代表会议,通过这一机构,共产党更能考察群众的情绪,接近群众,满足群众要求。

列宁指出,在共产党建立起不受旧法律约束的无产阶级专政以后,必须创立新法制,遵守新法制。无产阶级政权愈趋向稳固,民事流转愈发展,就愈需要加强革命法制。对于共产党员来说,也没有任何谋求逃避法律监督的特权。根据列宁的提议,1918年11月8日,全俄苏维埃第六次(非常)大会通过了关于革命法制的决定。

列宁认为,共产党一方面要加强对政府机关的领导,另一方面又必须善于领导,正确实行党政分工。党要努力领导苏维埃的工作,但不能代替它;党不应干预经济机关的日常工作,不应发布在苏维埃工作方面的行政命令;党无论如何也不能把自己的职能同国家机关的职能混淆起来;党应当通过国家机关在宪法范围内贯彻自己的决定。列宁甚至为党政职能混淆公开承认错误。他在俄共(布)十一大的政治报告中指出,在党与苏维埃机构之间形成了一种不正常的关系,"在这一点上我也有很大的过错,因为人民委员会和政治局之间很多事都是通过我个人来联系的。"②他要求代表大会高度重视这一问题,正确划分党中央与苏维埃政权的职责,以便提高苏维埃工作人员和国家机关的责任心与独立负责的精神。根据列宁的提议,俄共(布)十一大强调,如果不严格区分党的职能与国家机关的职能,以党代政,对经济机关乱加干涉,那势必"会使每个人对委托给他的工作缺乏严格而明确的责任心,会在党组织内部滋长官僚主义,使党组织什么都做而又什么都做不好,会妨

---

① 《列宁选集》第三卷,第802页。
② 参见《列宁全集》第四十三卷,人民出版社1987年版,第110~111页。

碍经济工作的真正专业化,妨碍政府去研究问题的各个细节,妨碍他们获得真正有用的经验,从而会使正常的经济组织工作难于进行。"

在共产党本身的建设上,列宁特别强调党内民主与集中的有机统一。党内民主就是党内平等。不管是普通党员,还是高级领导人,都是平等的,应平等地对待同志,平等地履行权利。列宁以身作则,在争论问题时,列宁批评别人,别人也可以批评列宁,列宁从不认为这是一种攻击或罪过。当发现自己批评别人批评错了的时候,他一定要对被批评的同志表示更正或歉意。民主集中制的主要组织原则就是少数服从多数。列宁在处理党和国家的重大问题时,在中央委员会和政治局内部,都严格遵守少数服从多数的原则。他为党起草过许多重要文件,提出过许多建议,但是只有经过政治局集体讨论、作了修改和补充之后,才能作为党的决议。

党内民主并不排斥必要的党内斗争。对于理论观点和纲领政策方面的分歧,列宁总是态度明朗,旗帜鲜明,决不模棱两可。在争论中,列宁的用语往往比较尖锐,但他从不随便给论战的对方戴政治帽子。他不用解决党外矛盾的方法解决党内的问题,也不把党内的问题拉到党外去解决;是局部的问题就不涉及到全党,是上层的问题就不扩大到下层。他在进行党内斗争时所使用的方法是说服,并正确地对待犯错误的同志。列宁自己犯过错误,也允许别人犯错误;列宁自己改正了错误,也允许别人改正错误。只要持不同意见的同志不组织派别集团,不进行阴谋分裂活动,就不对他采取组织手段。列宁与以尼古拉·伊万诺维奇·布哈林为核心人物的"左派共产主义者"的斗争是激烈的,但是当布哈林认识了错误之后仍对他委以重任,并称他是"党的最可贵的和最大的理论家","也应当被认为是全党所喜欢的人物。"[①]

布尔什维克党成为执政党之后,党员的数量有了很大的增长,由1917年1月的2.4万人猛增到1921年的73.2万人,但党员的质量却有所下降,有些为了来"捞好处"的投机分子甚至冒险家,也乘机混到执政党里。因此,保证党员质量,纯洁党的队伍,就成为一个非常重要的问题。列宁多次提出:"徒有其名的党员,就是白给,我们也不要。世界上只有我们这样的执政党,即革命工人阶级的党,才不追求党员数量,而注意提高党员质量和清洗'混进党里来的人'。"[②]

列宁认为在共产党成为执政党以后,必须精简党的机构,反对官僚主义。长期白色恐怖和战争条件下的极端集中化,"造成了臃肿的官僚主义机构,并使这种机构产生特殊化的倾向。"俄共(布)十一大认识到:"在党组织的周围经常出现为党组织服务的庞大的机构,这种机构逐渐扩大,连它本身也蒙上了一层官僚主义的灰

---

① 《列宁全集》第三十六卷,人民出版社1959年版,第617页。
② 《列宁选集》第四卷,第76页。

尘,而且占用了过多的人力。"从而决定"裁减为党服务的机构",加强边疆和基层的领导,着手进行把中央的工作人员从莫斯科调到地方去的工作。列宁对官僚主义深恶痛绝。他列举了官僚主义的种种表现,例如,"摆委员架子"、"泛泛之谈,空话连篇"、"文牍主义的汪洋大海"、"办事拖拉"、形式主义的"开会迷"、"敷衍了事的公文批复或转送其他机关"等等。他断言:"如果有什么把我们毁掉的话,那就是这个。"①因而主张把官僚主义、脱离群众、利用职权牟取私利等错误,登在报上,公之于众,让党员去批评,让群众去批评,造成扶正祛邪的强大的社会舆论。

针对官僚主义的严重弊端,列宁主张对党的领导干部实行选举制。在黑暗的专制制度下,党处在秘密状态,要求实行选举制是根本不可能的。革命胜利后情况完全变了。在列宁的推动下,俄共(布)第九次代表会议建议中央委员会在分配工作人员时一般应以推荐代替任命;俄共(布)十大进一步要求完善党的民主制度,指出:"工人民主制排斥一切委任制,它的表现就是从上到下的一切机关都实行普遍选举制、报告制、监督制等等。"

列宁还科学地论述了在社会主义条件下执政党、领袖、阶级、群众的关系。在进行社会主义改造和社会主义建设过程中,不能没有无产阶级的领袖。那些一概反对领袖作用的人们,"在'打倒领袖'这一口号掩饰下,实际上竟把一些胡说八道、满口谬论的新领袖拉出来代替那些对普通事物还能持常人见解的老领袖。"②他始终坚持领袖不是一两个人,而是一批人,是一个由最有威信、最有影响、最有经验、被选出担任最重要职务的人们所组成的比较稳定的集团。他认为群众是划分为阶级的,阶级是由政党来领导的,政党又是由领袖来主持的。因此,群众需要领袖,而领袖又必须代表群众的利益,反映群众的要求。领袖既不能落在群众后面,也不能超越群众的觉悟,只率领少数先进分子去"突击"。列宁强调,要是无产阶级的革命政党"不学会把领袖和阶级、领袖和群众结成一个整体,结成一个不可分离的整体,它便不配拥有这种称号。"③

---

① 参见《列宁全集》第三十五卷,人民出版社1959年版,第55页。
② 《列宁选集》第四卷,第199页。
③ 《列宁选集》第四卷,第206页。

第三节 苏俄初建时期的经济建设理论

一、工作中心必须转移到经济建设上

在革命取得胜利,政权已经掌握在工人、农民手中以后,全党的工作重心是否要适时地转移?在《论合作制》一文中,列宁明确地回答了这一问题:"我们不得不承认我们对社会主义的整个看法根本改变了。这种根本的改变表现在:从前我们是把重心放在而且也应该放在政治斗争、革命、夺取政权等等方面,而现在重心改变了,转到和平组织'文化'工作上面去了。"①这里的"文化"工作指的是广义的文化,即社会主义的经济和文化方面的建设。

遵循实事求是的精神,列宁提出了工作重心转移后一系列建设社会主义的原则和政策,主要包括:精打细算,节省开支,不损公肥私,遵守最严格的纪律;开展共产主义劳动竞赛;提高社会劳动生产率;用高薪吸引资产阶级专家;试行计件工资制度;组织对产品生产和分配的全民统计与监督;继续实行银行国有化,把银行改造成为具有社会主义性质的社会会计的枢纽机关;用向资本主义征收财产税和所得税的办法代替强征的办法;实行八小时以外的义务劳动制度;实行社会主义民主,由群众选举管理人员;加强无产阶级专政,用法庭惩办敌人、教育人民,建立社会主义秩序,对刚露头角的坏分子使用铁的手腕;关心新事物幼芽的成长,等等。

在社会主义过渡时期要真正实现全党工作重心的转移并不是一件容易的事情。首先遇到一些"左"倾空谈家的阻挠。在他们的头脑中,革命只有进攻,没有退却;斗争只有暴风雨式的,没有和平式的。他们指责工作重心的转移是"与资产阶级专家妥协,与资产阶级调和",是"赞成小资产阶级性",是"赞成改良主义"。列宁严肃地指出,如果按照"左"倾空谈主义者的意见办,"任何社会主义都是建设不成功的。"其次还有客观条件方面的困难。革命胜利后不久,正当俄国人民根据列宁提出的建设纲领着手建造社会主义大厦时,国内被打倒的阶级敌人不甘心自己的失败,他们勾结国际帝国主义发动反对苏维埃的战争。布尔什维克不得不把一切

---

① 《列宁选集》第四卷,第687页。

部门和一切工作重新转回到适应战争的轨道上去,实行"战时共产主义"。即使在这种残酷的战争年代,列宁也非常重视经济建设。

列宁强调指出:"为了取得胜利,为了建立和巩固社会主义,无产阶级应当解决双重的或二位一体的任务:第一、用反对资本的革命斗争的无限英勇精神吸引全体被剥削劳动群众,吸引他们,组织他们,领导他们去推翻资产阶级和完全粉碎资产阶级的一切反抗;第二、把全体被剥削劳动群众以及所有小资产者阶层引上新的经济建设的道路,引上建立新的社会联系、新的劳动纪律、新的劳动组织的道路,这种劳动组织把科学和资本主义技术的最新成果同创造社会主义大生产的自觉工作者大规模的联合结合起来。"① 解决第二个任务要比第一个任务更困难,也更重要。因为"劳动生产率,归根到底是保证新社会制度胜利的最重要最主要的东西。"② 只有创造出新的比资本主义更高的社会生产力,才具备最终战胜资产阶级所必需的力量和条件。

1920年初,红军击败了高尔察克和邓尼金的叛乱,苏维埃俄国又一次赢得短暂的和平喘息的时机。列宁立即抓住机遇,把一部分正规军改编成劳动军,转移到经济战线上;工农国防委员会改组成劳动国防委员会;一大批原来被派到前线去的共产党员又调回到原先的生产岗位。俄共(布)九大也指出,由国内战争转移到和平建设的新时期已经到来,这个时期党的主要任务是把无产阶级所能集中的一切力量都投到经济建设的和平任务上去,投到恢复破坏了的生产的任务上去。但是,反动势力还要做最后的挣扎,战争一度又激化起来,列宁原先制定的和平建设的计划再次受阻。

1920年底,列宁在回忆几次工作重心转移的曲折历程时说:"1918年4月在全俄中央执行委员会开会以前我曾经说过:我们的军事任务似乎就要结束了,我们不仅说服了俄国,不仅为劳动者把它从剥削者手中夺了过来,并且我们现在应当过渡到管理俄国从事经济建设的任务。……我们曾经几次做过这种尝试:1918年春季是一次,今年春季当劳动军问题实际上已经提出的时候又比较大规模地做过一次。现在我们必须再一次把这种过渡提到首位,并尽一切力量来实现。"③ 不实现这个转移,以往战争中取得的"任何成就、任何胜利都不会有什么结果"。④

由于战争的紧迫,也由于认识上和政策上的错误,列宁所提出的三次转移工作重心的设想都没有能真正实现。只有在"战时共产主义"结束后实行"新经济政策"

---

① 《列宁选集》第四卷,第12页。
② 《列宁选集》第四卷,第16页。
③ 《列宁全集》第三十一卷,人民出版社1958年版,第377~378页。
④ 参见《列宁全集》第三十一卷,第378页。

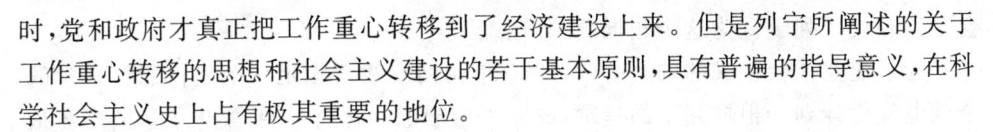

时,党和政府才真正把工作重心转移到了经济建设上来。但是列宁所阐述的关于工作重心转移的思想和社会主义建设的若干基本原则,具有普遍的指导意义,在科学社会主义史上占有极其重要的地位。

二、社会主义必须拥有强大的物质基础

十月革命胜利后的第三天,普列汉诺夫就匆匆发表了致彼得格勒工人的公开信,要求工人们"应当问问自己:我国的工人阶级是否已经准备好现在就建立自己的专政?凡是稍微了解无产阶级专政要以什么样的经济条件为前提的人,都会毫不犹豫地以坚决否定的态度回答这个问题。"德国的考茨基也提出了同样的问题,他到处向人诉说:俄国像一个发了疯的孕妇一样乱跳,以便把孩子早产下来。

的确,马克思、恩格斯曾经设想过,首先是先进的西方资本主义国家在生产力发达的基础上通过革命来夺取政权,从而走上社会主义道路。他们认为先有物质基础——发达的生产力,再有政治基础——国家政权,就可以搞社会主义。当然,他们并没有否定社会主义革命有可能存在东方模式,有可能出现历史的跳跃。

列宁坚持认为,历史的发展不总是直线,常常出现曲折和跳跃。社会主义制度的建立的确需要物质和政治两个基础,但革命的直接原因并非是经济,而是政治。因此,在一个具体的国家中,当物质基础暂时还不具备、可革命形势却已到来的时候,无产阶级就应当大胆地发动革命、夺取政权,而不能像普列汉诺夫、考茨基那样坐失良机。他反诘考茨基等人:"你们说,为了建设社会主义就需要文明。好极了。那么,我们为什么不能首先在我国创造这种文明的前提如驱逐地主,驱逐俄国资本家,然后开始走向社会主义呢?"[①]当然,一旦无产阶级有了自己的政权,就应当转移工作重心,集中精力发展生产力,为社会主义创造坚实的物质基础。

列宁始终认为社会主义唯一物质基础就是能代表生产力发展方向、同时又能改造农业的机器大工业。在一个落后的农业国建设社会主义,首先必须将农业国变为先进的工业国。没有先进的大工业生产,就根本谈不上社会主义。在当时世界科技发展的标志是电气化的具体形势下,列宁提出了"共产主义就是苏维埃政权加全俄电气化"的著名论断。[②] 由电气专家克尔日诺夫斯基写的《俄国电气化的基本任务》这本小册子中有这样的题词:"蒸汽时代是资产阶级的时代,电气时代是社

[①] 《列宁选集》第四卷,第692页。
[②] 《列宁选集》第四卷,第399页。

会主义时代。"列宁认为这个题词"十分正确"。①

为了建立社会主义的物质基础,1920年初列宁建议拟定一个宏伟而又科学的全俄电气化计划。根据列宁的指示,成立了全国电气化委员会,集中了200多名最优秀的科学家和技术人员,着手制定总规划。当总规划制定出来以后,列宁给予了高度的评价,他称这个总规划是一部伟大的科学著作,是"党的第二纲领"。②

三、必须运用国家资本主义建设社会主义

在执行"新经济政策"时,列宁指出:"通过国家资本主义走向社会主义,否则,你们就不能到达共产主义,否则,你们就不能把千百万人引向共产主义。"③列宁认为,"国家资本主义,就是我们能够加以限制、能够规定其活动范围的资本主义,这种国家资本主义是同国家联系着的,而国家就是工人,就是工人的先进部分,就是先锋队,就是我们。"④

关于社会主义制度下的国家资本主义问题,马克思没有来得及研究,人们不可能从马克思那里找到关于未来社会中国家资本主义的确切文字和明确指示。列宁决心自己重新寻找出路。十月革命前,列宁就说过,民主国家制度下的国家资本主义是"社会主义的最完备的物质准备,是社会主义的入口,是历史阶梯上的一级,从这一级就上升到叫做社会主义的那一级,没有任何中间级。"⑤十月革命胜利后,列宁进一步发挥了通过国家资本主义实现社会主义的思想。

1918年5月,列宁在《论"左派"幼稚性和小资产阶级性》一文中,对俄国五光十色的社会经济结构作了分析,指出俄国有五种经济成分:一是宗法式自给自足的经济;二是小商品经济;三是私人资本主义经济;四是国家资本主义经济;五是社会主义经济。在这五种经济成分中,社会主义经济处于支配地位,决定着事物的性质和发展趋势,但是占优势的是小商品经济;国家资本主义经济高于小商品经济,是社会主义经济的助手。1921年4月,列宁在《论粮食税》一文中又根据新的实践发展了这些思想,并提出了国家资本主义的若干具体形式,如租让、合作制、代销、租借等等。他还进一步指出:"如果一个国家大工业占优势,或者即使不占优势,但是

---

① 当时有些资本主义国家已经电气化了。因此斯大林在解释"共产主义就是苏维埃政权加全国电气化"这个口号时指出:这个口号并不是说在共产主义制度下将有怎样一种政权,也不是说实现了国家电气化就等于实现了共产主义;而是说要走向共产主义,苏维埃政权就必须使国家电气化,使整个国民经济转到大规模的现代机器生产的基础上(参见《斯大林选集》下卷,人民出版社1979年版,第110页)。
② 参见《列宁全集》第三十一卷,人民出版社1958年版,第467页。
③ 《列宁选集》第四卷,第572页。
④ 《列宁选集》第四卷,第627页。
⑤ 《列宁选集》第三卷,第164页。

十分发达,而且农业中的大生产也很发达,那么直接过渡到共产主义是可能的。如果不是这样,那么过渡到共产主义在经济上是不可能的。"①

列宁还充分论证了利用商品货币关系建设社会主义的必要性。在实施"新经济政策"以前,列宁从马克思、恩格斯关于社会主义实行有计划的产品经济的构想出发,认为在过渡时期应当以有计划有组织的产品分配来代替商品贸易,并提出将力求尽量迅速地实行最激进的措施,来准备消灭货币。② 实践证明这是行不通的。在后来领导俄国建设的实践中,列宁提出以商品交易来代替有组织的产品分配,并将它作为"新经济政策"的重要环节。在《论黄金在目前和在社会主义完全胜利后的作用》一文中,列宁对商品、货币关系在过渡时期的作用作了重要论述,认为商业是千百万小农与大工业之间发生联系的唯一可能的经济纽带,居于领导地位的共产党必须全力抓住这一环节;只要现在抓住了这一环节,就能在将来掌握整个经济建设的链条。当然,列宁这时仍旧是将商品、货币关系作用的时间与空间严格局限在过渡时期之内;至于进入社会主义社会以后,要不要继续利用商品、货币关系,列宁则是基本上持否定态度的。

四、必须实行农业的社会主义改造

在对小农经济进行社会主义改造时,不少人对改造小农经济的长期性和艰巨性认识不足,急于求成。针对这种急躁情绪,列宁指出,改造小农要比反对资本家的斗争复杂得多,艰难得多。从个体的小农耕作逐步向共耕制过渡,这种巨大的进步需要很长的时间。他告诫全党,在改造农民时要进行长期的说服工作,采取一系列的过渡办法,始终坚持三条基本的原则:自愿的原则、长期改造的原则、示范的原则。

实行"新经济政策"后,列宁又强调运用合作社这种形式来改造个体农业经济。1923年1月,列宁口授了著名的《论合作制》一文,分析了不同历史时期的合作社的性质,指出资本主义条件下的合作社是集体的资本主义;国家资本主义条件下的合作社既是私人企业,又是集体企业;社会主义条件下的合作社是集体企业,与社会主义企业没有区别。社会主义的合作社中具有决定意义的东西是"国家支配着一切大生产资料,无产阶级掌握着国家权力,无产阶级和千百万小农及最小农结成联盟,无产阶级对农民的领导已有保证等等。"③在制定"新经济政策"的初期,列宁还把合作社当作国家资本主义成分来看待,现在他改变了这一看法,重新得出结论说:"在生产资料公有制的条件下,在无产阶级对资产阶级取得了阶级胜利的条件

---

① 《列宁全集》第三十二卷,第222页。
② 参见《列宁选集》第三卷,第750页。
③ 《列宁选集》第四卷,第682页。

下,文明的合作社工作者的制度就是社会主义制度。"①

为了推行合作社这种简单易行、农民容易接受的形式,列宁提出了两条要求:第一,在财政上予以支持;第二,在全体居民中进行文化革命。他认为,如果全体居民个个都参加了合作社也就是实现了社会主义,为了达到这个目的就必须使全体居民"文明"起来(首先识字),"'文明'到能够了解人人参加合作社的一切好处,并把参加合作社的工作做好。"②他特别强调合作化本身就包含着农民的文化水平问题,没有整个的文化革命,要完成合作化是不可能的。当然,这并不是说先让农民识字,然后实现合作化,而是在合作化的过程中进行文化革命。列宁还反对急躁冒进,指出:"为了通过新经济政策使全体居民个个参加合作社,还须经过整整一个历史时代,在最好的情况下,我们度过这个时代也要一二十年。"③

第四节　苏俄初建时期的文化建设理论

一、利用人类全部科技成果才能建成社会主义

列宁多次强调,共产主义只有在资本主义的地基上才能成长起来,共产党人只有充分利用资本主义遗留下来的有用的东西,才能建成社会主义。已经取得政权的工人阶级,要给自己提出一个艰巨的任务:把资本主义所积累的这些文化、知识和技术,由资本主义的工具变成社会主义的工具。

在十月革命胜利后,列宁敏锐地意识到,世界进入了一球两制的时代,我们必须面对两制并存、竞争、交互作用的状态。在一球两制的状态下,"我们不仅生活在一个国家里,而且生活在许多国家组成的体系里,苏维埃共和国和帝国主义国家长期并存是不可思议的。最后不是这个胜利就是那个胜利。在这个结局到来之前,苏维埃共和国和资产阶级国家间的一系列最可怕的冲突是不可避免的。"④但是,"有一种力量

---

① 《列宁选集》第四卷,第 684 页。
② 《列宁选集》第四卷,第 683 页。
③ 《列宁选集》第四卷,第 684 页。
④ 《列宁全集》第三十六卷,人民出版社 1985 年版,第 126 页。

胜过任何一个跟我们敌对的政府或阶级的愿望、意志和决定,这种力量就是世界共同的经济关系",正是这种关系迫使帝国主义走上同我们往来的道路。[①] 列宁指出:"只要资本主义国家还照样存在,我们就必须同它们做生意。我们准备以商人的身份去同它们谈判,这一点我们能够办到","我们的目的只有一个,就是要在资本主义包围中利用资本家对利润的贪婪和托拉斯与托拉斯间的敌对关系,为社会主义共和国的生存创造条件。社会主义共和国不同世界发生联系是不能生存下去的,在目前情况下应当把自己的生存同资本主义的关系联系起来。"[②]

针对俄国是一个落后的资本主义国家这一特点,列宁指出,为了建设社会主义,必须吸收外国的科学技术成果和先进的管理经验,把欧美科学中一切真正有价值的东西都学过来。"社会主义能否实现,就取决于我们把苏维埃政权和苏维埃管理组织同资本主义最新的进步的东西结合得好坏。"[③]为此,他还提出了如下著名的公式:"乐于吸取外国的好东西:苏维埃政权+普鲁士的铁路管理制度+美国的技术和托拉斯组织+美国的国民教育等等等等++=总和=社会主义。"[④]

吸收资本主义科学技术,关键在于利用资本主义社会所培养出来的专家,因为科学技术掌握在专家的手里,保存在他们的头脑中。列宁认为,为了建设社会主义,苏维埃政权必须利用资本主义社会留下的专家,像爱护眼珠那样爱护一切真诚工作的、精通和热爱本行专业的专家,而不应歧视他们;应当给旧专家们提供好的生活待遇和工作条件,"不然的话,我们节省了几亿,却可能丧失甚至用几十亿也不能补偿的东西。"[⑤]如果没有具备不同知识、技术和经验的各种专家的指导,向社会主义过渡是不可能的。当然,这些专家的头脑中还充斥着资产阶级世界观,还或多或少带有一些资产阶级的习惯和偏见;但是他们中的绝大部分人经过教育,是可以改造过来的。至于他们转变世界观的方式,科学技术人员"将通过自己那门科学所达到的成果来承认共产主义",[⑥]也就是说,技术专家们将会遵循自己的途径来承认共产主义。

列宁还提出了利用资本主义社会遗留下来的专家来培养社会主义的新的专业干部的问题。他回顾了资产阶级培养自己的专业干部的过程:当资产阶级获得胜利时,还不善于管理自己的国家;资产阶级为了保障自己的胜利,从本阶级中征募人员加以培养教育,让富家子弟进学校;经过几十年,终于把他们本阶级的专业人

[①] 参见《列宁全集》第四十二卷,人民出版社1987年版,第332页。
[②] 《列宁全集》第四十一卷,人民出版社1986年版,第167页。
[③] 《列宁全集》第三十四卷,人民出版社1985年版,第170~171页。
[④] 《列宁文稿》第三卷,人民出版社1978年版,第94页。
[⑤] 《列宁选集》第三卷,第786页。
[⑥] 《列宁选集》第三卷,第786页。

员培养出来了。列宁说,如果我们不愿站在空想的立场上,我们就应当考虑资产阶级的成功经验。

二、文化教育事业是社会主义的重要组成部分

列宁认为只有社会主义才给文化事业的发展开辟出无比广阔的前景。如果说过去全部人类智慧创造出来的一切文化成果只是让一部分人所独享、而另一部分人甚至连受教育的权利也被剥夺了的话,那么现在,一切优秀的文化成果则成为全国人民的财产,因而使广大劳动群众第一次有可能来分享这些成果。所以,"苏维埃政权应坚定不移地继续进行一项最重要的工作,即在实际上使被剥削劳动者能够真正享受文化、文明和民主的福利。"①同时,必须把重新教育群众、组织和训练群众、普及知识的工作做好,以便同旧社会遗留下来的愚昧、不文明等现象作斗争。

列宁在确定必须发展社会主义文化的任务时,特别提出要创造性地利用过去时代一切进步的文化遗产。"应当明确地认识到,只有确切地了解人类全部发展过程所创造的文化,只有对这种文化加以改造,才能建设无产阶级的文化,没有这样的认识,我们就不能完成这项任务。无产阶级文化并不是从天上掉下来的,也不是那些自命为无产阶级文化专家的人杜撰出来的,如果认为是这样,那完全是胡说。"②马克思主义之所以赢得世界历史性的意义,正是因为它没有抛弃资产阶级时代最宝贵的成就,相反却吸收和改造了 2 000 多年来人类思想和文化发展中一切有价值的东西。

列宁指出,为了改变苏维埃俄国文化落后的状况,必须坚决扫除文盲。在刚刚获得解放的俄国,存在着大量的文盲,成为国家经济和文化进一步发展的严重阻碍。当时俄国的成年居民中有 75% 以上的人是文盲,产业工人中的文盲率达 40%,农民中的文盲率竟达 80%。至于少数民族地区,文盲的比例就更大。因此,列宁十分重视在全民中扫除文盲,强调在一个文盲充斥的国家内是不能建成共产主义的。

列宁高度重视学校教育和社会教育同社会主义政治的关联性。他深刻地阐述了马克思、恩格斯关于一定的教育是由一定的政治和经济所决定、并为一定的政治和经济服务的思想,指出"教育'脱离政治',教育'不问政治',都是资产阶级的伪善的说法,这正是对 99% 是受教会势力和私有制等等压迫的群众的欺骗。"③实际上,一切资本主义国家的教育同其政治机构的联系都是非常密切的,虽然资产阶级社会不肯承认这一点。而无产阶级的教育事业则公开申明,应该把学校由资产阶级

---

① 《列宁选集》第三卷,第 745 页。
② 《列宁选集》第四卷,第 348 页。
③ 《列宁选集》第四卷,第 364 页。

的统治工具变为摧毁这种统治并完全消灭社会阶级划分的工具,绝"不能让教育工作不联系政治。"[①]教育同政治的联系,还表现在教育事业的发展必须同国家不断发展着的经济形势的需要相适应。当1920年苏维埃政府提出全国电气化计划并展开大规模的经济建设时,列宁就及时指出,学校教育以及社会教育的性质都应当改变,要适应正在发生的变化,为和平建设、为实行从工业和经济上改造国家的远大计划服务。社会主义的学校必须肩负起适应经济发展培养人才的任务,必须肩负起解决科学技术新课题的任务。

列宁还指出,为了推动和发展国民教育,必须提高教师的地位,提高他们的物质生活条件。否则,就根本谈不上任何文化的发展。在社会主义社会中,人民教师应当具有在资产阶级社会里没有、也不可能有的崇高地位。

三、必须加强共产主义思想教育

早在1919年5月10日,莫斯科——喀山分局的铁路工人自发开展了群众性的"星期六义务劳动",不计报酬地修理机车、车厢和从事其他一些工作,并且使劳动生产率提高了1.5倍以上。列宁高度评价了这一活动,指出"共产主义星期六义务劳动所以异常宝贵,因为它是共产主义的实际开端"[②]。劳动者这种新的劳动态度的产生,是对自身的保守、涣散和利己主义的胜利,是对旧社会遗留给工农的旧习惯的胜利。只有当这种胜利巩固起来的时候,共产主义才能真正成为不可战胜的事业。

列宁探讨了共产主义劳动的本质问题。他指出,共产主义劳动是一种为社会进行的无报酬的劳动,这种劳动不是为了履行一定的义务,不是为了享有取得某种产品的权利,不是按照事先规定的法定定额进行的劳动,而是自愿的劳动,是无定额的劳动,是不指望报酬、不讲任何条件的劳动,是根据为公共利益劳动的自觉要求和习惯来进行的劳动,这种劳动也是健康的身体的自然需要。在社会主义制度下,劳动是要规定劳动量和劳动报酬的,这种劳动是同真正的共产主义要求背道而驰的。当然在过渡时期,共产主义的劳动还不可能普遍实行,因为苏维埃俄国当时的经济制度还只是在为社会主义奠定基础。只有在社会主义完全取得胜利以后,才会生长出共产主义,生长出从"星期六义务劳动"中看到的那种不是书本上的、而是活生生的现实当中的共产主义因素。在这里,列宁把积极宣传共产主义思想、热情支持"星期六义务劳动"的做法,同从当前社会经济制度出发推行现行政策的行动,二者严格区分了开来。列宁认为,虽然当时还远不能广泛而真正普遍地实行共

---

① 《列宁选集》第四卷,第363页。
② 《列宁选集》第四卷,第16页。

产主义劳动,但是提出共产主义劳动这个问题本身,就已经是在向共产主义的道路上迈进了一步。

列宁还强调要以共产主义精神教育广大的工农群众、特别是青年。教育工作者和共产党的基本任务,就是培养和教育劳动群众,使他们克服旧制度遗留下来的旧习惯、旧风气。列宁在《青年团的任务》这篇著名的演说中,号召青年要学习马克思主义,用人类创造的全部知识财富来丰富自己的头脑,只有这样才能成为共产主义者。他告诉青年:你们当前的任务是建设,你们只有掌握了一切现代知识,善于把共产主义由背得烂熟的现成公式、意见、方案、指示和纲领变成同你们的直接工作结合在一起的活生生的东西,把共产主义变成你们实际工作的指针,到那时候才能完成这个任务。列宁深刻地阐述了共产主义道德问题。旧社会所依据的原则是:不是你掠夺别人,就是别人掠夺你;不是你给别人做工,就是别人给你做工;你不是奴隶主,就是奴隶。而共产主义道德则是为了把劳动者团结起来反对一切剥削,并为人类社会摆脱这种剥削制度而服务的道德。青年团的任务就是要把自己和自己所领导的人们培养成共产主义者,"应该使培养、教育和训练现代青年的全部事业,成为培养青年的共产主义道德的事业。"[①]

[①] 《列宁选集》第四卷,第351页。

第六章

第一种社会主义模式——苏联模式

第一节 苏联模式形成的理论背景与历史条件

一、列宁逝世前后托洛茨基"不断革命论"的挑战

1922年下半年,列宁因伤病复发,基本卧床休息,他和中央的工作联系及其他往来,常常通过信函往返的形式进行。1923年秋季,列夫·达维多维奇·托洛茨基组织党内的"左翼反对派",挑起了他与俄共(布)中央的第一次争论。当时俄共(布)中央考虑到战争环境已经结束,国民经济在逐渐恢复,工人阶级的政治觉悟及文化水平也在逐步提高,遂决定进一步扩大工人阶级民主,健全党内民主生活制度。托洛茨基利用此机会向中央写信,称"在第十二次代表大会以前基本上就已形成、而在代表大会以后完全形成和固定下来的那个制度,比起战时共产主义最严酷时期的制度来,距离工人的民主制度要差得远。"接着,他向各级地方党组织散发了他所写的致全党会议的信——《新方针》,并在这个总标题下发表了一系列文章,拥护其观点的党员在党的各级组织中形成了"反对派"。这种公开的宗派主义的非组织活动遭到了列宁的严厉批评,而俄共(布)中央贯彻"进一步扩大无产阶级民主和党内民主决议"的实际行动,也使得托洛茨基的指责逐渐失去对象和目标而显得苍白乏力。这场争论终以"反对派"的偃旗息鼓而告结束。

1924年初列宁逝世,不久托洛茨基又挑起了他同俄共(布)中央的第二次争论。托洛茨基以总结十月革命的经验教训为名,发表《十月革命的教训》一文,重提他与列宁关于俄国民主革命问题进行争论的旧事。俄国1905年革命之后,列宁一直认为,俄国革命必须由无产阶级领导,在民主革命中建立民主主义性质的工农政权,然后待条件成熟,转入社会主义革命阶段。1917年二月革命胜利之后,列宁认为俄国社会主义革命的条件已经成熟,提出立即向社会主义革命过渡。而托洛茨基则认为,俄国的民主革命不仅应由无产阶级来领导,而且革命的直接前途就是建立无产阶级专政的社会主义制度。本来,在列宁生前托洛茨基已在事实上承认了自己混淆两个不同革命阶段任务的错误,但在列宁去世后托洛茨基却称,列宁在二月革命后的观点表明他认识到了自己先前观点的错误,从而抛弃了自己先前的观点转而接受托洛茨基的"不断革命论"。托洛茨基此文颂扬了已逝世的列宁;但强调列宁接受了"不断革命论",给党注入了活力和动力,由此推动了整个社会,才有了十月革命及其胜利。托洛茨基的这种做法显然带有抬高自己、悄悄贬低列宁之意,立即遭到以约瑟夫·维萨里昂诺维奇·斯大林为首的党中央大多数领导人和党内大多数同志的反对。这场争论,以托洛茨基被解除中央革命军事委员会主席职务而告结束。后来的争论表明,托洛茨基这样做具有更深的用意,他是为了发展并推广其"不断革命"的理论。除此之外,托洛茨基挑起两场争论的另一目的,则是为了与斯大林争夺中央领导权力。

1925年春夏之际,在俄国革命的前途问题上又发生了争论,俄共(布)内部出现以格里哥里·叶夫谢也维奇·季诺维也夫和列甫·波利索维奇·加米涅夫为首的"新反对派"。一年后,"新反对派"同以托洛茨基为首的"老反对派"合流,形成了所谓"联合反对派",挑起了列宁逝世前后俄共(布)党内的第三次大争论。这次争论,反对派一方的理论旗帜就是发展了的托洛茨基的"不断革命论"。1925年苏联①国民经济已大体恢复到战前(1913年)水平,全面展开社会主义建设的任务提上了党的议事日程。在帝国主义的包围中,苏联一国能否建成社会主义,成为一个紧迫的理论问题和实践问题。季诺维也夫和加米涅夫为首的"新反对派"首先对此提出怀疑,但缺乏有深度的理论来支撑;托洛茨基的介入,使"反对派"有了自己的理论武器。

托洛茨基将其混淆落后国家民主革命与社会主义革命两个阶段、毕其功于一役的"不断革命论",扩大并推广到了无产阶级世界革命的范围。他认为,马克思、

---

① 1922年12月,俄罗斯同乌克兰、白俄罗斯、南高加索联邦(后撤销)等组成苏维埃社会主义共和国联盟,简称"苏联"。1924~1940年,土库曼、乌兹别克、塔吉克、哈萨克、吉尔吉斯、格鲁吉亚、阿塞拜疆、亚美尼亚、立陶宛、拉脱维亚、爱沙尼亚、摩尔多瓦相继加入联盟,苏联共拥有15个加盟共和国。1990年3月至1991年12月,除俄罗斯以外的14个加盟共和国先后宣布独立,苏联终告解体。

恩格斯所断言的社会主义革命应当是在发达国家、而且是在几乎所有发达国家同时爆发并取得胜利的结论，并不因列宁"一国胜利"论的提出而过时。列宁仅仅是断定并且实践了在帝国主义条件下，因各国经济政治发展不平衡的绝对规律，社会主义革命可以在一国或几国首先获得胜利，但这并不意味着可以在一国内完全建成社会主义。在一国，特别是在像俄国这样落后的国家内，要完全建成社会主义是不可想象的，也是不现实的；但也绝非毫无希望，只要俄国将自己的命运与欧洲发达国家的革命联系在一起，不断推进并赢得欧洲社会主义革命的胜利，就能使俄国社会主义取得完全胜利。因此，应当将俄国建成欧洲革命的"大本营"，实行所谓"超工业化"计划来高速度地片面发展工业，特别是重工业。为此，他认为应当实施高度的公有制和计划经济体制，将整个社会（包括农民）组织起来，并开展广泛的军事训练，为欧洲革命准备条件。他还认为俄国应当聚集、培训欧洲各国革命者，然后组织其发动并不断推进欧洲革命。托洛茨基还强调，在帝国主义时代，经济已呈现"帝国主义一体化趋势"，形成了不可分割的统一世界市场和国际分工体系，民族国界成了生产力发展的最严重阻碍，无产阶级革命的最终任务就是打破、废除民族国界，实现生产力发展的必然要求。所以欧洲一旦发生革命，俄国应当积极参与，直至派出自己的军队。他还认为，社会主义建设事业的发展必然引发国内工农两大阶级的敌对矛盾和冲突，因为他的"超工业化"计划必然要侵占、损害农业和农民的利益，而工农之间的矛盾和冲突也只有在无产阶级世界革命的舞台上才能解决。总之，托洛茨基认为苏联一国建不成社会主义；或换言之，他认为苏联社会主义的建成依赖于欧洲发达国家社会主义革命的胜利，如果没有欧洲乃至世界社会主义革命的爆发，苏联一国的社会主义是站不住脚的。他断言："休想革命的俄国能在保守的欧洲面前站得住脚"，先进国家的无产阶级革命如果推迟几十年，苏联就"注定要垮台，或者是纯粹经不住经济矛盾的压力，或者由于军事干涉而消亡。"[①]对这种观点，列宁早在临终之前就有预感，他指出，即使在世界革命延迟爆发的情况下，无产阶级政权和苏维埃共和国也能够存在下去，因为俄国"有建成社会主义社会所必需而且足够的一切。"[②]

基于历史唯物主义生产力决定生产关系的基本原理，社会主义作为一种比资本主义更先进、更进步、更高级的社会形态，理应建立在发达的生产力基础之上。据此，马克思、恩格斯理所当然地认为社会主义革命应当首先发生于发达国家。鉴于资本主义世界市场体系的形成、巩固和以此为纽带的资本主义各发达国家共同利益的强化，以及它们对于任何一国无产阶级斗争和革命采取的共同镇压立场及

---

① 转引自《斯大林选集》（上卷），人民出版社1979年版，第338页。
② 参见《列宁选集》第四卷，第682页。

方针,马克思、恩格斯强调社会主义革命应当在几乎所有发达国家同时进行。上述理论观点可以简约地概括为:"发达国家首先革命论"和"发达国家同时胜利论"。它的现实基础正如列宁所分析的,是资本主义经济政治的平衡发展。但在帝国主义时代,帝国主义经济政治发展的绝对不平衡规律及其作用,取代了资本主义的平衡发展规律,支配着帝国主义的经济和政治运行。帝国主义的薄弱环节由此出现,列宁预言社会主义革命可以在一国或几国首先获得胜利。而这样的薄弱环节即可以首先获胜的国家,往往是比较落后的国家。十月革命的胜利证实了列宁的预言。

革命胜利了的比较落后的国家能否一国建成社会主义?列宁在十月革命后一直在思考和探索这个问题。直至1923年,列宁经过实践和理论的科学考察,终于在《论合作制》一文中断言:俄国具备"建成社会主义社会所必需而且足够的一切。"①作为这一切条件的基础,就是工农联盟。落后国家是农业经济形态占主导地位的国家,是小农的国度,而无产阶级及其政党,能够通过切合实际的经济政策(如"新经济政策")和政治路线,形成与农民的联盟;然后通过加速社会生产力的发展,将社会主义奠定于强大的生产力基础之上而立于不败之地。列宁通过这样的理论及实践路径,既解决了帝国主义时代的无产阶级革命问题,又回归了生产力决定生产关系、社会主义必须依赖于比资本主义更高的劳动生产率的历史唯物主义理论立场。

这本来是一个已经解决了的问题。托洛茨基却另辟蹊径企图协调马克思、恩格斯和列宁的理论立场,这一蹊径就是他的"不断革命论"在世界革命范围内的推广。他既肯定列宁的"比较落后的一国或几国首先胜利论",同时也肯定马克思、恩格斯的"发达国家同时胜利论",完全抽象掉两种理论不同的时代和历史背景。协调和联系两种理论的桥梁,就是社会主义革命首先胜利了的比较落后的国家,必须转向不断的欧洲—世界革命,促进发达国家社会主义革命的同时胜利,由此打破生产力及政治、文化发展的民族国界,形成社会主义的跨国世界体系,比较落后而又首先胜利了的国家,才能最终建成自己的社会主义。扩展了的托洛茨基的"不断革命论",就是如此协调、同时肯定了马克思、恩格斯和列宁的理论。但这种肯定,同时却暗含了一种否定——即比较落后的俄国是不可能一国单独建成社会主义的。这一暗含的否定同时也否定了列宁关于通过科学的路线与政策加强工农联盟、加速生产力发展、在俄国可以首先建成社会主义的理论立场。

二、斯大林捍卫"社会主义一国建成论"

斯大林和布哈林以及联共(布)党内的绝大多数人继承、发展了列宁的思想,肯

---

① 《列宁选集》第四卷,第682页。

定苏联一国可以建成社会主义。他们指出，托洛茨基在其所谓"不断的"、"不间断"的世界革命的慷慨激昂的言词后面，隐藏着他对俄国社会主义革命的深深的怀疑与绝望。斯大林指出，在资本主义包围下的苏联，一国有没有可能建成社会主义呢？有！不仅可能，而且必要，并且不可避免。

第一，斯大林认为，社会主义在一国胜利的问题有两个不同的方面，一方面是国内问题，即战胜本国资产阶级，建成一国内的社会主义；另一方面是国际问题，即战胜世界资产阶级——帝国主义，取得社会主义的最终胜利。这是两个相关但又不相同的问题。苏联一国能够建成社会主义，是指苏联能够依靠本国力量，战胜本国资产阶级，不仅在政治上，而且在经济上，建立起巩固的无产阶级政权和强大的社会主义经济基础。至于在全世界战胜资本主义，那是国际无产阶级共同努力的事业，也只有苏联一国建成社会主义，才能为这种共同的事业提供其胜利发展的必要帮助和手段。这恰恰是无产阶级国际主义的基础与前提，体现了无产阶级革命的民族性（一国胜利）和国际性（一国一国地胜利）的一致，它与"反对派"所强加的"民族狭隘性"的指责毫无关系。

第二，斯大林强调，苏联能够依靠本国的力量解决工农矛盾，建成强大的社会主义经济基础。他指出，农业小商品经济是站在"十字路口"的经济，它的发展方向取决于它所依赖的工业、交通运输业、通讯系统和国家政权掌握在哪个阶级手里。在苏联，这一切都掌握在无产阶级手中，这将保证农业小商品经济与无产阶级国家合作，并向社会主义方向发展。苏联农民从社会主义革命中分到了土地，是无产阶级的同盟军、后备军。总之，苏联有在政治上和经济上依靠本国力量解决工农矛盾的可能；而且由于"新经济政策"和合作化方针的实施，苏联已有了把这种可能转变为现实的条件和基础。

第三，斯大林针对"反对派"强调世界经济的联系性、整体性来否认苏联一国可以建成社会主义，甚至认为根本就不应该在一国建设社会主义的观点，指出苏联经济与世界资本主义经济是相互作用、相互依赖的，这种作用与依赖绝不是单方面的。世界各国经济的联系性不会使苏联经济失去独立性，更不会使苏联经济沦为资本主义的附庸。随着社会主义革命的国家逐渐增加，会瓦解资本主义的统一世界市场，形成社会主义与资本主义两个平行的市场，社会主义与资本主义之间发展经济关系不仅具有可能性，而且具有必要性。因此，社会主义苏联生产力的发展，并非一定要通过世界革命"废除国界"来实现。

第四，斯大林认为，联共（布）对于全国的正确领导以及强有力的团结作用（通过正确的路线、方针、政策），苏联人民高度的思想政治觉悟水平，苏联正在健康迅速发展的经济、政治、文化，这一切都表明：苏联具有一国建成社会主义的一切条件。这一思想，进一步具体化了列宁关于俄国具备"建成社会主义社会所必需而且足够的一切"的论断。

布哈林在这场论战中充分发挥了其马列主义理论家、思想家的作用。他不仅系统论述了列宁的一国"首先胜利论"和"首先建成论"的思想，清晰地展现了列宁的思想逻辑，揭示了二者本来的联系性和深入发展性，强调列宁晚年作出了俄国可以一国首先建成社会主义的不可逆转的逻辑结论；而且指出列宁的理论与马克思、恩格斯的理论在逻辑上是协调的，协调的基础是历史唯物主义，列宁的理论是马克思、恩格斯理论在帝国主义时代具体历史条件下的发展。布哈林依据其对列宁著述的熟悉和深刻理解，运用列宁晚年的多篇文章支持斯大林，驳斥托洛茨基。

这一场事关苏联前途的大论战，以斯大林为首的党中央的胜利宣告结束。针对论战结束后托洛茨基到处组织宗派活动、挑起党内纠纷的事实，1928年联共（布）十五大作出了将其开除出党的决议。1929年初，托洛茨基被放逐出苏联。这场论战的结论，为苏联模式的诞生奠定了坚实的理论基础。

三、苏共党内围绕"新经济政策"的争论

与托洛茨基"反对派"的争论平息之后，20年代末期，在联共（布）党内又发生了斯大林与布哈林之间的争论。

在反对托洛茨基派的论战中，布哈林坚定地站在以斯大林为代表的正确路线方面，以其理论家的深刻与力度，协助斯大林批驳了托洛茨基的"超工业化"、"不断革命论"等极"左"论调，维护和阐发了列宁的"新经济政策"和晚期思想，并在此基础上发展、形成了自己关于在苏联如何建设社会主义的思想。

布哈林认为，苏联在相当长的时期内将是落后型的社会主义，它将经过长期的、缓慢的、痛苦的发展过程，这是由俄国社会的落后性所决定的。但是，这毕竟是社会主义，它将沿着完全确定的路线发展下去。他认为，我们不能回避俄国经济落后以及这种落后给社会主义建设带来的困难这一客观事实；但我们也不应怨天尤人，否定俄国进行社会主义革命和建设的可能性。布哈林继承了列宁的思想，强调农民在俄国社会生活中的地位和作用，指出农业是国民经济的基础，把建立巩固的工农联盟看作是社会主义国家的基本路线和指导方针。他说："应当对全体农民，对农民的所有阶层说：发财吧，积累吧，发展自己的经济吧！只有白痴才会说，我们永远应当贫穷。现在我们应当采取的政策，是要能在我国消除贫穷的政策。"[①]"发财吧"这一口号，在联共（布）十四大上曾遭受指责，被部分同志认为缺乏阶级观念，但斯大林保护了布哈林，认为这不是什么原则问题，不值得大惊小怪。布哈林提出这个口号的实质，确是在于鼓励农民沿着"新经济政策"的方向发展，不要有顾虑。

---

① 《布哈林文选》上册，人民出版社1981年版，第368页。

基于列宁对俄国农民合作社的总结而提出的极其宝贵的指导思想——原则是自愿,基础是利益纽带,布哈林进一步将其具体化,提出农业的合作化道路要建立在农民自愿的基础之上,主张对农民中的不同阶层采取不同的政策:对贫农,予以引导,组织集体农庄,国家扶持;对中农,允许其发展个体经济,在此基础上,先组织流通领域的合作社,再逐步组织生产领域的合作社或集体农庄;对富农,只要守法,就不必采取暴力手段剥夺其土地和财产,也可以通过合作社形式对他们加以组织和改造。合作化一定要保护农民的利益,以利益纽带来巩固和发展合作化。在工业领域,布哈林主张采取从轻工业开始发展的路线,以此为重工业的发展积累资金、储备并提供技术。在商业领域,布哈林认为应当大力发展商业及流通,并且可以允许多种经济成分共同发展,因为价值规律的内在涵义即社会耗费劳动的比例性,在社会主义社会仍将发挥作用。

概言之,布哈林的思想就是坚持并发展列宁的"新经济政策"使苏联沿着这条道路走下去。他甚至认为这是落后国家建设社会主义的必由之路。这些理论主张,是布哈林在吸取其于1918年所犯"左"倾幼稚错误的教训基础上产生的。当时及20世纪20年代初,他企图用国家社会主义的模式将"战时共产主义"政策固化为社会主义的既定体制,在此体制中,实行唯一的全民所有制;用计划和国家行政权力安排一切经济活动,排斥商品货币关系,否认物质利益原则。列宁对此作了辛辣的嘲讽和严厉但善意的批评。布哈林接受了列宁的批评,从俄国的实际出发,逐渐产生了上述较为符合客观实际的观点和看法。

根据上述理论观点,布哈林形成了关于苏联建设社会主义的模式思想:①实行集中与分散相结合的决策体制,国民经济的重大问题的决策权在国家,一般的具体问题的决策权应当分散,决策者相应承担决策责任;②多种经济成分并存,并使之灵活地运行,展开竞争,使人们从个人利益角度关心生产经营活动,以调动企业和各行各业劳动者的积极性;③反对经济管理中的官僚主义,提高政府机构的办事效率;④开展对外经济技术交流与合作,向西方国家学习先进的科学技术以加速苏联的社会主义建设进程。布哈林还认为,随着苏联社会主义事业的发展,阶级斗争的发展规律应该是逐步削弱,逐步缓和,直至最终平息。他认为,这符合于列宁关于"社会主义就是消灭阶级"、"社会主义就开始了国家的自行消亡"、"社会主义国家就此而言是非政治性国家"等论断。

但布哈林的这一整套理论主张,在20年代末期遭到了斯大林的无情批驳。斯大林认为:

(1)"新经济政策"只是一种"暂时的退却",它并不是苏联社会主义的一种形式。斯大林当年曾是拥护"新经济政策"的,但斯大林仅将其看作是一种非长期性的临时政策。尽管列宁在1921年开始实施这个政策时曾预计,"新经济政策"至少应实行25年,但斯大林针对布哈林的观点强调,列宁也指出这是一种退却、一种迂回,所以,它不应当被认作是苏联社会主义的一种形式,尽管是落后的形式。

(2) 20年代末期,苏联向资本主义全面进攻的条件已经成熟,因此应当实施向资本主义全面进攻的方针。斯大林在联共(布)十五大上号召:"扩大和巩固我们城乡国民经济一切部门中的社会主义经济命脉,采取消灭国民经济中的资本主义成分的方针。"①显然,这已将锋芒直指"新经济政策"时期发展起来的多种经济成分。

(3) 商品货币关系在本质上不是社会主义经济的因素与特征,"新经济政策"大力发展商品货币关系是一种恢复经济的被迫做法,一旦条件具备,就应当转向马克思、恩格斯所设想的全社会的大规模公有制与计划经济。斯大林指责布哈林是从曾经的"左"滑向了现在的"右"。

(4) 苏联面对世界资本主义的包围,随时面临帝国主义侵略的威胁,在未来反对帝国主义的不可避免的战争中,必须要有强大的工业基础特别是强大的重工业,才能战胜敌人。苏联必须加快建设这种基础,这必须要由国家统一掌握资源,作统一的配置与安排,换言之,必须通过大规模的公有制和计划经济对资源作向重工业倾斜的有效配置。"新经济政策"不可能迅速实现这一点,而"没有重工业,便无法保持国家的独立;没有重工业,苏维埃制度就会灭亡。"②斯大林的论述,特别是关于强大的重工业与苏联社会主义命运紧相联系的有力论述,显然说服了全党,使其在争论中居于有利地位。这一论断,后来转化为苏联工业化时期的行动口号:没有强大的重工业,就没有巩固的社会主义!

布哈林则针锋相对,他反对斯大林终止"新经济政策"并建立集中统一计划体制的观点。他认为,以限制、排挤多种社会主义经济成分来发展国营经济,人为地加速组织小生产者转入社会化大生产的公有制经济,会导致决策权力的过度集中化,违背生产力发展的规律和客观要求,导致经济比例关系的严重失调,生产效率下降,资金周转速度减慢等等弊端。斯大林在党内大多数同志的支持下,指责布哈林的理论观点和政策主张为右倾,这时他回顾到,布哈林在号召"发财吧"的时候,就丧失了阶级原则和社会主义的坚定性。

斯大林和布哈林双方争论的实质,可以归结为:第一,"新经济政策"是不是苏联这样的落后国家所走的社会主义的特殊道路?布哈林认为是的;斯大林则认为其本质是一种被迫的对社会主义的退却,虽然是社会主义国家对资本主义(国家资本主义)的一种利用形式,但其本质不是社会主义。第二,"新经济政策"究竟是权宜之计还是具有必然性?布哈林肯定其具有必然性;斯大林则认为其只是短暂的

---

① 《斯大林全集》第十卷,人民出版社1954年版,第256页。
② 《斯大林选集》(下卷),人民出版社1979年版,第496页。

权宜之计。第三,应不应当终止"新经济政策"?斯大林的回答是肯定的;布哈林则认为应当继续坚持下去。斯大林及其支持者还认为,有了终止"新经济政策"的条件而不去终止,就是右倾。这场争论以布哈林的失败而告结束,他随即被解除了中央领导职务。这场争论的结果,为苏联模式的诞生奠定了又一块基石,尽管在这块基石中,蕴含了若干内在的深刻缺陷。

要对斯大林和布哈林之间发生的这场争论作出孰是孰非的价值判断,在今天仍然是困难的。在争论发生的12年之后,法西斯德国大规模武装入侵苏联,苏联伟大的卫国战争爆发,第二次世界大战最主要战场——苏德战场形成。苏联主要依靠自己的力量、特别是强大的重工业实力,打败了纳粹德国,并一路反攻,解放了半个欧洲,摧毁了纳粹巢穴。继而履行"雅尔塔协议",挥师东进,解放中国东北和北纬38度线以北的朝鲜地区,歼灭日本法西斯主力部队——关东军近百万,为赢得第二次世界大战的彻底胜利作出了辉煌的贡献。这一史实,强化和印证了斯大林关于加速工业化特别是重工业化与社会主义命运紧密相连观点的正确性。正是由于上述历史事实,后人对于这场争论的评价基本肯定或是倾向于肯定斯大林一方。但这种肯定内涵了一种假设:如果按照布哈林的建议即坚持列宁的"新经济政策"继续搞11年,是肯定达不到"斯大林模式"11年所取得的工业化特别是重工业化的成就,因此不可能具备打败法西斯的物质基础。

但历史不可假设。19世纪中叶以后,美国的铁路建设取得了辉煌的成就,人们普遍想当然地认为铁路对美国经济的发展起了积极性的作用,甚至认为是铁路奠定了美国世界头号经济强国的地位。但美国经济学家福格尔却不这样认为,他的博士论文在详尽占有资料的基础上,再现了美国经济发展的历史过程,从而对铁路在美国经济发展中所起的作用作出了准确的评估,结果大大出乎于人们想当然的假设。准确评价斯大林和布哈林之间的争论,也需要在详尽、充分占有资料的基础之上,再现苏联"新经济政策"以来的经济发展的历史过程和苏联工业化的历史进程,并将其作对比分析,找出影响增长的主要因素及其发生作用的机理,最后才有可能作出比较准确的价值判断。福格尔正是因为创造了这一能够精确(量化)地、完整地、甚至是模型化地再现经济发展的历史过程方法,获得了诺贝尔经济学奖。评价斯大林与布哈林的争论,需要引用这一方法,才能保证客观性和科学性。可以作为辅助性思考的一个例证是中国。在改革开放之前,中国走的也是片面工业化——重工业化的发展道路,甚至提出工业"以钢为纲"。但1960~1970年,中国的钢产量一直在1 000万吨至1 800万吨之间徘徊,就是上不去。"文化大革命"中,又沿用并强化传统模式,下大力气发展钢铁工业,至"文化大革命"结束、中共十一届三中全会召开(1978年),中国的钢产量总算达到了2 000万吨左右的水平。三中全会以后,中国走上了调整国民经济结构,农、轻、重协调发展的道路,短短

10多年时间,钢产量却增长了4倍,突破了1亿吨,跻身于世界产钢大国的行列。斯大林选择的加速工业化——重工业化的道路,迫于帝国主义的包围,可以理解。但列宁、布哈林提出的循序渐进,农、轻、重协调发展的道路,是否也能为落后国家提供一种既有速度、又有质量、而且经济结构科学合理的发展,同样值得后人思考。

四、斯大林关于苏联社会主义建设道路的理论

斯大林在反对托洛茨基和布哈林的论战中,根据其自身对马克思、恩格斯、列宁思想的理解、解读与体认,以及他对马克思、恩格斯、列宁思想的实践与发展,逐步形成了自己关于苏联社会主义建设道路的理论体系:

1. 阐述并发展了列宁关于社会主义革命可以在一国或几国首先爆发、胜利并建成的光辉思想。在与托洛茨基的论战中,斯大林强调依靠自力更生,依靠国内资金积累,同时努力争取国际革命力量的支持,积极发展与资本主义国家的经济关系,完全可以在苏联一国建成社会主义。他指出,我们不能无限期地等待西方革命的胜利而让俄国革命"开空车",更不能把自己的阵地让给本国资产阶级。

2. 坚持了马克思、恩格斯关于社会主义基本经济特征的思想,并作出了重要发展。斯大林将马克思、恩格斯的社会主义公有制思想付诸实践,并在实践中提出了社会主义两种公有制的思想,充分肯定了社会主义集体制是与生产力水平较低的状况相适应的社会主义公有制形式。1936年3月1日,他在同美国记者罗易·霍华德的谈话中,总结了苏联模式的公有制,指出社会主义社会的基础是公有制,包括国家即全民所有制以及合作社和集体农庄的所有制。他对集体所有制的社会主义公有制性质的肯定,是对马克思主义关于社会主义生产资料公有制学说的重要发展。但在实践过程中,他偏离了列宁所反复强调的自愿原则和经济利益纽带基础。

3. 在马克思主义计划经济思想的基础上,提出了高度中央集权的指令性计划经济理论。在联共(布)十五大上,他强调指出,资本主义国家的所谓计划只是臆测性的、对谁也没有约束力的计划;"我们的计划不是臆测的计划,不是想当然的计划,而是指令性的计划。这种计划各级领导机关必须执行,这种计划能决定我国经济在全国范围内将来发展的方向。"① 以行政权力对全社会经济进行直接的大规模的安排与控制,便由此发端。

4. 认识到苏联还必然存在商品生产,也必须利用价值规律的作用。因为全民与集体两种所有制之间,谁也不能侵犯谁的利益,二者之间必须等价交换,商品经济因此必然存在,其基本规律——价值规律也就必然相应存在并发挥作用。但其

---

① 《斯大林全集》第十卷,第280页。

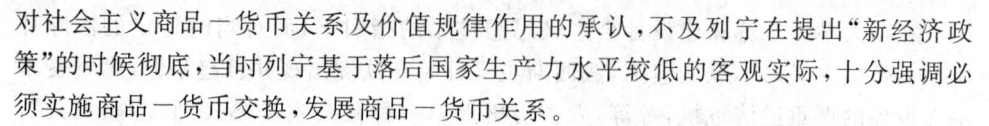

对社会主义商品—货币关系及价值规律作用的承认,不及列宁在提出"新经济政策"的时候彻底,当时列宁基于落后国家生产力水平较低的客观实际,十分强调必须实施商品—货币交换,发展商品—货币关系。

5. 提出了以重工业为中心的高速度工业化的思想。斯大林从复杂的国际形势和帝国主义包围下一国单独建设社会主义的现实出发,把高速度工业化看作是苏联生存、发展的保证,而其核心就是重工业化。他引证列宁关于生产资料优先增长的规律来强化这一思想,提出一切都要服从于这一目标并为之作出牺牲。为此,必须培养大批掌握了现代科学技术的专家;立足于本国,走内部积累发展工业的道路,包括暂时保留历史上形成的工农业产品的"剪刀差价",使农民为了国家的工业化以及他们自身的长远利益付出"贡税"。随着工业化的实现及其所推动的农业生产力的发展,再最终消灭这种"贡税"——保留的"剪刀差价"。

6. 提出了农业集体化的理论。集体化的直接动因是1927～1928年度的粮食收购危机,该年度的粮食收购计划只完成了70%,严重影响了城市粮食和工业原料的供应以及进出口计划的完成,并几乎酿成全国性的经济危机。这使斯大林认识到,没有对于农业生产的相应的全面的控制,分散的农业生产与整体高速工业化的计划是不相适应的,只有运用与农村生产力水平相适应的形式即集体制,将分散的农民组织起来,才能实现国家对农业生产及农业资源的控制,从而保证工业化所需要的粮食及部分原料的稳定供给,保证工业化的高速与顺利进行。使农业服从于并服务于高速工业化的需要,这也正是斯大林终止以个体农业和缴纳粮食税为主要内容之一的"新经济政策"的初始动机和原因。

7. 坚持和发展了马克思主义的无产阶级专政思想,建立了社会主义政治制度的基础和早期形式。斯大林认为,由于苏联还处于国际资产阶级的包围之中,由于国内还有敌对分子存在,所以社会主义阶段还必须存在无产阶级专政的国家,其职能为:镇压剥削阶级分子的反抗;保卫祖国并支援世界革命;改造小生产,组织社会主义建设;逐步消灭阶级,实现向无阶级社会的过渡。无产阶级专政的基础是工农联盟。

8. 提出了社会主义社会的基本标准。包括实现生产资料公有制、指令性计划经济、按劳分配、无产阶级专政、无产阶级一党领导等制度和原则,以及虽然仍存在三大差别,但在整体上已消灭剥削制度和剥削阶级,等等。

9. 准确地概括了社会主义的基本经济规律。即"用在高度技术基础上使社会主义生产不断增长和不断完善的办法,来保证最大限度地满足整个社会经常增长的物质和文化的需要。"[①]

[①] 《斯大林选集》(下卷),第569页。

在斯大林关于苏联建设社会主义思想体系的指引下,面对当时特定的国际环境——帝国主义对苏联的包围,法西斯主义开始在欧洲出现并日趋猖獗,席卷资本主义世界的严重经济危机,等等,人类历史上第一种社会主义模式即"苏联模式",又称"斯大林模式",于20世纪30年代宣告诞生。

第二节 苏联模式的基本内容及其特征

一、苏联模式的产生过程

社会主义经济模式理论是由著名波兰经济学家、后移居英国的弗沃齐米耶尔兹·布鲁斯首创的。他根据社会主义经济运行的基本机制及其内在规定性,以及社会主义经济的动力结构、利益结构、所有制结构、经济信息的传播方向和影响——受控程度等,将社会主义经济划分为不同的类型,并给出了每种类型的基本特征。社会主义经济的这些不同类型即被称为社会主义经济模式,其实质是对社会主义经济体制的抽象概括。布鲁斯的理论被广泛接受后,人们又将其推而广之,形成了政治、文化等各方面的体制—模式概念,并将一国经济、政治、文化体制及模式的总和及其基本规定性,名之为"国家模式"。苏联社会主义模式,又称"传统苏联模式"或"斯大林模式",就是以苏联经济体制、模式为基础形成的苏联经济、政治、文化等各方面体制、模式的总称,它产生于20世纪20年代末、30年代初的苏联工业化与农业集体化的进程之中。

布哈林继续"新经济政策"理论及政策的主张失败后,苏联正式放弃了"新经济政策",代之以大规模工业化和农业集体化的政策:

(1)停止工业领域内的租赁制与租让制,将几乎所有工业企业收归国家所有,在工业领域内实行单一的全民所有制及国家直接经营。

(2)自1928年开始实施第一个五年计划,集中资源,有步骤地立项、上马了一大批重点工程,其中几乎全部是重工业工程,如马格尼托戈尔斯克钢铁厂、第聂伯河水电站、古比雪夫电站等等。为此,已先行设置了苏联国家计划委员会,对全国经济实行集中指令控制,以保证工业化计划的实现。

(3)停止了"新经济政策"时期发展小商品农业即小农独立、分散经营的方针,带有强制性地实施农业集体化方针,归村并屯,建立集体农庄。将所属土地连成一片,实行土地集中、生产经营集中、管理集中并有计划地发展大规模机耕;集体农庄的生产任务及指标,也由国家计划下达并加以控制。集体农庄主要领导人(称为集体农庄主席)可由庄员选举产生,但必须经上级党政领导机构承认;亦可由上级党政领导机构直接任命。后来,直接任命的形式成了主要形式。这样,国家通过农业生产的计划指标和集体农庄干部任命的人事制度,使农庄集体所有制性质国家化,从而有效地控制了集体农庄,控制了农业资源,以服从于并服务于加速国家工业化——重工业化的需要。农业这一变革的基础否定了"新经济政策"时期还予以承认的农民对土地的所有权。于是,分散的个体,农业的所有制基础不复存在,集体农庄成了农民的唯一"选择"。

(4)对商业实施社会主义改造。在城市,大部分商店都实现了国营——全民化;在乡村,与农业集体化运动相联系,兴办了大量的集体商业。列宁当年认为,最初出现在"新经济政策"实施之后的农村流通领域的合作经济,只能建立在农村商品生产发展的基础之上,并且具备着社会主义的性质和方向。斯大林现在则认为,不应当等待这种向着社会主义的极其缓慢的迂回和过渡,主张采取"非常措施"限制农民的贸易自由,并要求3年内完成全盘集体化运动。1933年他干脆下令取消了农民自愿组成的供销合作社、信贷合作社等集体性质的商业、金融业,代之以半官办、同时也受行政系统控制的农村集体商业。经过对商业的社会主义改造,苏联城乡商业基本上呈现为"全民——集体"二元结构,仅有极少数经过批准、且仅经营日用小商品的个体商业在人口稀疏的边远地区仍然存在。商业的社会主义改造使国家计划全面控制了流通领域,遂使"新经济政策"最富于活力的内容——发展商品生产和商品经济,失去了继续存在的前提条件,因此标志了"新经济政策"的终止。

1936年斯大林宣布,由于苏联第一个五年计划的顺利完成和工业化计划的深入推进,以及农业集体化的实现,使得苏联的经济基础发生了深刻变化,苏联的经济实力大大增强,苏联已经初步成为一个工业化国家;苏联人民的生活和社会关系也发生了巨大的变化,苏联已基本建成即实现了社会主义社会。同年,苏联制定并颁布了第一部《苏联宪法》,以最高立法的形式肯定了斯大林的这一宣布,确立了苏联模式的基本框架和内容。

二、苏联模式的基本内容与特征

经济模式是国家模式的基础与核心,苏联也不例外。苏联在终止"新经济政策"以后建立起来的经济模式,以一言概括之,可称为高度中央集权的指令性计划经济体制。以此为基础,它制约并反映在政治、文化等各个领域,形成了各方面的集权模式。所以,苏联社会主义模式的基本特征,就是各方面权力的高度集中,或称为高度集权型模式。在高度集中的权力控制下,整个苏联社会成为一种等级分明的"行政性社会",或曰"官本位社会"。

在经济上,首先,单一的社会主义公有制(虽然苏联存在全民、集体两种所有制形式,但它们的集体所有制因受国家的控制和干预较强,实质上近似于全民所有制)既是苏联经济模式乃至整个苏联模式的基础,也是苏联经济模式乃至整个苏联模式的最重要内容与特征。所谓高度中央集权,就是以此为基础的,首先集中的也正是生产资料的所有权。苏联宪法明确规定:国家所有制即全民制,是社会主义所有制的基本形式;集体农庄合作社所有制是劳动者的集体所有制,是公有制的另一种形式。苏联的国有制是在十月革命之后,用无偿剥夺剥夺者即剥夺资产阶级的方式建立起来的。1920年对工商企业、金融企业的无偿收归国有的任务即已完成;后来在实行"新经济政策"时期,对部分国有企业实施了租赁制、租让制,但其国有性质未变;随着"新经济政策"的终止,几乎全部工商企业、金融企业不仅属于国有,而且由国家直接经营。苏联宪法认定,在社会主义阶段,除了国家之外,不可能有任何其他机构来履行和实现社会主义全民所有制的职能。这就是说,国家所有制是社会主义全民所有制的唯一表现形式,它代表了苏联生产资料公有化程度的最高水平。农业中的集体制则是通过大规模全盘集体化运动实现的,至1934年底,71.4%的农户加入了集体农庄,集体农庄所占耕地面积已达全国耕地总面积的87.4%。斯大林宣布,这标志着农业集体化的基本完成。集体制的公有是劳动群众集体范围内的公有,因而被认为是社会主义公有制的低级形式,它必须向全民制逐步过渡,最后形成为单一的社会主义全民制,如同马克思所设想的发达国家实现了社会主义后的状况。

其次,高度中央集权的指令性计划管理体制。从1928年实行第一个五年计划以来,苏联一直坚持指令性计划体制。斯大林认为,这是由生产资料的国有制性质所决定的,即国家所有,国家支配。在国家所有制下,所有企业都属于代表全民利益的国家,它们必须按照国家的统一指令进行生产和经营活动。苏联的指令性计划体制,是以行政权力直接控制和干预全部经济运行的典型制度,它具有集中性——指标集中制定,自上而下地下达;全面性——囊括经济的所有部门、领域和过程;强制性——计划经最高苏维埃批准,必须执行,具有法律效力。由此,所有企业包括集体农庄,就成了国家机器的下属执行机构或附属单位,其生产、经营的指标和目的就是完成国家计划,其生产、经营的内容及其调整也全由国家计划决定。实质上,国家计划内容的调整导致企业(包括集体农庄)生产、经营内容的调整。因此,国家权力机构对所有企业(包括集体农庄)的指挥、监督、检查、干预、控制,就成为国家履行计划的基本手段,具有必然性。大规模的国有终于导致了全面的国营,国家成了产权所有和生产经营的唯一主体,国家既是企业的所有者,又是企业的经营者。

第六章　第一种社会主义模式——苏联模式

再次,以速度为中心、优先发展重工业的赶超型工业化战略。这既是斯大林终止"新经济政策"的目的,也是他这样做的有力论据,同时也在相当大程度上反映了苏联人民的意愿。第一次世界大战前,俄国就是一个比较落后的资本主义国家;战争的破坏使俄国有限的近代工业受到了严重的摧残;十月革命胜利后,俄国又处于帝国主义的包围之中。所有这一切,都要求优先发展工业、特别是重工业。自1926年起,苏联发展战略开始向重工业倾斜,后来虽然遭到布哈林的反对,但仍一以贯之。斯大林认为,列宁揭示了第一部类生产优先增长的规律,特别是第一部类中生产生产资料的部门增长最快。据此,斯大林强调,速度决定一切,优先发展重工业是苏联社会主义工业化的道路,它将决定苏联社会主义的命运。"延缓速度就是落后,而落后者是要挨打的。"[①]从此,国家计划部门对重工业项目优先立项,资源的配置向重工业部门倾斜,在卫国战争爆发前的第一、第二个五年计划和第三个五年计划的前3年,重工业投资平均占国民经济总投资的80%以上,这一比例几乎一直延续到苏联解体。20世纪30年代末,苏联工业产值(主要为重工业产值)已占工农业总产值的3/4左右,苏联宣布完成了工业化。[②]

以上三条就是苏联经济模式最基本的特征。在开始构建苏联经济体制的时候,斯大林曾经想完全排斥商品—货币关系;搞了20年,困难重重,再也无法维系下去了。作为伟大现实主义者的斯大林,在其晚年终于不得不承认商品—货币关系的存在,同时限制商品—货币关系的发展以及价值规律的作用范围。鉴于全民制和集体制两种公有形式的并存,苏联还不能消灭商品—货币关系,因而商品经济所必须遵循的价值规律还继续发生作用;但由于认为商品—货币关系在本质上不属于社会主义经济范畴,所以又坚持商品—货币关系及价值规律的作用必须服从于社会主义计划经济和有计划按比例发展的规律。苏联模式确认,社会主义经济在本质上只能是产品经济。

在政治上,苏联模式也显现出高度中央集权的特征与内涵。首先,立法权和行政权相统一的苏维埃形式。苏维埃为立法机构,政府机构为苏维埃的执行机构,并对其负责。列宁曾认为,这"保证能够把议会制的长处和直接民主制的长处结合起来,就是说,把立法的职能和执行法律的职能在选出的人民代表身上结合起来。"[③]同时,各级政府与苏维埃的关系均为双重领导制,即各级政府既接受同级苏维埃的领导,又接受上级政府及上级苏维埃的领导,权力系统由此保证自上而下地高度集

[①] 《斯大林全集》第十三卷,人民出版社1956年版,第37页。
[②] 后来的苏联特别是仿效苏联模式的其他社会主义国家,迫于各种国内外压力,纷纷不同程度地改变了"优先发展重工业"的战略,转而采取农轻重并举、农轻重协调的发展战略。但万变不离其宗,"以发展速度为中心"没有改变,时时刻刻惦记着自身排名第几的"赶超型战略"也没有改变。
[③] 《列宁选集》第三卷,第309页。

中。苏联的国家最高权力机关,是由所选出的代表组成的全俄(苏)苏维埃代表大会(1936年后改称最高苏维埃),拥有立法权;中央执行委员会(1936年后改称最高苏维埃主席团)是代表大会的常设机构。苏联的国家最高行政机构即政府是人民委员会,1946年后改称部长会议,它作为最高苏维埃的执行机构,对最高苏维埃及其主席团负责。其次,苏联共产党是苏联唯一的政党,由它独掌全国政权。这是因为,从历史上看,俄共(布)独立地领导了十月革命并取得了胜利;十月革命后,俄共(布)曾一度与左派社会革命党人联合执政,但左派社会革命党人随后在一系列重大问题上反对俄共(布)的路线和政策,1918年"布列斯特-里托夫斯克和约"签订后,他们宣布退出与布尔什维克的联盟,并掀起反对新生政权的恶浪。再加上十月革命后,阶级斗争极其尖锐,为了保卫新生红色政权,俄共(布)实行了绝对必要的高度集中领导。从经济基础上看,苏联实行着单一的社会主义公有制,并把纯粹的社会主义全民所有制作为发展的目标,也缺乏产生多党制的经济基础。所以斯大林认为,在苏联,既无必要也无可能存在其他政党,社会主义社会没有几个政党存在的社会基础,只有共产党一党存在。党在实际上绝对地领导着最高苏维埃和苏联政府。

在广义的文化,即科技、教育、文化、体育、卫生上,苏联模式也实行了高度集中的管理体制。各种科技、教育、文化、体育、卫生事业单位均实行全民制,由国家包下来,同时也必须遵循与执行党和国家机构的命令、指示。这种集权领导体制并不是抽象的,它通过具体的人来体现、执行和实现。因此,科技、教育、文化、体育、卫生事业方面领导者个人的意志和判断,往往被冠之以国家和党的名义,强制专业人员执行;领导者个人的喜怒好恶、认同与否以及领导水平的高低,往往决定了整个科技、教育、文化、体育、卫生事业的发展,决定了某项精神成果的命运。对科技、教育、文化、体育、卫生这些充满弹性和创造力的事业,也施加刚性指标化的管理。以计划方式管理科技、教育、文化、体育、卫生等领域,是对这些领域实行集权管理的主要形式和重要基础。其具体做法有二:一是由国家直接制定计划,下达项目,组织人员,保障财物,控制实施,落实完成;二是项目由个人或单位提出,经过研究、论证,纳入国家计划内容并加以实施。大到一项科研课题的开展,小到一枚运动会金牌的获取,都以计划手段及相应的体制加以实施。甚至理应极其个性化的文艺作品的创作也是如此。由于由国家计划保障其所需要的人、财、物,党和国家机构自然拥有了对科技、教育、文化、体育、卫生等领域的控制权、监督权、审查权、干预权、裁决权,对这些领域的刚性化集权管理由此得以实现。其中最典型的表现就是党和国家对各种大众传播媒介的直接控制,实施"舆论一律"。

整个苏联模式的设计与建构,其根本性的宗旨是为了迎接社会主义与资本主义两大体系之间不可避免的总决战。在斯大林看来,社会主义和资本主义是两种

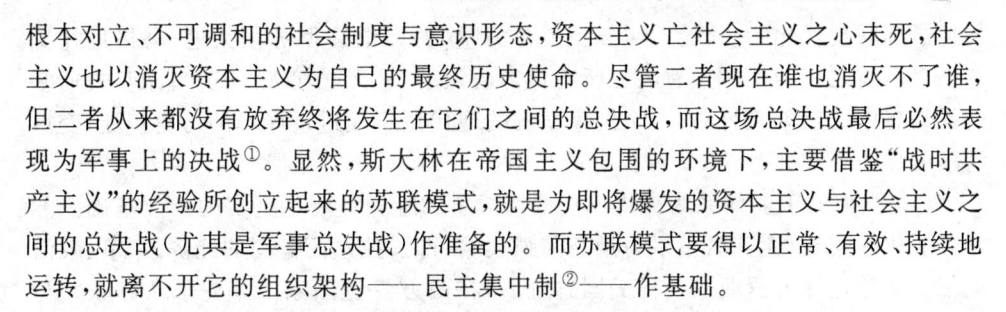

根本对立、不可调和的社会制度与意识形态,资本主义亡社会主义之心未死,社会主义也以消灭资本主义为自己的最终历史使命。尽管二者现在谁也消灭不了谁,但二者从来都没有放弃终将发生在它们之间的总决战,而这场总决战最后必然表现为军事上的决战①。显然,斯大林在帝国主义包围的环境下,主要借鉴"战时共产主义"的经验所创立起来的苏联模式,就是为即将爆发的资本主义与社会主义之间的总决战(尤其是军事总决战)作准备的。而苏联模式要得以正常、有效、持续地运转,就离不开它的组织架构——民主集中制②——作基础。

三、苏联模式的历史贡献

作为人类历史上的第一种社会主义模式,苏联模式作出了以下突出的历史贡献:

(1) 社会主义工业化成就巨大。1936 年苏联实现了以重工业为中心的国家工业化,1938 年苏联的工业产值和主要工业品产量,已超过德、英、法等国,跃居欧洲第一位,在全世界排序仅次于美国,居第二位。十月革命前俄国经济落后,1925 年俄国经济才恢复到战前最高水平,此后仅仅用 10 年多时间,苏联就跻身于世界工业最发达国家之列。苏联落后的面貌及经济结构得以彻底改变,产业结构趋向高度化,大大缩短了与发达国家的差距,并从根本上改变了生产力的空间布局状况。而且建立了门类相当齐备的国民经济体系,成就令世人瞩目。正如我国著名经济学家刘国光所说,在社会资源条件有限、社会发展目标集中且一元化(即工业化)、社会发展任务紧迫等条件下,运用高度集权的模式,依据国家发展的要求,有针对性地集中配置有限的资源,能保证在短期内取得比较突出的成功,达到既定的国家目标。高度集权的苏联模式就是一种行之有效的工业化模式。苏联模式的实质,就是运用国家权力,高度动员、集中并配置有限的资源,以加速国家工业化特别是重工业化的实现。所有现代化理论都承认,工业化是现代化的发端和基础。

(2) 作为"现代化的后来者"(麦里安·列维语)的俄国,或推而广之,所有的"现代化的后来者",实现或赶超现代化的一个重要前提条件,是形成全社会上下一致的现代化指向,达到最大的现代化动员度,并在朝向现代化的转轨运行中,始终保持社会的有序性,即建立在新型整合机制上的有条不紊③。苏联模式运用其权力集中和目标简明的优势,在现代化的初期阶段顺利地实现了上述前提条件,因而

---

① 毛泽东是与斯大林"心有灵犀一点通"的,他在 20 世纪 70 年代初,曾对中国国民经济建设提出了以下的总方针——"备战、备荒、为人民"。
② 毛泽东后来曾把党内实施的民主集中制的内涵概括为这样 4 条:个人服从组织,少数服从多数,下级服从上级,全党服从中央。
③ 这也就是 20 世纪 70~80 年代以后"新权威主义"流行于世的重要原因之一。

加速了苏联现代化的步伐。当"知识就是力量"的话语震彻苏联大地,马格尼托戈尔斯克风雪之夜的工棚内有人在听着世界公认的"航天之父"——齐奥尔科夫斯基讲授幻想中的航天飞行时,一个国家坚实的现代化步伐透过厚厚的历史积淀,变得清晰可见。

(3)强大的工业体系为赢得反法西斯战争的胜利奠定了坚实的物质基础。苏联工业化的实现,使苏联军事力量空前强大,赢得了独立而稳固的经济、军事、政治地位。富兰克林·罗斯福就任美国总统后,在西方发达国家中率先承认苏联并与之建交,就是对这种地位的清醒认可。在苏联实现工业化以后不久,爆发了第二次世界大战,在大战中,苏联不仅抗击并战胜了纳粹德国军事机器的大部分,而且有力地支援了世界人民的反法西斯斗争,包括援助中国解放了东北地区。苏联在卫国战争中所使用和消耗的物资、装备,确有大量来源于美国援助,据苏方资料,美援约占总量的10%左右。许多西方学者认为美援数量远不止此,但是美国"租借法案委员会"主席斯退汀纽斯的权威之作《租借》一书认为,美援约占苏军物资、装备总量的14%。可见,苏联自身创建的物质基础在反法西斯战争中具有决定性的地位和作用。斯大林曾因美、英迟滞欧洲第二战场的开辟而恼火地说过:依靠我们自己的力量,我们也可以单独地打败德国法西斯。以后的历史事实也证明:凡是实行斯大林模式的社会主义国家,没有一个被外敌入侵、内部叛乱或是特大的自然灾害所摧毁;如若被摧毁,那一定是在放弃了斯大林模式之后。这就是说,苏联的斯大林模式具有强大的生存力。

(4)在整体发展水平还较低、人民群众生活水平也较低的社会里,建立了广泛、普遍的经济安全保障体系,包括公费医疗制度、福利住房制度、退休养老金制度等等,使广大劳动群众"生老病死有依靠",体现了社会主义制度的优越性。苏联的许多做法,甚至被当代资本主义、社会民主主义所借鉴和引用。

(5)第一次对社会化大生产进行全面计划管理,取得了成效,积累了经验,提出了问题,提供了教训;是人类宏观经济计划管理的一种探索,一次先行,至少也是一次有益的尝试。其尝试的结论,今天仍然部分地保留在人类宏观经济的运行调控体系当中。可以说,当今各国普遍实行的政府调控下的市场经济体制,其市场经济的基础即自由企业制度由传统资本主义国家所提供,而政府宏观调控的经验则由苏联模式所首创,二者都属于人类文明的共同成果。

(6)在人类历史上第一次消灭了剥削阶级和剥削制度,并以立法的形式肯定、确立了社会主义的一系列原则,如公有制、按劳分配等等,使之成为现实的法律制度。这就使社会主义原则由抽象(理论)变得具体(现实),变得可操作,顺应和反映了人类社会历史发展的方向与要求。虽然在实践中,和立法制度的规定相比还存在相当大的距离,但不容否认,这些"与人类美感一致"(费多谢耶夫语)的原则成为具体的法律制度,实在是人类社会的一大进步。

苏联模式的历史贡献使得处在资本主义世界包围下的苏联成功地生存下来,也使得社会主义制度的优越性得以初步显现。这不仅让社会主义具有了现实的号召力,而且构成促进当代资本主义生产关系进行变革和调整的重要原因之一。

第三节　苏联模式的内在缺陷与弊端

一、苏联模式理论上的局限

苏联模式理论上的局限性是其实践中局限性的理论前提和基础。它一方面产生于当时人们认识水平的限制,另一方面则产生于人们认识方法的片面性。毛泽东曾经说过:"斯大林有许多形而上学","对立面的这种斗争和统一,斯大林就联系不起来。……不承认对立统一。"①苏联模式在理论认识上的局限性随着时间的推移,日见显露。

(1) 斯大林在坚持并发展"一国可以建成社会主义"理论的同时,认为建成社会主义就是向共产主义过渡的开始,否定了社会主义社会(特别是在落后国家)的长期性。列宁曾提出在像俄国这样的落后国家,由资本主义过渡到社会主义,要经过一个较长的时期。1936年斯大林依据苏联的工业产值超过了农业产值,在全社会消灭了私有制,建立了两种形式的公有制等事实,宣布苏联建成了社会主义,这并不错;但这只能说是初步的社会主义。1938年苏联制定了第三个五年计划,竟提出要在5年内,"完成无产阶级的社会主义建设并从社会主义逐渐过渡到共产主义。"1939年斯大林在联共(布)十八大上说,只要再增加生产总量,在经济上超过各主要资本主义国家,苏联在15年左右的时间里,就可以过渡到共产主义。1952年他又在《苏联社会主义经济问题》一书中,提出了过渡到共产主义的三个条件:社会生产的不断增长;集体制向单一全民制过渡,实行完全的产品经济;大力发展文化教育②。这就承认了在苏联一国可以实现共产主义。这种急于求成的认识不仅违背马克思、恩格斯关于共

---

① 《毛泽东选集》第五卷,人民出版社1977年版,第347~348页。
② 参见《斯大林选集》(下卷),第589~591页。

产主义社会实现条件的学说,而且在实践中造成严重的后果。而且,还影响到后来的许多社会主义国家,造成急于求成、无视经济社会发展规律的"盲动"、"冒进";并以此为标准,反对所谓"右倾",酿成政治上的恶果。

(2)斯大林虽然提出了两种公有制形式不可避免地并存的理论,但同时认为集体制是一种低级的公有制形式,它必须逐步地向全民制过渡。为此,20世纪30年代末期他下令将大批集体农庄发展为国营农场,至50年代初,苏联农业的集体制的比重已由1940年的75%左右下降到34%。商业部门集体制的比重更低,工业部门则一直坚持单一的全民制。斯大林并没有认识到,判别公有制形式优劣的唯一标准在于其是否适应生产力发展的水平与要求,而不在于公有范围的大小。根据以上认识,斯大林对个体经济更加不能容忍,过早地将其几乎全部消灭。这既违背了苏联社会生产力发展的水平与要求,也造成了苏联模式经济成分单一僵化的弊端。

(3)斯大林有力地驳斥了托洛茨基牺牲农业的"超工业化"计划,但又提出了保留"剪刀差价",使农民为国家工业化"贡税",即让农业为社会主义工业发展作积累的思想。这虽有一定历史条件下的合理性,但毕竟违背经济发展的"农、轻、重"之序及"以农业为基础,以工业为主导"的客观要求;加之在执行过程中渐渐变成了对农民的一味索取与苛求,伤害了广大农民的积极性,损害了苏联农业的发展。以至于后来照搬苏联模式的国家,农业问题一直是一个"令人担忧的问题"(邓小平语)。

(4)斯大林虽然认识到商品货币关系存在的必然性及价值规律作用的必然性,但又认定其不属于社会主义经济范畴,而是社会主义必须逐步加以消灭的东西,社会主义时期的商品仅仅是保留了商品外壳、并趋向消灭的特殊的商品。他仅仅将商品—货币关系的存在与两种公有制并存(即生产资料和产品属于不同的所有者)相联系,而没有认识到其本质原因在于社会生产力水平不高。在因生产力发展、走出了自然经济形态,而同样因生产力水平限制又不能实现产品经济形态的社会里,商品经济形态是必然、客观、唯一的经济形态。这甚至不是一个选择的问题,而是一种客观的存在。但斯大林不承认商品—市场经济是人类社会发展包括社会主义国家发展中不可逾越的阶段。所以斯大林一方面承认商品—货币关系,一方面又对商品—货币关系狠加限制,明令生产资料不是商品,不得进入流通领域,只能由国家计划统一调拨;强调价值规律只对流通领域起作用,对生产领域不起作用,生产领域的主导规律只能是有计划按比例发展的规律;价值规律的作用对象仅限于日用消费品。且不说生产与流通的客观关系不可能被形而上学的认识一刀切断,强行这样做的后果必定是生产的非核算性和无效益性。他认定社会主义经济在本质上是产品经济,坚持大力发展产品经济,而不顾苏联的社会主义还不具备搞

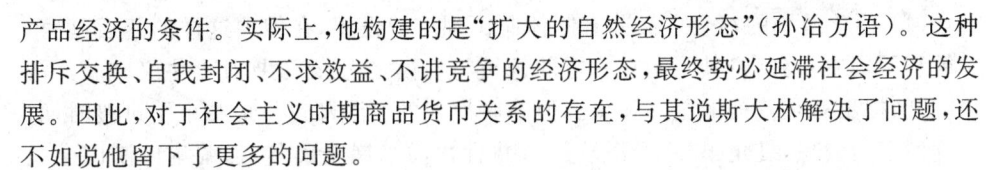

产品经济的条件。实际上,他构建的是"扩大的自然经济形态"(孙冶方语)。这种排斥交换、自我封闭、不求效益、不讲竞争的经济形态,最终势必延滞社会经济的发展。因此,对于社会主义时期商品货币关系的存在,与其说斯大林解决了问题,还不如说他留下了更多的问题。

(5)对社会主义社会残存的阶级斗争的认识和估计陷入片面性。斯大林一方面正确指出,苏联还存在"被击溃了的剥削阶级残余",还存在阶级斗争;另一方面则强调国内阶级斗争的根源在于帝国主义对苏联的包围。他认为,所有国内残存的敌对分子都是受帝国主义支持、指使和煽动的,都是帝国主义的奸细、间谍和代理人;阶级斗争将随着社会主义事业的不断发展、引起帝国主义的疯狂破坏,而变得愈来愈尖锐,即"随着我们的胜利而愈来愈激烈"。这种估计不仅违背了阶级斗争发展的客观规律,而且势必导致实践中将阶级斗争严重扩大化,将本不属于阶级斗争范围的矛盾、分歧,统统上升为阶级斗争。这就导致采用对敌斗争的手段解决人民内部矛盾和党内矛盾,并给后来的社会主义国家造成严重的负面影响。

(6)在党政关系上,斯大林认为无产阶级政党是无产阶级阶级组织的最高形式,苏维埃政权也是无产阶级的阶级组织。列宁曾多次指出,无产阶级政党不能等同于无产阶级政权,因为政权是无产阶级领导的,还包括农民、城市小资产阶级在内的组织体系。斯大林的这一混淆,是其以党代政、党政不分的理论基础,最后导致权力向党和党的领导人集中、强化,党的领导人包办包揽一切,党内民主遭到削弱甚至被破坏。党的领导和党组织直接行使行政权力,任何行政机构都必须听从党的领导人的指挥,服从行政机构党组织的决定,国家行政机构事实上成了党的执行机构。苏维埃的实际权力日趋缩小,行政机构权力日益扩大,它们之间领导与被领导的关系仅存形式,甚至发生了事实上的倒置。

(7)斯大林认为:"国家的消亡不是经过国家政权削弱的道路,而是经过国家政权最大限度地加强的道路到来的。"①这显然不符合马克思列宁主义所揭示的国家消亡的客观规律,导致社会主义民主的削弱甚至被破坏。其实,国家的消亡应当是由无产阶级的国家主体逐渐向社会主义社会主体不断转化、不断飞跃的进程,而绝不是相反。

二、苏联模式实践中的缺陷

苏联模式理论上的局限性一旦被贯彻于实践当中,就导致苏联模式在实践上内在的深刻缺陷。这些缺陷表现为历时态的双重性:一部分在当时的实践中就完全显现,另一部分则随着时间的进程而愈益显现。

---

① 《斯大林全集》第十三卷,人民出版社1956年版,第190页。

(1) 僵化单一的社会主义公有制体制。列宁曾设想,在俄国这样的落后国家,必须利用资本主义(将其限制在一定的领域与规模之内)来发展社会主义,"新经济政策"的提出就是依据的这一设想。但苏联模式的实践却过早地结束了过渡时期,违背列宁的设想,终止了"新经济政策",并且片面发展全民制,强调集体制向全民制的不断过渡,违背了苏联社会生产力发展的状况和要求。这种生产关系的刚性化超前,也部分地阻滞了社会生产力的进步。

(2) 大规模的、强制性的全盘集体化运动违背了苏联农村生产力的发展水平和要求,与此相伴随,取消农村流通和金融领域的合作化以及保留"剪刀差价",更是伤害了农民的积极性,增加了农民的不满情绪。虽然斯大林在1932年初写了《胜利冲昏头脑》一文,指示要消除农业集体化过程中的过火行为,但由于实际上仍在继续强制推进农业集体化,纠偏的效果并不理想。20世纪30年代初期和中期,苏联许多地方发生粮荒,就是全盘强制性集体化的严重后果之一。此后几十年当中,苏联农业一直是国民经济的一个脆弱部门。

(3) 高度集权的刚性化指令性计划经济体制。政企职责不分,使微观经济没有独立地位和自主权,因而失去活力,失去内源增长动力,地方和企业无积极性,企业吃国家的"大锅饭",职工吃企业的"大锅饭",使社会主义按劳分配原则不能有效贯彻,广大劳动者积极性被挫伤。微观经济活力短缺的积累反作用于宏观经济,最后导致宏观经济也逐渐失去活力,仅靠行政指令、行政性资源配置及注入资金来强行推动,形成企业发展"软预算边界约束",资源和资金缺口越来越大,最后酿成无底洞——"黑洞"。微观与宏观交互作用,恶性循环,终致"本来应当生机盎然的社会主义经济在相当程度上失去活力"。苏联解体之前,其国民经济发展水平和总量就已被日本超出,不能不令人触目惊心!苏联解体,最根本的内在原因是其经济的停滞、落伍。美国总统理查德·尼克松就曾说过,苏联除武器军工的研制和生产是第一世界水平(与美国并驾齐驱),其他各方面都是第三世界水平。

(4) 片面发展重工业,势必影响甚至部分牺牲农业、轻工业的发展,造成国民经济结构严重失衡。与1928年相比,1940年(卫国战争爆发的前一年)的农业产值只增长了14%,年均基本上踏步不前;轻工业增长了3.1倍,重工业却增长了9倍。至1953年,失衡进一步加剧,轻工业比1928年增长了6.3倍,重工业增长了29倍,农业却仅比1928年增长了17%,年均增长1%都不到。这种经济结构在相当程度上牺牲了人民群众的生活,使人民群众对社会主义的信心动摇,怀疑增长,构成导致苏联解体的重要原因。中国改革开放的"总设计师"邓小平曾在1992年视察南方时,精辟地分析过这一点。

(5) 限制、排斥商品经济和货币交换,导致经济的非核算性和效益低下,并且使资源不能随机性灵活配置,只讲投入,不讲产出与投入之比,结果高投入高产出,

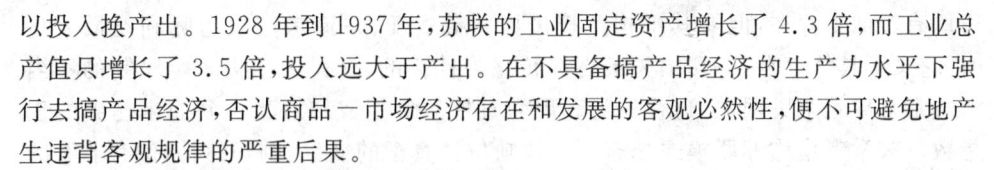

以投入换产出。1928年到1937年,苏联的工业固定资产增长了4.3倍,而工业总产值只增长了3.5倍,投入远大于产出。在不具备搞产品经济的生产力水平下强行去搞产品经济,否认商品－市场经济存在和发展的客观必然性,便不可避免地产生违背客观规律的严重后果。

(6)权力高度集中,使计划经济最后形成为领导者个人意志经济。人的认识能力的有限性和社会经济信息的无限复杂性这对矛盾,决定了任何人为的指挥都有转化为"瞎指挥"的可能性;更何况,苏联模式的计划指挥系统是建立在权力系统而非专家系统之上的,这种"瞎指挥"的可能性就更大了。因而首长工程、重复建设比比皆是,批条子,上项目,导致计划经济最没计划。在这种情况下,国有制形式使其本质内涵——全民制不能实现,人民群众对生产资料的所有权、经营管理权因缺乏具体的运行制度而不能实现,人民群众对其所有的生产资料没有行使决策权的有效途径和机制。中国著名经济学家孙冶方曾引用恩格斯的话语将这种状况概括为"法权观念上的幻想"。前南斯拉夫著名经济学家、南共联盟主要领导人之一的爱德华·卡德尔也称其为"公有制在当代社会主义实践中的矛盾"。

(7)产权主体虚置。苏联模式以国有制为全民制的唯一形式,具体表现为各级国家政府机构所有、并行使经营管理权力。当发生重大决策失误、造成严重损失之际,或在给定条件却未达到预期目标的情况下,都没有具体的所有者承担经济的、行政的或法律的责任,通常的遁词是"付了学费",更遑论追求利润的最大化了。当然,苏联模式所张扬的产品经济也不会追求利润的最大化。这表明,经济决策包括重大经济决策并没有受到产权边界的刚性约束,没有主体为之行使、承担最终责任。这就导致决策常常是轻率的,缺乏科学程序和科学性的。本来,产权因与所有者切身利益相关,其对决策的约束呈边界刚性,即若可能导致损失,资产所有者是必然尽力避免的;否则,他的切身利益会受损。在苏联模式下,全民制产权形式远离了全民切身利益,甚至也远离了作为其代表的国家机构及其决策者的切身利益。产权对利益的约束关系以及利益对产权行使的制约,被"社会与劳动人民的根本利益"之类的空洞话语所遮蔽、所泛化、所替代。决策者因此可以心安理得地作出不负责任、不计后果的决策,由此所招致的损失与其切身利益无关。没有主体为决策所致损失心疼,自觉的刚性约束边界不复存在,产权边界约束软化甚至消失。究竟是公有制(全民制)本身必然导致刚性产权边界的弹性化,还是全民制的所有形式不当导致了这种弹性化?苏联模式提出了严峻的问题。若是前者,考虑到必然的商品－市场经济形态(因为客观的生产力等诸条件决定了不可能是自然经济或产品经济)的外在约束条件,这种刚性内在约束边界的丧失必然导致经营管理的失败,导致利润最大化目标和经济效益的丧失,导致生产力发展的滞后。若是后者,则苏联模式的全民制形式显然不是恰当的,更谈不上最佳的和唯一的。此形式使得所有者似乎存在,但要其承担产权边界利益责任、并追求产权边际利益最大化时,它又不具体存在,一切损失最终都转化为社会的、全民的损失。全民制的不当形式常常导致全民损失,这种损失表现为直接的负指数和应当达到而未达到的正指数。有学者指称苏联模式公有制主体缺位。真正的缺位,倒好弥补;似有非有的虚置,才是真正的难题。显然,全民制只能通过代表性(可称之为经济领域的代议制)实现,而这种经济代表性则需通过经济、政治的民主性加以实现并得到保障。苏联模式公有制形式的非利益性(所有权的代表者与产权利益无关)和非民主性(所有权的代表者并不经由所有者产生),决定了其只能是一种在特定历史条件下的不成熟形式。

(8)党政不分,以党代政,既不利于完善党的领导,又由于党过多地介入具体琐碎事务而实际上削弱了党的领导。

(9)对阶级斗争扩大化的理论认识导致肃反扩大化的严重错误,导致用对敌斗争的手段解决党内和人民内部的矛盾,授人以柄,丑化了无产阶级新型国家机器的形象。以这种手段推行个人崇拜,导致个人专断、个人迷信泛滥,给社会主义事业造成了难以估量的恶劣影响。而且权力高度集中与阶级斗争扩大化,也为极个别野心家、阴谋家篡夺党和国家的各级领导权提供了诱因,并铺平了道路。

(10)科技、教育、文化、体育、卫生等方面的行政化和指标化管理,造成了许多错误的批判运动,也使投机钻营者有机可乘,产生了诸如李森科这类骗子的历史笑话。同时逼使主管这些方面工作的领导人扮演"全智全能"的角色,如日丹诺夫,从意识形态理论到音乐、美术、舞蹈,无所不通,无所不晓,妄加判断,随意定夺。结果导致苏联对控制论、信息论、计算机科学、人工智能、生物科学、基因学说等自然科学发展的误解与批判,在这些方面严重落伍。苏联模式从根本上扼杀了人们的科学精神和创新意识,一切都只需要服从命令听指挥就足够了。

(11)苏联模式的致命缺陷在于政治权力高度集中且有效监督短缺。这不仅给社会主义民主法制建设提出了严峻的课题,还为社会主义留下了许多惨痛的历史教训。处于有效监督下的政治权力即使高度集中,也能形成为巨大的政治优势:政出一门,令行禁止,社会的极高动员度,集中力量办大事,等等。但苏联模式不仅高度集权,而且缺乏有效监督,甚至根本没有监督——对于各级党政"一把手"而言。至于对最高权力的掌握者和行使者斯大林而言,则完全没有监督。高度集中的政治权力又短缺有效监督,必然导致个人专断、个人崇拜,少数人乃至一个人说了算,最终破坏社会主义民主法制。苏联模式也强调法制,但绝非"法律面前人人平等"的法制,而是有遗漏的即法律甚至宪法对象不包括最高权力的掌握者和行使者的法制,这样的法制必然流于形式,变成为个人专断的工具。20世纪30年代末的三次所谓"莫斯科大审判",就是运用这种"法制"公然践踏社会主义民主法制的

"典范"。这不仅根本违背科学社会主义学说的一切原理,而且授国际资产阶级以柄,败坏了社会主义的形象与声誉,教训极其惨痛。

不受监督的政治权力(即公共权力)必然导致腐败。特别是最高公共权力不受监督,必然导致全局性的腐败。所谓腐败,即不负责任地行使公共权力,是公共权力超出其应当作用的范围,即公共权力的不当范围使用。"寻租"现象、权钱交易、滥用职权、牟取私利等等界定,均可划归于或囊括于此定义。斯大林时代的腐败并不直接大量地表现于经济方面,在此方面,因指令性计划及严格的财经制度的约束,使该体制隐含的腐败缺乏显现的外在条件,而是大量地表现在政治,特别是干部人事制度方面。在此方面,不当地、超范围(越界)运用公共权力几乎成为苏联模式下政治运作的路径依赖。最突出和集中的是,干部配备与使用,常常是少数决策者私下商议决定之后,再通过一定的形式使之合法化,甚至直接由个人决定。各级党政干部是各层次公共权力的掌握者和行使者,和平建设时期沿用这种做法,无异于少数人乃至个人私分公共权力,导致公共权力性质的异化,根本相悖于社会主义原则。获得了相应职务的各级党政干部由此只对上负责,不对下(广大人民群众)负责,而社会主义公共权力根本区别于资本主义的本质要求是对广大人民群众负责。干部行为只受能决定其是否担任此职务的上级干部约束,导致公共权力行使的变异。上级常凭个人恩怨好恶和关系亲疏任命下级,下级则极力奉迎讨好上级。只要与上级关系良好,加上有效监督短缺,有恃无恐地在不当范围使用公共权力就成为必然,腐败也就成为必然。所以,干部人事制度的腐败是苏联模式内含腐败机制的集中体现。同时,干部人事制度的腐败因事关社会主义公共权力性质的变异,因而是最大的腐败。毫无战功,甚至根本未上过战场,专靠打"小报告"整人的麦赫利斯、贝利亚之流,竟然被授予神圣的"苏联元帅"军衔,真是对光荣伟大的苏联红军的讽刺!列昂尼德·勃列日涅夫为了抬高自己,竟然四次自授(当然通过了最高苏维埃批准)"苏联英雄"勋章和称号,以便与"二战"中享誉世界的苏联统帅朱可夫元帅(当时为苏军最高统帅部副统帅,仅次于斯大林)并驾齐驱。朱可夫因赫赫战功,是苏联唯一一位四次获得"苏联英雄"勋章及称号的人。勃列日涅夫此举为苏联人民所不齿,并成为全世界的笑柄。在和平建设时期,少数人、个别人决定并任命干部的制度,加上公共权力的有效监督短缺,这本身就是与科学社会主义学说格格不入的政治上的腐败现象;一旦外在经济及社会条件具备,这种政治腐败就必然发生和发展为经济、生活等方面的腐败。

苏联模式内含腐败机制的根源,在于社会主义民主制度及实践的短缺。民主是科学社会主义的题中应有之义、本来之义。"没有民主就没有科学社会主义"是马克思、恩格斯、列宁的一贯思想。早在1848年欧洲革命中,鉴于资产阶级对民主的强烈呼吁和迅疾推行,马克思、恩格斯就表达过这样的思想:未来的社会主义国家,除民主共和制度之外,不可能存在其他任何形式。社会主义比资本主义更加迫切需要民主,并且是实质性的真正的民主。如果说资本主义民主产生于商品—市场经济的等价交换原则——经济生活及其基础的平等性(至少是在表象上)的话,科学社会主义的民主制度则直接产生于其公有制经济基础和国家性质。公有制(全民所有)只能通过"经济代议制"(不论其具体形式如何)实现。行使代议权的决策者只能通过民主选举产生并构建民主领导及决策体制,全民制的内涵才能得以充分表达及实现。所以社会主义民主是公有制的前提与保障。社会主义国家政权是历史上从未有过的新型国家政权,是真正的人民主权(以工农联盟为基础)国家,这既是公有制经济基础的必然要求,又是社会主义国家性质的基本规定。民主的内涵就是人民主权,它不仅可以表现为各种政体形式,而且本身就直接是社会主义国家的国体。社会主义事业是人类历史上空前伟大的事业,是人民群众自己的事业,是绝大多数人自己的事业,除了民主制度与实践,没有其他任何制度和形式,能够保障社会主义的方向和社会主义事业的性质。

马克思、恩格斯认为,社会主义社会的民主,从形式上到内容上必将是、也应当是超越资本主义的。这种设想,基于他们认为社会主义社会应当以更发达的生产力作为基础,应当首先实现于发达国家。但帝国主义时代的特定经济、政治条件,导致社会主义首先在比较落后的国家实现。由此,这种社会主义本身就必然是较落后的、初级的,在经济上、政治上同马克思、恩格斯的设想都有一定的甚至是较大的距离,包括其民主制度与实践。在不可能充分实现直接民主制的条件下,列宁认为特别应当加强对公共权力即党政权力的监督,以最终向全社会的直接民主制过渡。十月革命之后,鉴于俄国国内阶级斗争的激烈状况和帝国主义不断干涉、挑起侵略战争的背景,俄共(布)及苏维埃政权不得不在若干领域和工作部门中建立了集权制。即使如此,列宁仍及时告诫全党:"现在,我们愈坚决主张有强硬的政权,愈坚决主张在一定的工作过程中,在纯粹执行职能的一定时期实行个人决定制,我们就更应该有更多种多样的自下而上的监督形式和方法,来杜绝毒害苏维埃政权的一切可能性,反复不倦地铲除官僚主义的莠草。"[①] 1921年后,列宁又进一步提出了一系列改进工农检查制度的具体措施,1922年底到1923年,他又根据新形势提出了吸收知识分子和专家参加工农检查院的思想。自下而上的工农群众监督是列宁监督思想的核心,其含义包括:第一,在监督机构及其工作中,以工农为主体;第二,各种群众组织直接选派代表参加各级工农检查院,通过工农检查院监督国家各种权力机关;第三,工农群众通过向工农检查院控告有关部门、有关人员的违法乱纪行为,在调查核实之后,工农检查院责令其纠正或对之罢免,实现人民的直接

---

① 《列宁选集》第三卷,人民出版社1972年版,第527页。

监督。1922～1923 年,列宁着重探索了对国家权力机关实施监督的组织体制和权力行使问题。他强调:"罢免权,即真正的监督权。"①"正是苏维埃与劳动人民结合,才造成一种特别形式的罢免制和另一种自下而上的监督制。现在应该极力发展这些形式。"②列宁认为,发展自下而上的监督是由无产阶级政权的性质决定的。在工农大众还不能直接管理国家的情况下(因受文化等条件的制约),为防止政权变质,就必须由它们对国家权力机关及其工作人员实行自下而上的监督。工农大众可以从监督中学会管理,为将来直接管理国家创造条件。工农检查院应当广泛地吸收知识分子和各类专家参加。如此,形成全社会对国家各类干部的有力监督和刚性约束,并最终实现全社会的直接民主制度。既然真正的监督权是罢免权,并且监督罢免权是监督机构——工农检查院的基本权力,可见,列宁设想的社会主义社会的公共权力监督体制是一种"平行体制",即监督机构和国家各种权力平行,对之进行监督,并在必要时实施罢免权。列宁批判了资产阶级的议会制,各类掌握和行使权力的人一经选出,选民即失去了对他们的控制,因为人民没有随时罢免他们的权力。因此列宁强调社会主义应当"实行直接、彻底和立即见效的民主原则:实现罢免权。"③后来的苏联模式在监督问题上违背了列宁的思想,工农检查院不复存在,却创造了一种自上而下和"在我领导下,你可以监督我"的体制,对最高领导没有监督,"平行监督"体制更是荡然无存。有效监督的短缺由此产生。

高度集权、缺乏民主,又缺乏有效监督,造成了绝对的权力。绝对的权力没有控制、没有约束,导致滥用,于是内含了腐败的全部机制。先是表现为政治上的为所欲为,条件具备后即转向经济方面。大小错误接踵而至,且无法纠正:下级不敢纠正,人民群众无权纠正,最高领导者无法纠正。积重难返,公共权力的合法性于是逐渐丧失,为苏联的最终解体埋下了令人扼腕叹息的伏笔和祸根。

三、苏联模式表象上的普遍性

苏联模式曾一度被后来几乎所有的社会主义国家照搬和仿效,一时间,它成了社会主义的唯一形式,甚至成了社会主义制度本身,成了"社会主义"的同义语。产生这种表象上的普遍性的原因是多方面的。首先是出于对第一个社会主义国家——苏联的尊重和信赖,后来的社会主义国家乐意学习之。其次,除了苏联模式外,不存在其他任何社会主义的现成形式,这种一定历史条件下的唯一性,也使得后来的社会主义国家必然学习之。第三,后来的社会主义国家都在不同程度上接

---

① 《列宁全集》第三十三卷,人民出版社 1985 年第 2 版,第 106 页。
② 《列宁选集》第三卷,第 527～528 页。
③ 《列宁全集》第三十三卷,第 108 页。

受了苏联的援助,由苏联帮助,制定了经济社会发展战略与建设计划,特别是由苏军解放而建国的东欧诸国,更是依据"雅尔塔协定"属于苏联的势力范围,处在苏联的直接控制之下,这一切决定了必须学习苏联模式。第四,准确地说,苏联模式是一种"准战时体制"。它同经过艰苦的革命战争取得了胜利的社会主义国家在战时实行的体制相比,具有自然的相容性与衔接性,仿效照搬,顺理成章。东西方"冷战"的国际背景又鼓励和加剧了这种做法。第五,新生的社会主义国家,所面对的条件和面临的任务与苏联建立其模式时相似、类同,苏联模式在特定历史条件下取得的成效也支持并鼓励了各新生的社会主义国家照搬和仿效。第六,认识的局限性和片面性。对马克思、恩格斯、列宁光辉思想缺乏回溯、理解和发展的能力,迷信盲从,缺乏与发达国家的交往,这些都禁锢了新思想、新探索的产生与发展。可见,造成苏联模式表象上的普遍性的原因都是外在的、历史的,而非内在的、长期的。因此,苏联模式在本质上并不具有普遍性。

苏联模式解决了处在资本主义世界包围下一个或几个社会主义国家如何坚持下来的历史性课题,建立了伟大的历史功勋;但由于其自身内在的深刻缺陷,必然与日趋发展的科学社会主义事业不相适应。苏联模式终于迈向了改革的门槛。

第七章

社会主义的其他模式

第一节 南斯拉夫模式

一、南斯拉夫模式形成的背景与条件

南斯拉夫①模式产生于苏南关系的破裂。南共联盟领导人约瑟普·布罗兹·铁托长期以来不盲从苏联和共产国际,在革命斗争中坚持"走自己的道路",以至于在反法西斯战争中,苏联曾长时间承认流亡伦敦的南斯拉夫地主资产阶级政府,而与铁托领导的南共联盟、南斯拉夫人民军、南斯拉夫反法西斯人民解放委员会不相往来。直至美、英开始重视南人民军在反法西斯斗争中的重要作用并对其提供援助后,苏联才开始承认并援助南共联盟领导的军队和政府,至此,自 20 世纪 30 年代形成的苏南两党矛盾开始缓解并有所好转。南斯拉夫解放后,建立了无产阶级领导的人民政权,在经济体制方面立刻几乎照搬了苏联模式,包括工商业全民制、指令性计划、带有强制性的大规模全盘农业集体化运动等等。但很快南斯拉夫与苏联在一系列问题上产生了尖锐矛盾。

首先是领土问题。南斯拉夫与意大利两国对介于多瑙河与亚得里亚海之间的城市——的里雅斯特的归属一直存在争议。"一战"后,意

---

① 此处南斯拉夫指前南斯拉夫,包括塞尔维亚、黑山、马其顿、波斯尼亚-黑塞哥维那(简称波黑)、克罗地亚、斯洛文尼亚等 6 个加盟共和国。后南斯拉夫仅包括前二者,后四国已独立。

151

大利占领了它,并占领了南斯拉夫的城市萨拉,"二战"结束后,南要求意将其归还。但英国悄悄支持曾是法西斯轴心国之一的意大利,联合美国提出将该市及周边地区划分为甲、乙两区,甲区归英、美管辖,乙区交给南斯拉夫;并立即与苏联商议。苏在未与南商议、甚至未通报南的情况下,接受了这一方案,并签署了有关协议,使之成为一个国际性的条约。铁托在1945年5月28日的演说中痛斥这种大国霸权——"秘密外交"以第三国作筹码的行径。苏方认为,这是一种不友好的反击。

再次是苏南经济矛盾问题。南斯拉夫希望在战后的经济恢复中得到大量苏援,苏联也想密切与南的经济关系,从1946年8月起,双方就经济合作问题展开谈判。在谈判过程中,苏联企图对南斯拉夫的经济资源及原料实行垄断,提出了一些很不平等的条件,如建立联合公司开采南的石油,设立苏南联合银行、但由苏方独自经营等等。这一切实质上是企图将南置于苏的一个加盟共和国的地位,引起了南共联盟和南斯拉夫人民的愤懑。南正式向苏提出了意见,苏当然十分恼怒。

最后是外交问题。苏联如同对其他东欧国家一样,禁止南斯拉夫开展独立的外交活动。对南倡导的,与保加利亚、罗马尼亚联合成立社会主义巴尔干联邦国家的设想,更是怒不可遏,认为这是联合起来对付苏联的不可容忍的行径,遂强制召三国代表赴莫斯科,对其严加指责、批评,并迫使三国代表草签了一项在外交上有事须先与苏联协商的协议。

但南斯拉夫是一个依靠自己的力量赢得革命胜利的社会主义国家,对苏联的颐指气使并不买账,在行动中仍表现出很强的独立性,从而进一步激怒了苏联。于是苏联指使东欧"卫星国"先后在大众传媒上批判、指责、讨伐南斯拉夫。1948年3月苏撤走所有驻南的专家,停止对南的一切援助。同年6月,"苏东"①共产党情报局②作出"关于南共的决议",宣布将南共联盟开除出共产党情报局;紧接着又诬蔑南共联盟已成为"罪犯与奸细掌握的组织",诬蔑"铁托是帝国主义间谍"(日丹诺夫语)。至此,苏南冲突完全公开化,苏南关系彻底破裂。苏南关系破裂的实质,是南斯拉夫要保持独立和主权完整,而苏联则要侵犯南斯拉夫的独立和主权完整,责任完全在苏联一方。

苏南关系破裂后,南斯拉夫失去了坚持苏联模式的主客观条件:第一,南斯拉夫失去了苏联的援助与指导,也就失去了继续学习苏联模式的必要。第二,南斯拉夫与东欧各国关系基本破裂,对苏联模式的间接接受也不可能了。第三,南斯拉夫与"苏东"交流中断,失去了学习苏联模式的条件。第四,南斯拉夫在感情上也不愿

---

① 指苏联、东欧。
② 全称为"欧洲共产党及工人党情报局",是战后苏联为控制、协调东欧各党及国家而倡导建立的国际性组织,以部分替代"共产国际"的作用。

再接受苏联模式,决心另辟蹊径,走出自己的道路。第五,对苏联模式进行的理论上与实践上的反思,使南斯拉夫认识到苏联模式的某些内在缺陷和弊端,鼓舞并坚定了创立自己模式的信心和决心。南共联盟认为,苏联模式并不是最好的,更不是唯一的。第六,与西方交往的扩大,使南斯拉夫可以借鉴和利用某些因素与条件。这样一来,南斯拉夫开始走上了具有自身特色的社会主义道路。总之,并非源于内在原因(苏联模式的弊端在南斯拉夫还不可能充分显现)、而单纯迫于外在原因(苏南关系破裂)的南斯拉夫改革,却始料不及地首次触及到了苏联模式的内在缺陷,揭开了当代社会主义改革大业的序幕。

二、南斯拉夫模式的内容和特征

在试点的基础上,1950 年 6 月 26 日南斯拉夫联邦议会通过了《关于把国家经济企业和高级经济组织交给工人集体管理的基本法》(又称"工人自治法令"),标志着南斯拉夫彻底放弃苏联模式,开始创建自己的社会主义新型模式。在试点中,几百个企业建立了作为企业管理机构的工人委员会;在"基本法"通过后,所有企业都普遍建立起工人委员会。这构成南斯拉夫模式的历史的和逻辑的起点。南斯拉夫模式从政治角度概括,可称为自治型社会主义;从经济角度概括,布鲁斯称其为市场型社会主义。二者内在相关,互为条件与基础,其内容及特征包括:

1. 自治制度。其发展经历了三个阶段:第一阶段(1950~1964 年),称为"工人自治阶段",自治制度的确立遍及各企业。依据"基本法"规定,工人委员会是企业最高决策机构,它批准企业的基本计划和预决算;通过有关管理企业和企业计划执行的决定;通过企业独立支配的那部分利润和积累的分配决定,等等。实行生产资料社会所有制以后,国家不再是生产资料的占有主体,而是由社会将生产资料交给劳动者集体支配(通过工人委员会),企业享有独立的经营决策权。工人委员会下设管理委员会作为执行机构,企业经理不再由上级任命,而由工人民主选举产生,经工人管理委员会任命,并实行定期轮换制。经理不再是国家的代表,而成了劳动者集体利益的代表。此阶段的企业自治基本只限于工人管理简单再生产,扩大再生产的主要部分如投资基金等,仍由各级政府掌握。第二阶段(1964~1971年),称为"社会自治阶段",自治制度的确立遍及全社会。1964 年 12 月南共联盟召开八大,决定进一步发展自治关系,加强"非国家集权化"进程,社会自治随即产生。赋予企业扩大再生产的权力,"把积累转交给直接生产者"。除企业外,教育、文化、卫生、科技、艺术、社会保险等各方面的社会事业机构,均实行自治,其办法参照"基本法"。建立并发展社会政治共同体,即包括经济共同体的同时具有政治共同体因素的区域性共同体,劳动人民在共同体中行使宪法赋予的各项权力和其他社会事务管理的职能,以此淡化国家职能。第三阶段(1971 年以后),称为"联合自治阶段",自治发展到更高形态——联合劳动制度以及以此为基础的社会主义民主政治制度,南斯拉夫形成了全新的社会主义自治模式。社会化大生产以及分工和协作的迅速发展,要求企业实行广泛的联合;加强宏观经济的协调,建立并强化社会经济及其运行的整体性和内在比例性、均衡性,也要求各自治单位之间加强联系与协调。以上二者构成联合自治的动力。1971年南斯拉夫宪法修改草案提出应建立联合劳动形式;1974年南斯拉夫宪法将联合劳动作为新的社会经济—政治体制;1976年南斯拉夫联邦议会通过了《联合劳动法》,联合劳动自治模式得以确立。联合劳动制度变代表工人行使权力为工人自己行使权力,企业自主权建立在生产者直接民主权利的基础上,使劳动者真正成为支配联合劳动的投入与产出的决定性因素。换言之,即将企业—联合劳动组织的经营决策、运行管理,建立在劳动者直接民主制的基础上,从而使企业—联合劳动组织享有完全的独立性。这就是"劳动型企业"的发端①。联合促进了生产的集中与社会化,改变了宏观经济的分散运行状态。联合劳动制度图示如下:

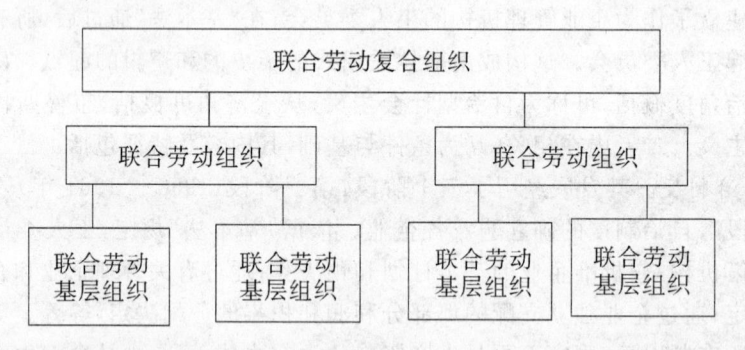

```
          联合劳动复合组织
         /              \
   联合劳动组织        联合劳动组织
    /      \            /      \
 联合劳动  联合劳动   联合劳动  联合劳动
 基层组织  基层组织   基层组织  基层组织
```

可见,联合劳动组织一般分为三级,其上下层次及平行层次之间,通过"自治协议"发生、并进行着联系。

2. 社会所有制。自治制度的经济基础是生产资料的社会所有制,这是一种既不同于苏联模式的全民制(国有制),也不同于苏联模式的集体制的一种新型社会主义公有制形式。劳动者与生产资料的直接结合是社会所有制的实质。南共联盟认为,在国有制下,企业领导人由上级任命,劳动者实际无权参与企业管理,处于受支配的地位,只能通过国家这一中介环节与生产资料间接结合。由于中介的存在,使其在结构框架上等同于马克思所期望消灭的传统所有制形式(即在劳动者与生产资料之间存在着生产资料的私有者),在实践中工人并不是真正的所有者。社

---

① 据西方企业经济学分类,企业可分为资产(资本)型企业、劳动型企业、行政型企业,并认为行政型企业因无独立性故不是现代意义上的企业。

所有制则承认,一切生产资料乃至资源,既是全体人民的公共财产,同时也是每个人的财产。南斯拉夫宪法肯定这种社会所有制是南斯拉夫公有制的基本形式(除此之外,南斯拉夫宪法也肯定集体制即合作性质的经济也是公有制的一种形式),但社会公有的生产资料直接归联合起来的即自治企业的劳动者管理,从而使公有制直接实现于每一个劳动者身上,使生产资料的所有权与使用权、管理权相统一。南斯拉夫经济学家、南共联盟主要领导人之一的卡德尔写道:"这样,公有制就不再是劳动者与国家这个社会生产资料的垄断者之间的关系,而成为劳动人民本身之间的关系,这是历史地产生马克思所指的那种公有制形式的道路,即实现生产资料与劳动者的直接结合。"[①]卡德尔认为,社会所有制意味着在劳动基础上的占有是唯一的占有形式,国家和社会保障并实现这种占有,因此这种占有是社会意义上的,而不同于劳动者集体范围内的集体所有,尽管它通过劳动者在联合劳动组织内的使用与管理来实现。社会所有可以使劳动者摆脱对任何中介的雇佣关系形式,从而实行劳动者的自治。自治则是社会所有制的必然的内在要求,构成社会所有制的实现形式和核心内容。南斯拉夫经济学家霍瓦特指出,自治的根本特点就是通过参与显示占有,它消灭了政治上和经济上的"决策垄断",劳动者成了企业和社会的主人,这正是科学社会主义意义上的真正的公有制。平等、效率、按劳分配等等,也必然随之成为"社会所有—自治制度"的自然要求、出发点和目标,因而成为社会主义经济的范畴。社会所有构成自治的基础,自治成为社会所有的实现(形式),二者互为表里,奠定了南斯拉夫模式的基础。

3. 市场经济。市场经济内涵于"社会所有—自治制度"之中。凡是自治的企业、自治的联合劳动组织和自治的各类社会组织,都享有完全的独立地位,成为独立的商品生产者,包括各类物质商品、精神商品、劳务商品和无形商品的生产者。它们彼此之间的联系,以及整个社会化大生产的内在协调和整合,只能通过市场机制来实现。于是市场就成为南斯拉夫经济运行的基本调控机制及利益动力机制。所有劳动者及其联合体(自治组织),平等地、自由地进入市场,实行等价交换,由此实现了劳动的社会化(市场化)和按劳分配,保障了社会所有,科学意义上的平等与效率并存,促进劳动得到承认,资源配置不断优化。

4. 废除指令性计划,实行社会计划体制。霍瓦特等经济学家认为,市场不应当是完全放任的,而应当与具有自我完善能力的社会计划相结合。所谓社会计划,就是给出社会经济总的发展方向、比例关系及管理方法,为各个经济单位提供未来经济发展和社会经济结构变化的蓝图,以便它们可以参照这一社会计划来制定自己的具体计划,扮演好各自的恰当角色。在计划方法上,必须依靠发达的信息系统

[①] 卡德尔:《公有制在当代社会主义实践中的矛盾》,三联书店1980年版,第31页。

和科学技术,提供准确的预测;在计划决策上,必须依据民主程序和民主方法;计划必须富于弹性,具有灵活性和适应性。早在1950年,南斯拉夫就取消了联邦计划委员会,废除行政集权的计划体制,代之以社会计划体制。社会计划体制的目的是达到逐步减少国家在经济方面的作用,扩大工人的管理自主权。宏观的社会计划只有指导意义,以此为参照的企业自主制定的计划才有操作意义。宏观计划对于企业的约束是弹性的,企业的自我计划约束才具有刚性。

5. 以市场价格为基础的价格管理体制。1950年后南斯拉夫废除了计划价格制度,改为由企业依据市场定价和国家宏观调控以保证市场稳定相结合的制度。当时,因资源条件限制,国家仍对部分产品价格实行直接控制。60年代南斯拉夫使国内市场价格与世界市场价格衔接,以世界市场价格作为国内产品价格的标准,以推动本国市场经济的发展,促使本国企业参与国际竞争,推进产业结构的升级换代。南斯拉夫下大力气使各类产品比价关系合理化、标准国际化,对价格的宏观调控用经济手段来进行,基本建立了类似于发达国家市场经济的价格管理体制。

6. 废除外贸外汇的国家垄断管理体制,企业独立自主地从事外贸活动,积极参与国际分工,开展国际竞争。对本币第纳尔采取现实汇率政策,即按其实际购买力确定其与外汇的兑换率。积极引进外资,颁布了"外国人投资法",提高了南斯拉夫经济的开放程度,使之大踏步与世界经济接轨。

7. 根据自愿原则调整农业集体化方针,允许农民自愿退出集体农庄。结果,"几乎所有的农民都退出了"(伊万诺维奇语)。这样,南斯拉夫农民就成了类似于苏联"新经济政策"时期的农民,个体生产,分散经营,通过市场与工业和整个社会生活发生联系。后来随着农业生产力的进步,并适应农业生产发展的要求,农民又自愿组成了相当数量的合作社形式的集体经济,并首创了"农工商联合体"形式。在商业、手工业中,这种自愿组成的集体经济也广泛存在,其公有性质得到南斯拉夫宪法的肯定。

8. 社会、集体两种公有制形式并存;此外,农业、商业、手工业中还存在大量的个体经济成分;积极引进外资,又产生了某些外资经济成分。南斯拉夫模式的所有制结构表现为以公有制为主体的多种经济成分即多种所有制并存的结构。

9. 在政治制度方面,实行代表团制,这是社会主义自治原则在政治上的体现。1974年南斯拉夫宪法规定,由劳动者及公民在基层组织中选出代表团,再由代表团推选代表参加各级议会。议会的日常行政事务由议会选出的执行委员会负责,议会制的目的是使公民直接管理社会事务。共和国议会和联邦议会也实行代表团制,其代表也由基层组织选出的代表团推选产生。南各级政府机构各自独立,对同级议会负责。联邦对地方不是领导关系,而是上级对下级的监督关系,但联邦执行委员会有采取临时措施的权力。南共联盟的组织、领导体制也与此类同。

三、南斯拉夫模式的理论依据

南斯拉夫模式的产生具有比较坚实和创新的理论思考。

首先,马列主义关于社会主义必将有丰富多彩的民族形式的科学预言,一直是南共联盟高举的一面旗帜。列宁说过:"一切民族都将走到社会主义,这是不可避免的。但是一切民族的走法却不完全一样。"① 社会主义强大的生命力正是体现在各类民族形式之中。南共联盟强调这一点,以此鼓舞自己将科学社会主义的普遍原理与本国的具体实践结合起来,开创自己的道路。

其次,马列主义关于社会主义公有制是与传统所有制彻底决裂,是劳动者与生产资料直接结合的新型所有制的观点,导致南斯拉夫对苏联国有制模式的质疑,并坚定了自己能够超越苏联、做得更好的决心。他们对公有制的涵义作出了不同于苏联模式的理解。卡德尔说,所有就是占有,问题只是在于是以什么方式、在什么样的基础上进行。公有制应是联合劳动者的自我占有形式并履行社会的职能,而不是去履行某个实际所有者所赋予的职能,它要求劳动者在联合劳动的基础上实行直接占有,并支配所占有的对象(生产资料)及其产品。公有制作为最终解放生产力的形式,其真正的本质在于克服了劳动同社会资本的异化,而必须使劳动与社会资本一体化。苏联模式的国有制仍然造成劳动者与生产资料的实际分离,国家机构作为实际所有者成了劳动者和生产资料二者之间的中介,劳动者只有通过这个中介才能与生产资料间接结合。这导致了国家机构对社会资本、经济决策和利润(剩余价值)等等的垄断,继续着劳动者与生产资料的分离和异化,劳动者与中介机构常常是对立的,源于中介机构异化出自身的局部利益,因而并不能实现马克思所讲的"由自由联合起来的社会的个人占有"的公有制实质。也就是说,在国有制模式下,生产资料属于一个抽象的集体名词(概念),公有制并不能实现在社会的所有个人的身上,这样的公有制对广大劳动者来说,只是一种"法权观念上的幻想"(恩格斯语)。所以,公有制的本质涵义与国有制并不吻合,而是与"社会所有—工人自治"相一致。卡德尔的上述观点得到铁托及全党的赞赏与支持,形成为南共联盟的基本纲领和一系列方针,并付诸于实践。

再次,马列主义关于社会主义是新型民主、新型国家的论述,一直是南共联盟行动的指南。他们认为这种"新型性"就是应体现在全社会劳动人民的直接民主上,包括经济民主和政治民主,任何代替或限制劳动者民主的做法都与马列主义上述"新型性"观点相去甚远。这种"新型性"还表现为一进入社会主义就开始了国家的逐渐消亡,这是一个国家权力分散化,逐步向社会权力转移即向社会分散、转移

---

① 《列宁全集》第二十三卷,人民出版社1958年版,第64~65页。

权力的过程,国家应渐渐地仅仅具有"立法、裁决、监督、公共行政、宏观实施和补充"等职能。自治就是国家开始消亡的形式,广大劳动者"进入管理"便意味着对国家集权的否定。所以,社会主义的新型民主、新型国家是与国家消亡的内涵直接联系的,它通过劳动者自治的形式得到体现。

最后,马克思主义关于社会主义社会产品收入分配的理论。南共联盟认为,分配的形式及实质是对所有权的实现,它由所有制决定,这是马克思、恩格斯的一贯的基本观点。社会主义生产资料归全社会劳动者直接所有、占有,他们用自己的资本为自己劳动,因此,他们必然相应地占有并有权支配自己的产品,这就是说,对个人消费品必须实行按劳分配。但是因为马克思在《哥达纲领批判》中所描述的那些情况还客观存在,为了保证整个社会主义社会的发展,仍然必须有公共积累和公共消费,包括企业、社会的积累与消费,因此,劳动者、企业都应当通过上缴利润、完成税收等形式,对社会承担应尽的义务,此外,企业也应拥有专项收入用于企业的积累和消费。但分配的实现应通过与社会所有制相吻合的劳动者参与的民主过程来进行,而且与市场—货币相联系,即分配的对象是经过市场实现了的劳动,并采用货币的形式。

上述理论认识,为南斯拉夫模式的创建明确了方向,奠定了基础。

四、对南斯拉夫模式的评价

南斯拉夫模式否定了苏联模式高度集权的管理体制和管理方法,以广泛赋予和充分肯定广大劳动者的经济民主和政治民主的一整套具体制度和做法,广泛调动了人民群众的积极性,开创了社会主义事业的新局面,取得了丰硕的成果:①向全世界展示了社会主义的多样性,走出了不同于苏联模式的新道路,成就卓然,令人瞩目。②将公有制—自治—经济—政治—民主,有机结合为一个整体,深化了社会主义的本质显现,弥合了苏联模式的缺陷与不足。由此不难理解,南斯拉夫是唯一没有发生过政治清洗运动及阶级斗争扩大化以致造成大量"冤假错"案的社会主义国家。③从1953年到1963年的10年中,南斯拉夫经济的发展速度达到了世界最高水平,工业年均增长13.8%,国民收入增长了1倍。至1980年,南斯拉夫农业比改革前增长了近4倍,人均国民收入达2 200美元,居当年世界排序第34位。巴尔干半岛上的一个落后的农业国终于变成了一个中等发达程度的国家。④首次向全世界揭示了市场经济与社会主义、与公有制的相容性,揭示了市场经济与社会主义公有制的结合极其有利于生产力的发展。⑤南斯拉夫不畏霸权走独立道路的行动,鼓舞了世界各国人民,使中小国家普遍认识到了自身的价值和力量。在南斯拉夫(铁托)与印度(尼赫鲁)的倡导下,诞生了影响深远的"不结盟运动",成为改变不合理的国际经济、政治格局的一个重要因素,同时也为南斯拉夫赢得了崇高的国际声誉。

但南斯拉夫模式也蕴涵了许多内在的弊端,令人警醒:①由于一味强调民主,对于曾出现的米洛万·吉拉斯否定社会主义的理论,亚历山德尔·兰科维奇等人助长民族主义的倾向,以及克罗地亚某些领导人的分裂主义行为等等,未能给予及时而有力的反击。这就为后来南斯拉夫的解体埋下了隐患。②在实行自治的同时,过分强调"非国家集权化",导致经济生活中分散主义盛行,市场自发作用严重,投资规模失控,宏观经济缺乏整合协调性,为经济恶化埋下了伏笔。③在市场经济条件下,未能很好地控制通货膨胀。在卡德尔和铁托相继去世后,恶性通货膨胀开始,人民不满,生产下降,又反过来刺激进一步的恶性通货膨胀,二者交相作用,终于导致南斯拉夫的经济崩溃,并由经济危机诱发了政治危机。④在一个多民族国家里,实行市场经济、民主政治,从而形成经济、政治权力分散的局面。在此条件下,如何维系民族的团结、国家的统一?对于这个重大问题,南斯拉夫始终未加以重视,更谈不上很好地加以解决。一旦经济状况恶化,地方与中央之间即加盟共和国与联邦之间,以及各民族之间的矛盾便不可避免地加剧,终于不可调和,导致南斯拉夫的解体。

第二节　匈牙利模式

一、匈牙利模式产生的背景与理论准备

匈牙利是由苏军消灭了德、匈法西斯军队而解放的国家。匈党领导人跟随苏军进入布达佩斯,执掌了全国政权,从此,社会主义的匈牙利对苏联亦步亦趋,一切照搬苏联模式。但匈牙利毕竟只是东南欧的一个小国,国情同苏联大不相同,一切效仿苏联模式必然违背国情;加上苏联对匈牙利所采取的大国霸权主义式的控制与索取,使战后匈牙利经济状况迅速恶化。匈党领导人拉科西·马加什不是积极寻找解决办法,而是采用政治高压手段压制矛盾,镇压不满,导致匈牙利政治矛盾和社会冲突激化。1956 年 7 月在苏联的干预下,拉科西辞职,由卡达尔·亚诺什接任党的总书记。卡达尔是一位头脑清醒的领导人,他随即提出了改革的主张。但拉科西时期积压的经济、政治矛盾酿成了 10 月的"匈牙利事件",推迟了改革的

实施。10月匈牙利事件起因于人民群众对拉科西的强烈不满和对改革的迫切要求,但后来在西方帝国主义和国内敌对势力的插手和捣乱下,群众运动逐步失控,最后演变成为一场动乱和悲剧。混乱结束以后,通过重建各级党和政府的组织,并经过较长时间的恢复和调整,卡达尔巩固了自己的政治领导,重新确立了社会的有序性。20世纪60年代初,他再次将改革提上议事日程。1962年11月匈党召开八大,卡达尔宣布,大规模阶级冲突的时期在匈牙利已经结束,党的工作重心开始转入经济建设。随后组建了由各方面专家参加组成的专家委员会,研讨匈牙利的经济建设和改革。1964年卡达尔的经济顾问涅尔什公开提出进行经济体制改革的建议。匈党中央于同年9月成立了经济体制改革委员会。此后,该委员会从理论和实践两个方面作了深入细致的准备工作,例如:认真考察东欧和苏联的经验教训,结合本国情况提出了改革的方向、原则和具体的设想;努力统一全党的认识,尽可能减少改革的阻力;大量培训中上层干部,举办企业领导人参加的训练班;在部分企业和地区进行改革试点,以便积累经验,等等。

匈牙利改革源于拉科西时期的体制所显露出来的深刻的内在缺陷,而这个体制实质上就是照抄照搬的苏联模式,因此,匈牙利改革的理论准备异常充分。涅尔什深刻分析了原有体制的弊端,尖锐地指出,在这种体制下劳动者不能很好地参与决策,企业缺乏自主权,社会主义的基本原则未能充分实现。他进而提出了成功进行经济体制改革所必需的条件:坚强的政治基础,配套的社会全面改革,政府机构的改革与职能转换,推行厂长经理负责制和严格监督考核制。他还提出,苏联模式将计划与市场对立起来是错误的,社会主义经济不应当排斥商品货币关系,而应当将计划与市场结合起来。这种结合可行并成功的条件包括:公有制居于主导地位,企业具有相对独立的权限,市场平衡要有最低限度的保障,即有一个适度的"买方市场",计划依据市场来制定,并可以对计划进行动态调整与平衡,完善宏观调控系统。他强调,改革成功的关键是政府机构的精简及其职能的转换,因为经济体制改革说到底是改变国家政府管理经济的体制与方式,这就必然取决于政府体制(即行政体制)的改变与职能转换。

经济学家里斯卡则提出了社会主义的承包经营思想。他认为应当以承包者之间的市场竞争来确定承包经营者,承包经营者对社会资产的计划市场价值负有严格的责任和义务(如保证其增殖、赢利等等),同时享有权利。他认为承包经营是使企业获得相对独立的权益和地位,并能将计划与市场有机结合起来的有效形式,同时还是实现马克思所讲的公有制的有效形式。奇柯什则提醒人们警惕改革当中出现与新的体制不相衔接的"真空地带",从而导致经济秩序混乱的危险状况,并据此提出了对价格体系逐步过渡、渐进改革的思想。

经济学家亚诺什·科尔奈则从对经济短缺现象的分析入手,深入揭示了苏联模式导致的资源配置失衡给社会经济增长带来的损害。他将短缺描绘成传统的苏联模式下正常的经济现象,并将其分为四种类型:企业内部资源配置短缺;买卖双方横向短缺;宏观资源配置的上下垂直短缺;以及造成这一切的根源——社会生产能力的短缺。社会生产能力为什么短缺,即为什么不能充分满足需求并缺乏效益?他认为是因为传统模式的软预算约束所造成的。预算约束要求量入为出,实际支出应以现实财务状况和预期财务状况为基础。但高于企业收入的支出若可由其他机构承担或外界资金支援,其预算约束边界就必然充满弹性而软化,而传统模式下一切收入交给国家、一切支出再由国家包下来的做法,恰恰导致这种情况。它表现为:软行政价格,软税收(缴利),软补贴,软信贷,以及条件不断放松的外部投资。在这种情况下,企业就不会加强核算,追求效益,追求技术进步,最终导致企业生产乃至整个社会生产力发展的迟缓与停滞。他将传统模式下的经济名之为"短缺经济"。因此,实行模式转换的改革是克服短缺的根本途径,改革的目标模式应是有宏观控制的市场协调体制,改革及其措施必须全面、配套。

1966年5月匈党中央扩大会议通过了《关于经济体制改革的指导原则》的决议,提出:①改革的经济目的是巩固和发展社会主义的两种公有制形式,即全民所有制和集体所有制,加强社会经济发展的计划性,并发挥市场竞争和各类经济调节杠杆的作用,保证国家宏观经济控制的有效性,促进社会生产力进步,提高人民的物质和文化生活水平。②改革的关键在于把国民经济有计划按比例的发展与商品货币关系—市场的作用有机结合起来,在坚持计划作用的同时,为企业之间展开市场竞争、实施市场调节提供更大的空间和余地。③改革的政治目的是发展社会主义的各种社会民主制度。同次会议还通过了《关于经济体制改革的决议》,决定从1968年元旦起,在全国展开全面的经济体制改革。在作出决定和开始实施之间留下1年半的时间间隔,主要是用来为改革作各方面包括物质条件方面的准备工作。

二、匈牙利模式的内容与特征

匈牙利1968年开始的经济改革,最终创立了匈牙利模式。布鲁斯称匈牙利模式为计划和市场相结合的新型社会主义经济体制。它的内容和特征包括:

1. 充分肯定并发展全民制和集体制两种形式的公有制。匈牙利注意使集体制享有充分的自主权,真正做到集体制化。① 而不像苏联模式那样将其视为公有制的低级形式,将其作为全民制的附庸和衍生物,并在相当程度上由国家控制。匈牙利明确肯定两种公有制都是社会主义经济的主体。

2. 在公有制为主体的前提下,在商业、手工业和部分农业领域,允许个体经济

---

① 匈牙利的集体制主要存在于农业、手工业领域,采取合作社等合作经济形式。

的存在和有限的发展,以活跃市场,满足人民群众的生活要求,方便消费者。匈牙利将个体经济确定为社会主义经济的补充。

3. 将计划与市场相结合,大力发展商品货币关系,但坚持把计划置于首要的和控制的地位。匈牙利认为发挥市场作用不是要取消计划,而是为了充分发挥计划的效率,使整个国民经济微观充满活力和动力,宏观则有控制并不断取得整体经济的进步。也就是说,运用市场机制和各种经济杠杆来促进计划的实现,消除传统的计划与市场的对立,使计划富于弹性而不致僵化,使市场富于活力而不致失控。

4. 实施指导性计划体制,这是将计划与市场有机结合的有效形式,也是匈牙利改革的最大特色与创新。所谓指导性计划,就是运用各种市场机制基础上的经济杠杆,以利益诱导企业行为所实现的计划。它将国家目标与企业利益有机结合起来,变对企业的指令性驱动为利益性驱动,充分调动了企业的积极性,并以此为基础,保证国家计划和利益的实现。指导性计划体制的具体做法是:由国家制定五年计划和年度计划,规定经济发展的主要目标和比例;计划由国家计划局、经济部门和企业通过自上而下、自下而上反复协商的办法制定;中央保留对国民经济主要发展方向和主要比例关系及信贷总量的控制权力;取消国家给企业下达的指令性计划指标,企业可根据国家计划制定各自的相适应计划;国家运用各种经济杠杆驱动企业计划与国家计划要求相符合,并将资源的统一行政性配置改为通过市场交换来配置;国家通过调控市场诱导企业行为和企业计划;国家投资实行"拨改贷"。

5. 指导性计划体制发挥作用的前提,是企业具有相对独立的权益;否则,根本谈不到经济杠杆的作用和经济利益的诱导与驱动,谈不到企业在此作用与诱导和驱动下的自主决策、自主行为。因此,匈牙利模式将原属国家的大量经营管理权限下放给企业,使企业享有很大的自主权,做到:宏观经济决策权在国家,微观经济决策权基本放给企业;新增项目扩大再生产的决策权在国家,简单再生产和企业内扩大再生产的决策权放给企业;分配权国家控制多一些,以利于整体利益的平衡,生产用工权则基本放给企业。

6. 为了充分发挥市场机制作用和发展商品货币关系,切实改革价格管理体制。匈牙利以实施固定价格、有限制价格、自由价格等三种价格并存的灵活价格体制为开端,逐步过渡到单一计划市场价格,20世纪80年代已开始与国际价格体系接轨。在价格逐步放开、最终实现市场化的同时,国家运用各类经济手段及一定的行政手段,调控价格整体水平,以防止市场出现过大的波动。

7. 改革经济组织管理机构和制度,撤销、合并了某些经济行政管理部门,转换了某些部门的职能。匈牙利称之为"组织机构改革"。20世纪80年代中期,政府的经济行政管理部门已由17个减为13个。在条块关系上,大型骨干企业集中于条条,其余则分散于块块,条块的沟通协调问题,通过地方议会与中央有关部门的联席会议及时加以解决和处理。为了加强对外经济交往与合作,1980年成立了国家经济委员会,以统一协调计划的执行和指导国家对外经济关系。

8. 改革农业管理体制。扩大农业企业的生产经营自主权,发挥市场机制的调节作用;改革农业生产的组织形式,建立了几种新型的农业生产组织,如农工联合企业、农工联合体、农业的工业化生产体系等,几乎所有国营农场和合作社都参加了这些组织。

9. 改革分配制度。国家只控制各行业的工资总量,工人的具体收入水平由各企业根据自身经济效益的好坏及劳动者的贡献自行决定。

10. 在全民和集体经济中推行多种形式的经营方式,包括合同承包制、出租经营制、经理承包责任制等等。但全民制仍采用国有制形式。

11. 改革政治体制,实行联盟政策,改善了党的领导。主要措施包括:党和政府通过爱国人民阵线这一组织形式团结和协调各种社会力量;加强对工会的领导,充分发挥工会的作用;改进议会选举制度,实行直接民主制;加强法制,强化监督;改进干部政策和知识分子政策,要求领导干部必须"政治上合格,通晓业务,有领导才干";对知识分子采取信任和尊重的态度,等等。

三、对匈牙利模式的评价

匈牙利改革发生在内乱之后,并始终处于苏联的严密监视之下,环境较为苛刻,步履维艰,但匈牙利坚持改革,精心设计,扎实推进,终于诞生了匈牙利模式,取得了令世人瞩目的成就:①1968~1978年,国民收入年均增长率接近6%,工业生产年均增长率为6.4%左右,超过了同属于"苏东"阵营的其他国家。1980年匈牙利人均国民收入达2 400美元,居当年世界排序第32位。农业增长也十分显著,主要农作物单位面积产量一度居于欧洲前列。②首创指导性计划这一全新的经济管理调控方式,将市场的弹性与计划的刚性结合起来,既保证了经济活力,又实现了有效控制。指导性计划成为匈牙利改革僵化体制的最佳突破口,启发了几乎所有后来搞改革的社会主义国家,并为其最终迈向商品-市场经济,提供了一条具有平滑性、衔接良好的通道。③有准备、有设计、稳步渐进的改革战略,增强了改革的可行性,构造了改革进程的非可逆性。④实施政治行政体制的配套改革,既显示了改革的全面协调性,又符合改革内在整体性的客观要求。⑤将改革目标指向发展社会生产力和提高人民生活水平,为改革赢得了最广泛最坚实的社会基础。1967~1978年,职工年人均实际工资增长率为3.2%。匈牙利模式的创新性以及它的一系列做法与成就,为社会主义改革事业提供了有益的借鉴。

但是匈牙利模式也存在着一系列问题,有的甚至较为严重:①行政控制削弱后,有效的宏观调控体系迟迟不能确立,长期摆动于传统体制和市场体制之间,经济学家奇柯什所担心的"真空地带"果然出现,增加了经济运行的无序和失控。②国有企业形成对市场与政府的双重依赖,即被双重力量所左右,往往不能有机地协调这二者的关系,也未能探索和确立相应的协调体系与机制。③卖方市场长期居于主导地位,造成物价上涨,竞争弱化,效益低下。④企业的投资决策权过小,特别是在新建项目方面,因此争项目的情况及其软约束依然存在,造成全国范围内投资的周期性波动。⑤产业及生产结构的变化和发展较为缓慢,效益低下的企业比重长期降不下来。上述诸多状况,致使匈牙利虽在"苏东"集团内经济发展算得上是佼佼者,但在更大范围内的横向比较中则又显得落后,特别是同芬兰等欧洲类似国家比较,更是如此。"二战"前,匈牙利的整体发展水平略高于芬兰,至 20 世纪 80 年代末,其国民生产总值却只有芬兰的 1/5。这种状况造成匈牙利党内意见分歧,矛盾加剧,波及到整个社会,再加上苏联戈尔巴乔夫改革失控的影响,最终导致匈牙利转向了民主社会主义的发展方向。1989 年匈牙利党代表大会通过了将社会主义工人党改名为社会党的决议,并将民主社会主义的许多原则奉为党的纲领;紧接着匈牙利国民议会通过宪法修正案,将匈牙利人民共和国改名为匈牙利共和国,表示要"同时体现资产阶级民主和社会主义民主的价值"。不过,与苏联和其他东欧国家不同的是,改了名的社会党一直是匈牙利的执政党,这是否可以看作是匈牙利模式部分成功的折射?

第三节　改良的"苏东"模式

一、当代社会主义的三次改革浪潮

20 世纪 50 年代初,纯粹由于外部因素的作用,南斯拉夫首先开始了对传统苏联模式的挑战,并由表及里地揭示出了苏联模式一系列深刻的缺陷。与此同时,由苏联模式的内在缺陷所形成的问题与矛盾,也在苏联及东欧各国日积月累、逐年加剧,给社会主义事业的继续发展造成了阻碍。历史已要求扬弃这一模式。1956 年 2 月苏共二十大召开,尼基塔·谢尔盖耶维奇·赫鲁晓夫在正式报告中提出了改革的要求和初步设想,又在"秘密报告"中以前所未闻的具体事例,揭露了传统模式的阴暗面和斯大林在破坏党内民主及社会主义民主与法制方面的严重错误,为改革注入了巨大的动力。加上南斯拉夫改革已取得的阶段性成果对东欧各国产生了强烈影响,社会主义改革的第一次浪潮终于崛起,风靡整个"苏东"。但因为缺乏准备,没有设计,一拥而上,大哄大闹,加上西方和内部敌对势力的破坏,很快酿成诸多事变,如1956年的波兰事件、匈牙利事件等,并导致东西方"冷战"加剧,恶化了改革的国际环境。此后,"苏东"各国大多改用调整来取代改革,忙于解决国内紧迫问题以稳定局势,最终以赫鲁晓夫的下台结束了改革的第一次浪潮。南斯拉夫模式可以看作是这次改革浪潮的仅存硕果。

20世纪60年代后半期,因传统苏联模式的内在缺陷及其所造成的问题和矛盾仍然存在并继续加剧,迫使"苏东"各国对其进行反思并回溯改革。匈牙利、捷克斯洛伐克等国的理论界率先对苏联模式提出批评,有理有据地揭示其对经济增长的阻碍作用,要求改革的呼声日益高涨。吸取第一次改革浪潮失败的教训,它们对改革进行了审慎的设计,有计划、有步骤地渐进推开。迫于经济落后,群众生活长期得不到明显改善,以及军备竞赛、经济增长等方面的压力,苏联勃列日涅夫领导集团不仅允诺了匈牙利、捷克斯洛伐克的改革,而且提出了苏联实行新经济体制的设想。除阿尔巴尼亚以外,东欧诸国风起响应,纷纷推出各自的经济体制改革计划,社会主义第二次改革浪潮终于大潮迭起。"苏东"各国都程度不同地导入市场机制,削弱指令性计划,重视发挥商品货币关系的作用。经济的松动带来了政治环境的宽松,改革迅速向政治领域扩展;而政治领域的改革又最难把握、最易失控,并在某些情况下容易被西方和国内敌对势力所利用。1968年8月以苏军为首的华沙条约国军队入侵捷克斯洛伐克,终止了名为"布拉格之春"的政治改革。此后,东欧各国在苏联的干预下,停止了政治改革,经济改革也放慢步伐,甚至停滞倒退。苏联自身也是这样,又一次以有限的调整取代了改革。当代社会主义第二次改革浪潮的仅存硕果在匈牙利,该国精心设计,全面准备,渐进改革,并委婉地处理对苏关系,终于获得成功,产生了匈牙利模式。

在中国,1966～1976年"文化大革命"十年内乱,将传统模式的弊端彻底暴露,并使经济濒于崩溃的边缘,1978年底中共十一届三中全会作出以经济建设为中心、进行改革开放的英明决策,掀起了当代社会主义改革的第三次浪潮。由于中国共产党的领导坚强有力,改革方案切实可行,目标模式明确坚定,对改革中所发生问题的处理及时妥善,中国的社会主义改革事业取得了举世瞩目的业绩。然而,先后卷入这次浪潮的苏联东欧各国,却因路线方针的决策失误或具体实施的操作不当,终使改革失控,走向了解体、易帜的可悲结局。但悲剧发生的责任决不在于改革,而恰恰在于改革的滞后与失误。

二、改良的"苏东"模式的内容与特征

在当代社会主义的第一、二次改革浪潮以及其后的调整中,除上述获得成功的南斯拉夫、匈牙利以及拒不改革、坚守斯大林模式的阿尔巴尼亚以外,"苏东"各国都对旧模式作出了一定程度的松动,导入了某些新模式的因素和机制,两者结合,导致了传统苏联模式的变形和改良。学术界称之为"改良的苏东模式"。顾名思义,这是在传统苏联模式基础上实行的部分变革,而这种变革尚不足以彻底转换旧模式;新旧两种体制因素的结合是以旧模式为基础框架的,这种结合远非协调、很不完善,某些新体制因素甚至是强制性植入,遭到了旧模式框架的"异体排斥"。改良的"苏东"模式具有以下基本内容和特征:

1. 所有制结构。基本结构仍然是单一的公有制,包括全民制和集体制两种形式,全民制依然采用国有制形式并在相当程度上依然国营,但在扩大两种公有制经济成分的自主权方面,采取了某些积极的措施。仅仅在商业、手工业、农业、运输业等领域的有限空间内,允许个体经济的部分恢复和发展,但在本质上仍将其视为社会主义经济的异己力量。例如捷克斯洛伐克胡萨克时期、东德诺沃提尼时期、苏联勃列日涅夫时期的改革,都是这样。他们从未认识到,允许非公有经济成分存在,是由生产力发展水平不高所决定的;也从未认识到,在确保公有制主体地位的前提下,承认并发展非公有经济成分是有利于社会主义事业的;因而仅仅把允许个体经济的存在和有限发展看成是权宜之计。

2. 计划管理体制。一般都坚持指令性计划体制,但削减一定数额的指标,并使之不那么刚性化。如苏联勃列日涅夫时期的改革,就要求"在国家计划经济体制不变的情况下削减对企业的计划指标,使计划工作既能控制住最重要的基本的经济指标而又使企业的生产潜力具有自主发挥的余地",从而调动企业的积极性。在实际操作中,就是使所下的指标低于企业的生产能力,让企业在完成这一低指标以后,还有能力生产一些计划外的产品,自主地进入市场交换,以增加企业及职工的物质利益。

3. 发挥市场和商品货币关系的作用。但是这种作用有效的空间仅仅是计划预留下来的空间,包括计划管不到的小商品,以及不影响国计民生的次要领域;在计划控制的范围内,则不允许以市场调节来冲击。说到底,改良的"苏东"模式既想利用市场—商品货币关系的利益动力机制,又认为它们本质上并非社会主义的经济范畴。与斯大林模式不同的是,改良模式承认市场和商品货币关系的长期作用,并主动为其留下作用空间,而不是急于限制它、消灭它。

4. 条块关系。将体制改革理解为条块之间的权力转移,结果在条块之间打转转,没有突破与创新。如赫鲁晓夫改革时,将管理企业的权力下放到地方(块块),

以地方政府为中心组建企业管理体制。列昂尼德·伊里奇·勃列日涅夫则强调部门(条条)领导的管理体制,同时兼顾地区(块块),其实是恢复到赫鲁晓夫改革之前的状态,但也名之为"改革",实际上是对改革的改革。但在这两次变换中,企业都被赋予了一定的产供销、人财物的自主权,无论是块块为主还是条条为主的控制,都被要求减少管理的中间层次,因而对企业的控制都没有僵化模式那么严格。

5. 重视物质刺激,强调发挥奖金、福利的激励作用。

6. 加强企业的经济核算,并以行政性的资源和利益的分配约束之。但也正因为此,企业仍然是软核算,企业所获资源和利益的多少仍然取决于上下级关系。这就导致企业继续依赖政府,并认为与政府打交道的成本要比与市场打交道的成本低得多。

7. 价格体系。以行政性价格为主、市场价格为辅,大部分价格仍由行政计划部门决定,并不能反映真实的成本和供求关系。

8. 流通体制。少渠道、多环节、封闭式的流通状况并未得到根本改观;尽管发展了某些非公有制商业成分,但一是数量极其有限,二是其供货与价格仍受到国营商业和国家行政部门的控制。

9. 农业管理体制。改革了农业管理体制,赋予集体农庄、国营农场以一定的生产和管理自主权,提高了农产品收购价,但主要农产品的生产指标仍然由国家下达,集体农庄和国营农场必须完成这些指标,且农产品收购价仍然远不能反映实际市场价格。

10. 政治体制。都从斯大林的错误中吸取经验教训,重视并加强民主法制建设,改善党的领导机构和干部结构。但权力高度集中、党政职能不分、干部人事制度封闭垄断、权力缺乏监督、党和国家及广大人民群众民主生活严重不足等弊端,未有根本改善。如勃列日涅夫时期制定的1977年苏联宪法,明显扩大了苏维埃的权限;规定苏维埃常设委员会的职能是预先研究和分析提交苏维埃会议讨论决定的问题,对苏维埃执行机关(即政府)的活动进行监督;健全改进了苏维埃选举制度。据此,苏维埃的作用确实得到了某些发挥,起到了缓解社会矛盾的作用。但勃列日涅夫仍兼任最高苏维埃主席团主席,集大权于一身,缺乏有效的监督机制,党和国家政治生活中产生了某些新的不正常现象,因而苏维埃并不能真正履行和发挥自身作为国家最高的权力机构和立法机构的职能与作用。

三、对"苏东"解体、易帜的分析

"苏东"的解体与改变旗帜(除南斯拉夫、匈牙利乃为环境所迫并被裹挟之外),教训沉痛,原因众多。

首先,旧体制的严重弊端所导致的错误和积累的问题与矛盾,导致人民群众的强烈不满。这些错误和积累的问题与矛盾,有的造成无法挽回的损失,如人被杀害再也不能复生,有的长期得不到纠正和解决,从而更激化了社会矛盾,加剧了群众的不满。积蓄既久,其发必速。最典型的例子是阿尔巴尼亚,在社会主义的多次改革浪潮中,它守旧不变,还"唯我独革"地指责别人是"修正主义"、"机会主义"、"叛徒"等等,结果垮于一旦。改良的"苏东"模式也未能彻底解决旧体制的严重弊端,积累了大量的问题与矛盾,具体表现为:①民主与法制的破坏,导致党和政府严重脱离人民群众,人民群众缺乏表达自己意愿的载体和渠道,社会缺乏"安全阀"机制,使得社会不安定能量不断积聚,一旦宣泄出来就不可收拾。②集权模式处理民族问题所造成的偏差与极端,激化了民族矛盾,而苏联东欧又是一个多民族、多宗教的极其复杂的地区,民族和宗教矛盾的激化必然是致命性的。③旧体制阻碍了社会生产力的进步,造成经济发展的缓慢甚至停滞,牺牲了人民群众的物质生活,诱发了人民群众的对立情绪。④苏联长期以来对东欧主权国家的控制干涉和事事强加于人的霸道作风,也使东欧各国及其人民群众积怨甚久。

综上所述,"苏东"解体、易帜的根本原因是其传统体制的深刻缺陷。传统经济体制构成传统政治体制的基础,传统政治体制又固化传统经济体制或阻滞传统经济体制的变革,二者交互作用,形成恶性循环,上述具体问题均产生于此。尤其对其传统政治体制的负面作用不能低估。自20世纪50～60年代以来,苏东各国都出于发展社会生产力的需要,先后提出了改革经济体制的要求与方案,但大都未对政治体制的变革作出设计,甚至根本无所涉及,幻想将新型经济体制与传统政治体制嫁接在一起。这本身就违背历史唯物主义经济—政治相互关系的科学原理。斯大林模式实行了集权主义的国家政治体制,由此派生了个人集权制、领导职务终身制、指定接班人制、党政不分制、干部等级授职任命制、党政官僚特权制,使得社会主义的民主共和制度走形变样。相应地,斯大林模式在党的领导体制上实行了总书记个人集权制、总书记职务终身制、总书记指定接班人制、政治局权力中心制、监督委员会隶属制(非"平行制")、取缔党内不同意见制,导致无产阶级政党走形变样。[①] 这些政治体制方面与社会主义格格不入的形式与实践,形成强有力的集中控制,迫使社会经济运行服从于它的稳定与巩固,而不论经济条件及规律如何,终致社会生产力的迟滞。这种体制所产生的少数公共权力掌握者和行使者的巨大既得利益,使其不思进取,或在变革其他方面体制时,预置要求其服从政治体制的先决条件,终致改革夭折。"苏东"诸国大多为此状况。这种状况必致个人错误(列宁讲,不犯错误的人是从来没有的,况且此体制还诱发错误),并将个人错误衍化、酿成全党全国的悲剧。毋庸赘言,"苏东"解体、易帜的根子在米哈伊尔·谢尔盖耶维

---

① 参见高放:"苏联的社会主义改革是否必然失败",《社会科学研究》,1999年第6期。

奇·戈尔巴乔夫。但戈氏个人能起如此巨大作用,根子仍在传统的集权体制。具有讽刺意味的是,传统集权体制本来是为了巩固"苏东"国家的,结果却成了促其解体的祸根,真是历史的"否定之否定"。如果苏共真正是一个强大的有正常党内民主的马列主义政党,苏联是一个民主法制健全的社会主义国家,当戈尔巴乔夫的路线及实践有可能威胁党和国家的根本利益时,完全可以通过正常的程序与之辩论,并对之监督直至将其罢免。但由于集权体制缺乏民主与监督,各级党政组织及干部完全盲目地下级服从上级,全党服从最高领导(名之为中央,实际上无产阶级政党的最高权力机构应为党的代表大会),终于对戈氏无能为力、也无可奈何。尽管苏共在1991年时还拥有近1 500万党员,但因为缺乏民主,缺乏权力监督,因而没有生气,没有活力,脱离人民,腐败丛生,对戈氏所为也无所作为,束手待毙。所以将"苏东"败亡归之于个人也许是不公平的。个人集权制及官僚特权制(此既得利益的约束使其更加服从于个人,从而强化了个人集权),从巩固社会主义政权的目的出发,到走向酿成"苏东""自尽"的苦果,可谓是历史的辩证法。个中教训,令人警醒。

其次,对科学社会主义学说的片面理解及实践,是导致"苏东"解体、易帜的又一原因和教训。上述将传统政治、经济体制片面割裂,追求经济体制片面改革,追求生产力片面发展而忽视政治发展,尤其忽视社会主义民主与监督的发展及其法制化,即为突出之例。这种片面性还体现为:①不顾国情,照搬某些理论(尽管在其他国家被实践证明是成功的理论),并使之教条化。如东欧各国大量照搬苏联的理论与做法,不能将马列主义的普遍原理与本国的国情结合起来,离开具体国情条件去追求社会主义事业,必定使其脱离实际、抽象化、概念化,最后因与客观规律相悖而归于失败。②不顾落后国家实际,片面提出超阶段的目标和任务。名之曰跨越资本主义的"卡夫丁峡谷"。马克思这一杰出设想的本意是:落后国家在客观条件具备时,可以不必经过资本主义的成熟阶段而进入更高级的社会形态;但同时,这一更高级社会形态的实现却要有赖于社会生产力的更高度发展。高度社会化大生产的生产力水平是不可超越的。列宁的帝国主义时代比较落后国家的一国或几国社会主义革命首先胜利论,已发展了此思想,十月革命的实践也证实了此学说。但同时,遵循马克思的逻辑,列宁在十月革命后强调,俄国面临着比发达国家更加紧迫的发展社会生产力的任务。超过资本主义的劳动生产率,归根结底是社会主义事业胜利的最终保障。马列主义这一光辉思想在后来的实践中被片面理解为可以脱离现实条件去发展生产力,可以脱离生产力的基础去发展生产关系,甚至去构建新的社会形态。实施一系列错误的赶超发展战略的典型例子正产生于苏联:赫鲁晓夫宣布苏联正在加速共产主义的建设步伐;勃列日涅夫则宣布苏联已经进入了"发达的社会主义社会",其结果是政策、目标、口号脱离实际,要么不能付诸实施;

要么劳民伤财,招致人民怨愤;要么不能兑现,贻笑大方。③片面理解生产力的发展。20世纪60~70年代以来,"苏东"诸国均已将生产力发展作为党和国家工作的中心,但一不能彻底变革僵化经济体制以解放生产力;二又教条性地恪守第一部类特别是生产生产资料的部门优先增长的原理,片面发展重工业;加之军备竞赛,倾全力发展军工生产,总产值指标虽不断增长,但人民得不到实惠,其物质生活长期得不到改善。此又反过来瓦解了人民群众的积极性及信心,甚至诱发了人民群众的对立情绪,恶化了其作为生产力主体的状况,最终阻碍了社会生产力的进步,造成社会经济发展的缓慢甚至停滞。④将理论上社会主义的先进性等同于现实中还比较落后的社会主义,宣传什么超越了发达资本主义国家的发展速度(而不顾发达资本主义国家经济基数较大的实际)、人民群众享有前所未有的真正的民主等等,结果适得其反。将社会主义的基本制度等同于社会主义的具体制度形式即模式,从而对任何模式变革横加挞伐或干脆不变。如苏联经济学家利别尔曼认为,社会主义企业的生产目的并非使用价值(因社会主义绝非产品经济),而仍然是价值,所以仍然以坚持利润第一及最大化为原则,并以此为指针改革苏联企业管理体制。这一主张却先是被批判,后又遭弃置。⑤将历史上的资本主义与现实中的资本主义等同起来,一味强调其野蛮、反动、落后,无视其生产关系的调整及生产力的巨大进步,无视其可以值得且必须学习之处,甚至在技术方面也是如此地故步自封。列宁对于落后国家的社会主义必须学习、利用资本主义(很多是社会化大生产的共同规律知识,更多的则是全人类的文明成果)来发展自身的告诫被置若罔闻。"二战"后,特别是20世纪60年代之后,苏联经济增长速度不断下降的重要原因之一,就是其恪守"两个平行的世界市场"理论,故步自封,作茧自缚,并影响到东欧各国,使它们仅与苏联组成所谓与"资本主义世界市场"平行的"社会主义世界市场"。而且,将计划与市场片面割裂。强调其对立性,无视其互补性;强调其不相容性,无视其可结合性。对于揭示市场内涵比例即计划、可趋向收敛即均衡的经济学说,一律贬斥为资产阶级庸俗经济学。并限制、排斥非公有制经济成分的发展,终致社会主义经济发展失去内在动力与活力。⑥片面强调坚持党的领导和社会主义国家政权,而忽视改善党的领导和社会主义国家机器,导致矛盾积累,腐败恶化,产生问题的根源不能消除而问题又在不断产生,积重难返,终于动摇了整个社会性质的根基。历史证明,不改善"领导"是坚持不住"领导"的。无产阶级执政党必须依据实践标准不断创新、完善自身及其路线、政策,才能立于不败之地。

再次,社会主义必须根据时代及历史条件和实践的变化与发展,不断改革自身,才能保持适应性和活力,并不断采用新的形式显现强大的生命力来促进社会主义事业的发展。社会主义社会本质上就是一个不断改革创新的社会,僵化停滞不仅有悖其本质,而且必然断送之。"苏东"解体、易帜的又一深刻原因和教训正在于此。1872年,马克思、恩格斯本人对《共产党宣言》的反思为后人作出了榜样。他们说,尽管"《宣言》中所发挥的一般基本原理整个说来直到现在还是完全正确的",但"这些基本原理的实际运用,……随时随地都要以当时的历史条件为转移,所以第二章末尾提出的那些革命措施并没有什么特殊的意义"。"这个纲领现在有些地方已经过时了。"①列宁断然放弃"战时共产主义"政策,转向"新经济政策"并作了深刻的理论阐述,也是一个光辉的榜样。所有这些均提示后人:科学社会主义学说本身就是一个开放的、不断发展的体系,其蓬勃生命力正是存在于不断创新与发展的过程之中。科学社会主义事业就更加如此,因为实践是理论的渊源。历史唯物主义也早就揭示了生产力和生产关系、经济基础和上层建筑处于永远的矛盾运动之中,所以社会主义在其自身发展过程中,必然要不断改革与生产力发展要求不相适应的生产关系和上层建筑的一切环节和一切方面。苏联在20世纪30年代抛弃了列宁的"新经济政策",终止了列宁对于落后国家利用商品—货币关系和多种经济成分及多种经营方式建设社会主义的探索;"二战"后,无视历史条件的变化,全面回到30年代体制;赫鲁晓夫的不彻底改革被勃列日涅夫中断后,又再次相当部分地回到30年代体制,对传统模式的三次重复回归和拒绝改革,使苏联丧失了6次因时代历史条件变化而带来的机遇:第一次是"新经济政策"时期;第二次是20世纪30年代初期,以基洛夫为代表的许多领导人纠正急剧放弃"新经济政策"的所谓"大转折"的企图,被"大清洗"扼杀;第三次即"二战"胜利之后为体制转轨提供的绝好条件与机会;第四次是赫鲁晓夫时期的改革;第五次是柯西金(当时任苏联部长会议主席即政府总理)主持的20世纪60年代中后期改革,被勃列日涅夫阻挠而告终;第六次是安德罗波夫的改革因其逝世,被继任者契尔年科所终结。6次机遇的丧失皆因传统体制的确立及回归所致。以不变应万变,终致大变。"苏东"剧变正是放弃彻底改革,社会冲突(经济的、政治的、文化的、民族宗教的等等)积累的结果。社会发展所面临的极高的"制度成本"终于导致制度的解体。

再其次,急于求成的改革使"苏东"从"左"急速地、大幅度地滑向右,在这种大幅度摆动的剧烈振荡中,消解了"苏东"社会的稳定机制,终于酿成大祸。具体表现为:①急于求成的经济政策,导致社会的经济动荡和危机,成了"苏东"解体、易帜的"催化剂"。例如20世纪70年代波兰爱德华·盖莱克搞的所谓"高速增长,再造一个新波兰"的新经济战略,提出"高速度、高积累、高工资福利"的"三高"政策,一度鼓舞人心,结果因违背波兰的现实条件,造成发展后劲不足,问题成堆,经济危机,终于改出了一个掘墓人——"团结工会"。苏联戈尔巴乔夫的所谓"500天休克疗法"也是一样,诱发了经济危机,使人民群众对之失去信心,并为若干加盟共和国分

---

① 《马克思恩格斯选集》第一卷,人民出版社1972年版,第228~229页。

裂苏联的活动创造了条件。②引入市场机制的同时缺乏宏观调控,导致市场失控,通货膨胀,物价轮番上涨,极大地伤害了人民群众的日常生活及利益。③经济政治改革的不配套、不协调,全面盲动,"多中心漂移"。典型例子当数戈尔巴乔夫,他一会儿强调以经济改革为中心,一会儿又转向政治改革为中心;在经济问题的解决及经济改革的成效远未见端倪之际,他忽然大力倡导公开性、民主化;而在民主改革正易导向无序之际,他又突如其来地转入500天经济"休克疗法",终于使人民不耐其烦,被人取而代之。④改革一哄而起,缺乏周密准备和精心设计,终于演化为无序的社会运动和冒进。⑤苏联急剧修改对东欧的政策,从一个极端走向另一个极端,给西方国家提供了可乘之机,使东欧倒向西方,产生了"多米诺骨牌"式的联动效应。

最后,"二战"后特别是20世纪70~80年代以来,西方国家经济的发展与"苏东"经济的疲软形成巨大的反差,对"苏东"的人民群众产生强烈的物质诱惑,加上西方资本主义国家在武力征服受挫以后,对"苏东"改而推行和平演变的战略,打着支持"苏东"国家搞改革的旗号,用软硬兼施的手法把这种改革一步步地引上"资本主义化"的道路。

上述"苏东"国家之所以解体、易帜的原因,可以分为内因和外因两大类。旧体制的弊端和改革的失误,是内因;西方和平演变战略的得手,是外因。马克思主义的唯物辩证法认为:"外因是变化的条件,内因是变化的根据,外因通过内因而起作用。"①社会主义国家立足于内因,解决好自身的问题和矛盾,不断取得自身的发展,是社会主义事业成功的关键。只要紧紧抓住发展社会生产力、提高综合国力和人民生活水平这个中心环节,并围绕这个中心认真改革经济体制,切实加强社会主义的民主法制建设和精神文明建设,社会主义事业就会立于不败之地。这就是我们应当从"苏东"的解体和易帜中得到的深刻教训。

四、解体、易帜后的"苏东"现状

苏联解体后,在整体上分解为两大块。一块为波罗的海沿岸三国:爱沙尼亚、拉脱维亚、立陶宛。这三国在1922年苏联成立时并非其加盟共和国,是1940年为防范希特勒德国的入侵、改善苏联西部边界态势被苏联以武力强行并入的。后来,这三国最早脱离苏联。现在,这三国在经济、政治体制方面已基本西方化,并积极要求加入北约与欧盟。俄罗斯对此反应强烈,扬言若如此,将重新考虑核导弹与西方互不瞄准的协议。但三国因地域狭小、资源有限、转轨成本较高、西方援助与预期的差距等问题,致其经济发展并不理想,增速缓慢。加之其能源在相当程度上依

---

① 《毛泽东选集》(一卷本),人民出版社1966年版,第291页。

旧依赖俄罗斯,所以在倒向西方时仍注意平衡与俄罗斯的关系。

苏联解体后的另一大块即以俄罗斯为首的独联体12国。解体后其转轨措施可概括为几方面:①政治体制皆实现了西方式或民主社会主义式的议会制、普选制、直选制、多党制。国家领导体制则有的实行了总统制,如格鲁吉亚;有的实行了半总统制(即在总统下设总理处理日常公共行政事务,法国即为较典型的半总统制),如俄罗斯。②经济体制方面,均实行了大规模的私有化政策,并向市场体制急剧转轨,加入世界性经济组织或与之接轨。1992年1月2日叶利钦再度在全俄实施以放开物价、紧缩银根为内容的"休克疗法",加速市场化进程。5月,盖达尔接任总理,全力推行"休克疗法";6月,因物价飞涨、物资短缺、企业缺乏流动资金而严重开工不足等原因,俄政府在议会压力下修改预算,放松银根,"休克疗法"流产。10月1日,俄开始发放私有化证券,"大众私有化运动"启动。但俄罗斯的私有化并不像所标榜的那么公平,加上分割存量资产使许多大企业和大工业生产部门解体,反而导致了生产下滑与经济的衰落。20世纪90年代中期与80年代中期相比,俄罗斯的GDP下降了55%,虽未扣除苏联其他加盟共和国已脱离出去的因素,但仍然是惊人的。因为俄罗斯面积占苏联总面积的近80%,人口则占近55%,人均资源拥有量及资产存量更是名列前茅。由此,国有资产流失,国家财政收入下降;有权有势者多得少失、多进少出,加上收购穷困者的私有化证券,形成社会两极分化,金融—工业集团寡头产生并在相当程度上控制了俄罗斯经济。国有企业在某些部门如军工部门依然存在并发展,但所有企业一律自由经营,废除了一切形式的计划,企业由此付出了较高的转轨成本。③经济状况,因上述原因加上西方发达国家口惠而实不至的"援助",1997年俄罗斯GDP总量为4 000亿美元,1998年8月爆发金融危机,[①]当年俄罗斯GDP仅为1 900亿美元,比金融危机前下降了50%以上。1999年经济得以稳定并缓步回升,当年GDP达2 200亿美元。2000年上半年,经济回升增速,工业产值同比增长了10.2%。但要恢复大国地位,将会经历一个漫长的过程。④国际关系方面,俄罗斯与美国的对抗政策及格局虽大大弱化,但依然持续。"对抗—合作"将是两国关系的长期基本政策与格局。因俄罗斯的资源条件、技术储备所构成的巨大发展潜力和庞大的核武库,均使美国将其视作最危险的潜在对手。美苏关系问题绝非单纯意识形态和价值观念的问题,其实质乃是地缘——全球实力对抗与均衡的问题。戈尔巴乔夫与叶利钦对此缺乏清醒认识,叶利钦后来开始有所觉悟,俄罗斯此后一直强调并支持多极世界格局。

---

① 因急剧市场化导致恶性通货膨胀,为对付恶性通胀又实行了过度紧缩的财政货币政策,由此导致资金短缺,遂被迫大量增发国债,极高的国债利息恶化了中央财政收支状况,导致宏观平衡能力丧失并宏观失控;最后出现卢布信用危机和挤兑,金融市场动荡,卢布急剧贬值。

⑤因中央政权控制力削弱,民族宗教问题频仍。诸多独联体国家发生了民族宗教矛盾与战争。民族分裂主义分子和宗教极端主义分子以宗教为旗号乘虚而入,酿成严重区域危机,如车臣战争等。

造成俄现状的原因可归纳为:政治急剧多元化导致社会动荡,又缺乏相应的约束、整合机制;经济疾速转轨,虽然"休克疗法"失败,但仍完全背离俄经济既定路径,导致其适应性、协调性丧失;西方发达国家的口蜜腹剑。所有这一切造成俄的转轨成本远远超出了其可承受的程度。无序和衰退就是对这种过高成本的强制支付。

独联体其他各国基本实行了与俄类同的政策,也遭遇了与俄相同的问题(金融危机除外)。目前,有的国家想通过与西方接近甚至融入西方体系,以加速社会转轨、整合与经济发展,如乌克兰、格鲁吉亚、摩尔多瓦、阿塞拜疆等;有的则与俄罗斯强化联合,同步并进,如白俄罗斯、亚美尼亚等;有的则组成区域性集团以互补求发展,如中亚五国,即吉尔吉斯斯坦、土库曼斯坦、塔吉克斯坦、乌兹别克斯坦、哈萨克斯坦。因独联体诸国大多存在着对俄罗斯能源的依赖性;苏联时期所造成的经济结构的互补性;共同对付民族分裂主义分子和国际恐怖主义分子的需要;民族的地缘接近性构成的共同体基础;西方对其单纯利用性的日益暴露;许多国家左派力量的重新兴起并发挥作用(如俄罗斯、白俄罗斯、摩尔多瓦等);使得独联体诸国的政策及行为日趋实际且联合性增强。

东欧诸国在易帜后都实行了大规模私有化政策、急剧市场化政策、融入世界经济体系或与之接轨的政策等。在政治方面都实行了多党制、直选制、代议制、普选制等,波兰、捷克、匈牙利还加入了北约。因其均区域较小、人口较少、政策较得当,又实在构不成对西方大国的潜在威胁而西方援助较多等原因,使其在支付了较高昂的转轨成本之后,经济均出现了不同程度的增长(前东德不计)。① 1994年,除上述国家的东欧诸国经济都恢复了增长。1997年,波兰和斯洛伐克的经济增长率为6%,匈牙利为4%,捷克为1.8%,罗马尼亚和保加利亚则较低于1996年增长水平。但国际收支状况逆差较大、财政赤字刚性上升、社会两极分化较严重、贫困人口增加、失业率居高不下(大多为结构性失业与地区性失业),是东欧诸国普遍面临的问题。如波兰失业率1996年高达13.6%,阿尔巴尼亚达12.1%,保加利亚达12.5%,匈牙利达10.5%,斯洛伐克达12.8%,罗马尼亚达6.3%,捷克最低,为3.5%。②鉴于此况,东欧国家的左派也在重整。如"捷共在民意测验中的支持率直

---

① 除了陷入民族矛盾甚至一度发生内战的国家,如南斯拉夫、波黑,以及严重政策失误的国家,如阿尔巴尼亚政府集资,后无力偿还,引发社会暴乱。
② 参见《当代世界社会主义问题》,1998年第2期,第37~38页。

线上升,成为捷克最得人心的两个政党之一。它赞成政治多元化和通过公开选举进行权力更迭。原则上虽不反对捷克加入欧盟,但将设法使捷克退出北约。"[①]不断改革、创新的社会主义及其政党,将因其反映并代表历史发展规律而沐火重生。

蒙古一直属于"苏东"阵营。20世纪90年代"苏东"解体、易帜后,蒙古因其生产力水平较低;经济结构单一;地处内陆,封闭偏僻;虽制定了多项吸引外资的优惠政策,但所来外资甚少;一下子断了传统的、在相当程度上赖以为生的苏援等原因,致使经济状况迅速恶化。蒙古人民革命党改称为蒙古人民党,在作了具有一定民主社会主义色彩的变革和方针、政策的调整之后,在2000年蒙古大选中胜出,重新上台执政。该党承诺,一定要扭转蒙古经济下滑、停滞的局面,以具有社会主义性质的基本政策,造福于全体蒙古人民。

第四节 越南、老挝、古巴的革新和朝鲜的现状

一、越南社会主义的革新

1975年4月30日,越南人民军解放西贡,统一越南。近20年的抗美救国战争以越南人民的彻底胜利宣告结束。此后,越南共产党在全国实行了仿效"苏东"模式的社会主义政策,包括:废除商品—货币关系;废除私有制和各类私有经济,并认为废除私有制越早越彻底、国营经济和集体经济成分越宽越多,进入社会主义就越快;实行集权化的中央计划经济体制;建立政治权力及社会各方面的管理权力均高度集中的体制;奉行地区扩张和霸权主义政策;等等。这一切,今天被称作是灾难性的经济、社会和外交政策;造成大范围的粮食短缺;大量难民外逃;驱赶华侨;局部战争不断;民主法制被破坏;国家机构臃肿、人浮于事;不讲劳动生产率和生产效益,致使经济急剧持续下滑;人民负担沉重等一系列经济、政治恶果。

越南共产党及时总结教训,提出必须将马列主义的普遍原理与越南的实际相结合,一切以越南的实践为标准;社会主义顺应了社会、历史的发展规律,但有一个从低级逐步走向高级的过程。在吸取世界社会主义各国建设的经验教训的基础

---

① 参见《参考消息》,2000年3月1日,第3版。

上，1986年越南共产党宣布实行越南社会主义的全面革新。

通过革新的逐步推进，越南共产党强调：走社会主义道路符合历史发展的客观规律，能确保越南的民族独立和人民的未来幸福。但越南不能再固守陈旧的苏联模式的社会主义，按这种模式建设社会主义，在越南是不会成功的。越南的具体环境不同，有自己的特殊性，不能套框框，死死抱住陈旧的社会主义概念不放。为此，必须全面重新认识越南的社会主义。越共申明，越南还处于社会主义过渡时期，即越南还没有建成或还没有完全进入社会主义社会，但已属于社会主义范畴。现今时期越南的社会制度还不是完善的社会主义社会，过渡时期就是一步一步地创造条件，由低到高，从局部到全局，迈入完善的社会主义社会。越南目前还处在过渡时期的初期阶段，就是起步或初步阶段。这一阶段要继续完成民族民主革命尚未完成的任务，为继续迈向社会主义创造条件，主要的条件是社会生产力发展的成熟程度。其他条件包括：无产阶级政党的领导、国家具有人民性（全民性）、初步具有社会主义社会经济制度的基础即公有制，以及初步的社会主义政治、文化基础。处于这一阶段的越南的社会主义必然具有以下特征：①没有经过资本主义的成熟阶段，没有可加利用的在资本主义社会出现的社会主义因素，特别是发达的社会化大生产，因此要竭尽全力发展生产力，这是过渡时期的中心任务。②必须运用商品—货币关系及市场经济来发展生产力，越南虽能跨越成熟的资本主义阶段进入社会主义社会，这是历史条件造成的；但越南决不能超越商品—市场经济阶段。③越南是在共产党领导下，团结全国各族人民、各阶层人民，基本完成民族民主革命任务以后迈向社会主义的。1944年越南民主党成立，1946年越南社会党诞生，这两个政党长期与共产党合作，为国家独立、民族解放作出了巨大贡献。但因其没有新陈代谢，党员队伍日益缩小，1988年自然消亡，造成越南今天一党执政的局面。因此，越南更加需要发展社会主义民主以避免失误。④国际形势的变化要求越南必须在与不同社会制度的国家交往中坚持社会主义的原则和道路。因此，越南必须根据自己的国情，广泛借鉴其他社会主义国家的经验，但决不能再照搬其他国家的做法，开辟一条通往社会主义的"越南道路"。

革新的社会主义政策与实践主要包括：①实行商品—市场经济；②实行以公有制（国营经济和集体经济）为基础的多种经济成分并存和共同发展；③下放国营企业管理权限，使国营企业自主经营、自负盈亏，成为相对独立的经济实体；④以农业为基础，大力发展轻工业，逐步发展重工业，着眼于改善人民生活；⑤以按劳分配为主，承认按生产要素（生产资料）所有权进行的分配。在过渡时期，因多种非公有制经济成分的存在，在客观上有产生剥削的基础，在理论上应当承认在一定程度上存在的剥削关系；⑥对外开放，利用国际市场和周边市场及资本主义，发展社会主义。

1996年,越南正式加入东盟①;⑦反对并严厉打击腐败②。

越南的社会主义革新政策及其实践务实稳妥,动员、宣传口号及其目标也切合实际,深入人心。1991年6月,越共七大提出:"为民富国强的目标而奋斗。"1996年6月,越共七届中委总书记杜梅代表七届中委所作的越共八大政治报告继续强调:"为了民富国强、社会公平、文明的目标,继续革新事业,推进工业化、现代化,稳步走向社会主义。"八大政治报告规定了1996～2000年的越南社会主义深化革新的具体任务:①实现三项经济目标:推动工业化高速稳步有效地增长;加强宏观调控、稳定经济;为2000年以后的更快发展创造条件,主要是培育人才、发展科技、创新工艺、强化基础设施建设、完善新型体制。②继续一贯地、长期地实行多种经济成分并存的政策,挖掘各种潜力发展社会生产力。③完善在国家管理下的、具有社会主义方向的市场经济。④把经济增长和社会和谐发展结合起来,集中力量解决对社会进步和公平有明显副作用的紧迫问题,如腐败问题。⑤把经济与国防安宁紧密结合起来,提高效益,既为经济发展服务,又为国防安宁服务。⑥把经济重点区和其他地区的发展结合起来,发挥各地区优势,使各地区平衡发展,避免过度的地区差距③。

越南的社会主义革新结出了硕果,有西方记者写道:"15年来,越南社会发生了显著的变化,并呈现一派繁荣的景象"。"尽管存在着贫富差距扩大、吸毒、卖淫等严重问题,但越南仍是一个面貌正在迅速发生变化的国家。"④越南地处东南亚,受1997年东南亚金融危机影响,越南经济1998年、1999年增幅下降。随危机消逝和周边环境改善,加上革新的深入,越南的经济状况也日趋好转。越共以相当的精力狠抓了反腐败斗争,判刑的最高级干部为副总理。

此后,越共两任总书记黎可漂和农德孟一直强调,越南未来将会进一步采取措施加强民主,以努力解决腐败和其他一些问题,更好地继续走社会主义道路。越南仍很贫穷,人均GDP只有370多美元,但粮食短缺问题已得到缓解,基础设施也大大改进,这在很大程度上应归功于经济改革。这一改革使越南在20世纪80年代中叶开始对外开放。黎可漂指出:"我们必须有创造性,根据目前的国内形势和国际形势来制定方针、政策。我们必须通过选举认真加强民主的基础建设。我们的经济模式仍然是国家管理下的社会主义方向的市场经济。"⑤

---

① 全称为东南亚国家联盟。
② 参见《当代世界社会主义问题》,1999年第2期,第69～70页。
③ 转引自《当代世界社会主义问题》,1999年第2期,第70页。
④ 参见《参考消息》,2000年5月2日,第3版。
⑤ 《参考消息》,2000年6月18日,第2版。

二、老挝社会主义的发展

1975年8月,老挝人民革命党领导老挝人民赢得了抗美救国战争的完全胜利。同年12月,老挝宣布废除封建君主制,建立老挝人民民主共和国,老挝进入了社会主义改造和建设时期。老挝人民革命党成为老挝的执政党和唯一政党。

1975年10月,老挝人民革命党召开二届三中全会,宣告:"老挝已经完成了民族民主革命,并开始不经过资本主义发展阶段而直接进入社会主义阶段。"此后,老挝紧锣密鼓地开始了社会主义改造。与其他社会主义国家的早期状况一样,老挝也犯了急躁冒进的错误:不顾本国国情,照搬苏联模式,着重变革生产关系,忽视经济建设与社会发展。1977年2月,在老挝最高人民议会和部长会议联合会议上,强调要加快进行生产关系革命,改造旧生产关系,建立社会主义生产关系。提出:"要消除资本家经济,改造包括农民、手工业者和小商贩在内的个体经济,建立国家经济和集体经济,建立全民所有制和集体所有制两种形式的社会主义生产关系。"随后,对所有私营企业实行国有化或公私合营,限制私商活动,由国家垄断商业。禁止粮食买卖。1978年,在农村开始推进强制性的农业合作化运动,强迫农民加入农业合作社。同时,强行对旧军政人员、工厂企业主、知识分子进行政治改造,造成大量资金和技术人员外流。一系列脱离实际的过"左"政策,挫伤了农民、知识分子、工商业者的积极性,造成生产关系的破坏和社会生产力的倒退:粮食减产,主要靠农业收入的国家财政不能维持政府的日常开支,生活用品奇缺,干部和群众的生活都相当困难。老挝经济陷入了困境。

经济恶化的现实,迫使老挝人民革命党对其政策和实践进行深刻反省,对国情进行重新认识。1979年11月召开了二届七中全会,党的总书记凯山·丰威汉要求全党:"重新认识一些问题,了解经济发展规律,根据老挝的实际情况运用经济规律"。1982年4月,老挝人民革命党召开"三大",1984年8月召开三届六中全会,重点都是重新正确认识老挝国情。认为老挝的经济,总的来讲是"自然性质的、自给自足的小农经济","从小农经济过渡到社会主义的道路是漫长的、极其复杂和极其艰苦的。"在社会主义过渡时期,老挝存在着五种经济成分,即社会主义经济成分(国营经济和集体经济)、公私合营经济、资本家私有经济、小商品生产经济和自给自足的自然经济。"这五种经济成分的存在是客观的、必然的,要发挥非社会主义经济的积极性。"可以"通过国家资本主义形式,将自然半自然经济转变为商品经济"。自二届七中全会以后,老挝实行了一系列"调整措施",进行价格、工资、货币的改革,以发展商品经济;放宽私商经营范围;自1984年起,逐步解散农业生产合作社,开始进行家庭承包制试点等等。这些符合国情的调整,使老挝的经济政治形势大大改观,粮食产量从1976年的60万吨增至1985年的154万吨,商业开始活

跃,工业发展,人才外流减少,文化、卫生、教育工作也得到恢复与发展,国内局势基本稳定①

1986年11月,老挝党召开"四大",凯山·丰威汉总书记以客观、坦率、诚恳的态度,对党自1975年执政以来的极"左"路线和政策作了全面、深刻的反省和检查,并以科学的态度分析了老挝国情。他说:"前十年,在社会主义改造中犯了主观、急躁的错误,没有把社会主义改造和社会主义建设结合起来,想一下子消除非社会主义经济成分,造成了生产力下降。""禁止商品流通,用行政命令取消私商,给人民群众的生产和生活带来了不好的影响;农业方面,没有考虑农民群众的思想觉悟水平、干部管理能力和生产力发展状况,强迫农民加入农业合作社,以为这样做能很快实现社会主义,其结果,合作社是组织起来了,生产却没有得到发展,农民群众的生活没有得到任何改善。"在分析老挝国情时,他说:"老挝是从殖民地、封建社会、自给自足的自然经济这样一个起点向社会主义过渡的,这个起点给老挝的社会主义建设已经带来、正在带来、将会带来巨大的困难。"所以,"在制定政策、计划之前,要用马列主义观点,实事求是地、全面地分析老挝社会及其经济状况","要充分发掘和利用非社会主义经济成分的作用和能力。"②"四大"首次提出了"革新开放"的战略方针,并为"革新开放"扫除了思想认识上的障碍。从此,老挝的社会主义事业进入了"革新开放"的时代。

经过深入的认识和实践,1991年3月老挝党召开"五大",其"革新开放"的方针、政策及实践基本定型、成熟,主要内容包括:政治方面,提出坚决消除集中的、官僚主义和扶植式的管理机制,广开民主,加强法制;同时坚持六项基本原则,即坚持社会主义、马列主义、党的领导、民主集中制、人民民主专政、爱国主义和国际主义的结合。经济方面,强调老挝目前尚不具备建设社会主义的物质基础,当前最迫切的任务是大力发展生产力,逐步把自然、半自然经济转变为商品经济。建立农、林业与工业、手工业、服务业相结合的社会经济结构。确认非社会主义经济成分与社会主义经济成分具有同等法律地位,以调动一切积极因素,发展经济。改善政府管理职能,提高管理效率,给予国营企业以生产经营管理的自主权。对外关系方面,积极发展与联合国、国际组织机构、国际金融及经济机构的关系,力争外援。1988年制定、1994年修订的《外国投资法》给予外国投资者更多的优惠以吸引外资。1996年3月老挝党召开"六大",确立了以坎代·西潘敦为首的第二代领导核心。"六大"重申了"五大"制定的革新开放路线,并提出了进一步的发展目标:1996~2000年GDP年平均增长8%~8.5%,2000年人均年收入达500美元,到

---

① 参见《当代世界社会主义问题》,1999年第1期,第30~31页。
② 参见《当代世界社会主义问题》,1999年第1期,第31页。

2020年基本摆脱不发达状态,实现经济、社会发展和一定程度的现代化。随着实践的深化,革新开放的指导思想亦愈益解放,1997年深化经济体制改革大搞私营化和股份制,并允许外商和私人控股。国家主要经济职能是运用经济、法律手段实施宏观调控和优化资源配置,吸引外资和加强基础设施建设。放手发展私有经济成分,首都万象的6 000余家各类企业中,私营企业已占98%以上。革新开放促进了老挝经济、社会的发展:1988～1990年,GDP年均递增4.8%,1991～1996年,达到年均递增6.4%,1996年增长了7%,1997年递增7.4%。1997年人均收入已达400美元。至1996年底,共吸引外资67亿美元。1997年7月,老挝正式加入"东盟",更快地融入了国际社会。迄今,老挝已与104个国家建立了外交关系,为老挝的革新开放大业创建了良好的国际环境[①]。

与越南一样,地处东南亚的老挝自1997年以来也受到了东南亚金融危机的冲击。老挝采取了积极对策,包括更开放更优惠地吸引外资、压缩基本建设投资、实行扩张性货币政策等,取得了一定成效。随着周边经济环境的好转和革新开放实践的发展,老挝正在步入一个新的发展阶段。

三、古巴社会主义的改革

古巴长期与"苏东"阵营保持着密切联系和良好关系,其主要出口商品之一的食糖大量销往"苏东",并一直得到"苏东"阵营的诸多援助,包括军事援助。20世纪80年代末、90年代初,"苏东"剧变后,古巴生存和发展的国际经济、政治环境立即恶化,加之自身传统体制(苏联模式)潜涵的危机机制,导致了经济的停滞与下滑。在国际国内客观形势的压力下,社会主义古巴选择了改革来迎接挑战。

古巴改革的主要政策和内容包括:经济方面,1993～1994年开始发展多种经济成分,扩大个体和私营经济;开放自由市场,持有、使用美元合法化;将大型国营农场改组为小型合作社,合作社收成的30%可作为个人消费而储备起来,或在自由市场出售,无需卖给政府。1998年8月,古巴共产党"五大"制定并宣布了对国营企业的改革措施。古共"五大"提出,提高经济效益是古巴经济政策的中心目标,效率低下不是社会主义。为此,必须整顿、改革国营企业。改革的总原则是:让企业享有一定的生产经营自主权;企业应自筹资金、自负盈亏;企业对人、财、物有管理权;企业可留部分税后利润作为储备金;企业应健全会计制度,加强经济核算,并拥有必要的保险与市场;劳动工资与经济效益挂钩,拉开工资档次等。为使改革稳步进行,部长会议(政府)成立了企业改革领导小组和由政府官员与专家组成的辅助执行班子。但古巴的经济改革态度审慎,步伐缓慢,1994年后不断将已出台的

---

① 参见《当代世界社会主义问题》,1999年第1期,第32～33页。

改革政策向后微调①。如古共"五大"强调"不屈从于市场的盲目规律",只使用某种市场形式,并明确表示"古巴不搞市场经济"。同时,古巴明确反对"新富阶层",古共"五大"强调古巴决不会形成一个富人阶级或企业家、工业家阶级。他们随即采取了增加税收的措施以限制个体和私营经济的发展。1998年,古巴的个体和私营经济经营者比1995年减少了近5万人。可见,古巴经济体制改革的目标模式尚未择定,改革还处在探索阶段,但改革的方向及大政方针是确定了的。

对外关系和对外开放方面,为了给古巴社会主义建设事业争取一个良好的国际环境和吸引外资,古巴积极发展对外关系,特别是与拉美国家的关系,并一以贯之地持对外开放姿态。1998年,古巴恢复了与所有加勒比国家的外交关系,并正在为恢复与所有拉美国家的外交关系而努力。同年7月~8月,古巴共产党总书记菲德尔·卡斯特罗访问了牙买加、巴巴多斯、格林纳达、多米尼加,为古巴加入加勒比共同体和参加"洛美协定"的谈判迈出了坚实的一步。11月6日,拉美一体化协会第10次部长理事会一致同意接纳古巴为其正式成员,古巴参与拉美一体化的努力终于初见成效。1995年,古巴颁布新的外国投资法,1996年通过自由贸易区和工业园区法,1997年第一个自由贸易区开放。至1998年,古巴吸引的外资已超过23亿美元,解决了11万人的就业问题。迄今,古巴已与30多个国家签署了促进和保护投资的双边或多边协定。古巴发展对外关系和深化对外开放的力度还在加大。自1997年5月第一个自由贸易区开放以来,仅仅1年,1998年已发展为3个,入驻的外资企业达120余家,绝大多数来自意大利、西班牙、加拿大这三个发达国家。

政治方面,古巴共产党强调发展社会主义民主政治,健全社会主义法制。突出的一点是,古巴不搞接班人制度,并将之归于封建制度的残余形式。卡斯特罗说:"人终有一死,但我不会安排什么继承人,我可不是皇帝。""我根本不需要准备什么继承人,许多年轻有为的干部已经脱颖而出,他们正在老一代革命家的协助下,很好地领导着我们的国家。还有什么可忧虑的?"卡斯特罗坚信,在他去世后,古巴也绝不会出现什么"权力真空"、社会动荡、动乱,而且将继续坚定不移地走社会主义道路。②古巴调整了与教会的紧张关系,1998年1月,罗马教皇应邀访问古巴,在国内外产生了轰动性影响。随后,古巴释放了300多名与宗教、政治有关联的在押人员。在天主教徒众多的古巴,此举缓解了社会矛盾,维护和促进了社会稳定。

自改革以来,古巴渡过了"苏东"剧变后的最困难时期,经受了国内国际不利形势的严峻考验。1994年,古巴经济停止滑坡并稳步回升,当年增长0.7%,1995年

---

① 1998年出台的国营企业改革措施除外。
② 转引自《服务导报》2000年6月24日,第3版。

增长2.5%,1996年猛增7.8%,1997年回落为2.5%,1998年为3.5%,但工业、旅游、渔业、烟草等部门增幅较大,远远超过3.5%①古巴的改革因对付国内外危机而起,比较仓促、匆忙,长期未形成整体改革的战略及方案,仍在探索之中。相信经过坚韧不拔的探索,古巴社会主义的改革事业将会疾速发展。

四、朝鲜现状

"二战"胜利之前,朝鲜是日本帝国主义强占的殖民地。1945年2月的雅尔塔会议决定,由苏、美军队合作解放朝鲜。苏军从陆路进入朝鲜,北纬38°线以北地区由苏军解放;美军由南部登陆进入朝鲜,北纬38°线以南地区由美军解放。朝鲜解放后,一直领导朝鲜人民坚持抗日战争的朝鲜劳动党总书记金日成,在北方建立了朝鲜民主主义人民共和国。美国则支持亲美势力(当时代表人物为李承晚),在南部成立了大韩民国。两个政权一开始就势同水火。1950年6月,朝鲜战争爆发,1953年7月停战,双方仍回到北纬38°线的两边互相对峙。这种极端对立的态势,加上美、日对韩国的大力支持,使朝鲜一直切身感受到巨大的战争威胁。这是朝鲜一直坚持、恪守传统苏联模式即斯大林模式的基本原因。

朝鲜突出地优先发展重工业,尤其是军事工业,研发了远程导弹等等。这些部门的发展,吸纳了全部财政预算中的绝大部分积累与投资,导致其他部门发展资金短缺,如水利设施连年失修,加之连续多年的夏季洪涝灾害,致使朝鲜经济连续9年(1990~1998年)下滑,农业歉收。在此情况下,还要坚持传统模式的经济格局,并维系100万人的正规部队和200余万人的民兵②,必然陷入严重的经济困境。

朝鲜劳动党领导全国人民,沉着冷静,有条不紊地解决国内问题,采取了各种有效措施,对付严重的困难局面,终于在1999年基本依靠自己的力量(除粮食供应外),开始走出困境。1999年,朝鲜经济增长率达到6.2%,这不仅是10年来的第一次增长,而且增幅较大。

在朝鲜经济形势好转的情况下,朝鲜劳动党断然决定,实现北南双方最高级会晤,打破北南关系僵局,推动和平统一进程。由朝鲜人自己解决自己的问题,摆脱帝国主义的插手和干预。2000年6月13日,韩国总统金大中应邀亲赴平壤,实现了与朝鲜最高领导人金正日的历史性会晤。整个朝鲜半岛为之欢腾,国际社会为之鼓舞。6月15日凌晨,朝鲜国防委员会委员长、朝鲜劳动党总书记金正日和韩国总统金大中在平壤签署并发表《共同宣言》,承诺为实现朝鲜半岛的和平统一和开展各个领域的合作与交流而努力。由五项条款构成的《共同宣言》强调:解决国

---

① 参见《当代世界社会主义问题》,1999年第1期,第26~27页。
② 属预备役部队,平时从事生产等各种非军事活动,但其训练频仍,开销巨大。

家统一问题的主人是朝鲜民族,双方要团结起来,自主地解决统一问题;南方提出的旨在实现统一的邦联制方案和北方提出的联邦制方案具有共同点,今后应该朝着这一方向促进统一;双方将尽快解决人道主义问题,其中包括在同年8月15日之际交换离散亲属访问团;双方将通过经济合作均衡地发展民族经济,并加强社会、文化、体育、卫生、环境等各个领域的合作和交流,以增进相互的信任;双方将尽快举行当局之间的对话,以早日将上述协议付诸实施。《共同宣言》宣布,金大中郑重邀请金正日访问汉城,金正日决定在适当时间前往汉城访问。[1]

迫于形势的压力,美国也在2000年6月20日宣布,取消对朝鲜的大多数所谓"经济制裁",并允许美国企业前往朝鲜投资。朝鲜强化传统苏联模式的主要原因在于:北南关系的尖锐对立构成"准战争"环境,以及美国在韩国的军事存在,强化了的周边环境的敌对性和非安全性。随着这一主导因素的逐步消除,良好的周边及国际环境将会为朝鲜社会主义事业的发展提供良好的机遇。

---

[1] 转引自《新华日报》2000年6月15日,焦点新闻版。

第八章

发达资本主义国家的社会主义思潮和流派

第一节 民主社会主义

一、民主社会主义的历史渊源和理论渊源

民主社会主义又称社会民主主义,它是当代发达资本主义国家的社会民主党[①]所奉行的学说,社会民主党也因此而成为世界社会主义运动中一个极其重要的改良主义派别。其历史渊源非常深远。

19世纪末参加第二国际的各国无产阶级政党,多数名称为社会民主党。恩格斯去世以后,爱德华·伯恩施坦公开宣称要根据欧洲当时的实际情况以及种种哲学理论的新发展来修正马克思主义,鼓吹"议会道路"应当成为实现社会主义的唯一道路,主张抛弃阶级斗争和革命手段,"和平长入社会主义"。伯恩施坦及其追随者成为第二国际的右派。他们的这些主张遭到第二国际的左派卡尔·李卜克内西、罗莎·卢森堡、克拉拉·蔡特金等人的坚决反对。而以恩格斯之后第二国际最主要的理论家卡尔·考茨基为首的绝大多数人,则对此不置可否,以示中立,构成了第二国际的中派。以列宁为代表的俄国社会民主工党布尔什维克派坚定地支持左派,而孟什维克派则基本上站在中派立场。随着时间的推移,以考茨基为首的中派日益趋向以伯恩施坦为首的右派,

---

[①] 在有的国家则名之为社会党、工党等。

他们主张利用议会制度参与资本主义国家的政权并开展斗争；对资本主义制度实施逐步的改良以达到社会主义；联合一切力量，放弃无产阶级专政的设想与实践努力。

　　1914年第一次世界大战爆发，以列宁为代表的左派指责这是一场帝国主义战争，号召各国无产阶级及其政党反对这场战争，以发动国内革命，"使本国政府在这场战争中失败"。伯恩施坦派和考茨基派则合流，主张应区分侵略者和被侵略者，战争仍有正义和非正义之分，各国无产阶级及其政党应参加正义战争，以"保卫祖国"；此后，二者在理论上也进一步合流。考茨基为反对列宁关于帝国主义是资本主义的最高最后阶段、因而帝国主义时代是无产阶级革命时代的理论，提出了极富于改良色彩的"超帝国主义论"，认为垄断的发展会使帝国主义国家由斗争走向联合，使资本主义乃至整个世界市场范围内的生产力发展得以协调，使生产发展的无政府状态得以改善，"卡特尔应用于对外政策上是完全可以设想的"，从而和平发展将取代帝国主义战争。在当时的历史条件下，这就是鼓吹取消阶级斗争和无产阶级革命，同伯恩施坦宣扬的"通过议会道路和平长入社会主义"的修正主义论调如出一辙。列宁愤怒地写成《无产阶级革命与叛徒考茨基》一书，对此进行痛斥。至此，中派与右派的联盟主导了第二国际，第二国际已经改变了原有的性质。各国的左派遂从其中分化出来，纷纷成立共产党，并在以列宁为首的布尔什维克的领导下，开始筹建共产国际即第三国际。中派与右派则仍称社会民主党，坚持他们的改良主张，推行民主社会主义。

　　民主社会主义的理论渊源具有多重性特征，除了上述伯恩施坦与考茨基的修正主义、改良主义理论主张外，还包括：①对马克思主义的片面理解。他们在保持马克思主义的批判方法论的同时，片面突出马克思主义的"经济决定论"，过分强调马克思主义的人道主义内涵，等等。②大量吸收英国工联主义的改良主义内容以及费边主义的"缓进战略"。特别是费边主义改造社会的四大原则即民主主义的变革、渐进的变革、合乎道德的变革、合乎宪法的与和平的变革，对民主社会主义的影响非常深远。③法国的路易·勃朗、比埃尔·约瑟夫·蒲鲁东及德国的斐迪南·拉萨尔一贯提倡的、且不断被后继者推陈出新的、小资产阶级改良主义的社会主义思想。④新康德主义的伦理社会主义。伊曼努尔·康德认为，人的善良意志、责任、应当向善等等，是先天的道德原理，它们构成对人的最高道德律令。至善就是服从道德律令，尽管在实践中常有偏离，但是这个最高律令始终存在，它主导并构成人们的实践理性，人的行为最终要受其左右。如果否认这种善良意志、最高道德律令的先天性，至善、人的责任就没有初始条件（原因）及基础，就不可想象。新康德主义的社会主义学说大大发挥了康德的上述伦理思想，认为符合人性的、善良的伦理倾向构成社会主义实践的可靠基础，是社会主义的本质，体现和实践社会主义原则的行动、行为,都应符合这种善良的伦理倾向。他们根据康德伦理哲学的义务论、德性论的要求,强调社会主义的伦理内容及道德特征。换言之,他们将社会主义寄托在人性的要求及道德规律的基础上,在相当大程度上是向三大空想社会主义者学说的复归。历史唯物主义认为实现社会主义是人类社会发展客观规律的要求,他们则指责历史唯物主义的这一论述过于注重经济因素而忽视道德的作用,过于理性而否定情感,认为应当将这二者加以协调,使之结合起来。⑤中立的调和哲学思潮。他们认为斗争必然排斥和破坏民主,只有中立、调和才与民主原则一致,不能设想民主遭到破坏甚至没有民主的社会主义。由此可见,民主社会主义具有复杂的、多重性的理论渊源,这就导致了民主社会主义理论及政策主张的多元化乃至一定的内在的矛盾性。

1923年在德国汉堡成立了"社会主义工人国际",各国社会民主党弥合了因一次大战及部分理论分歧所造成的分裂,实现了新的联合,并开始致力于在发达资本主义国家内推行民主社会主义的事业。法西斯主义风靡欧洲以后,对其进行残酷迫害,民主社会主义各党都参加了各国及世界的反法西斯统一战线,同法西斯展开了坚决的斗争。1951年6月30日在德国法兰克福召开国际社会党第一次代表大会,7月通过社会民主党纲领和章程,正式宣告社会党国际的重建。在社会党国际和各国社会党的竭力活动下,民主社会主义再度主导了发达资本主义国家的社会主义思潮和运动。

二、民主社会主义的理论、政策主张及流派

民主社会主义理论渊源的多元性,决定了它的理论及政策主张必然呈现出多元化的结构与特征。经过长期的发展,民主社会主义的多元化理论体系已趋于稳定和成熟,主要包括:

第一,社会主义的民主本质论。他们认为民主社会主义就是要实现自由、平等、公道、正义的社会,这些价值范畴具有一般性、普遍性,并不存在什么深刻的阶级歧义。比较明确使用"民主的社会主义"一词的,乃是英国工党理论家和活动家哈罗德·约瑟夫·拉斯基,他在1943年所著《当代革命》一书中首次提出这一概念,并强调它同苏联社会主义以及当时德国的所谓"国家社会主义"的区别,指出民主社会主义是极权社会主义的对立物。拉斯基所揭示的民主社会主义的这一本质内涵,至今仍被社会党国际各党奉为圭臬。民主社会主义既是一个理论体系,又是通向社会主义的社会运动,还是一种美好的社会制度。它综合了资本主义民主实践中和马克思所提出的社会主义民主设想中普遍有效的价值观念。

第二,多元指导思想论。民主社会主义强调社会主义思想来源于多种途径,是欧洲及人类文明进步的普遍思潮与产物;不赞成社会主义思想具有单一的理论基

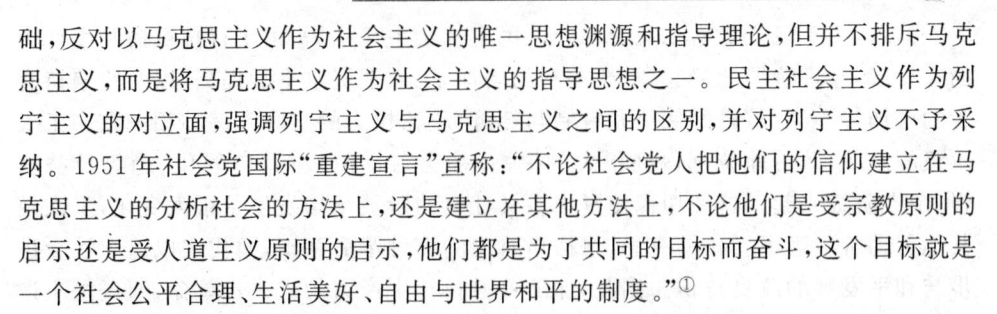

础，反对以马克思主义作为社会主义的唯一思想渊源和指导理论，但并不排斥马克思主义，而是将马克思主义作为社会主义的指导思想之一。民主社会主义作为列宁主义的对立面，强调列宁主义与马克思主义之间的区别，并对列宁主义不予采纳。1951年社会党国际"重建宣言"宣称："不论社会党人把他们的信仰建立在马克思主义的分析社会的方法上，还是建立在其他方法上，不论他们是受宗教原则的启示还是受人道主义原则的启示，他们都是为了共同的目标而奋斗，这个目标就是一个社会公平合理、生活美好、自由与世界和平的制度。"①

第三，人本主义人性论原则。民主社会主义从人的本性出发，将实现不分阶级的人权作为社会主义的基本内容；认为社会主义的根本意义在于自由、公正和相助，这是社会主义的三个基本价值范畴，也是人权的基本内容，它们的实现程度标志着人权的实现程度和社会的进步程度。

第四，超阶级的国家观。民主社会主义反对由阶级及其政党来统治国家的理论和实践，认为应当通过民主与法制使国家成为全体人民的自由的国家，国家应当是超阶级的公平、正义的（强制）力量。

第五，议会道路论。民主社会主义主张走民主和平的及议会的道路改造社会与国家，推动社会与国家的进步，反对暴力革命。但同时他们又认为，如果专制、极权、独裁的国家机器阻挠和破坏社会与国家的进步，可以诉诸于人民支持的暴力来反抗这一国家机器。显然这一观点形成于他们反对法西斯独裁的经历与经验。他们强调，通过短暂的暴力革命去实现社会主义既不现实、也不可能，因为它只造成社会政权的更迭，不利于社会深层结构的改造，反而显得粗暴和不道德。

第六，多党制理论。民主社会主义认为多党制是民主制的基础与保障，坚决反对一党制和无产阶级专政，并以诬蔑性的言词来攻击共产党和无产阶级专政。如1959年德国社会民主党通过的《哥德斯堡纲领》宣称："共产党人无权自命继承了社会主义的传统。事实上，他们篡改了社会主义的思想财富。社会党人希望实现自由和公正，而共产党人则利用社会的分裂来建立自己的一党专政。"②

第七，全民性政党理论。民主社会主义否认党是阶级的先锋队组织，更否认以一个阶级的党去领导和实现社会主义；主张扩大社会党的阶级基础，组成全民的群众性的人民党。他们反对无产阶级政党的组织原则——民主集中制，认为实行民主集中制势必导致极权；主张党实行"权力扩散原则"，即党员个人及党的基层组织应享有充分的权力，以发扬民主、反对专制。

---

① 转引自高放、张泽森、曹德成主编：《当代世界社会主义文献选编》，中国人民大学出版社1990年版，第341页。

② 转引自高放、张泽森、曹德成主编：《当代世界社会主义文献选编》，第361页。

第八,关于现代资本主义的理论。民主社会主义认为,由于科技革命和生产力的大发展,经理阶层的兴起,社会福利的增加,工人工资水平的提高,以及股票持有者的增加等等原因,已经使得私有制与经济、政治权力的实际掌握不相一致。工人阶级的经济、政治地位都得到很大的提高,社会劳动阶级的"白领化"趋势日益增强,中产阶级兴起。这一切都使资本主义社会的阶级结构发生了很大变化,工人及其他劳动阶级已不具备马克思、恩格斯时代的那种革命意识,而代之以追求社会进步与和平发展的改良意识。因此,伴随着科技与生产力的进一步革命,通过民主途径实行社会主义因素的渗透与发展,必将和平地实现民主社会主义。民主社会主义关于当代资本主义的理论,同资产阶级经济学家提出的人民资本主义理论颇为相似,所不同之处就在于结论:人民资本主义理论主张当代资本及资本主义因人民化而获得永恒;民主社会主义则认为当代资本主义具有足够的条件和平过渡到社会主义。

第九,"第三条道路"论。民主社会主义既反对传统的资本主义,认为它通过对资本的私人垄断实现了个人对社会的垄断与控制;也反对列宁主义式的社会主义,并将传统苏联模式等同于社会主义,指责其集权专制,违背了社会主义的基本原则——民主。因此,他们自称民主社会主义是不同于传统资本主义和"苏东"社会主义的"第三条道路"。

民主社会主义的最本质特征是主张经济(首先是生产资料混合所有制形式)、政治(首先是多党制)、思想文化的多元化并行发展。他们反对列宁主义的根本原因也在于此,即指称列宁主义奉行一元化原则,并错误地将斯大林及其模式认作列宁主义的产物及代表。

民主社会主义的政策主张与其理论主张密切相关,主要表现为:

在政治方面,争取社会的自由民主,实现平等的普选权,保障人权,推行多党政治和多党制。1951年社会党国际"重建宣言"中,提出了政治上的民主、自由所包括的主要内容:每个人(公民)有过私生活的权利,应保护其不受国家的任意侵害;每个人享有思想、言论、教育、结社和宗教信仰的自由;人民具有普遍、平等、秘密(即无记名投票)的选举权,自由选举其代表;由选举产生的多数派组织政府,同时尊重少数派的权利;所有公民不论出身、性别、语言、信仰、肤色、民族如何,在法律面前一律平等;任何集团都有用自己的语言、实行文化自治的权利;司法独立,每一个人在被控告时,享有在一个公正的法庭面前,根据法律程序,进行公开审判的权利。

在经济方面,建设福利国家,实现经济的持续增长,反对个人对经济的控制和垄断。体现在具体政策上,如:通过实施高额累进税收制度,实现收入与财产的公平分配、公平获取;通过公平的分配和国家的控制与保障、而不是通过消灭私有制来消灭剥削;运用经济杠杆调节经济,实施国家对经济的干预,在必要的领域、用科学的方法来推行"经济计划化",保证国民经济的相对稳定和较高的增长率;在事关全局的领域,如邮电、通讯、能源、交通等产业,稳步推进国有化,并发展地方公营、合作化经济和劳动者股份资本等;实行经济结构改革,推行职工对企业的"参与决定制"(包括对宣告破产的参与决定),使广大职工参加对企业的管理,以弱化私有制但不变革私有制;"参与决定制"主要通过工会组织来实施,并以此大力发展工会组织;建立普遍有效的社会保障制度;强调继续推行土地改革,废除大土地私有制,认为这是让农民实现自由、平等、公正的基础。

在思想文化方面,实施信仰自由的宗教政策,认为宗教及人道主义对人类文明和道德体系的形成起了巨大的作用,基督教与民主社会主义之间存在着多种联系的因素与纽带;强调文化教育是社会进步的巨大动力之一,必须予以高度重视,提高其在财政预算中的比重;实行少年儿童免费教育、职业教育、成人教育(继续教育)等多重复合的教育制度及体系;大力支持科学研究,政府充当重大科研项目的主持者和科研工作的协调者。

在国际关系方面,经济上推进"南北对话"与合作,以求共同生存、共同发展;政治上主张"东西缓和"与裁军,强调和平是人类生存与发展的前提,并大力支持民族解放运动。

以上理论和政策主张乃是民主社会主义各党的共性,但在具体做法上,各国社会党不尽一致,从而分化出民主社会主义的不同流派:①以德国社会民主党为代表的"参与型民主社会主义"。主张通过扩大政府对经济的参与,以及人民群众对经济、政治生活的参与,逐步导向民主社会主义。②以瑞典社会民主工党为代表的"职能型民主社会主义"。该党理论家卡尔森称,问题不在于私有制,而在于国家的经济政策特别是税收政策。因此,实行民主社会主义不一定要国有化,而应着眼于现行所有制基础上的经济、政治职能,通过发展和完善民主职能来实现民主社会主义。英国工党的看法与此类似。③以法国社会党为代表的"结构改革型民主社会主义"。主张通过对社会经济、政治、文化结构的渐进变革,最终实现人民自治管理的民主社会主义。但无论流派如何不同,所有的社会党都主张通过发展经济和政治民主,来实现并体现社会主义。

三、民主社会主义的实践结果及发展趋势

社会党在欧洲许多发达国家都曾先后担任过执政党,现在若干国家仍然单独执政(如北欧诸国、工党布莱尔执政的英国),或参与联合执政(如社会民主党施罗德为总理的德国),即使在非执政期间或国家里,也都是强大的在野党。各国社会党执政期间所推行的民主社会主义的理论及政策取得了一定的成效,发挥出积极

的作用。首先,促进了社会经济的稳定、公平与发展,如北欧诸国、德国、20世纪80~90年代的法国等等,都是如此。德国战后特别是60年代以来经济的迅猛发展,法国80年代以来的经济大发展,都同社会党的执政及其所施行的政策相关。其次,改善并较大幅度地提高了劳动群众的物质文化生活水平。各国社会党普遍推行"社会保障制度",建立有效的社会经济安全体系,解除了劳动者的后顾之忧,缓解了社会矛盾。再次,扩大了广大劳动群众的经济民主和政治民主的权利,实现了包括妇女在内的全民普选权,实现了劳动者参与对企业及经济的管理,提高了各行各业劳动者的社会地位。最后,在改善不合理的国际经济—政治秩序方面作出了有益的贡献,为维护世界和平做了大量的工作,并取得了一定的成效。

但是,民主社会主义在理论和实践上都还存在着一系列根本缺陷。第一,民主社会主义以历史唯心主义作为其理论基础,用人性、道德等因素来理解、诠释社会的进步与弊端,并以人性、道德的变革和改善作为社会进步的基本动力和实现标准。他们虽然也重视社会经济的发展,并将其视为社会进步的基本因素之一,但认为其最终仍要通过人性因素来起作用。因此,他们认为社会主义不再是历史发展的客观规律,而是人性的一种选择,而人性的选择就不再具有必然性。这就在逻辑上复归于科学社会主义学说诞生以前的空想社会主义学说的理论基础。第二,民主社会主义只是推行对资本主义的改良,并不主张消灭资本主义私有制,也不改变资产阶级国家政权的性质。这实际上是在资本主义社会结构范围内的调整,尽管这种调整适应了社会发展的某些客观要求,却不能消除和解决资本主义社会的基本矛盾。第三,民主社会主义不变革生产关系,只是通过福利性的财政税收政策来提供、保障和实现劳动者的经济利益,虽然一度有效,但危机随至。财政支出及赤字居高不下,生产发展渐趋滞缓,劳动人民生活水平波动起伏,常常酿成不满和对立。第四,民主社会主义因为缺乏对相应理论及政策的负面作用进行分析与纠正,导致精神和道德危机仍然存在。比如高福利政策养出一批懒汉,造成很坏的社会示范作用,并鼓励投机取巧行为,等等。

目前民主社会主义的组织发展很快,1989年6月社会党国际召开十八大时,成员党已达到89个,党员有2 000多万人,地区分布遍及世界各大洲,包括过去其影响甚弱的北美与日本。民主社会主义的执政党战后大大增加,20世纪80年代末达29个,有的已执政长达半个世纪(如瑞典)。拥护民主社会主义的选民急剧增多,已达数亿人之巨。现在欧洲议会中,社会党议会党团是最大的党团,仅西欧各议席中,社会党就拥有1 900多席,占全部席位的37%。民主社会主义迅速发展的原因在于采取了适应当代资本主义社会现实的路线和政策,并利用了科学社会主义实践中的"左"的严重错误。"苏东"解体、易帜后,大多数国家并非倒向传统资本主义,而是在相当程度上急剧转向民主社会主义,也刺激了民主社会主义的进一步发展。

20世纪90年代以来,鉴于发达国家的国内新变化、"冷战"结束、国际政治格局剧变等新情况,民主社会主义也作了适应性调整,其理论与实践出现了某些新变化:①更加强调贴近发达资本主义的现实,与自由主义、保守主义等资本主义社会的主流思潮合流。曾经承认可以用公有制和国家调节来改良资本主义的社会党,现在普遍放弃了公有制主张,虽然尚未坚决反对公有制。并强调市场只能通过法律、而不是通过国家机器来调节。有的社会党甚至宣称,社会主义的目标不是废除资本主义,而是使之朝公正化、民主化方向发展。"趋同论"由此日益主导民主社会主义的理论。有的民主社会主义理论家(如吉登斯、托马斯·迈尔等)呼吁放弃"民主社会主义"这一名称,专用"社会民主主义"称谓。本来二者一直通用,且公认其内涵与目标是非"苏东"式的社会主义。现在强调这一区别是为了"最终告别社会主义",将社会主义融于民主主义之中,认为民主——人民的选择就是社会主义。社会党国际采纳了这一要求,在1992年9月召开的"十九大"上,正式将"民主社会主义"一词放弃,宣布改为"社会民主主义"。②党的组织结构朝着年轻化、妇女化、中产阶级化和分权化(即基层组织享有充分的独立性)的方向发展。这一变化适应了发达国家社会结构变化的中产阶级化趋势和青年运动、女权主义运动兴起的潮流,因而巩固和发展了党的组织。③不再主张大规模群众运动,与工会的关系朝分离和疏远的方向发展。社会民主主义、社会变革运动日益议会政治化,党的少数精英人物的代表性与作用日益突出。④社会民主主义的目标由"劳动解放"扩展到"环境解放",其批判对象由资本主义社会的剥削、压迫和种种社会不公正现象扩展到对整个人类生存环境的破坏。德国社会民主党与绿党结盟(被称为"红绿联盟")获取了大选的胜利,即为突出例证。⑤国际战略变更。既同全球化的资本倾向[①]所带来的更大范围的不公正现象作斗争,并用左翼价值观及相应政策改造或弱化资本全球化的负面影响;又因循地缘政治格局的需要,最大限度地寻求并维护国家利益、地区利益,直至推行地区霸权主义。其积极支持并参与北约轰炸南斯拉夫科索沃地区即为明证。

上述变革使社会党及社会民主主义获得了新的发展。欧盟15国中,4国由社会党单独执政,5国以社会党为主体联合执政,占欧盟国家的60%。社会党国际的力量也在不断壮大。1992年,社会党国际召开"十九大"时,成员党和组织上升到111个,党员2500余万,选民突破2亿;1996年召开"二十大"时,成员党和组织急剧上升为140个。从整体上看,社会党及社会民主主义已进入"二战"后最繁盛的

[①] 他们认为全球化的基础及表现均为资本的全球化。

发展时期①。

第二节　欧洲共产主义

一、欧洲共产主义的历史渊源与理论渊源

"一战"后,从第二国际中分化出来的左派在列宁领导的布尔什维克党的支持下,开始在各发达国家及落后国家创建共产党组织,并联合成立了共产国际即第三国际。在整个20年代,各发达国家共产党的力量与影响还比较小。但随着法西斯势力席卷并肆虐欧洲,发达资本主义各国的共产党旗帜鲜明地反对法西斯,赢得了人民的拥护和尊重。"二战"中,许多发达国家如法国、意大利等,都以共产党为领导核心,组建了反法西斯统一战线,卓有成效地领导了反法西斯战争,有的还组建了人民军队,为推翻法西斯统治、解放自己的国家立下了不朽功勋。战后,西欧发达国家的共产党组织及其活动蓬勃发展,一些发达国家的共产党还参加了政府,成为国家政治生活中举足轻重的力量。

但是随着世界范围内"冷战"的加剧和美国援助重建西欧的"马歇尔计划"的实施,新技术革命浪潮兴起,推动了生产力迅猛发展;还由于发达国家共产党长期受到苏共的影响和控制,提出的路线、方针也与苏共比较接近甚至相同,呈现出较浓厚的"左"的色彩,为发达国家社会所拒斥;加上苏联模式在经济建设和政治民主等方面的严重失误及赫鲁晓夫对这些失误的揭露,降低了欧洲共产党在"二战"中所形成的威望;自20世纪60年代开始的中苏两党大论战,又造成许多发达国家的共产党分裂出不同派别。② 所有这一切,使得发达国家的共产党再度受到歧视和排斥,先后被迫退出政府,在有的国家共产党甚至被宣布为非法。西欧共产党的组织力量、社会号召力及活动能力、社会认同程度及影响力等等,一度急剧萎缩,遭到了严重的削弱。经历了长达近30年的困难和挫折,欧洲发达国家的共产党逐渐摆脱

---

① 参见《当代世界社会主义问题》,1999年第3期,第54、55、57、59页。
② 这些派别基本上都持较"左"的观点,后来有的自行消亡,有的重新认同了党的路线、方针,回到了党内,有的则坚持至今,不过仍然比较弱小。

第八章 发达资本主义国家的社会主义思潮和流派

了苏联的干预和控制,结合各自国内外的实际情况,对本国如何实现社会主义的问题作了一系列富有创新性的探索,提出了一整套符合本国国情、不同于苏联模式的理论、路线、方针和政策,包括走向社会主义的具体道路、社会主义的具体组织、实施形式及内容,等等。西欧共产党这种理论和实践的新探索,被概括地称为"欧洲共产主义"。

1976年1月,意大利共产党总书记恩里科·贝林格访问法国,在法国共产党为他举行的欢迎会上,首次公开使用"欧洲共产主义"这一语词和概念。同年6月,在当时的东柏林举行的欧洲共产党和工人党代表会议上,贝林格和西班牙共产党总书记圣地亚哥·卡里略、法国共产党总书记乔治·马歇,正式使用了这一概念,并初步概括出"欧洲共产主义"的基本思想。1977年3月,他们三人又在马德里发表联合声明,系统阐述了"欧洲共产主义"的思想、路线、方针、政策。欧洲共产主义的思潮、运动及其影响,从此不断蔓延扩张,得到长足的发展和壮大。

按照贝林格的说法,"所谓'欧洲共产主义',就是从欧洲资本主义的特殊条件出发,寻求社会主义的道路。它不同于欧洲社会民主党所走的道路,也不同于苏联东欧已有的模式。它是在欧洲发达的工业国家通过民主途径,寻求所有社会主义的力量——工人、民主和进步力量的团结,实现社会主义的变革。"[①]卡里略则指出:"欧洲共产主义是一种产生于独特经验和具体现实之中的一种自立的战略。它按照发达资本主义国家的经济、社会和政治特点,在国际共运中制定一条革新的路线。它的根本特点在于西欧各国共产党独立于苏联,并在理论和实践上表明一条真正的民主道路。"他还强调,"欧洲共产主义就是使革命的马克思主义同欧洲各国具体情况相结合。"[②]用马歇的话来说,欧洲共产主义就是通过民主道路走向真正的、自由的社会主义。

欧洲共产主义的理论渊源可以追溯到意大利共产党早期领导人安东尼奥·葛兰西[③]的思想。主要包括:①国际共运中各国党独立自主的原则。每一个国家的无产阶级政党必须将马克思主义普遍原理与本国的具体情况相结合,走出自己的道路。②工人阶级领导权思想。工人阶级必须首先取得意识形态的领导权,组成以工人阶级为领导的、以工农联盟为基础的、团结一切劳动人民和知识分子的新的"历史集团"去争取社会主义。工人阶级的领导权必须通过民主的方式和方法,在取得人们普遍认同和支持的基础上才能实现。③建党思想。工人阶级必须有一个以马列主义为思想基础、按民主集中制原则建立起来、以职业革命家为骨干的群众

[①] 转引自贝林格1980年4月22日在北京中外记者招待会上的讲话,《人民日报》1980年4月23日。
[②] 参见卡里略著:《"欧洲共产主义"与国家》,商务印书馆1982年版,第147、751页。
[③] 葛兰西同时也被认为是"西方马克思主义"的先驱者之一。

性政党。党的三个基本要素是：广大普通党员、党的领导、党的中下层干部。④西方革命战略——阵地战（又称包围战）思想。葛兰西认为，国家由政治社会和市民社会两部分所构成。政治社会指国家暴力专政机器各部分的总和，包括军队、警察、司法系统，等等；市民社会指日常生活各部分的总和，包括政党、工会、学校、教会、报刊、出版、文化团体、家庭，等等。在欧洲资本主义国家里，资产阶级在这两方面都取得了领导权。如果无产阶级仅仅通过短暂的正面进攻即运动战来摧毁政治社会，市民社会的坚强结构就会显示出来，重新恢复并维系旧的政治社会。考虑到西方发达国家的资本主义社会已有几百年历史，无产阶级社会主义革命的直接目标就不应当是政治社会，而应当是市民社会。无产阶级必须通过渗透、控制和新建传播意识形态的机构，掌握意识形态的控制权，从而渐渐取得对各方面的市民社会的领导权，建立起社会日常生活各领域中的无产阶级思想及价值观念的优势，争取绝大多数人民群众的赞同和支持，最终占领政治社会。换言之，无产阶级革命所追求的新型社会，必须从市民社会即社会深层结构的改造入手，以争夺意识形态领导权为切入点，传播无产阶级的思想及价值观念，通过民主的支持和认同，最终实现对政治社会即社会表层结构的改造。

葛兰西的思想被后来的意共总书记帕尔米罗·陶里亚蒂加以发展，形成了国际共运中的"多中心论"和发达国家走向社会主义的"结构改革论"。陶里亚蒂强调在国际共运中，各国共产党必须独立自主，反对"大党中心主义"；否认存在一个所谓的"领导中心"，反对由苏联来控制各国党；主张各国共产党都是自己国家社会主义事业的领导中心，都有权而且应该走自己的道路。陶里亚蒂还强调通过结构改革实现社会主义，主张在政治方面，通过议会斗争和群众斗争相结合的形式，团结绝大多数人民群众，逐步改变国家内部的均势、力量对比和结构，建立新型民主制，实行国家机器包括军队、警察、司法系统的民主化，在广大日常生活及文化生活的范围内确立和发展人民自治；在经济方面，消除主要生产资料的私有制垄断，通过国家干预、关键部门的计划化、有步骤的国有化、废除大土地私有制、建立劳动者参加管理的制度等等，实现经济的民主化，使经济生活从资产阶级的垄断中解放出来。

葛兰西在20世纪20年代提出的创新性思想，经陶里亚蒂在50～60年代的创新性发展，后来被欧洲许多发达国家的共产党相继接受并进一步发展，构成了当今欧洲共产主义思想的理论基础。

二、欧洲共产主义的理论与政策主张

欧洲共产主义在实现社会主义的战略和策略上，有许多不同于民主社会主义和苏联模式的创新，其基本理论观点和实践原则，概括起来就是两条：一是独立自

主,二是民主道路。具体包括:

（1）各国走向社会主义的道路与方式是多种多样的,不存在具有普遍性的标准模式。苏联等国暴力革命的道路不适用于发达国家,因为这些国家有充分的民主形式可供运用;充分运用这些民主形式也符合广大人民群众的心理,容易得到人民群众的认同和接受。

（2）用和平手段而不是武装斗争的手段取得政权,但不排斥在必要时采用暴力革命。社会主义者是否使用暴力,本质上取决于资产阶级是否对无产阶级及社会主义力量使用暴力。

（3）运用议会斗争和群众斗争相结合的形式,推动革命力量的发展和社会主义事业的前进。一方面将群众的呼声在议会中充分加以反映、表达和伸张;另一方面以议会的斗争来引导群众。

（4）强调工人阶级的领导权。在议会内外的斗争中,工人阶级及其政党必须站在前列,发挥领导作用,并力争在各级议会选举中取得胜利,实现参与执政。

（5）实施劳动力量和文化力量联盟的政策,团结社会上一切可以团结的正义的和进步的力量,以改变社会政治力量的对比,推进社会主义事业,孤立和打击顽固、反动的右翼势力。

（6）不必打碎现有的国家机器,可以通过民主途径的改革,实现政府职能的民主化、军队的民主化、警察力量的民主化(如建立警察工会等等),使之溶进社会的进步事业。军队民主化的途径是建立军队代议制,议会拥有对使用军队的最终决定权。通过彻底改造并利用现有的国家机器,使之成为社会主义事业的工具。

（7）无产阶级要不断渗透、占领和扩大在舆论传媒等意识形态领域的阵地,力争对意识形态的领导权,并通过社会认同,逐步取得无产阶级思想及价值观念的优势。

（8）积极参与和影响日常生活,逐步取得对日常生活的影响力,以消除资产阶级对日常生活的控制及对观念准则的垄断,努力改造社会的内在深层结构,发展社会对社会主义事业及其思想体系的认同。

（9）建立社会主义政权以后,实行多党联盟制,实现多数派政党(轮流)执政,发展社会主义的政治竞争和竞选。

（10）废除资产阶级对于生产资料所有权的垄断,实行以公有制为主体的多种所有制并存的新经济模式,经过相当长时间的公有经济与私有经济的并存,根据生产力发展的客观要求,逐步过渡到全社会公有制。但公有制可以有多种形式,国有制在公有制中既不是唯一的、也不是最好的形式。

（11）通过劳动者参与经济(企业)管理,发展经济决策和经济生活的民主化。

（12）建立既高度、又全面的民主的社会主义,所有劳动者具有完全充分的民主表达、参与、实施的渠道及组织形式,真正成为国家的管理者和社会的主人。

(13) 在科学、教育、文化领域,各种思想、各种学派、各种形式有充分表达、存在和发展的自由,废除行政干预,禁止强行统一。

(14) 以马克思主义为指导思想,但不主张使用"马列主义"这一概念,更不提"列宁主义"①,抛弃并指责斯大林主义。不允许并斥责在全社会强行统一意识形态,认为马克思主义的优势要通过竞争加以体现并得到实现,采取禁止其他意识形态的做法反而贬低了马克思主义的科学性、生命力及声誉。

(15) 否认并反对在国际共运中重建任何形式的"领导核心"、"领导党"、"领导国",主张各党、各国之间完全平等,各党、各国都有权独立行动并维护自己的主权,反对任何形式的外来干涉,批判"大党中心主义"和霸权主义。据此,欧共各党严厉斥责苏联1968年8月入侵捷克斯洛伐克、扼杀"布拉格之春"的霸权主义行径,并于20世纪70年代初就此问题与苏共展开激烈论战,颇得欧洲舆论的好评。欧共各党还一再拒绝勃列日涅夫提出的关于召开世界共产党、工人党代表大会的建议,指责其试图(尽管是在形式上)重建"苏联中心",以致直到勃列日涅夫去世,该大会也未能开成,此后更无人再重新提及。为了彻底反对"国际共运中心论",欧洲共产主义声称自身也不存在中心,声称自身也不是国际共运的任何形式上的新中心。

(16) 在工人阶级和劳动人民掌握了国家政权和经济命脉的基础上,与生产力发展要求和整个人类文明的进程相一致,积极促进社会主义逐步过渡到共产主义。他们强调"共产主义决不能游离于人类整体文明的发展之外"。

(17) 发展工人阶级领导的、由先进分子和进步力量组成的新型的无产阶级群众性政党,并坚持民主集中制的组织原则。

(18) 在国际问题上,反对霸权主义,维护世界和平,强调"南北合作",支持民族解放运动。

欧洲共产主义在强调和平民主道路、议会斗争,发展人民民主、人民自治等方面,与民主社会主义存在着许多共同点,但欧洲共产主义与民主社会主义之间仍然有着以下几个根本的区别:第一,欧洲共产主义坚持以马克思主义为指导思想,而民主社会主义则强调社会主义思想及其来源的多元化。第二,欧洲共产主义坚持以实现共产主义作为自己的最终目标,而民主社会主义则否认共产主义这一最终目标。第三,欧洲共产主义虽然强调议会斗争、和平民主道路,但并不排斥一旦必要时可以搞暴力革命;而民主社会主义则基本否定暴力的革命作用和历史作用,强调和平民主、议会道路的唯一性。第四,欧洲共产主义坚持以工人阶级为领导的先进分子和进步力量的政党理论和政策,坚持党的民主集中制的组织原则;而民主社

---

① 葛兰西与陶里亚蒂还是承认并坚持马列主义的。

会主义则宣称要建立全民的群众性的政党、思想自由的政党,主张具有"不同信仰的人构成的政治共同体",并指责民主集中制破坏民主、导致极权。可见,欧洲共产主义是发达国家共产党的主张及纲领,民主社会主义则是社会党的纲领及实践。

欧洲共产主义虽然不被部分发达国家的共产党(如美国、加拿大、奥地利、新西兰等国的共产党)所采纳,但它产生以来,对国际共运发生了极大的影响,一度取得辉煌的成就,一改发达国家共产党及其领导的社会主义运动近30年的低落局面。20世纪80年代末期,欧洲共产主义影响遍及全球:日本共产党宣布采纳并实施之,党员人数达330万;在西欧2亿多选民中,欧共获11%的选票支持;在欧洲议会选举中,欧共获44个席位;意共在议会选举中,一度获1/3的席位;法共也因议会选举中表现出来的实力而一度参加政府;欧共许多政党在地方选举中尤见成效,在不少发达国家的许多地区,欧共实现了联合执政。总之,欧洲共产主义通过和平民主的道路,发展了非资本主义经济和政治成分,推动了社会进步和社会主义事业的发展。

三、欧洲共产主义的发展趋势

20世纪80年代末、90年代初,"苏东"的解体和易帜,对欧洲共产主义冲击巨大,欧共各党发生了剧烈的分化和重组,进入了自其产生以来最艰难的时期。

以意大利共产党和英国共产党为代表的部分发达国家的共产党,转向了民主社会主义。1989年东欧剧变,英共立即发表声明予以支持,并称东欧终于"最终摆脱了斯大林主义的阴影"。1991年苏联"8.19"事件发生以后,英共再次声明:"在席卷世界的共产党变化浪潮中,英共再坚持共产主义目标已毫无意义。"1991年11月英共召开第43次特别党代会,经过激烈辩论,终以多数票通过将自己的名称改为"民主左翼",人数也仅存2 000人不足,结束了英共的存在。意大利共产党在东欧剧变后,首先改组党的领导层;由民主社会主义倾向浓烈的奥凯托出任党的主要领导;继而在1991年2月召开的二十大上公开宣称:"现实的共产主义已经失败","要同国际共产主义传统决裂","放弃民主集中制原则";最后以2/3的多数票通过,将意共改名为"左翼民主党"。与此同时,圣马力诺共产党改名为"民主进步党",荷兰共产党则干脆宣告解散。虽然身处逆境,这些党内坚持欧洲共产主义事业的革命力量仍在继续坚持斗争并取得了成效。意共二十大以后,近1/3的党员宣布退出左翼民主党,并着手重建意共,在1991年6月西西里地方选举中得票3.2%;在亚德里亚市选举中得票13.4%,超过左翼民主党所得的12.7%;在1993年4月的全国大选中夺得5.6%的选票。目前,重建后的意共已发展为意大利的第五大党。先后退出英共及民主左翼的原英共各左派,包括重建的新英共及"晨报"派等,正在酝酿新的联合,以继续推进欧洲共产主义。他们表示,共产主义决不会失败。

以法国、希腊、西班牙等国共产党为代表的另一部分发达国家的共产党,面临巨大压力,矢志不移地坚持欧洲共产主义。1991年9月法共召开中央全会,讨论了苏联"8.19"事件后的局势,统一了全党认识,稳定了全党情绪。在持民主社会主义倾向的党内"改革派"要总书记马歇下台的呼声中,党内绝大多数人支持马歇连任,马歇说:"在法国,共产主义的价值不仅有生命力,而且有现实性。"[1]1991年当发达国家各国共产党力量大减时,法共还发展了41 000余名党员,并在地方议会补缺选举中,得票略有上升。希腊共产党在1991年11月7日,隆重纪念十月革命74周年,并在同年12月召开的十四大上,重申了为社会主义而奋斗的决心。西班牙、瑞士、日本、葡萄牙等国的共产党,也正在坚持科学社会主义的道路上坚韧不拔地前进。

20世纪90年代以来,"欧洲共产主义"的理论与实践产生了某些新的积极变化:①普遍抛弃了过去的若干空想和激进成分,强调面对发达资本主义的现实,切合实际、积极稳妥地前进。为此,吸收了民主社会主义诸多有效政策和被实践证明是正确的理论。法国共产党2000年3月举行了"三十大",提出以党的现代化来取代对政府的强硬态度,对自身来一场"革命"。宣称愿与一切左翼政党及派别(首先是法国社会党)合作,并加强在议会、议员和市政等行政领导人中开展工作。但欧共仍坚持与民主社会主义的根本区别:坚持社会主义的方向与目标。②强调并注意发展年轻党员、妇女党员、中产阶级党员,以壮大党的队伍,并克服党员队伍老化的危机。特别注重扩大和加强党的社会基础,使党向"集合了所有各阶层的全民方向"发展(法共总书记罗贝尔·于语),以达成对国家、对社会的全民干预并改造的目的。③普遍放弃了民主集中制原则,以彻底抛弃一切"集权—极权"因素,实行民主制(基层组织享有完全的民主权利。即使出现反对派,也不清除,只求同存异)和联邦制(即各地方党组织代表组成联邦委员会以取代中央委员会,各地方党组织还可以拥有自己的名称和标记[2])[3]。

这些积极变化推进了欧洲共产主义运动。持欧共立场的各发达国家共产党不仅站稳了脚跟,而且在地方和全国议会选举中均获得了不少于10%的选票,力量和影响稳中有升。北欧原消失和解散的共产党已部分恢复。意大利左翼民主党(原共产党)宣称仍部分坚持欧共路线,虽未与新建共产党合并,但两党与人民党

---

[1] 参见《90年代西欧形势》,第92页。

[2] 典型者有西班牙共产党。西共党章中还取消了下级服从上级的原则,其联邦委员会成员大多为40~50岁的观念较新的年轻一代,其中一半是妇女。

[3] 参见《90年代西欧形势》,第56页。

（由天主教民主党左派分化而来）和其他左翼力量结成中左联盟，赢得了 1996 年 4 月的大选。意大利自"二战"结束以来，第一次出现了右派交出政权，以左派为主体组成的政府。意大利左翼民主党现任总书记达莱马说，左翼民主党将坚持与新建的共产党、人民党及一切偏左政党、中间党派的长期合作，以形成议会中稳定的中左派多数，推动意大利的发展与进步。法国社会党则依靠与法共的联合，赢得了 1997 年的大选。

欧洲共产主义因切合发达国家的实际而产生并得到发展，它决不会因外部突发事变（如东欧剧变和苏联解体）的冲击而消亡。只要资本主义社会的基本矛盾仍然存在，只要欧共各党作出符合实际的进一步调整与创新，欧洲共产主义的生命力就必将再度显现。

第三节　西方马克思主义和第四国际的社会主义

一、西方马克思主义的形成及特点

西方马克思主义是 20 世纪 20 年代以来，在欧美发达资本主义国家产生的一种与民主社会主义观点相异，又与列宁主义、斯大林模式相抗衡的自命为马克思主义的意识形态，其本质是属于左派知识分子的左翼激进主义思潮。西方马克思主义并不是一种地区性概念，也没有自身的政党组织和派别机构。它的发展经历了以下三个大阶段：

第一阶段是 20 世纪 20～30 年代，西方马克思主义的形成时期。俄国十月革命以后，国际共运在欧洲进入低潮，欧洲一些国家的共产党人和信仰马克思主义的知识分子提出了"重建马克思主义哲学"的口号，以期通过总结经验教训来探讨并开拓未来。1923 年匈牙利的格奥尔格·卢卡奇出版了《历史和阶级意识》一书，德国的卡尔·科尔施出版了《马克思主义和哲学》一书，就反映了这些要求和倾向。意大利的葛兰西也表达了自己许多独到的见解与看法。这三人被认为是西方马克思主义的创始人。这一时期的西方马克思主义，还只是国际共运中一种不同的观点和理论，尚未形成一种独立的思潮。

第二阶段是 20 世纪 30～50 年代，西方马克思主义的发展时期。在这一时期，西方马克思主义的观点和理论开始转移到党外（共产国际及其所属各国共产党之外），并以党外知识分子为主体迅速发展，逐渐形成为一种独立的社会思潮。1932年，马克思的《1844年经济学—哲学手稿》全文首次公开发表①，其人道主义和人本主义的色彩极大地影响了西方马克思主义。《手稿》明确宣布共产主义是彻底的人道主义，这就使对马克思主义作人本主义阐释的西方马克思主义找到了理论根据。50年代以前的西方马克思主义者，均为人道主义者和人本主义者。

第三阶段是20世纪60年代以来至今，西方马克思主义影响急剧扩大的时期。60年代中期西方社会出现了"新左派"政治力量，他们对资本主义社会不满，又认为十月革命道路已经过时，纷纷从西方马克思主义中寻找思想武器。西方马克思主义于是从书斋走向了社会。1968年5月法国爆发了"五月风暴"，这是一场由学生、年轻知识分子和青年工人参加的造反运动，而后蔓延至整个西欧和北美。在这场造反运动中，西方马克思主义得到迅速传播，被年轻造反者奉为指导思想，赫伯特·马尔库塞、让-保罗·萨特等人被推崇为"精神领袖"。造反运动平息后，西方马克思主义又回到了书斋，依旧成为一种社会思潮和研究对象，发达国家的许多大学，都公认它是一门学科，设置了研究和讲解西方马克思主义的有关课程。

西方马克思主义在长期的发展过程中，形成了四大流派。一是对资本主义社会进行尖锐深刻批判的"法兰克福学派"，其源于西方马克思主义的形成时期，当代代表人物为德国的马尔库塞。二是对资本主义社会的价值观念提出质疑、并进行改造的"存在主义的马克思主义"，其主要代表人物为法国的萨特。三是对马克思主义经典文本作出历时态和共时态的结构性解读，从而作出重新解释的"结构主义的马克思主义"，其代表人物为法国的路易·阿尔都塞。四是对马克思主义作了新实证考证、并作了新实证解释的"新实证主义的马克思主义"，其代表人物为意大利的德拉·沃尔佩。

西方马克思主义作为一种学说和社会思潮而非实践运动，影响深远，迄今不衰。它在发达资本主义国家拥有广泛的社会基础，青年工人、青年知识分子、在校大学生和研究生、白领阶层、自由职业者、中产阶级乃至小企业主中的相当一部分人，都是西方马克思主义的信仰者或研究者。这表现出这些阶层对资本主义的不满和失望，也反映了他们对社会主义前途的某些看法。

西方马克思主义尽管流派纷呈，但也具有以下一些共性的特征：①政治态度激进，对资本主义社会现存的一切都作批判性考察，自称为"否定理论"、"批判理论"等等。②思想上坚决反对教条主义，认为每一代人都应当、并有权重新发现乃至创

---

① 马克思撰写这一手稿时，尚未创立历史唯物主义和剩余价值学说，其思想具有较明显的人道主义和人本主义倾向。

造马克思主义,不承认任何自封的马克思主义权威。③较多地肯定马克思的早期思想即所谓青年马克思思想,特别是其中的人道主义、人本主义的思想及价值观,较多地否定马克思、恩格斯的晚期思想;反对列宁主义,彻底否定斯大林主义。④在组织上没有任何党派,与工人运动、与当代国际共运都缺乏组织联系,但以"新工人阶级"(即当代西方有文化、有专业技能的雇佣劳动者和白领阶层)作为自己的阶级基础。⑤西方马克思主义者大多为学生、知识分子、学者、教授。⑥在理论上,深受当代各种资产阶级哲学及思潮的影响,如新康德主义、新黑格尔主义、新实证主义、批判理性主义、存在主义、结构主义等等,试图将它们与马克思主义结合并融合起来。

二、西方马克思主义的基本理论观点

首先,西方马克思主义对资本主义社会作了深刻的、独到的分析和批判。一是对资本主义社会经济制度的分析批判。他们认为资本主义社会虽已高度发达,但其内在的矛盾并未解决,最终必将趋向消亡。马尔库塞就持这种观点,但他同时认为,资本主义不会立刻崩溃,它的最后危机可能将延续一个多世纪。他在马克思分析的基础上,进一步揭露了当代资本主义对劳动者的残酷剥削、人们之间的不平等关系以及人的异化现象。马尔库塞说:"这种高度发达社会的不合理性,表现为效率原则的至高无上,为了生产效率的提高,连泰罗制也没有消耗过这么多劳动力。"在资本主义经济活动中,人的主体性和创造性消失了,个性和自由性被压抑,人成了受奴役的"工作机器",成了丧失作为人的本质的"经济动物",成了"单向度的人"。贫困与富裕两极分化,资本主义社会的基调就是不道德。二是对资本主义社会思想政治方面的分析批判。他们认为资本主义是新型的集权社会,表现为垄断资本实现了对全社会乃至全世界的控制;技术的进步强化了对劳动者的奴役,这是继中世纪之后的第二个黑暗时代。并且揭露出资本主义的民主自由仅为少数人享有,即为拥有资本从而享有经济决定权的人享有,大多数人则处于服从和被控制的地位。资本主义虽然创造了巨大的物质财富,但人的精神生活却非常空虚,缺乏理想和追求,社会充斥着伪善。欧里奇·弗洛姆指出,这在相当程度上丧失了人的本性。三是对资本主义社会阶级结构的分析。他们认为当代资本主义社会的阶级结构在总体上分为三个阶级,即"新工人阶级"、经理阶层和传统的资产阶级。排除掉后两者,可见前者涵义广泛,成员复杂,反映了当代资本主义社会劳动者的发展变化的趋势——有文化、白领化。由于所有权与经营权的分离,传统的资产阶级正在变成食利者阶级。新工人阶级在经济生活上已得到满足,其中大多数人与现存制度已经一体化,因此阶级妥协成了当代资本主义社会结构的基础。但新工人阶级仍然是实现未来社会主义的主体和主导力量。

其次,西方马克思主义对推翻资本主义的革命道路和方式提出了设想,进行了设计。一是强调夺取"意识形态领导权"。卢卡奇指出,当资本主义危机来临时,社会主义的命运取决于无产阶级意识形态成熟的程度和它的自我阶级意识。无产阶级如果不能在精神上、文化上挣脱资产阶级的控制和教会统治的枷锁,它就永远也不能取得革命的成功;即使一度夺取了国家政权,也不能保持长久。无产阶级必须争夺"意识形态领导权",扩大自己在意识形态领域的发言权,传播自己的思想体系和价值观念,形成本阶级的主体意识,促进本阶级的整体成熟;并以此影响和改造整个社会。二是主张用"总体革命"推翻资产阶级专政。因为资产阶级对包括经济、政治、思想文化在内的社会生活各领域实施了垄断控制,其统治具有总体性,所以社会主义革命也必须具有总体性,以"总体革命"推翻资本主义制度。换言之,对资本主义社会不仅要进行经济革命、政治革命,还要进行思想革命、文化革命;特别是后两种革命,关系到一个真正新型的社会主义社会的创造、巩固和发展。他们认为苏联革命突出了经济革命和政治革命,但思想革命和文化革命不深入、不发展,因此是片面的革命,并未达到建设一个全新社会的目的。英国的西方马克思主义者密立本德甚至认为,因为缺乏思想和文化的深刻革命,苏联在相当程度上是沙俄社会及国家的再造,或者说是苏联再造了沙俄社会与国家。葛兰西则认为,思想和文化革命应当从日常生活批判开始。三是提出了反对资本主义经济制度的"结构改革战略"。他们强调利用资本主义生产过程中的矛盾,通过各种形式的罢工,打击、限制国家和资本的权力,逐步改变企业和经济的管理,最终变资本主义生产结构为社会主义生产结构,也就是使资本主义经济民主化,使资本主义生产的目的得到改变。罢工的时机必须选择在对工人损失最小、对资产阶级损失最大的时候进行。他们认为这是在当代西方推翻资本主义生产结构、发展社会主义生产结构的可行而有效的道路。

第三,西方马克思主义还对未来社会主义模式提出了一系列设想。他们是在批判资本主义制度和苏联模式的基础上,提出自己的社会主义蓝图的。①"工人委员会模式"。葛兰西认为,工人委员会是工人阶级经济和政治自治的政府,是新型社会主义国家的雏形。法兰克福学派的创始人之一麦克思·霍克海默说,工人委员会制度是迈向社会主义的道路,具有实践的可行性基础。②"总体性社会主义模式"。即建立在"总体革命"基础之上的、经济、政治、思想、文化全新的社会主义社会。社会主义的本质在于改变人类生存的性质,使人从人的异化向人的自身复归,这是一种全新的社会。所以,社会主义不仅要发展生产,而且要关心人,消除人的异化;不仅要比资本主义生产得更多,关键是要以不同于资本主义的方式来生产。社会主义就是在吸取当代人类创造的一切先进成果的基础上,恢复人的本质和人的主体性,恢复人的自由、自尊和创造性。人本身就是社会主义的目的。③建立在

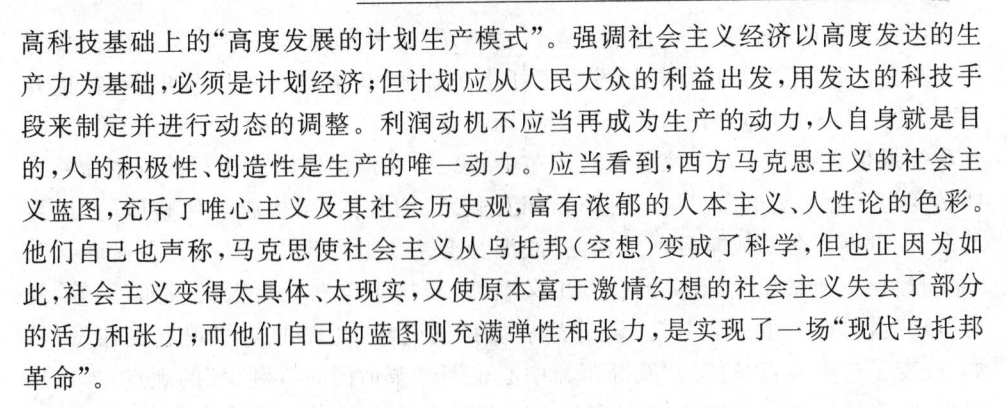

高科技基础上的"高度发展的计划生产模式"。强调社会主义经济以高度发达的生产力为基础,必须是计划经济;但计划应从人民大众的利益出发,用发达的科技手段来制定并进行动态的调整。利润动机不应当再成为生产的动力,人自身就是目的,人的积极性、创造性是生产的唯一动力。应当看到,西方马克思主义的社会主义蓝图,充斥了唯心主义及其社会历史观,富有浓郁的人本主义、人性论的色彩。他们自己也声称,马克思使社会主义从乌托邦(空想)变成了科学,但也正因为如此,社会主义变得太具体、太现实,又使原本富于激情幻想的社会主义失去了部分的活力和张力;而他们自己的蓝图则充满弹性和张力,是实现了一场"现代乌托邦革命"。

三、第四国际的社会主义

所谓第四国际的社会主义,就是现代托派的社会主义。1929年托洛茨基被放逐出苏联以后,开始组织第三国际(共产国际)的"左翼反对派",到30年代中期逐渐发展为国际上的一种极"左"势力。1938年9月建立了托派性质的第四国际组织,其指导思想为现代托洛茨基主义。第四国际又称作"世界社会主义革命党",它在组织方面的特点是:坚持建立脱离民族基础的世界性政党的原则,各国托派组织均为第四国际的下属支部或小组,完全服从国际中心的统一指挥;与此同时又坚持组织内部的派别自由。目前,全世界共有6个自称代表第四国际的托派集团,即:第四国际统一书记处,第四国际委员会,第四国际马克思主义革命倾向,拉丁美洲第四国际书记处,争取重建第四国际组织,以及国际托洛茨基主义倾向(又称斯巴达克同盟)。他们在60多个国家建立了大约130多个支部和小组,成员一度达6万余人;现在成员减少了许多,但影响依然存在,活动仍在进行。现代托派组织的主要活动地区为西欧和北美,中心在巴黎和伦敦。此外,拉美的托派中心在阿根廷,澳大利亚和新西兰也有托派活动,亚洲托派组织主要在日本、印尼和斯里兰卡。

现代托派始终以托洛茨基的"不断革命论"和"一国不能实现(建成)社会主义"的理论为指导思想。托洛茨基的"不断革命论"包括:第一,民主革命的不间断性,即帝国主义时代已不存在一个单独的民主革命阶段,应当用社会主义革命统一它、涵盖它;第二,社会主义革命的不间断性,即社会主义革命必须突破民族国家的范围,将革命推进到其他国家去,即向其他国家"输出革命",由此引发无产阶级的世界革命;第三,世界社会主义革命的不间断性,即世界革命是一国实现社会主义的必要前提,失去这个前提,社会主义革命在一国范围内是绝对不可能完成的,并据此指责世上所有的社会主义国家已统统变质。托派理论的激进和消极(取消革命)是内在联系着的,它借口革命的不间断性否认革命的阶段性,借口革命的国际性否认革命的民族性,借口社会主义的完全胜利有赖于全世界无产阶级的最终胜利,否认一国可以建成社会主义。托洛茨基一直强调"世界革命",其中心又是欧洲发达国家革命。"二战"后,现代托派发展了托洛茨基的"世界革命论",提出所谓"世界革命"的三大任务,即:第一,在资本主义国家进行无产阶级社会主义革命;第二,在苏联等蜕化变质的工人国家进行政治革命;第三,在殖民地国家进行民族革命并立即转变为社会主义革命。这三种革命相互联系,相互依存,构成当代整体的"世界革命"。世界革命的战略目标是建立"欧洲社会主义联邦"、"亚洲社会主义联邦"、"非洲社会主义联邦"、"北美洲社会主义联邦"、"拉丁美洲社会主义联邦"等等,最后实现"世界社会主义联邦"。随着战后形势的变化,托派的某些观点也在发展,如:改变了过去一直坚持的"欧洲革命中心论"和"革命同时胜利论"的观点,提出从殖民地、半殖民地向帝国主义国家(中心)推进革命的观点;开始承认农民是殖民地、半殖民地革命的主力军;不再坚持通过世界战争毕其功于一役、完成世界革命的观点,提出了不间断、但依次推进世界革命的观点;赞同将殖民地、半殖民地革命通过其不间断的发展纳入世界革命的范畴。

在战后,现代托派一度在第三世界大力发展组织,给第三世界人民的民族民主革命造成很大的破坏。1968年"五月风暴"以后,他们声称世界革命中心又回到了欧洲发达国家,遂将活动中心转向欧美。但因其脱离现实的极"左"论调,加上内部思想分歧严重,不断分裂重组,派系纷呈,迄今没有领导过一次重大的革命斗争,更没有在任何一个国家里夺得政权。20世纪70年代后期现代托派开始走下坡路,活动减少。其中极少数人与自称信仰社会主义、实为小资产阶级无政府主义的恐怖组织合流。但随着这些无政府主义恐怖组织遭到世界各国的联合打击和取缔,这种合流行动现在也停止了。现代托派在当代工人运动和学生运动中虽然仍有一定的影响,但从发展趋势看,他们没有任何前途。

第九章

第三世界的社会主义思潮和实践

第一节 第三世界社会主义的兴起

一、第三世界社会主义兴起的历史背景和原因

20世纪20～30年代,一方面由于帝国主义国家同殖民地、半殖民地国家之间矛盾的激化,亚非拉地区民族解放运动开始高涨;另一方面,第三国际在世界各国帮助建党,积极支持被压迫国家的民族民主革命运动。于是,科学社会主义思潮开始传播到亚非拉广大地区,与当地的工人运动相结合,成为当地无产阶级及其政党的指导思想和革命目标。而亚非拉许多国家的民族资产阶级政党和小资产阶级政党并不接受科学社会主义理论,有的虽然接受了社会主义的口号,但却按照自己的理解和需要重新阐释了社会主义的内容。例如中国的孙中山赞成俄国的社会主义,并认为他自创的"三民主义"中的"民生主义"本质上就是社会主义;印度的圣雄甘地也提出过"托管制社会主义"的口号,但其内容均为民族主义和印度教教义。

"二战"以后,随着民族独立运动的高涨及胜利,广大亚非拉地区许多国家执政的非无产阶级政党都公开、明确地提出了实行社会主义的口号,打起了社会主义的旗帜,强调要以社会主义为本国的发展方向。1955～1988年,在93个先后获得民族独立的国家中,有55个国家的执政党提出要走社会主义道路,占这期间获民族独立国家总数的59%,其中亚洲11国、非洲30国、拉丁美洲14国。20世纪80年代中期以来，随着国际形势的变化，特别是东欧剧变、苏联解体，加上西方主要是美国的经济利诱和政治压力，以及一些国家国内经济发展迟缓甚至倒退所形成的巨大压力，先后已有近30个国家宣布停止实行社会主义。但目前，仍有20多个民族独立国家的执政党继续宣称实行社会主义政策，有的国家已持续了二三十年。此外，在亚非拉地区，自称为社会主义政党和组织的达140多个。这些实践中和理论上的社会主义，具有浓厚的地域特点和民族色彩，被统称为"民族社会主义"，或"第三世界社会主义"，或"亚非拉社会主义"。

第三世界民族独立国家的非无产阶级执政党追求、认同或仅仅标榜社会主义的原因，是异常复杂的，而且具有多重性。概而言之，主要出乎：

第一，对帝国主义国家的仇恨。民族独立国家在独立前都是帝国主义列强的殖民地和半殖民地，帝国主义列强的经济掠夺和政治压迫造成了这些国家的破败凋敝。经过长期斗争获得独立之后，这些国家及其执政党视帝国主义为殖民主义的同义语，不愿对其体系、政策及价值观念加以认同；目睹社会主义各国成为强大的反帝力量，遂追随其后，打起社会主义的旗帜。

第二，对资本主义剥削的仇恨。帝国主义的入侵都刺激了这些国家资本主义生产方式的发展。但落后国家的资本主义因素，要么与帝国主义相勾结形成买办资本；要么在帝国主义与本国前资本主义生产方式的双重夹击中，以妥协求生存。不论采取何种形式，它们都剥削、压迫本国人民。在民族民主革命中，资本主义已不是具有吸引力的发展方向和宣传口号。为了最大限度地动员人民，领导民族民主革命的非无产阶级政党也高呼起社会主义的口号，并将其写入党的宣言和纲领；革命胜利以后，仍然继续实行若干具有社会主义色彩的政策，如国有化等等。

第三，社会主义国家的示范、帮助和引导。"二战"后出现的社会主义阵营，极大地改变了世界政治力量的格局。朝鲜战争、越南战争的胜利（至少是粉碎了美国、法国的帝国主义目的），宣告帝国主义强权政治时代已经一去不复返，充分显示了社会主义的强大力量。社会主义国家经济建设的成就，特别是原来同处殖民地、半殖民地行列的落后国家（如中国等），在社会主义制度下突飞猛进的发展，也对新获民族独立的国家及其执政党起到了鼓舞与昭示的作用。社会主义国家为粉碎帝国主义世界体系，对民族解放运动及民族独立国家所给予的援助，使他们感到社会主义国家是自己真正的朋友，从而在感情上倾向社会主义，愿意接受社会主义的某些观点及价值观念。如埃及建立阿斯旺水坝的要求被美国拒绝后，苏联立即答应援建，加麦尔·阿卜杜勒·纳赛尔总统旋即宣称埃及愿意接受并实行社会主义。类似的情况还发生在中国援建坦（坦桑尼亚）赞（赞比亚）铁路之际。

第四，小资产阶级民主派的意愿与要求。民族独立国家因资本主义未充分发展，无产阶级和资产阶级的力量都比较薄弱，小资产阶级民主派往往被推到历史和政治舞台的中心，由他们组建的党派一般都具有平均主义的激进倾向，追求社会的公道与平等，追求博爱、互助和人道。由于战后社会主义事业大发展而形成的强大号召力和影响力，使他们很容易将这些原本属于民族民主革命范畴的观念与社会主义等同起来，遂将社会主义作为其唯一正确的发展方向及追求的目标。

第五，执政党统治的需要。社会主义学说在发展过程中，产生了多种多样的理解与解释，使之具有足够的弹性与张力。加上社会主义事业的正义性及其被认同，使民族独立国家的执政党宣称实行社会主义对他们极其有利，比如：容易被大多数人民群众接受、认同，从而确立其权力的合法性；可以为其所实行的一系列政策作正义性、合理性、公平性的解释与辩护，有利于推进土改、打击封建势力以及发展本国民族资本主义经济；有利于民族资产阶级经济、政治力量的增长及其利益的维护；甚至还有利于打击、取缔本国的共产党组织。如纳赛尔一面与苏联友好，宣称在埃及实行社会主义，一面宣布取缔埃及共产党。总之，民族独立国家的非无产阶级执政党，根据对社会主义学说所作出的宽泛解释及他们自己的理解，可以在"建设本国类型、符合本国特点的社会主义"的口号下大做文章，构建其在政治上、经济上高屋建瓴的态势，巩固和发展自己的统治。

第六，尽快摆脱落后的心理。民族独立国家经济落后，资源限制性较强，在苏联模式的示范下，部分国家愿意集中配置资源，实施计划经济，以期迅速发展本国生产力。战后一度在世界大多数人民心中，认为社会主义优越于资本主义，具有社会形态上的先进性，这种先进性的吸引和驱动，也使得不少民族独立国家宣称实行社会主义。

第三世界社会主义的兴起，与列宁主义相关理论和社会主义国家的相关外交实践也有着深厚的渊源关系。列宁认为，帝国主义时代，殖民地半殖民地人民的革命首先是、也必然是民族民主革命，即反对帝国主义以争取民族独立，反对封建主义或其他前资本主义社会形态及其统治阶级以争取民主。反对帝国主义的民族革命是关键，因为帝国主义常常利用封建主义或其他前资本主义社会形态的统治阶级，来统治殖民地半殖民地。换言之，在殖民地半殖民地，形成了帝国主义与封建主义或其他前资本主义社会形态统治阶级的结合。民族民主革命就其自身性质而言，属于资产阶级民主革命范畴。但因其反对帝国主义的统治，革命的目的是推翻帝国主义及本国与帝国主义结合的统治者，这就使得它与无产阶级社会主义革命有了共同的革命对象，因为帝国主义时代，无产阶级社会主义革命的直接对象就是帝国主义。因此，民族民主革命不论其领导阶级是谁（通常是民族资产阶级，在某些条件具备的国家，则可能是无产阶级），因其与无产阶级社会主义革命具有对象上的一致性，列宁认为它是无产阶级社会主义革命及社会主义国家的"天然同盟军"。苏联、中国都奉行列宁这一学说，在国际政治中，大力支持殖民地半殖民地人民的民族民主革命,并与取得了民族民主革命胜利的国家保持着良好的外交关系。而这种民族民主革命因其首当其冲地反对帝国主义,总是遭到帝国主义国家的仇恨、反对和破坏。社会主义的支持和帝国主义的反对这一客观事实不仅证明了列宁学说的真理性,而且迫使第三世界与社会主义接近,并按各自的理解,接受社会主义的思想与影响,同时也在国际政治格局中支持社会主义国家,由此构建了第三世界社会主义的共性和深层基础。

二、第三世界社会主义的基本特点

由上可见,第三世界各民族独立国家拥护社会主义的原因各异,对社会主义的理解和认识各异,实行社会主义的目的也各异。这必然导致它们所奉行、贯彻的社会主义在内容和形式上形成以下一系列特点:

第一,非科学性。首先表现为对社会主义的认识同科学社会主义相去甚远。他们有的认为社会主义是人类理性、美好愿望、社会平等的代名词;有的将社会主义视作一种精神状态,一种平均主义的分配方式与生活方式。还有的将社会主义视作一种宗教,它尽管没有神职人员,却是从宗教教义中产生出来,或包涵于宗教教义之中。如阿尔及利亚领导人本·贝拉说,社会主义是从伊斯兰教义中产生的,"伊斯兰教是彻底的社会主义","社会主义早就存在于古兰经中",等等。还有人将社会主义当作实现民族统一和复兴的工具。其实,社会主义的实现固然有利于民族的统一和振兴,但二者绝不等同,更不能将社会主义与民族主义相等同、相混淆。其次表现为实现社会主义的道路及依靠力量的非科学性。有几种大相径庭的观点,如:依靠恢复传统的农村公社精神,通过集体占有生产资料、集体劳动、公平分配社会财富的方式来实现社会主义;依靠宗教精神的指引,依靠乐善好施来改造社会,实现社会主义;依靠农民的力量,以农民为主体甚至以农民为领导阶级来实行社会主义;民主和投票就是社会主义;建立国有化经济,推行土地改革,宣传社会主义,以此来实现社会主义,等等。可见,他们对社会主义的理解与实践充斥着片面性与狭隘性。再次表现为曲解马克思主义甚至反对马克思主义。如纳赛尔强调,马克思主义是一种外来的思想体系,是致力于摧毁伊斯兰教和中产阶级的。他申明,埃及实行的社会主义与马克思主义所说的社会主义有五点不同:①"我们信仰宗教,马克思主义否认宗教";②"我们要全民民主,马克思主义讲无产阶级专政,我们拒绝任何一个阶级的专政";③"马克思主义规定土地国有化,我们没有这个规定,我们相信在合作范围内的土地私有制";④"共产主义不相信私有制,我们相信私有制,我们只是不相信剥削的私有制";⑤"马克思主义或马克思列宁主义规定要用暴力无偿地消灭和粉碎资产阶级或者说我们所称的反动派,我们要在不使用暴力消灭统治阶级的情况下,通过和平方式解决矛盾和冲突。"①这显示了纳赛尔的民族资产阶级领袖的本质,而他在取缔埃及共产党时,却不信守自己的诺言,使用了暴力。

第二,民族性。尽管亚非拉各种社会主义思潮大相异趣,却都强调民族利益、民族特点、民族传统、民族精神、民族统一、民族独立、民族复兴、民族革命、民族道路等等,并将这些原则作为实行各项社会主义政策的基础。也就是说,他们都是以民族主义为最高原则来理解、采纳和统辖社会主义,而不是将社会主义作为历史发展的客观规律。本·贝拉就说过:没有阿拉伯化就没有社会主义。所有的阿拉伯社会主义倡导者都普遍主张社会主义要服从阿拉伯民族主义的利益,要为最终建立统一的"阿拉伯联邦"的目标服务。民族主义是其社会主义的实质,而社会主义反成了民族主义的包装、工具甚至标签。

第三,多样性。名目繁多,形式不一,内容相异,在数十个宣称实行社会主义的民族独立国家中,几乎没有统一的理论观点、特别是基本理论观点,也没有一致的实践模式。不同地区、不同宗教、不同类型中的社会主义固然不一样,即使同一地区、同一宗教、同一类型中的社会主义,也有不同的观点和主张。比如非洲的社会主义,就分为传统非洲村社会主义、激进的革命社会主义、民主社会主义、阿拉伯社会主义四种;而阿拉伯社会主义,又分为阿拉伯复兴社会党的社会主义、埃及纳赛尔式的社会主义、阿尔及利亚自我管理的社会主义、突尼斯民主宪政的社会主义四种;至于亚洲和拉丁美洲,社会主义的流派就更多,彼此之间的理论差异和政策差异极大。这充分反映了各地区发展的不平衡性和错综复杂性,以及历史、宗教、民族、文化、阶级力量对比的巨大差异。

第四,实用性。第三世界的社会主义大多将社会主义作为一种方法、一种手段,当作实现某种目标、人人都能使用的工具,表现出强烈的实用主义色彩。各党派在为自己的政策及实践辩护时,可以宣称社会主义;在打击自己的对立面时,也可以求助于社会主义;如此等等,不一而足。他们还以实用主义的态度对待马克思主义,表示愿意吸收马克思主义中于他们有利、有益、有用的成分。塞内加尔的列奥尔德·塞达·桑戈尔更是认为,马克思的科学社会主义受到他所处的时代和欧洲传统的深刻影响,不能适用于 20 世纪的非洲;这种局限性要求我们以批判的眼光去读马克思主义的著作,才能从中吸取对非洲有用的东西。据此,亚非拉社会主义大都根据自己的需要,随意解读、随意发挥马克思主义的社会主义学说。他们当中也有人说,要将社会主义的普遍原理与本国实际相结合,但实际上是不要普遍原理,只要实际需要的实用主义。

---

① 转引自王中兴等:《当代国外社会主义》,辽宁大学出版社 1987 年版,第 316 页。

第五，改良性。几乎所有的民族社会主义国家，在其实践进程中，都强调工业化、计划化、国有化、推进土地改革等等；这些貌似社会主义的政策措施其实无一能得到贯彻实施，这些国家大多都对之作了自己的理解，如不提建立社会主义公有制的经济基础，承认并肯定"没有剥削的私有制"，更不提建立无产阶级和劳动人民的政权等等。所以，他们宣传和实践的一切，其本质都是在资产阶级或其他剥削阶级掌握国家政权的情况下，以维护现政权统治及其经济、政治利益为目的的社会改良性的理论与主张，与科学社会主义仅仅存在语词上的关联。实现社会主义的政治前提是无产阶级和广大劳动人民的政权，它是社会主义改造的动力与保障。民族社会主义国家的政权，大多掌握在本国民族资产阶级手中，甚至还有少数掌握在与前资本主义生产关系相联系的统治阶级手中，这就决定了他们的所谓社会主义实践，充其量只能是社会改良主义的实践。

第二节 第三世界社会主义的类型与影响

一、第三世界社会主义的类型

亚非拉民族社会主义的理论与实践林林总总，彼此之间大相径庭，各异其趣。通常仅按地域对它们进行概括分类，名为：①"亚洲社会主义"，主要存在于东南亚和南亚次大陆地区。②"非洲社会主义"，指撒哈拉沙漠以南的非洲广大地区存在的社会主义。③"阿拉伯社会主义"，包括北非、小亚细亚及整个中东地区阿拉伯国家的社会主义。④"拉丁美洲社会主义"，主要存在于中美地峡以南即南美洲地区。但如果对它们的最基本观点、宗教背景、实际做法进行概括，仍能抽象出若干共同的内在规定性，划分出以下几个基本类型：

第一类，"村社社会主义"。又称"农业社会主义"，其本质是小资产阶级的社会主义。它主要存在于生产力落后，现代工业尚未发展或极少发展，阶级关系分化还不剧烈、不明晰的国家和地区。村社社会主义将原始社会末期遗留下来的农村村社制度理想化，如将原始的土地及其他财产的公有公用等同于科学社会主义的公有制，因此将摆脱贫困落后、实现社会平等和社会正义的期望，寄托在恢复古老的村社制度和发扬村社精神即原始公有制度和原始公有精神的基础上。他们强调农业及农民的地位和作用,强调原始土地公有制基础上的农业生产是社会主义的经济基础。因此,村社社会主义主张集体占有(土地等)、集体生产、平均分配劳动产品,特别强调平均分配劳动产品,认为社会主义就是一种平均主义的分配方式和生活方式,以及与此相联系的精神状态。村社社会主义的社会基础是农民和小手工业者。它的主要倡导者有坦桑尼亚前总统朱利乌斯·尼雷尔、塞内加尔前总统桑戈尔、加纳前总统克瓦米·恩克鲁玛等。村社社会主义实践的典型例子如坦桑尼亚推行的"乌贾马社会主义运动"。"乌贾马"是斯瓦希里语的汉语译音,其意即为"村社"。村社社会主义一度对推动反抗帝国主义、认同社会主义、维护民族独立、发展农业经济起过积极作用;但其以平均主义规范社会,不能容忍差别,最终使社会发展失去了内在活力和动力,丧失了社会内源增长机制,造成社会经济发展停滞或迟缓。

第二类,"宗教社会主义"。这种社会主义把宗教与社会主义直接等同,紧密联系在一起,借用社会主义口号为民族和宗教的利益服务,在本质上是资产阶级民族主义的一种表现。它以宗教教义为灵魂,以民族利益为内涵,以社会主义为表象,让社会主义为现实的政治斗争、宗教斗争和民族斗争服务。宗教社会主义产生在宗教意识、宗教传统和民族传统观念浓郁且几者相互紧密联系着的国家和地区。这类地区通常生产力不发达,宗教观念在群众中居于支配地位,而"二战"后社会主义阵营的形成及社会主义力量的发展壮大,使得这些地区执政的资产阶级或小资产阶级政党,接过社会主义的口号,赋予宗教及民族利益的内涵,以示自身的进步并维护本阶级的利益。这种社会主义曲解科学社会主义,从宗教教义出发对社会主义进行自我认可式的诠释,其典型例子为阿拉伯社会主义和存在于东南亚地区的"佛教社会主义"。阿拉伯社会主义宣称,社会主义就是没有神职人员的宗教,社会主义的种子早已包涵于伊斯兰教的教义之中,《古兰经》的教规教义是至高无上的原则,社会主义只是体现了这些原则而已。佛教社会主义也是把佛教教义与社会主义理论掺杂糅合,宣称佛教能补充、发展马克思主义,因为马克思主义只是处理当世的事务,解决人们生活中的物质需求问题,而佛教则能解决生活中的精神需求问题,使人从当世求得解脱。宗教社会主义的社会基础是资产阶级、小资产阶级、农民、小手工业者、小商贩和部分工人等,因而社会基础广泛,影响力和影响面较大。宗教社会主义一度对团结人民群众、开展反帝斗争、维护民族利益、认同社会主义起过积极作用;但因其用宗教歪曲社会主义,以社会主义学说为幌子,本质上阻碍了科学社会主义学说的传播和社会主义事业的发展。随着时间推移,宗教社会主义对科学社会主义的负面作用日益显现。

第三类,"军社会主义",又称军事管制或军事统治的社会主义。这种社会主义往往产生、发展于生产力较有发展,但阶级斗争尖锐、社会矛盾激化、各党派力量都比较强大,因而社会均衡较难实现的国家和地区。其本质仍然是资产阶级甚至大资产阶级在特定历史条件下,为摆脱严重的国内阶级斗争和政治冲突,并为经济混乱、社会动荡寻找出路所采取的特殊统治方式。它实际上也是以社会主义为幌子,以社会主义的名义为军事统治辩护,以确立其权力的合法性。尽管它也采取某些有利于社会正义的措施如惩治腐败,但更多的是以自身的不公道取代以往的不公道。军事社会主义认为,军事统治比民主制度对国家、对人民更有利,可以更有效更彻底地实施各种社会主义政策,如打击腐败,抑制金融寡头,打击封建地主,对付外国资本势力,等等。其实践特点是依靠军队的力量,运用国家集权主义形式,实施大资产国有化政策,同时镇压工农运动,强力干预劳资关系,实行土改,解散议会,停止宪法,强制恢复社会生产和国家经济、政治生活的有序性,在各个方面实行军事专制统治。军事社会主义的阶级性质不尽相同,取决于执政军人集团所代表的阶级利益和政治倾向。军事社会主义的典型代表是拉丁美洲的社会主义和缅甸社会主义纲领党所实行的社会主义。20世纪60～70年代的拉美诸国如秘鲁、智利等,受过现代教育的军人集团通过政变,夺取国家领导权,推行军事社会主义,普遍具有反对大垄断财团及外国资本势力、维护民族利益、伸张社会正义的倾向,但其本身很快转化为新一代民族资产阶级的代理人,或在政治制度方面渐渐转向民主代议制,或被后起的群众运动所推翻。缅甸军政权实际上是盗用社会主义的名义,其所作所为进一步激化了国内矛盾,终于被人民废除。

第四类,"合作社会主义"。这种社会主义本质上是资产阶级的一种改良主义。它把实现"合作制"作为最高原则及宗旨,目的是缓解和消除国内的经济、政治、民族矛盾。它产生于民族矛盾、阶级矛盾比较尖锐的国家和地区。它强调合作,将合作解释为社会主义的基本内容,在实践中则广泛建立合作社,将企业股票分给工人、农民,使企业成为具有股份形式的合作社。合作社会主义以拉丁美洲的圭亚那为典型,取得了一定成效。

第五类,"激进社会主义"。这种社会主义是某些激进的小资产阶级民主派或民族主义政党,在某种外来力量和激进思潮的影响与促进下产生并奉行的,通常自称为科学社会主义。其政治目标在于巩固和发展民族独立,加强执政党地位,铲除封建势力和帝国主义势力。有的还明确提出以科学社会主义为指导,将国家引向科学社会主义的目标。实行激进社会主义的国家大多与苏联、东欧关系较为密切,在实践中也较多搬用"苏东"的某些经济、政治措施。这种社会主义大多产生于资产阶级力量较薄弱,内部派系斗争较激烈,执政党领导成员的政治倾向不尽相同,受外部力量的影响较大,经济发展迟滞的落后地区。其所声称的社会主义大多为仿效"苏东",但仍带有强烈的民族、地域色彩。激进社会主义的典型例子为亚洲的民主也门,非洲的埃塞俄比亚、安哥拉、莫桑比克、贝宁、刚果、津巴布韦,拉美的尼加拉瓜等。"苏东"解体、易帜后,这些激进社会主义政权有的已经垮台,有的发生转向,有的处境维艰。

第六类,民主社会主义。这是在西方发达国家民主社会主义和改良主义思潮的影响下,在部分生产力比较发达、社会矛盾比较尖锐的国家中发展起来的社会主义思潮,其本质与欧洲的民主社会主义一样,属于资产阶级、小资产阶级的社会改良主义。它将西方民主代议制直接等同于社会主义,宣称民主和宪政可以实现并保障社会公正、机会均等,甚至可以消灭阶级剥削与阶级压迫。在实践中,它大力推行劳资合作和福利主义政策,并奉行"混合经济"模式,让各种性质、各种形式的经济成分充分自由发展,以期缓解和消除社会、经济、政治矛盾。新加坡人民行动党的社会主义,就是一个典型。

第七类,混合类型的社会主义。就是将上述诸多类型的某两类或多类,混合形成新型的民族社会主义,这往往由其历史条件及具体国情所决定。如利比亚卡扎菲所宣扬和实施的社会主义,既是阿拉伯社会主义,又是军事社会主义,等等。

二、第三世界社会主义的发展趋势及影响

亚非拉社会主义兴起于 20 世纪 50 年代,发展于 60~70 年代,70 年代末滞缓,80 年代后基本停止并逐渐衰退[①]。具体表现为:①宣称实行社会主义的民族独立国家急剧减少,且有近 30 个国家的执政党明确宣布停止实行社会主义。②80 年代末期以来,许多宣称要实行社会主义的亚非拉国家领导人陆续退出政治舞台,新执政的党及其领导人不再高喊社会主义的口号。③仍然存在的民族社会主义国家名存实亡。如果说此前他们还多少有一些社会主义的表象色彩的话,那么现在则完全没有,自搞一套,也不再高喊社会主义的口号。

造成上述状况的原因是:①东欧剧变、苏联解体的冲击。仿效的榜样已不存在,自身立即岌岌可危,甚至垮台,如埃塞俄比亚的门格斯图政权就因失去苏援而立即垮台。②西方大国的威逼利诱。民族社会主义不论内容如何,总有反帝反殖色彩,遂成了西方大国的"眼中钉",西方大国想尽办法,用各种经济、政治手段对民族社会主义国家又打又拉。③民族社会主义的非科学性经不住时间的考验。随着时间推移,其消极作用日益明显,引起人民的怀疑、不满,激化了国内社会矛盾。④实行民族社会主义的各党,内部派系纷呈,斗争剧烈,互相指责,互相拆台,"唯我独左"、"唯我独革",社会动荡,人民反感,终于垮台。⑤经济的落后及经济发展战

---

① 非洲的扎伊尔则是一个"反例"。激进的社会主义者卡比拉长期坚持游击战争,以农村包围城市的方式,最终于 1997 年赶跑了独裁统治者蒙博托,解放了首都金沙萨,建立刚果人民民主共和国,继而在全国实施社会主义。

略与计划的失败。当初声称实行社会主义时一拥而上，赶时髦，并未脚踏实地地考虑如何振兴民族经济、自立于世界民族之林；后来一味靠出口初级产品换取外汇以购买机器设备，实现国家工业化。致使民族经济损失巨大，甚至破坏了生态平衡。一心指望外援，将自己的发展寄托于他人的恩赐之上，纯属幻想。照搬"苏东"的某些做法，导致"苏东模式"内在的弊端在更低层次和更低水平上，更严重地再现与重演，加上有的国家严重的自然灾害，使得民族社会主义各国经济纷纷陷于破产境地或濒于破产边缘，鲜有经济增长取得成效者。这是民族社会主义基本失败的最重要原因。短期内，民族社会主义并无再度兴起的条件，大多数民族独立国家走向了完全的民族主义和资本主义道路，或在经济政治上再度以表象上独立的形式依附于西方大国。

亚非拉民族社会主义在历史上发挥了一定的积极作用。他们认同社会主义（尽管很多是在形式上），反对封建主义、帝国主义，维护并发展了民族民主革命及其成果，打击了帝国主义和殖民主义。"二战"后，世界殖民体系的崩溃，源于民族民主革命运动的高涨，而民族社会主义乃是这种高涨的动因之一。他们坚持民族的经济政治独立。民族社会主义的一系列政策以民族利益为前提，以反对帝国主义为宗旨，并从传统上的西方附属国转向与社会主义国家友好。他们的活动在客观上提高了人民群众的思想政治觉悟，传播和创立了某些先进学说。

但是，民族社会主义在历史上的消极影响也不容忽视。首先，他们以各种非社会主义的思想和政策冒充为科学社会主义，其恶劣的实践后果、荒唐离奇的思想融合（如将宗教教义与社会主义学说融合等），引起人民群众的怀疑、不满、直至反对，从而损害了社会主义的声誉，阻碍了真正的科学社会主义思想的传播。其次，他们在经济发展上的失败给社会主义抹黑，授人以柄，不利于社会主义事业的发展，反而利于反对、敌视社会主义的人们和西方发达国家的反社会主义宣传。最后，他们因自身经济地位的软弱，再度沦为发达国家的政治附庸，为了乞求外援，缓解国内经济压力，不惜在政治上听从发达国家指挥。这种现象自20世纪80年代以来，在国际政治舞台上已初显端倪。

第三节　亚非拉国家共产党对科学社会主义事业的坚持与探索

一、亚非拉国家共产党组织的现状

广大亚非拉地区的共产党组织①,形成、发展于20世纪20～40年代;"二战"后,这些共产党组织及其领导的科学社会主义事业曾于50～60年代出现过局部高涨;但70年代以后普遍走向低潮,从总体上看,这种局面暂时不会改观,形势相当严峻。表现为:①党组织数量和党员数量均不多,追随者相当有限。亚非拉120多个民族独立国家中,至今只有58个国家有共产党,而且其中大部分国家的党员人数有限,一般为几百人,最多为数千人,并且长期得不到发展。②党内发生分裂,彼此"内斗",相互削弱。60年代以来,随着中苏双方关于国际共运总路线大论战的展开,亚非拉国家的共产党组织几乎无一不发生分裂。有的支持中方观点,形成左派或自称马列派,指责对方右倾;有的支持苏方观点,也自称马列派,指责对方"左"倾。更有甚者,一分为三,甚至一分为四,如秘鲁共产党分裂为三派,哥伦比亚共产党分裂为四派,拉美25个国家的共产党中,仅有7个未发生分裂;亚洲民族独立国家中有影响的共产党组织,如印度共产党、缅甸共产党等,也都发生了分裂。而且双方甚至多方对立程度相当严重,积重难返,目前还看不出再度联合统一的迹象。如印度共产党分裂出的四派,至今仍然不和。③长期遭受迫害,遭到资产阶级、大资产阶级政府的严酷镇压,以致有的党迄今仍处于地下斗争状态。如1975年宣布重建、1980年秘密召开了首次代表大会的埃及共产党,以及阿尔及利亚共产党、印度尼西亚共产党等等,都是如此。因此,共产党的组织长期得不到发展,难以扩大自己的力量和影响。

造成上述局面的原因很多,既有客观方面的,也有主观方面的。

客观方面的原因包括:①民族主义执政党力量强大,加上很多民族主义政党宣称实行民族社会主义,从而抑制和阻碍了无产阶级政党及科学社会主义力量的发

---

① 这里所叙述的不包括中国、蒙古、越南、老挝、朝鲜、古巴等社会主义国家的共产党组织。

展。这些国家的民族资产阶级、小资产阶级及其政党,在殖民地半殖民地时期普遍坚持反帝反封建斗争,成为民族民主革命的领导力量,发挥了重大的历史进步作用,赢得了较高的地位和威望,得到人民的拥护和支持;这些资产阶级、小资产阶级政党在组织上比无产阶级政党成立得早,政治活动能力较强,政治斗争经验也较无产阶级政党丰富,利于其影响、控制人民群众;特别是那些奉行民族社会主义的民族主义政党,实施改良主义政策,发展资本主义经济,在一定历史时期内切合民族要求和国家实际状况(如生产力发展水平等),缓解了社会矛盾与压力,有利于巩固和增强其统治地位。在这种状况下,共产党组织往往不能与其展开真正有力的竞争和斗争。如印度、印度尼西亚、埃及、土耳其等国就是如此。②"苏东"社会主义实践中的某些反面教训授人以柄,本已不利于民族独立国家社会主义事业的发展;加上这些国家的共产党组织有不少对"苏东"一味依赖,结果"苏东"一旦解体、易帜,这些弱国的弱党就遭到了灾难性的打击。③有些国家生产力不发达甚至很低下,资本主义生产方式不尽成熟,资本主义内在的基本矛盾未充分显露,无产阶级本身力量不够大,因而往往成为小生产者、小资产阶级及其政党的天下。

主观方面的原因则有:①战略决策失误,不能适应变化了的新形势的要求。在"二战"期间,有的国家共产党领导或参与了声势浩大的反法西斯武装斗争,取得了卓越战果,赢得了人民的拥护和支持,如东南亚的印度尼西亚、菲律宾、缅甸、马来西亚等国,就是如此。但这些国家的共产党在战后复杂的国际环境中,未能坚持正确的路线和政策,或滑向右,刮起"缴枪风",从而丧失了自身独立的政治地位;或倒向"左",自我瓦解原已形成的统一战线,"唯我独革",打击盟友。这些"左"的和右的战略性决策失误,使其在与资产阶级政党的斗争中处于不利地位,以致丧失了多年斗争的成果,极大地削弱了自身力量,使革命形势从高潮走向低潮,使本国的科学社会主义事业蒙受巨大损失。前一种情况以菲律宾为典型,后一种情况则有印度尼西亚可引以为鉴。②不能正确地将落后国家民族民主革命和社会主义革命两个阶段有机、有效地结合起来,实现"革命发展阶段论"和"不断革命论"的统一。落后国家首要的革命任务是实行民族民主革命,无产阶级必须争取民族民主革命的领导权,但取得领导权仍然是为了实行民族民主革命;然后再争取革命的全新前途,即将其适时地继续发展为社会主义革命。放弃对民族民主革命的领导权,或在民族民主革命阶段同时搞社会主义革命,都违背社会历史发展的客观要求,必然致革命于失败。而这二者正是亚非拉国家共产党常犯的错误①。

---

① 后面我们将要看到,中国共产党早期也常犯这些右的和"左"的错误,直到 1935 年遵义会议确立了以毛泽东为首的正确路线的领导以后,才正确处理了民族民主革命和社会主义革命二者之间的关系,实现了"革命发展阶段论"和"不断革命论"的统一。

二、亚非拉科学社会主义事业的发展趋势

虽然身处逆境,但亚非拉各国共产党正在总结几十年来革命斗争的经验教训,努力探索推进科学社会主义事业的道路,为扭转不利的形势进行着坚韧不拔的斗争。从总体上看,他们已纠正了关于武装斗争是革命的唯一道路和普遍规律的"左"的认识,积极开展各种形式的斗争;当然因各国具体国情的不同,各国主导的斗争方式也各异。目前,亚非拉国家共产党的主要斗争方式包括:

第一种,武装斗争。部分亚非拉国家的共产党,根据其国情和需要,强调武装斗争是无产阶级政党及社会主义事业生存和发展的基本条件,认为离开了武装斗争,就没有共产党的任何地位。同时提出,坚持武装斗争的路线,并不等于在环境和条件改变时仍然拒绝其他的斗争形式,表示届时将视具体情况采取其他的斗争形式。例如菲律宾共产党、印度共产党(马列)等,都坚持这一路线。

第二种,和平的合法斗争。具体形式多种多样,大致可分为:①议会斗争,即积极参加议会选举,利用议会斗争扩大力量及影响。印度共产党、塞浦路斯劳动人民进步党(即原塞共)、哥斯达黎加人民先锋党(即原哥共)都持此路线。②与执政党合作,争取参政、执政的机会,以此和平地推进社会主义事业。上述几个党同时持此策略,并取得了有效的进展。③同其他左翼政党合作,争取大选胜利,形成议会中多数,实现执政或参预执政。拉美许多国家共产党都采用这一战略,典型例子为智利共产党。④积极利用其他合法组织和社会组织开展活动,稳步、渐进地推进社会主义事业。这种斗争形式大多为无法进行公开活动的共产党所采取,不过有些合法的公开活动的共产党组织,也利用此形式扩大自己的力量与影响。

第三种,地下斗争。这是一些迄今无法获得合法地位、无法进行公开活动的共产党,被迫采取的隐蔽的斗争方式,以此来巩固组织,积蓄力量。南非共产党长期以来就是如此,它在地下斗争中始终支持南非非洲人国民大会,1990年2月南非政府被迫解除对它的禁令,南非共产党取得了合法地位,现已发展成为非洲力量最强大的共产党。埃及、印尼的共产党现在仍处于地下斗争状态。

未来数十年,将是第三世界共产党及科学社会主义事业发展的又一次良好机会。因为伴随着第三世界生产力的发展,无产阶级及其政党的队伍将不断壮大;亚非拉资产阶级执政党的政策正在失败,导致其逐渐失去人心,并暴露其阶级实质;第三世界国家社会各方面的力量正在分化、重组;第三世界国家的共产党抗住了"苏东"解体、易帜的冲击并未消亡,反而适应新形势作了积极的调整,显示出新的活力;国际共运中心及社会主义统一模式的不复存在,消除了各种"瞎指挥"现象和"一味依赖"现象,有助于亚非拉国家的共产党独立自主,摸索前进,走出一条符合自己国情的社会主义新道路;亚非拉国家共产党历经数十年的挫折与失败,积累了

丰富的斗争经验,磨炼了顽强的斗争意志,正在实事求是地调整路线、方针、战略和策略[①];因发达资本主义国家的争夺,第三世界的许多地区仍将在长期内成为世界矛盾的焦点,必然导致社会矛盾的激化和反帝反殖运动的新高涨。所有这一切都预示,科学社会主义事业在第三世界的前途是光明的,尽管其道路还非常曲折。

---

① 突出的例子是南非共产党。该党是目前非洲大陆最有影响的社会主义政党,是南非重要的参政党。该党近来强调社会主义具有以下四个基本特征:①社会化,即对社会经济的主要部分实行社会化,其实质并不在于所有制的法律形式,而在于劳动人民真正享有经济权力。②民主,即人民主权,社会主义的本质就在于此。③平等,即废除资本主义社会特有的等级差异。④自由,即人民广泛享有生活中的选择权。所有这四点,都可以通过推进、深化和保卫民族民主革命,逐步建设人民的权力——以竞选形式,改变资本主义经济秩序和结构,追求以社会权力干预资本主义市场从而改变现存的市场权力关系等——来渐进地实现;完全不必通过、也不可能通过一场剧烈的革命而一举实现。所以,南非共产党的新口号是:"建设人民的权力,从现在开始建设社会主义。"

下篇

第十章　经新民主主义革命走向中国特色的社会主义

第十一章　建设中国特色社会主义的基本路线

第十二章　建设中国特色社会主义的基本理论

第十三章　建设中国特色社会主义的布局、表现和国际环境

第十四章　社会主义初级阶段的建设纲领

第十五章　以"三个代表"思想为指针,加强执政党建设

第十六章　"全面小康"、"科学发展"与"和谐社会"

第十七章　迎接两个"一百年",实现中国复兴梦

第十章

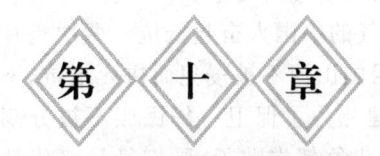

经新民主主义革命走向中国特色的社会主义

第一节　新民主主义革命理论及其对民族独立主题的解决

一、孙中山对中国近现代社会发展主题的全面揭示

中国社会主义产生和发展的历史逻辑,并非如有些人想象的那样简单,似乎是自西欧开始的国际共产主义运动,经过俄国十月社会主义革命的中介,扩展到了中国;而是百十年来中国的仁人志士在寻求解决中国近现代社会发展主题答案的过程中,历经曲折和失败,最后才寻找到了经新民主主义革命走向社会主义的道路。

中国近现代社会发展的主题是在1840年鸦片战争的腥风血雨中被第一次提到中国人民面前的。鸦片战争以前,中国在许多西方人眼中是一个强盛的帝国,尽管他们对中国垂涎欲滴,却不敢放肆妄行。虽然当时的中国在整个世界历史的发展进程中已经大大落伍,但长期生活在闭关自守国度里的中国人由于缺乏比较,看不到本国经济的贫穷和政治的腐败,仍然夜郎自大,沉浸在"康乾盛世"[①]这一"夕阳下的辉煌"之中。当那些用蒸汽机武装起来的西方列强凭借所拥有的商品和枪炮,向东方大国发动试探性进攻时,在清王朝统治下的"天朝大国"——

[①] 据史学家提供的资料,在清康熙、雍正、乾隆三帝大约百年时间里,中国的人口占世界总人口的1/3,中国的经济总量名列世界第一位。故当时号称"康乾盛世"。

下子就暴露出虚弱的本质,成为众多列强们鱼肉和瓜分的对象。

失去的民族独立怎样才能重新找回?有血气的中国人奋起抵抗。两次鸦片战争中,爱国的官兵和自发组织起来的民众为了祖国山河不被侵犯而拼死抵抗,不可谓不勇!在抵抗八国联军的斗争中,义和团的健儿为了保卫中华民族不被分割而舍命杀敌,不可谓不烈!但是,这些气壮山河的斗争都失败了,受奴役最终代替了独立。一次次的失败促使有头脑的中国人开始把受列强奴役归咎于国力贫穷和武器不精良,陆续涌现出鼓吹"师夷长技以治夷"的知识分子和专心办实业的洋务派人士。但是,用洋枪洋炮装备起来的北洋水师在甲午中日海战中全军覆没的事实,又逼迫正直的中国人思考:为什么缺少夷人的技术、没有洋枪洋炮,会败;而学了夷人的技术、有了洋枪洋炮,还是败(而且是败在和我们一样开始向西方学习的近邻——日本的手里)?除了中国的"船坚炮利"还没有赶上西方列强外,最要紧的问题还是出在那个腐败、软弱的清王朝和它所维护的封建专制制度上。这个王朝、这个制度,它能干的和它所干的就是不惜出卖人民,出卖主权,将祖国的大好河山向外拱手相送。一个个丧权辱国的条约唤醒了中国人:要赶走"洋鬼",先要打倒"清妖";要民族独立,先要推翻封建专制。这样,中国社会发展的主题就变得丰富起来,除了要争民族独立、求民富国强以外,还必须推翻封建专制制度,赢得人民民主。

应当承认,以洪秀全为首的太平天国将领们已经不太自觉地触摸到了中国社会发展的主题。他们以宗教的形式宣传平等、民主和反清、反专制,组织革命力量,发动农民起义,建立革命政权。但是,轰轰烈烈的太平天国农民起义最终还是失败了。太平军的失败并不是因为他们想追求平等、民主,相反,是他们在反封建专制时没有能真正突破封建专制的局限;不是因为他们想追求民族独立,相反,是他们还未能把反对西方列强的侵略同反对封建专制的统治结合起来;也不是因为他们想追求民富国强,相反,是他们在内外敌人的夹击下未能获得机会发展经济以支持政权的建设。

也应当承认,康有为、梁启超等"戊戌变法"的领导者们也已经不太自觉地触摸到中国社会发展的主题。他们以改良主义的方式,企图借助光绪帝的力量,以"君主立宪"的政体,全面学习和引进西方资本主义民主政治,以结束封建专制制度。结果这种改良很快也破产了。这表明企图仅仅依靠封建专制体制中的"健康力量"来获得新生,是根本不可能实现的。

中国近现代社会发展主题的全面揭示不可能指望农民阶级和封建知识分子来完成,只能依靠在西方资本主义影响下、从小生产中成长起来的民族资产阶级。孙中山便是这个阶级的卓越代表。他继承了中国近代史上无数仁人志士救国救民的艰苦探索,顺大势,应人心,全面提出了独立、民主、富强这一社会发展的主题,公开

第十章 经新民主主义革命走向中国特色的社会主义

树起了"民族、民权、民生"的三民主义大旗,以作为实现这一主题的政治纲领,选择了非改良主义的、反帝反封建的革命作为实践的手段,并首次喊出了"振兴中华"的激动人心的奋斗口号。新生的民族资产阶级同封建制度下的农民相比,具有较多的先进性,理应成为封建专制制度的埋葬者。但是,中国的民族资产阶级出生在半殖民地半封建的社会里,带有先天的软弱性。它能发起推翻了封建王朝的辛亥革命,却不能实现像法国大革命那样彻底的资产阶级革命;它反对封建主义,却又向封建势力妥协让步;它憎恨瓜分中国的帝国主义强盗,却又不得不向它们屈服。

孙中山一生到处革命,到处碰壁,屡战屡败,但又屡败屡战。到其晚年终于大彻大悟,提出"联俄、联共、扶助农工"的三大政策,重新解释三民主义,重申独立、民主、富强这一社会发展的根本主题。孙中山不愧为中国民主革命的"伟大先行者"和"先生"。在孙中山逝世、以蒋介石为首的国民党背叛了"新三民主义"以后,中国共产党人高举新民主主义革命的大旗继续前进,成了孙中山这位"先生"的"学生"、这位"先行者"的"后来人"。

二、民族独立主题的凸现及其解决中的困难

民族独立、政治民主、民富国强,这是一个伟大的主题。独立、民主、富强作为中国人民的基本要求,其内涵是在中华民族与外来入侵者不屈不挠的斗争实践中逐步完善起来的,它是不可分割的统一整体,三大部分不可或缺。但是,这一主题的各个组成部分在整体中所占的地位以及相互之间的关系,又是历史地变化着的。当面对外敌的入侵时,为了实现富强,就必须先争得独立;而要争得独立,又必须唤起民众,推翻帝国主义及其在中国的支柱——封建主义和官僚买办资本主义的束缚和压迫。然而,如果不能真正求得富强,独立则得不到巩固,民主也不可能发展。不过,在推翻了清王朝的统治以后,民族独立的主题首当其冲,凸现在中国人民及所有进步政治力量的面前。

正在这时,俄国十月社会主义革命一声炮响,给中国送来了马克思列宁主义,震醒了一大批在痛苦中摸索独立、民主、富强之路的进步知识分子。包括毛泽东在内的一批革命知识分子,如饥似渴地学习马克思列宁主义和俄国十月革命的经验,力图以此来指导中国的革命。但是,究竟怎样正确地理解马克思列宁主义和十月革命的经验,并正确地运用它们来指导中国的革命?对于这个问题,年轻的中国共产党人是不清楚的。他们当时普遍主张,按照马克思的结论发动中国的无产阶级社会主义革命;到过俄国的人还试图直接仿效布尔什维克的做法,在中国立刻建立无产阶级专政。但是,这一套想法和做法很快在实践中碰了壁。

当时最现实、最基本的国情是:帝国主义列强侵略瓜分中国,奴役中华民族;封建军阀、地主、买办资产阶级投靠帝国主义,压迫剥削中国人民;中国人民直接的主

要敌人是帝国主义、封建主义和官僚买办资产阶级,而不是一般的资产阶级;中国反帝反封建的民族民主革命远未完成。这样一来,马克思、恩格斯基于1848年欧洲革命和1871年巴黎公社起义所提出的关于发达资本主义国家实行社会主义革命的结论,以及列宁领导俄国十月社会主义革命的经验,对于处在半殖民地半封建条件下的中国来说就不能直接照搬。

如果不加思考地将马克思、恩格斯的某些论述照搬到中国来,就可能导致以下错误的逻辑:中国不能进行无产阶级社会主义革命,中国只能搞资产阶级民族民主革命;这个革命不能由共产党领导,只能由资产阶级领导;革命以后建立的不是社会主义共和国,只能是资产阶级共和国。这正是当时右倾机会主义者陈独秀等人的见解。他们甚至异想天开地计划等中国的资产阶级民主革命成功以后,在资本主义充分发展、无产阶级日益壮大的基础上,再举行"二次革命"来建立社会主义制度。这种主张完全脱离中国的实际,尽管它也旁征博引了不少马克思、恩格斯的论述,其实质却是抄袭西欧国家发展的历史,结果吃了大亏。

如果照搬俄国十月革命的现成经验和共产国际的指示,中国的革命就应当是百分之百的布尔什维主义:不仅地主、官僚买办资产阶级要打倒,而且富农(即农村资产阶级)、民族资产阶级也都要统统打倒;革命的道路只能是首先攻打中心城市,再以城市为基础去解放农村。有着明显俄国背景的瞿秋白、李立三特别是王明等左倾机会主义者就是这样干的。他们的致命弱点是根本不了解中国的国情,也不理解马克思列宁主义的精神实质,结果也吃了大亏。

可见,尽管革命的人们已经明确了打倒帝国主义及其走狗、争取中华民族独立解放的目标,但要真正实现这一目标,绝非易事。争取民族独立的主题,呼唤着立足于中国大地之上的科学的革命理论。

三、毛泽东的新民主主义革命理论

从小生长在农村、熟悉中国农民,投身革命后注重调查研究、熟悉中国社会的毛泽东,不迷信权威,不抄本本,不搞教条,坚持从实际出发,用自己的头脑思考中国社会发展的主题和实现这一主题的特殊道路,牢牢抓住争取民族独立的当务之急,创造性地解决了中国革命的性质、对象、任务和道路等一系列根本问题,建立了具有中国特色的新民主主义革命理论,领导中国人民经过20多年的浴血奋战,成功地实现了民族独立,使中国人民真正站了起来。

毛泽东首先在对中国社会的历史和现实加以分析的基础上,科学地揭示出中国社会的性质和基本矛盾。他指出,自1840年鸦片战争爆发以来,中国社会发展的自身逻辑被外来帝国主义所打断,逐步演变为半殖民地半封建社会;中国社会的基本矛盾是帝国主义和中华民族的矛盾、封建主义和人民大众的矛盾。基于这一矛盾,毛泽东把中国革命的任务确定为反帝、反封建,从而将中国社会发展主题中的争取民族独立和人民民主作为最为迫切的任务提上了议事日程。

其次,毛泽东科学地阐述了中国革命的性质和领导力量。"既然中国社会还是一个殖民地、半殖民地、半封建的社会,既然中国革命的敌人主要的还是帝国主义和封建势力,既然中国革命的任务是为了推翻这两个主要敌人的民族革命和民主革命;而推翻这两个敌人的革命,有时还有资产阶级参加,即使大资产阶级背叛革命而成了革命的敌人,革命的锋芒也不是向着一般的资本主义和资本主义的私有财产,而是向着帝国主义和封建主义。既然如此,所以,现阶段中国革命的性质,不是无产阶级社会主义的,而是资产阶级民主主义的。"[1]这就是说,反帝、反封建的民族民主革命属于资产阶级民主革命的范畴,它能获得广大农民和民族资产阶级左翼的支持,从而能将孙中山领导过的反封建的革命进行到底,能把农民从封建压迫下解放出来。不过,中国的民主革命却不能像欧美历史上那样由资产阶级来领导。因为从国内来看,民族资产阶级天生软弱,买办资产阶级是作为革命对象的帝国主义的走狗,都根本不可能充当这场革命的领导;从国际上来看,在俄国十月社会主义革命开辟了无产阶级革命的新纪元以后,资产阶级已经走向反动,它们也不可能支持中国的民主革命。于是,中国民主革命的领导权责无旁贷地落到了无产阶级及其先锋队——中国共产党的身上,成了有别于欧美历史上旧民主主义革命的新民主主义革命。这种新民主主义革命"不再是旧的资产阶级和资本主义的世界革命的一部分,而是新的世界革命的一部分,即无产阶级社会主义世界革命的一部分了。"[2]

再次,毛泽东在对中国社会各阶级作了调查研究、从而有了深刻了解的基础上,正确地解决了革命的敌我友问题,指出"一切勾结帝国主义的军阀、官僚、买办阶级、大地主阶级以及附属于他们的一部分反动知识界,是我们的敌人。工业无产阶级是我们革命的领导力量。一切半无产阶级、小资产阶级,是我们最接近的朋友。那动摇不定的中产阶级,其右翼可能是我们的敌人,其左翼可能是我们的朋友——但我们要时常提防他们,不要让他们扰乱了我们的阵线。"[3]他从实际出发,对中国的资产阶级作了一系列一分为二的科学分析。一是把中国的资产阶级分为两大部分,一部分是依附于帝国主义的官僚买办资产阶级[4],是革命的对象,另一

---

[1] 《毛泽东选集》(一卷本),人民出版社1966年版,第609~610页。
[2] 《毛泽东选集》(一卷本),第628~629页。
[3] 《毛泽东选集》(一卷本),第8~9页。
[4] 依时间的顺序,毛泽东将这一部分资产阶级先后称为"买办资产阶级"、"买办官僚资产阶级"、"官僚买办资产阶级"、"官僚资产阶级"。名称的变化,及时准确地反映了这一部分资产阶级的本质及其属性的实际变化。

部分是民族资产阶级,是革命的朋友;二是在抗日战争期间随着中国和日本帝国主义的矛盾地位的上升,中国和其他帝国主义的矛盾以及国内阶级矛盾地位的下降,又把官僚买办资产阶级(甚至包括地主阶级在内)分为两大部分,一部分是亲日派,是革命的对象,另一部分是英美派,是革命的朋友;三是对作为革命朋友的民族资产阶级(以及抗日战争期间的英美派官僚买办资产阶级)进行一分为二的科学分析,揭示其既革命、又动摇的两面性,从而制定了利用其革命性一面、防止其动摇性一面的方针政策,采取了"有理、有利、有节"的斗争策略,建成了包括民族资产阶级(以及抗日战争期间的英美派官僚买办资产阶级)在内的广泛的革命统一战线。

再其次,毛泽东还分析了帝国主义、官僚买办资产阶级和封建地主阶级这些反动势力在中国城市和农村分布的不均衡性。从这些反动势力主要集中在城市、而迫切要求挣断封建锁链的革命主力军——农民绝大多数又在农村这一客观的实际情况出发,找到了通过武装斗争,在农村建立革命根据地,以农村包围城市,然后夺取城市、解放全中国的革命道路。而以农村包围城市、最后夺取城市的革命道路的基本内容,就是土地革命、武装斗争和革命根据地三位一体的"工农武装割据"。

最后,毛泽东指出,由于新民主主义革命是在无产阶级及其先锋队共产党的领导下进行的,因而其前途绝不可能是资本主义的共和国,而只能是人民当家作主的社会主义的共和国。也就是说,新民主主义革命是社会主义革命的必要准备,社会主义革命是新民主主义革命的必然趋势。因而,"中国共产党领导的整个中国革命运动,是包括民主主义革命和社会主义革命两个阶段在内的全部革命运动;这是两个性质不同的革命过程,只有完成了前一个革命过程才有可能去完成后一个革命过程。"①

毛泽东的上述基本思想构成了20世纪在发展中国家生长出来的新型民主革命的伟大理论——新民主主义革命理论。这是马克思列宁主义的普遍真理同中国革命的具体实际相结合的产物,是解放思想、实事求是思想路线的产物。这个理论既坚持了马克思列宁主义,又不拘泥于马克思、恩格斯、列宁已经得出的结论,而是提出了一整套同马列现成结论不同的极富创造性的新见解,而且这些具有独创性的新见解又依据令人信服的逻辑力量构成了一个完整严密科学的理论体系。

毛泽东新民主主义革命理论正式形成的标志是1939年《中国革命和中国共产党》一书的发表;随后通过延安整风,用这一理论统一了全党的思想。1945年党的"七大"根据刘少奇的提议,将新民主主义革命理论命名为"毛泽东思想",并将它与马克思列宁主义并列,作为党的指导思想列入了党章。在毛泽东新民主主义革命理论即毛泽东思想的指导下,中国人民依靠共产党的领导、武装斗争和统一战线这

---

① 《毛泽东选集》(一卷本),第614页。

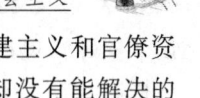

三大法宝,走农村包围城市的道路,于1949年推翻了帝国主义、封建主义和官僚资本主义"三座大山"的压迫,解决了从洪秀全到孙中山一直想解决、却没有能解决的中国社会发展的主题,实现了民族独立和人民民主。在中华人民共和国成立之际,毛泽东向全世界豪迈地宣布:"占人类总数四分之一的中国人从此站立起来了。"[1]

第二节 建设中国特色社会主义理论及其对民富国强主题的解决

一、对社会主义建设道路的最初探索

从1953年起,中国一方面进行对农业、手工业和资本主义工商业的社会主义改造,一方面已开始执行国民经济建设第一个五年计划。社会主义改造所采取的方法和政策基本上是符合中国国情、具有中国特色的,这虽然是全新的事业,但是在民主革命时期对分得土地的农民实行组织起来的经验,对民族资产阶级实行团结政策的经验,都有助于在社会主义改造中找到符合中国国情的正确道路。至于第一个五年计划期间的经济建设,则基本上是采取苏联的模式。这是因为中国共产党在过去的根据地建设中缺乏这方面的经验,旧中国也没有提供这方面的做法。

1956年社会主义改造基本完成以后,摆在中国面前的路有两条:一条路是亦步亦趋地跟着苏联走,那就意味着中国会走上一条不是那么健康的社会主义道路,并且会成为苏联指挥棒下的大"卫星国";另一条路就是坚持独立自主的原则,探索自己建设社会主义的新路。以毛泽东为首的中国共产党领导集体毫不犹豫地选择了后一条路。毛泽东在1956年发表《论十大关系》的讲话,郑重地提到"最近苏联方面暴露了他们在建设社会主义过程中的一些缺点和错误",诸如:①"他们片面地注重重工业,忽视农业和轻工业"。②"苏联的办法把农民挖得很苦"。③"我们不能像苏联那样,把什么都集中到中央,把地方卡得死死的,一点机动权也没有"。④"在苏联,俄罗斯民族同少数民族的关系很不正常"。⑤"究竟是一个党好,还是

---

[1] 《毛泽东选集》第五卷,人民出版社1977年版,第5页。

几个党好？现在看来，恐怕是几个党好。不但过去如此，而且将来也可以如此，就是长期共存，互相监督……在这一点上，我们和苏联不同"。⑥"他们在社会上不要中间势力，在党内不允许人家改正错误，不准革命……他们不准犯错误的人革命，不分犯错误和反革命的界限，甚至把一些犯错误的人杀掉了"。⑦"我们提出向外国学习的口号，我想是提得对的，现在有些国家的领导人就不愿意提，甚至不敢提这个口号"。这里所说的"有些国家"明显地是指苏联。⑧"苏联过去把斯大林捧得一万丈高的人，现在一下子把他贬到地下九千丈"。① 毛泽东认为，苏联人走过的弯路我们不应当再重复；同时他也坚信中国可以而且应当找出一条有别于苏联的、符合于中国国情的社会主义建设的道路。这在当时可以说是一种惊世骇俗的意见，因为在那时和那时以后一个相当长的时间内，苏联和各国的人们（无论是赞成、还是反对社会主义的）都把苏联模式当成唯一可以设想的社会主义模式。

苏联的斯大林模式暴露了缺点和错误；离开苏联的斯大林模式进行新的探索，并不能保证不犯错误。实际上，毛泽东正是在探索新的社会主义建设道路的过程中走入了歧途。他在无产阶级已经夺取政权并建立了社会主义制度的新的历史条件下，仍旧坚持过去民主革命中的成功经验，以阶级斗争为纲，提倡斗争哲学，鼓励"造反有理"，用政治方法来动员群众，用军事手段来组织经济建设，结果连续犯了反右斗争扩大化、"大跃进"和人民公社化等错误，直至发动名为无产阶级专政条件下继续革命、实为内乱与浩劫的"文化大革命"，结果破坏了经济建设，伤害了一大批功臣、同志和无辜的百姓，也毒化了人际关系，瓦解了民主法制。正是因为走入了歧途，没有找到正确的答案，最后也就不可能使中国真正摆脱苏联的模式。可以说毛泽东犯了这样那样的错误，但他唯独没有犯过照抄照搬苏联模式的错误。

二、对毛泽东晚年错误的纠正

毛泽东晚年在探索社会主义建设道路中所犯错误的实质，就在于背离了中国社会发展的主题。通过新民主主义革命的胜利，实现了民族的独立解放，建立了人民民主专政和社会主义制度，只是为求得富强扫清了障碍；这时理应转入以民富国强为目标，以经济建设为中心，并通过求富强来进一步巩固独立，扩大民主。可是，毛泽东对革命的兴趣远大于对建设的热情，寄巩固政权的希望于阶级斗争，忘记了发展生产力是社会进步的基础；他不忍心老百姓过着受饥挨饿的悲惨生活，可也不希望老百姓追求坛坛罐罐，总是反复强调意识形态要纯而又纯，甚至认为富则修，穷则思变，越穷越革命。这就脱离了人民群众在获得解放以后还要追求富裕、在站起来了以后还要富起来的基本要求，用人和人的斗争取代了人和大自然的斗争，从

---

① 参见《毛泽东选集》第五卷，第267～286页。

而错过了中国发展的大好时机。

毛泽东晚年犯错误的主要原因则在于他背离了自己亲手制定、并长期身体力行的从实际出发、实事求是的思想路线。他在当年民主革命中的巨大成功,是由于不迷信任何书本,不盲从共产国际,不照抄照搬别人的现成经验,而是深深扎根于中国大地,孜孜不倦地调查研究国情民心,坚持一切从实际出发,实事求是。巨大的成功使他晚年固执起来,不再虚心学习,而是照搬自己革命战争年代曾经是有用的经验,用阶级斗争这个"打天下"的办法来"治理天下";使他晚年自傲起来,不再深入实际作调查研究,而是深居简出,满足于听取身边工作人员的汇报,甚至是假情报(当然客观条件也不允许他深入实际,他有好几次外出视察都打乱了当地正常的工作和生活秩序);也使他不再虚心听取不同意见,而是搞"一言堂",提倡对他自己"搞一点个人崇拜",这就在党内扼杀了科学态度和创新精神,助长了教条主义和盲从思想。

毛泽东晚年错误的主要表现形式是继续以阶级斗争为纲,最终导致了文化大革命的"动乱"。动乱表现在两个方面:第一是乱了当代中国社会发展的主题。民族独立、人民民主和民富国强三者是密不可分的,新民主主义革命先解决民族独立和人民民主这两大任务,其落脚点还是在民富国强上。离开了民富国强,民族的独立和人民的民主都是不可能稳固的。但是,新民主主义革命胜利以后,不是用发展生产力、加速民富国强的办法来巩固民族独立、发展人民民主,而是用年年、月月、天天讲阶级斗争的办法来保独立、压民主,结果弄得经济崩溃,政局动荡,人心涣散。第二是乱了中国共产党人在几十年斗争中所形成和发展起来的、被实践证明是正确的思想路线和政治路线。任何创新一旦离开客观实际就会变成主观幻想。想用不断加强意识形态的防范、制造阶级斗争的紧张气氛的方法,以便维护贫穷基础上的"继续革命",只能造成人民自相残杀,坏人作威作福,民不聊生,国不成国。

由邓小平领导和主持的中共十一届三中全会,果断地拨乱反正,结束了十年动乱,也结束了毛泽东晚年的错误。

拨乱反正的基本内容就是把被颠倒了的主题和路线再颠倒过来。首先是在全国范围内开展轰轰烈烈的关于实践是检验真理唯一标准的大讨论,通过批判"两个凡是"[①],在全党重新确立了解放思想、实事求是的思想路线,并运用这个由毛泽东在反对本本主义和教条主义的过程中亲手锻造出来的思想武器来纠正毛泽东晚年的错误。

其次是重新确立了由毛泽东最先提出、而后又被他错误地放弃掉的在中国实现现代化的奋斗目标,果断地终止了"以阶级斗争为纲"的口号,及时把全党全国的

---

① 即"凡是毛主席作出的决策,我们都坚决维护;凡是毛主席的指示,我们都始终不渝地遵循。"

一切工作转移到以经济建设为中心的轨道上来,并制定了分温饱、小康、富裕三步走的发展战略。这就顺应了中国人民在获得民族独立和人民民主以后梦寐以求的根本心愿——民富国强,从而将社会主义建设与当代中国社会发展的主题再次统一了起来。

但是,拨乱反正绝不是简单的回复,仅仅依靠拨乱反正也不能解决一切问题。邓小平所面临的时代、所遇到的世界性挑战、所面对的中国国情,都已经同毛泽东在领导新民主主义革命时所遇到的不一样了。新的时代、新的挑战、新的国情,要求邓小平在理论上作出新的创造。这是解放思想和发展理论的统一。首先要恢复实事求是的思想路线,把人们从多年的本本主义和教条主义的束缚下解放出来,把人们从社会主义和资本主义截然对立、时时处处事事都要以阶级斗争为纲、世界上的一切事物都是非此即彼等等观念和思维模式中解放出来。为此,邓小平在恢复工作以后多次重申,毛泽东思想的核心就是解放思想、实事求是,要求人们运用实事求是的态度来看待毛泽东晚年的错误,来正确总结社会主义所走过的道路;邓小平还反复告诫全党,贫穷绝不是社会主义,没有民主就没有社会主义,落后就要挨打。从而端正了人们的思想,把人们的智慧和才能集中到解决富强这一中国社会发展的主题上来。

三、邓小平的建设有中国特色社会主义理论

坚持解放思想、实事求是的思想路线,为在新的历史条件下理论上的创新和实践中的突破开辟了道路。80年代以来已不再是革命与战争的时代,和平与发展已经成为世界各国人民普遍关注的主题;在经过70多年的竞争和较量以后,斯大林模式的社会主义已经暴露出它固有的局限性,毛泽东对社会主义建设道路长达20年的探索也是失败多于成功,资本主义在某些方面的确胜过了模式僵化的社会主义;在新的世界政治、经济格局下,在出现全球性的科技革命的条件下,社会主义要能顺应时代和高科技发展的潮流,唯一的出路就是实行改革开放,突破传统,打开国门,寻求新的发展道路,建立新的社会主义理论和新的社会主义建设模式。

邓小平之所以能成为中国的巨人、世界著名的政治家,就在于他在一个落后的社会主义大国以过人的胆略和坚忍不拔的精神,作出实行全面改革、对外开放的英明决策,在改革开放当中依据中国的具体国情,经过多次的摸索和尝试,逐步走出了有自己特色的建设社会主义的道路。1979年邓小平发表《坚持四项基本原则》的重要讲话,明确提出:"过去搞民主革命,要适合中国情况,走毛泽东同志开辟的农村包围城市的道路。现在搞建设,也要适合中国情况,走出一条中国式的现代化

道路。"①这就为探索具有中国特色的社会主义建设道路,提出了一个总的指导原则。1981年中共十一届六中全会通过《关于建国以来党的若干历史问题的决议》,系统地总结了建国以来社会主义建设正反两个方面的经验教训,提出了适合我国国情的社会主义现代化建设道路的十条经验②,为建设有中国特色的社会主义道路勾画了基本轮廓。1982年邓小平首次提出了"建设有中国特色的社会主义"这一命题,在中共十二大开幕词中指出:"把马克思主义的普遍真理同我国的具体实际结合起来,走自己的道路,建设有中国特色的社会主义,这就是我们总结长期历史经验得出的基本结论。"③十年后,到1992年邓小平发表视察南方的讲话时,建设有中国特色社会主义的理论已有了完整的轮廓和框架。

邓小平提出社会主义国家在没有大规模外敌入侵的情况下,应当毫不动摇地以经济建设为中心,不允许用其他任何工作来干扰和冲击这一中心。经济建设就是发展生产力,而要发展生产力,就必须冲破各种束缚生产力进步的障碍。正是在这个意义上,改革就是在社会主义条件下解放生产力的伟大革命。

邓小平提出社会主义初级阶段的国情判断,反对急于求成、急于求纯的空想,实行以公有制为主体的多种经济成分并存,以按劳分配为主体的多种分配方式并存;还坚持用"三个有利于"(即有利于发展社会生产力、有利于增强综合国力、有利于提高人民的生活水平)作为在现实生活中衡量姓"社"姓"资"的标准,从而把社会主义和民富国强二者紧紧地联到了一起。

邓小平提出社会主义市场经济的目标模式,改变了"把计划经济等同于社会主义、把市场经济等同于资本主义"的传统观念,使社会主义经济摆脱了长期作茧自缚的局面,为增强我国经济的活力,为冲向世界经济的大舞台去竞争、去发展,提供了现实的可能性。

邓小平提出"一个中心、两个基本点"的基本路线,既坚持四项基本原则的立国之本,又坚持改革开放的强国之路;既防止"左"又警惕"右",主要是防止"左"。它们又都从属于经济建设这个中心,从而实现了独立、民主、富强这三大目标的统一。

正是上述一系列创造性的结论和观点,形成了中国特色社会主义理论的完整体系。这一理论是对中国和世界其他社会主义国家历史经验的总结,是对新的历史条件下社会主义发展道路的科学思考。它既是亿万中国人民十多年伟大实践的结晶,又是邓小平个人对社会主义理论作出的卓越贡献。1997年党的"十五大"根据江泽民的提议,将建设有中国特色社会主义理论命名为"邓小平理论",并将它与

---

① 《邓小平文选》(1975～1982年),人民出版社1983年版,第149页。
② 参见《人民日报》,1981年7月1日。
③ 《邓小平文选》第三卷,人民出版社1993年版,第3页。

马克思列宁主义、毛泽东思想并列,作为党的指导思想列入了党章。现在,邓小平理论不仅在中国这块土地上已经开花结果,而且对于正在进行社会主义发展道路新探索的一切国家的人民,也具有指导意义。

第三节 一个主题、两大理论、三位巨人

一、中国近现代社会发展的主题

如前所述,自1840年特别是20世纪以来,中国社会发展的主题即近现代中国的"大势所趋、人心所向",就是民族独立(含国家统一,因为当时的中国并非受一个帝国主义国家的奴役,而是遭多个帝国主义列强所瓜分)、政治民主和民富国强。正像江泽民在毛泽东诞辰100周年纪念大会上所说:"鸦片战争以来,救中国,救人民,实现国家的独立、统一、民主、富强,成为中国各族人民不懈追求的共同理想。"[①]

独立、民主、富强是三位一体的奋斗目标,不可或缺。但是随着历史的变化,这三者的紧迫性及其相互关系也在发生着变化。在20世纪上半段,当务之急是求得独立和人民整体层次上的民主;新民主主义革命的理论及其指导下的实践,正是牢牢抓住、并认真解决了社会发展主题中所凸现出来的民族独立和人民民主的侧面,为中国社会的发展立下了卓越的功勋。社会主义的新中国建立以后,社会发展主题中所凸现的侧面则是民富国强;建设有中国特色的社会主义理论及其指导下的实践,也是牢牢抓住、并认真解决着社会发展主题中所凸现出来的这一侧面,继续为中国社会的发展谱写新的篇章。

可以预计,在21世纪中叶民富国强的目标获得解决之后,在人民队伍中个体层次上的民主又会被提到首要的地位。我们相信,中国共产党和中国人民有了正确解决民族独立、人民民主、民富国强的成功经验,也一定会圆满解决在个体层次上实现直接民主的任务。到了那时,社会主义的中国就将会以全新的面貌屹立于世界民族之林,就将会对人类作出更大的贡献。

---

① 转引自《人民日报》1993年12月27日,第1版。

二、两个伟大理论的相互关系

毛泽东的新民主主义革命理论和邓小平的建设有中国特色社会主义理论,是在中国孕育并发展起来的两个伟大的理论。这两大理论照亮了中国共产党 80 多年艰苦的战斗历程。这两大理论的共同之处在于:

首先,它们都反映了中国近现代社会发展的客观逻辑和中国人民的根本利益。新民主主义革命所要解决的是处在帝国主义、封建主义和官僚资本主义统治下的中国人民争取独立、民主的问题;建设有中国特色的社会主义则是致力于解决已经走上民族独立、人民民主道路的中国人民摆脱贫困的问题,从而扩大和深化民主,并在与世界各国的交往特别是在与强大的资本主义国家的竞争中继续巩固自身的独立。

其次,这两大理论都是在解放思想、实事求是的思想路线指导下创建出来的。如果不是从中国半殖民地半封建社会的具体国情出发,不是大胆破除当时共产国际和王明等人的教条主义,不是从实际斗争中反复摸索,就不可能有一系列关于在一个农民人数众多、帝国主义列强横行、民族资产阶级又特别软弱的东方大国中进行革命的创新性理论;同样,如果不是敢于破除毛泽东晚年在探索社会主义建设道路过程中所犯的错误以及对毛泽东的浓厚的个人崇拜,不是勇于否定沿袭了几十年的斯大林模式,不是善于修正马克思的确写过的、而现在已被实践证明是不准确或不正确的结论,就不可能有中国特色的社会主义理论。

再次,无论是毛泽东还是邓小平,他们在进行实践探索和理论创造时都坚持了马克思主义的基本立场、观点和方法。毛泽东反复强调"指导我们思想的理论基础是马克思列宁主义"[①],他的理论中的正确部分都是在科学地运用马克思列宁主义解决中国革命的实际问题时得出来的;邓小平在领导中国社会主义改革开放的过程中,也始终高举马克思列宁主义、毛泽东思想的旗帜,将它们同社会主义现代化建设事业有机地结合了起来。因此,毛泽东的新民主主义革命理论和邓小平的建设有中国特色社会主义理论,都是马克思主义普遍原理同中国具体实践相结合的产物。

虽然毛泽东的新民主主义革命理论和邓小平的建设有中国特色社会主义理论,在实现中国社会发展的主题上,在思想路线和理论基础上,在处理马克思主义同中国具体实践的关系上,都具有共同性;但它们毕竟是两个不同的理论。它们的主要区别在于:

首先,它们包含着不同的时代内容,打上了不同的时代烙印。在毛泽东带领中

[①] 《毛泽东选集》第五卷,人民出版社 1977 年版,第 133 页。

国人民争取民族独立、人民民主的年代,世界正处在帝国主义到处挑起战争、无产阶级进行社会主义革命、被压迫民族争取独立解放的时代。在这个以战争与革命为主潮流的时代,对于一个被压迫、被奴役的民族来说,其中心任务只能是革命、独立、战争。反映着当时客观现实及其发展要求的新民主主义革命理论,不能不深深地打上这一时代的烙印。虽然邓小平也在这个时代生活过、战斗过,并担任过相当重要的领导职务,但在他政治上和思想上走向巅峰时,整个人类的时代内容和主潮流发生了转变。从世界范围的大趋势看,和平取代了战争,发展取代了革命,成为当今世界的主潮流;原先的两极对立演化为多极并列,政治制度和意识形态在划分民族和国家类型以及在处理社会的经济发展时不再是唯一的和值得优先考虑的标准。因此,对于一个要自立于世界民族之林的独立国家来说,其不可动摇的中心任务,只能是在维护世界和平的大背景下,迅速发展本国经济,积极加入国际经济市场,充分利用发达国家在资金、技术、市场、管理方面的优势来发展壮大自己。而这些自然就成为邓小平理论创造中的主要内容。

其次,这两大理论分别是中国现代历史上两个不同发展阶段的产物,服务于中国社会发展主题的不同侧面。从20世纪20年代初到40年代末,中国社会的主要矛盾是帝国主义和中华民族之间、封建主义和人民大众之间的矛盾。由此就规定了在整个社会发展主题中,摆在首要位置的独立只能是整个民族的独立,民主只能是摆脱封建压迫的人民民主。解决这一主题所使用的只能是政治手段,包括革命、军事、阶级斗争这些杠杆。而在新中国建立以后的社会主义现代化建设阶段,中国社会的主要矛盾已经变为落后的社会生产力同人民群众不断增长的物质文化需要之间的矛盾。由此就规定了在整个社会发展主题中,摆在首位的只能是解放和发展生产力,争取民富国强,因为只有民富国强了,才可能在已经获得的人民民主的基础上,建设更深层次的政治民主,也才能以强大的综合国力来进一步巩固和加强民族独立。而要达到这一目标,所使用的必须是经济手段,包括市场、效益、竞争这些杠杆。

再次,上述时代内容和发展阶段上的差别,又造成了两大理论在一系列问题上所得出的结论不同。比如,毛泽东最为关心的是尽快结束旧中国遭受帝国主义列强奴役的局面,让中国人站起来;而邓小平最为关心的则是让中国人摆脱贫穷落后的状态,赶快富起来。毛泽东为了中华民族的独立解放,不得不关上了"国门";而邓小平出于实现民富国强的需要,又毅然打开了"国门",他们完成的都是时代的伟业。毛泽东重视发挥人的政治觉悟和精神动力的作用;而邓小平则更看重启动物质利益的激励机制。毛泽东从来不怕"天下大乱",并且常常主动运用"天下大乱"来达到"天下大治";而邓小平则根本不相信通过"天下大乱"会实现"天下大治",反复强调"稳定压倒一切","没有安定团结,什么事情也干不成"。所有这些不同,实际上都是由服务于中国社会发展主题的不同侧面所要求的。

新民主主义革命理论和建设有中国特色社会主义理论,虽然产生于中国现代社会发展的两大不同的历史阶段,在所面临的时代课题、所要解决的社会主要矛盾等方面存在着重大区别,但是,这两大理论却有着深刻的历史的和逻辑的联系。它们合起来犹如一篇完整的大文章,新民主主义革命理论是这篇大文章的上篇,建设有中国特色社会主义理论是这篇大文章的下篇。上篇是下篇的基础,下篇是上篇的继续。如果没有新民主主义革命理论以及在这一理论指导下的新民主主义革命实践,就没有国家的独立、人民的解放,就没有中国的社会主义,因而也就不可能有建设中国特色社会主义理论。反过来,如果没有建设中国特色社会主义理论以及在这一理论指导下的改革开放、争取民富国强的实践,在新民主主义历史阶段所取得的民族独立和人民民主就不可能得到真正的巩固和深化,新民主主义革命理论最终也就难以确立它的历史地位。只有把这两大理论合起来,才能构成一篇完整的中国人民争取独立、民主、富强的大文章。所以,新民主主义革命理论和建设有中国特色社会主义理论,这两大理论相辅相成;毛泽东和邓小平,这两位巨人相互衔接。

三、三位历史巨人的素质与功绩

在承认毛泽东和邓小平两位巨人伟大历史功绩的时候,我们不能忘记革命的"先行者"孙中山。孙中山第一次全面揭示了中国近现代社会发展的主题,把民族独立、人民民主和民富国强确立为中国人民的奋斗目标;毛泽东解决了半殖民地半封建的中国实现国家独立和人民民主的问题;邓小平解决了已经建立社会主义制度而经济又十分贫困的中国实现富强的问题。在中华民族20世纪的发展历史上,他们三人都立下了卓越的功勋。

孙中山、毛泽东和邓小平三位巨人之所以完成上述伟业,既是时势造就了他们,战友帮助了他们(因为他们所作出的贡献都是集体智慧的结晶),也离不开他们个人特殊的经历和优秀的素质。马克思主义在分析评价伟大人物的时候,决不轻视个人因素的作用,问题是如何恰当地看待这些个人因素以及怎样把这些个人因素同时势的客观要求科学地结合起来。

孙中山出生在富有反帝反封建的革命传统、又最早接受西方资本主义影响的广东省,他受过西方文化科学知识的教育,曾经周游列国,到过许多国家特别是其中的华人社区,经过多方比较,他看到了清王朝的腐败和人民的痛苦,立志向西方寻求救国救民的真理,按照西方资本主义的方式把中国改造成富强民主的国家。可是他早年的改良主义努力碰了钉子,使他彻底消除了对清王朝的幻想,在许多进步人士仍然热衷于改良主义的时候,他已经在积极为举行反清武装起义而奋斗了。

他诚恳地向西方的"老师"学习如何使中国富强民主,可是这些"老师"却老是欺负忠实的学生,加上对西方社会矛盾的多次深入考察,也使他消除了对帝国主义的幻想,举起了反对帝国主义的旗帜。在他领导的反帝反封建革命斗争屡遭挫折和失败之际,又受到了俄国十月社会主义革命成功的鼓舞和刚刚建立的中国共产党的影响,使他终于完成了由旧三民主义向新三民主义的决定性转变。他曾总结说:"余之谋中国革命,其所持主义,有因袭吾国固有之思想者,有规抚欧洲之学说事迹者,有吾所独见而创获者。"[①]孙中山的伟大,就在于他能够随着革命潮流的发展而不断进步,始终站在中国民主革命的前头指导革命斗争。

和毛泽东同时代的革命者不计其数,他之所以能成为同时代革命者中的杰出代表,主要有以下几个方面的主观原因:首先,毛泽东有非常深厚的理论功底。他不仅读了许多中国古籍,熟悉中国的传统文化,而且对马克思主义尤其是马克思主义哲学进行了深入的研究,在科学认识论、唯物辩证法和社会历史观方面都有许多独到的、富有创新性的见解。正是这种深刻的哲学思维,使他在分析和理解关于中国革命的一系列问题的时候,具有特别敏锐的和深刻的洞察力。其次,毛泽东熟悉中国的历史,熟悉中国的社会特别是农村。他同农民有着密切的联系,对国情有着深切的了解,思考任何问题都忘不了从中国的实际情况出发。这对他正确地解决中国革命的性质、对象、任务和道路问题,显然极有好处。但是,他对自然科学却不够熟悉,尽管在他的言论和文章中,曾多次谈到要重视科学,而且还请过一些著名的自然科学家给他讲授过有关的科学知识,但实际上,他始终将科学技术单纯地看成是物的因素,并把它放在人的因素之下。这些在社会主义建设时期也对他产生了消极的影响。再次,毛泽东全身心地为中国人民的解放而奋斗,他无私无畏,敢于斗争,乐于斗争,也善于斗争。他始终处在中国革命斗争的第一线,具有长期的丰富的领导经验,足智多谋,处变不惊,积极主动,灵活多变。最后,毛泽东坚持解放思想,实事求是,不相信本本,不迷信权威,敢于并善于同各种左、右倾机会主义作斗争。

邓小平之所以能成为历史的巨人,也与他的工作作风和曲折经历密切相关。首先,邓小平一贯务实,做任何事都强调实效。他特别反对搞形式主义,反对搞无意义的抽象争论,多次强调:"追求表面文章,不讲实际效果、实际效率、实际速度、实际质量、实际成本的形式主义必须制止。说空话、说大话、说假话的恶习必须杜绝。"[②]民主革命时期是如此,社会主义建设时期也是如此。其次,邓小平在青年时代到法国参加过勤工俭学活动,对资本主义有较多的了解,西方的科技、管理和民

---

① 《孙中山全集》第七卷,中华书局1986年版,第60页。
② 《邓小平文选》(1975~1982年),人民出版社1983年版,第97页。

主政治在他的头脑里留下了非常深刻的印象。这种在青年时代就接受下来的讲科学、讲民主、讲法制的观念,在他的一生中特别是在社会主义建设时期一直起着非常重要的作用,有利于他科学地吸收在资本主义社会中所创造出来的属于人类文明共同成果的一系列积极的东西。再次,邓小平的经历非常坎坷曲折。一方面,他是百色起义的发动者和指挥者,是威震中外的刘邓大军的主要领导人之一。由于他长期参与并指挥了中国的新民主主义革命,因而成为以毛泽东为核心的中共第一代领导集体的成员,对党的历史经验了如指掌;对中国的国情十分清楚;与广大群众有着密切的联系,与军队及其领导人有着特殊的关系。另一方面,在长期的革命斗争中,邓小平经受过各种错误思潮和错误路线的打击,先后"三落三起",特别是后面的"两落"是由于直接同毛泽东晚年错误进行斗争而引起的。正是这种特殊的地位和经历,使得他充分肯定毛泽东的历史功绩时令人信服,大胆纠正毛泽东的晚年错误时又令人折服;也使他既能继承、又能发展毛泽东所开创的具有中国特色的社会主义宏伟事业。

20世纪是中华民族发展史上斗争最为剧烈、变化最为深刻、成就最为辉煌的世纪。回顾整个20世纪,中国社会发展的主题始终是独立(包含统一)、民主、富强;指导中国人民解决这一主题的是两大理论——新民主主义革命理论和建设有中国特色社会主义理论;领导中华民族振兴的有三位巨人——孙中山、毛泽东和邓小平。毛泽东对孙中山作了充分的肯定,邓小平对毛泽东也作了充分的肯定。后继者对先行者、后一代对前一代的公正评价,为我们正确理解20世纪中华民族的历史,在21世纪继承并发展前人的事业,全面实现独立(包含统一)、民主、富强的民族振兴,提供了科学的指南。

第十一章

建设中国特色社会主义的基本路线

第一节 社会主义中国必须以经济建设为中心

一、发展生产力是社会主义中国的中心任务

从理论上讲,社会主义的根本任务就是发展生产力,社会主义最终战胜资本主义的根本保证就在于创造出比资本主义更高的劳动生产率。

首先,从唯物史观的最一般原理来看,生产力决定生产关系,经济基础决定上层建筑,生产力的性质和水平最终决定着社会的面貌。因而生产力发展了,不愁社会不进步;在人类历史上,生产力是最革命、最活跃的因素,是社会发展的终极原因;社会的经济制度、政治制度、意识形态,不仅归根到底是由生产力决定的,而且必须为解放和发展生产力服务。社会主义社会作为人类发展史上的重要阶段,当然也不例外,也必须把发展生产力摆在一切工作的首位。所以邓小平多次强调:"马克思主义的基本原则就是要发展生产力。"[①]

其次,从社会主义革命迄今为止都是在经济较为落后甚至非常落后的国家首先发生、并取得胜利的历史事实来看,已经走上社会主义道路的国家其物质基础都相对薄弱,表现在社会生产力落后,国家的经济

---

① 《邓小平文选》第三卷,人民出版社1993年版,第116页。

实力不强,人民群众的生活水平不高。因此在相当长的历史阶段里,新生的社会主义国家都将面临巨大的来自经济发达资本主义国家的"差距压力",常常出现两种对社会主义的信念危机:一是借口社会主义是"早产儿",指责当初走上社会主义道路就是错误的;二是借口经济发展和生活水平上的差距,散布"社会主义不如资本主义"。当年列宁就清醒地意识到,"劳动生产率,归根到底是保证新社会制度胜利的最重要最主要的东西",他一方面坚信"资本主义可以被彻底战胜,而且一定会被彻底战胜,因为社会主义能造成新的高得多的劳动生产率",另一方面也坦率地承认"这是很困难很长期的事业"[①]。为了创造出更高的劳动生产率,最终战胜资本主义,社会主义国家必须始终把发展生产力放在首位,坚定不移地抓紧抓好这件"很困难很长期的事业"。

再次,从我国近现代社会发展的历史来看,中国人民是在探索并解决我国近现代社会发展主题的过程中最终走上社会主义道路的。这个主题就是民族独立、人民民主、民富国强。经过新民主主义革命的胜利,实现了民族独立,走上了社会主义道路;接下来的任务就是集中精力进行经济建设,在大力发展生产力的基础上实现民富国强。这是"顺大势、合人心"之举。

最后,从当今世界的时代主题和发展格局来看,社会主义的中国也应当把发展生产力摆在首位。当今世界的主题是和平与发展。在今后较长的时期里,争取和平的国际环境、避免新的世界大战是完全可能的;世界要和平,国家要发展,社会要进步,经济要繁荣,生活要提高,已成为各国人民的普遍要求。世界格局也发生新变化,一方面美苏"两极"的对峙已经终结,世界正朝着"多极"化方向发展;另一方面新的相对稳定的国际结构还没有真正形成。这既给各国提供了极好的发展机遇,也发起了严峻的挑战。20世纪80年代以来,我国在改革开放中经济迅速发展,国民(或国内)生产总值年平均递增9%,综合国力有很大提高,人民生活显著改善。但从纵向上看,我国比西方发达国家工业化晚起步二三百年,加上新中国成立后有二三十年以阶级斗争为纲,耽误了经济的发展;从横向上看,我国面临所处西太平洋地区(特别是日本、"四小龙"和东盟国家)高速发展的直接压力。如果我国在21世纪头20年期间内经济增长率不能达到6%~8%,就将在西太平洋地区和世界经济发展中处于被动地位。

综上所述,社会主义中国必须把发展生产力放在中心地位。正如邓小平所说:"国家这么大,这么穷,不努力发展生产,日子怎么过?我们人民的生活如此困难,怎么体现出社会主义的优越性?……社会主义必须大力发展生产力,逐步消灭贫穷,不

---

① 参见《列宁选集》第四卷,人民出版社1972年版,第16页。

断提高人民的生活水平。否则,社会主义怎么能战胜资本主义?"①"先把经济搞上去,一切都好办。"②所以,改革开放以来,邓小平和党中央始终强调要"聚精会神"、"集中精力"、"一心一意"、"排除干扰"、"放开手脚"、"硬着头皮"把经济搞上去。

二、确立经济建设为中心的曲折过程

然而我们对发展生产力的重要性和首位意义的认识,经历了一个艰难曲折的过程,付出了极为沉重的代价。

建国之初,党和政府相当重视发展生产力。早在朝鲜战争还在进行,国内土地改革、镇压反革命、清剿残匪的斗争还没有结束的1951年,刘少奇在对马列学院学员的报告中就指出:"只要第三次世界大战不爆发,经济建设的任务就不变。二十年甚至三十年不爆发战争,我们的任务就一直是经济建设","一切以经济建设为中心。"③1956年党的"八大"决议提出:"我国的无产阶级同资产阶级之间的矛盾已经基本上解决","国内的主要矛盾,已经是人民对于建立先进的工业国的要求同落后的农业国的现实之间的矛盾,已经是人民对于经济文化迅速发展的需要同当前经济文化不能满足人民需要的状况之间的矛盾",党和全国人民的主要任务是"把我国尽快地从落后的农业国变为先进的工业国。"④1957年2月,毛泽东在题为《关于正确处理人民内部矛盾的问题》的报告中,也号召党和政府"团结全国各族人民进行一场新的战争——向自然界开战,发展我们的经济,发展我们的文化"⑤

但就在这时,国际上连续发生了赫鲁晓夫在苏共"二十大"全盘否定斯大林以及波兰的波兹南事件、匈牙利事件,国内出现极少数右派分子借整风之际向共产党进攻。于是,毛泽东认为"事情正在起变化",强调"单有一九五六年在经济战线上(在生产资料所有制上)的社会主义革命,是不够的,并且是不巩固的……必须还有一个政治战线上和一个思想战线上的彻底的社会主义革命。"⑥从而离开"八大"确定的经济建设这个中心,又开始以阶级斗争为纲,先后进行反右派、反右倾、社教、文化大革命等阶级斗争,打击面越来越广,火药味越来越浓。直到粉碎"四人帮"以后,中央主要领导人华国锋仍然搞"抓纲治国",这里的"纲"还是阶级斗争。"从一九五八年到一九七八年这二十年的经验告诉我们:贫穷不是社会主义,社会主义要

---

① 《邓小平文选》第三卷,第10页。
② 《邓小平文选》第三卷,第129页。
③ 薄一波著:《若干重大决策与事件的回顾》(上卷),中共中央党校出版社1991年版,第59页。
④ 薄一波著:《若干重大决策与事件的回顾》(下卷),中共中央党校出版社1993年版,第624页。
⑤ 《毛泽东选集》第五卷,第375页。
⑥ 《毛泽东选集》第五卷,第461页。

消灭贫穷。不发展生产力,不提高人民的生活水平,不能说是符合社会主义要求的。"①

痛定思痛。1978年底中共十一届三中全会终于终止了"以阶级斗争为纲"的口号,果断地把全党全国工作的中心转到经济建设上来;1980年,邓小平提出整个80年代中国人民面临三大任务,即加紧社会主义现代化建设,争取实现包括台湾在内的祖国统一,反对霸权主义、维护世界和平。而在这三大任务中,核心是经济建设,它是解决国际国内问题的基础。"从十一届三中全会到十二大,我们打开了一条一心一意搞建设的新路"②,从而开创了社会主义现代化建设的新局面。

后来,在20世纪80年代末、90年代初,我们又遇到了比1957年更严峻、更复杂的国内外阶级斗争形势:1989年春夏之交国内发生了政治动乱,共和国到了最危急的关头,紧接着东欧一系列社会主义国家先后易帜,1991年苏联宣告解体。在这种情况下,尽管有人惊呼"反和平演变是我们面临的根本任务",自觉或不自觉地偏离经济建设的中心,但整个党仍然牢牢坚持十一届三中全会所确定的工作中心的转移,没有重新拾起"阶级斗争为纲"的口号。这说明中国共产党更加成熟了。

三、坚持经济建设为中心的必要前提

回顾1957年以来我们所走过的曲折道路,可以看出,之所以在一度时期偏离经济建设的中心,根源在于没有对阶级斗争形势和知识分子地位问题作出正确的估价;为了始终坚持经济建设这个中心,就必须正确评价和处理国内外阶级斗争问题,正确评价和对待我国的知识分子。

第一,正确评价和处理国内外阶级斗争问题。

首先应当肯定,"以阶级斗争为纲"是毛泽东一贯的立场、观点和方法之一,绝非个别词句。始终以阶级斗争为纲的毛泽东,在1956年以前战无不胜,到了1957年以后则屡遭挫折,究其原因就是因为我国在1956年基本完成生产资料所有制的社会主义改造以后,社会结构和阶级状况发生了根本转变。在此之前,我国一直是阶级社会,阶级矛盾是社会的主要矛盾,革命阶级战胜反动阶级的阶级斗争是推动社会前进的主要动力;在此之后,随着剥削制度被推翻,剥削阶级已经消灭,阶级矛盾仍然存在,但不再是社会的主要矛盾,因而推动社会前进的主要动力也不再是阶级斗争,而转为发展生产力。在这种历史的转折面前,理应扬弃以阶级斗争为纲的成功经验,但依靠阶级斗争起家的毛泽东和中国共产党要完成这一转变,非常艰难,也要经历一个过程。事实证明,这个过程花去了我们20年的宝贵时间。

---

① 《邓小平文选》第三卷,第116页。
② 《邓小平文选》第三卷,第11页。

现在我们已经取得了以下共识：在社会主义中国，阶级斗争在一定范围内仍然存在、并将长期存在，所以"阶级斗争熄灭论"是完全错误的，是"右"；阶级斗争不再是我国社会的主要矛盾，所以仍然"以阶级斗争为纲"也是完全错误的，是"左"；我们既反"右"、又反"左"，要科学评价和正确处理阶级斗争问题。不过，说起来容易，做起来难，以上共识要真正落实到行动中，还需要付出极大的努力。因为，阶级斗争有一个特点，要么不抓，一旦抓起来，就很容易触动人们的神经，从而成为人们注目的"纲"。

还要看到，抓经济建设并不等于就以经济建设为中心。即使在"文革"期间，毛泽东也提出要"抓革命、促生产"，"要把国民经济搞上去"，国务院也花费大量的精力组织全国的生产。但那时的生产总是要以革命来"促"，国民经济建设的总方针仍以"备战"为首选原则；1975年主持中央日常领导工作的邓小平试图把经济建设同阶级斗争并列为"纲"，却遭到毛泽东的断然拒绝；斥责说"'多中心'就是'无中心'"。当时之所以这样做，是因为"我们的观点一直是战争不可避免，而且迫在眉睫。我们好多的决策，包括一、二、三线的建设布局，'山、散、洞'①的方针在内，都是从这个观点出发的。"②现在确立了以经济建设为中心，不仅加大了抓经济建设的力度，而且改变了抓经济建设与抓阶级斗争的关系。批判资产阶级自由化思潮，是为了保证经济建设的正确方向；严厉打击刑事犯罪活动，是为了创造有利于经济建设的安定局面；即使作为阶级斗争工具的军队，也要服从经济建设这个中心、照顾国家建设这个大局。例如改革开放以来，空军腾出机场，海军让出港口，支援国家发展民航事业，增大国家港口的吞吐能力；设备好、技术力量雄厚的国防工业，大力发展民用生产等等，就是明证。

第二，正确评价和对待知识分子问题。

与在经济建设为中心问题上的曲折反复相适应，我国在知识分子问题上也曲折反复，二者互为因果。1956年党的"八大"确立经济建设为中心，同年中央召开知识分子工作会议。基于从旧社会过来的知识分子绝大多数经受了建国以来的锻炼和考验，当时知识分子总数的90%以上是新中国培养出来的，其中绝大多数还是工人、农民和知识分子家庭出身等状况的分析，周恩来代表党中央宣布知识分子中的绝大部分"已经是工人阶级的一部分"③。1957年偏离经济建设的中心，回到

---

① 20世纪60年代初期，中共中央和毛泽东提出从战备需要出发，根据战略位置的不同，将我国各地区分为一、二、三线，一线指处在战略前方的一些省区，三线指全国的战略大后方，二线指处于一线和三线之间的省区。60年代中期，为防备侵略战争，国家有关部门提出，国防尖端项目要搬到三线地区，按照"靠山、分散、隐蔽"的方针进行建设，有的还要进山洞，故简称"山、散、洞"。
② 《邓小平文选》第三卷，第126～127页。
③ 《周恩来选集》（下卷），人民出版社1984年版，第162页。

以阶级斗争为纲,知识分子又被划归资产阶级,成为"倾左"斗争的对象;尽管党和国家领导人陈毅等同志 1962 年尖锐地批评"有些人还用对待资产阶级知识分子的眼光给他们作鉴定,这不符合实际,伤人太甚嘛! 这种作风不改,危险得很"[1],但也无济于事。直到 1978 年党的十一届三中全会重新确立以经济建设为中心,在同年全国科学大会上,邓小平重申知识分子"已经是工人阶级自己的一部分"[2],强调他们热爱祖国、热爱党、热爱社会主义,他们同工人、农民一样,是我们建设社会主义的依靠力量。1989 年随着国内外阶级斗争的一度加剧,对知识分子的估计同对经济建设中心的坚持一样,也差一点发生偏差。总结几十年的经验教训,江泽民在 1992 年党的"十四大"提出:"知识分子是工人阶级中掌握科学文化知识较多的一部分,是先进生产力的开拓者,在改革开放和现代化建设中有着特殊重要的作用。"[3]可见,如果以阶级斗争为纲,就不会真心信任和坚决依靠知识分子;在剥削制度被推翻、剥削阶级已消灭的情况下坚持以阶级斗争为纲,就一定会夸大思想和意识形态的作用,把知识分子当成最主要的斗争对象;如果以经济建设为中心,就必然相信和依靠知识分子,真正把知识分子当成"自己人"。

按照马克思主义的观点,知识分子从来不是一个独立的阶级。在人类社会发展史上,脑力劳动和体力劳动的分离是生产力发展到一定阶段的必然结果,是迄今为止人类最大的社会分工,是人类划时代的进步。知识分子作为脑力劳动和体力劳动分离的产物,在任何阶级社会中都不曾成为独立的阶级,这是因为知识分子没有一成不变的统一的利益、统一的理想,不能形成独立的阶级实体。知识分子作为一个社会阶层分散在各个阶级中,与它所依附的阶级有统一的利益和理想,成为那个阶级的成员和代言人。同时,他们又共同担负着继承、发展科学知识的特殊任务。列宁指出:"知识分子之所以叫做知识分子,就是因为他们最有意识、最彻底、最准确地反映了和表现了整个社会的阶级利益的发展和政治派别的发展。"[4]一百多年前,恩格斯给国际社会主义者大学生代表大会写过一封信,热情地期望从他们中产生出"脑力劳动无产阶级",这种脑力劳动无产阶级能够同从事体力劳动的工人兄弟在一个队伍里,肩并肩地在革命中发挥巨大的作用[5]。今天,恩格斯的这个期望正在我国成为现实。我国现有知识分子数千万人,这个数量对实现社会主义

---

[1] 转引自范若愚、江流主编:《科学社会主义概论》,江苏人民出版社、中共中央党校出版社 1983 年版,第 342 页。
[2] 《邓小平文选》(1975~1982 年),人民出版社 1983 年版,第 86 页。
[3] 江泽民:《加快改革开放和现代化建设步伐,夺取有中国特色社会主义事业的更大胜利——在中国共产党第十四次全国代表大会上的报告》,《人民日报》1992 年 10 月 21 日。
[4] 《列宁全集》第七卷,人民出版社 1959 年版,第 30 页。
[5] 参见《马克思恩格斯全集》第二十二卷,人民出版社 1965 年版,第 487 页。

现代化虽然远远不够,但它毕竟壮大了我国工人阶级的力量。

在社会主义社会中,知识分子和工人、农民一样,都是自食其力的劳动者,他们和体力劳动者不同的地方仅仅在于,他们出的力主要不是体力而是脑力,他们生产的劳动成果主要不是物质产品而是精神产品。推翻旧世界,需要知识和知识分子;建设新世界,更需要知识和知识分子。中共中央《关于建国以来党的若干历史问题的决议》号召:"要坚决扫除长期间存在而在'文化大革命'期间登峰造极的那种轻视教育科学文化和歧视知识分子的完全错误的观念,努力提高教育科学文化在现代化建设中的地位和作用,明确肯定知识分子同工人、农民一样是社会主义事业的依靠力量,没有文化和知识分子是不可能建设社会主义的。"[1]江泽民1995年在全国科学技术大会上的讲话强调:"将社会主义制度的优越性,社会主义市场经济体制对生产力发展的巨大推动作用,同科学技术的威力有机结合起来,就一定能够顺利实现我国社会主义现代化建设的宏伟目标。"[2]

第二节 四项基本原则是社会主义中国的立国之本

一、社会主义规定了中国现代化的方向

把经济建设作为社会主义的中心任务,其目的就是要在已经建立起来的社会主义制度下使中国实现现代化。我们探索社会主义在中国的发展道路,实际上就是探索中国在社会主义制度下实现现代化的道路;我们展望中国社会主义发展的美好前景,也就是展望一个伟大的社会主义现代化中国的前景。把社会主义发展和现代化进程相联系,这是中国共产党人长期坚持的观点。尽管在20世纪60～70年代因为认识上的失误而发生过短暂的动摇,然而正是这种短暂动摇所带来的惨痛教训使人们更加坚定了原来的认识。

在寻找中国走向现代化的道路时,首先必须清晰地界定"现代化"的概念。现

---

[1] 转引自《人民日报》1981年7月1日。
[2] 转引自《人民日报》1995年6月5日。

代化的外延宽阔,人们最早认识到的现代化只是工业、农业、国防和科学技术"四个现代化",继而发现现代化决不限于经济的现代化,我们的目标应当是建设一个高度繁荣、高度民主、高度文明的现代化强国。然而在对现代化的内涵即本质的认识上,一开始就出现了截然相反的原则性分歧。有人断言"现代化"就是"西化"、"资本主义化",甚至提出要"全盘西化";有人则坚决主张中国的现代化只能是社会主义的现代化。

诚然,当今的西方世界是在资本主义的旗帜下实现了现代化的,但是时至今日,"现代化即西化、资本主义化"的说法已经过时。20世纪许多新独立国家企图通过"西化"的道路使本国走向现代化,结果却失败了;即使是地处"美国后院"的许多拉美国家,也没有能够在这条路上达到自己的预定目标,现在不得不对本国发展道路、发展战略进行反省,有的国家索性否定了西方的发展理论与模式。甚至连日本这样一再声称要"西化"的国家,在工业化和现代化的过程中也没有完全"全盘西化",并因此日本一再受到来自西方世界的指责。更何况在这个世纪里出现了比资本主义制度更先进的社会主义制度,这一制度曾使30～40年代的苏联在经济落后的状况下很快实现工业化;也使50年代的中国在帝国主义的封锁压制下,以远远超过西方世界的速度实现了经济的迅速发展。事实证明,现代化与资本主义制度之间没有必然的联系。

现代化作为理论研究的对象虽然才有几十年的历史,但作为客观的世界历史运动已经进行了一二百年。马克思虽然没有使用过"现代化"的概念(就迄今发现的材料而言),但已明确揭示,由蒸汽机引起的工业革命开辟了世界历史发展的"现代时期",这是"历史发展的一个新阶段"。在对这一新阶段的研究中,他提出"现代生产力"、"现代私有制"、"现代工人"、"现代意义上的资本"、"现代国家"这些概念。沿着马克思的这一思路来观察,可见现代化是一个连续演进的世界性发展过程,它的起点可以上溯到18世纪下半期欧洲的工业革命,现代化就是以此为起点的因现代生产力而导致世界经济加速发展和社会相应变化转型的总体趋势。具体来说,现代化就是以现代工业、科技革命为推动力,在社会化大生产的基础上引起传统社会向现代社会的大转变,使社会的经济、政治、文化、思想各个领域摆脱传统社会的格局出现分化与重组,构成新的系统,体现出新的适应性。在世界现代化的总体趋势中,各个国家、各个民族都在选择自己的历史地位,保持自身的存在与延续,否则就将失去自身存在的历史资格。但这并不是说所有国家、所有民族在世界现代化总体趋势中只能走同一的路子,固守一成不变的原则;与之相伴存的一个发人深思的现象,却是各个国家、各个民族、各个地区的自我特性更加充分和自由地显示出来。这看起来似乎极为矛盾,但事实上却典型地表明了事物发展的辩证关系。就是说,系统的高度整合的趋势,依赖于各个子系统的活力显现与适应性的增强。这个道理表明,中国在社会主义的旗帜下实现现代化是完全可能的。

二、社会主义提供了中国现代化的保证

社会主义既是中国现代化的本质要求,也是中国现代化得以实现的前提条件。党的十一届三中全会刚刚结束不久,邓小平就在党的理论工作务虚会上发表了题为《坚持四项基本原则》的重要讲话,强调必须坚持社会主义道路,必须坚持无产阶级专政,必须坚持共产党的领导,必须坚持马列主义、毛泽东思想;指出坚持这四项基本原则是"实现四个现代化的根本前提。"[①]此后,他又从另一个角度说明了现代化必须具备的四个前提:"第一,要有一条坚定不移的、贯彻始终的政治路线;第二,要有一个安定团结的政治局面;第三,要有一股艰苦奋斗的创业精神;第四,要有一支坚持走社会主义道路的、具有专业知识和能力的干部队伍。"[②]这些角度不同的阐述说明的是同一个道理:没有社会主义,就没有中国的现代化。如果说当年"只有社会主义才能救中国",那么现在"只有社会主义才能发展中国"。

中国现代化的进程,实质上就是从总体上摆脱比较落后的农业国的社会物质基础,形成现代工业的社会物质基础,从而使整个社会的各个领域都摆脱传统社会的落后性阴影。我国现阶段仍然是传统文明与现代文明并存的二元结构,现代化的任务就是要完成二元结构向现代文明一元结构的整体转换。这一转换的实现,必须借助于以下条件:

第一,通过权威力量、权威方式,充分地动员和有效地配置社会资源,扶植和培育经济成长因素。我国实现现代化的第一个障碍就是积累不足和积累机制不良,社会的投资力量不强,所以必须通过特殊的权威力量来实现积累,并承担起主要投资主体的责任。毫无疑义,这个权威力量只能是国家。依靠国家的权威,不仅能规范和引导企业活动;也能培育市场,推动市场发育逐步走向成熟;还能保证充分动员社会资源,克服积累不足与积累机制不良的障碍,赢得经济总量的增长和结构的转换。

第二,通过权威力量、权威方式,有效地稳定社会,保持正常的秩序,维护现代化进程所必需的社会安定。在从传统文明向现代文明转换的过程中,人们常常强烈追求工业化,并对工业化所需付出的代价估计不足,会造成各种社会心理冲突;加上经济结构的剧烈变动,利益关系的分化重组,难免产生某些社会动乱的因素。有鉴于此,就应当强调社会的参与调节和自治调节。有些类似国家在采取放任主义原则后,往往形成从这个极端到那个极端的社会力量与意识形态的连续分布,各

---

① 《邓小平文选》(1975～1982年),第 150 页。
② 《邓小平文选》(1975～1982年),第 212 页。

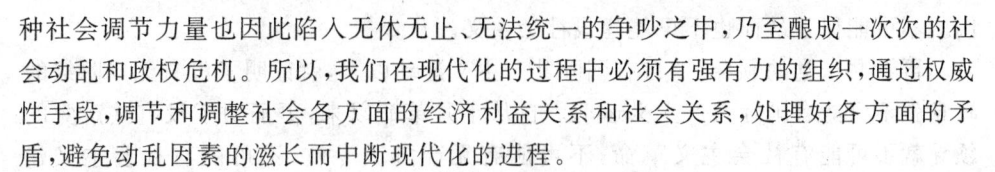

种社会调节力量也因此陷入无休无止、无法统一的争吵之中,乃至酿成一次次的社会动乱和政权危机。所以,我们在现代化的过程中必须有强有力的组织,通过权威性手段,调节和调整社会各方面的经济利益关系和社会关系,处理好各方面的矛盾,避免动乱因素的滋长而中断现代化的进程。

第三,通过权威力量、权威方式,稳妥而有秩序地实现适应现代化总趋势的体制转换。西方发达国家的现代化是以已经自然发育的商品货币关系和与之相适应的社会体制为前提的,我国则严重缺乏这一前提。当然我们不能重复西方的老路,在长期的苦难、破产、"羊吃人"、"贩卖黑奴"的过程中,重新创建这一前提;必须依靠社会主义制度的优越性,通过社会的自觉力量来有效地创建这一前提,从而避免西方世界及其殖民地人民曾经历过的苦难。这种社会的自觉力量,毫无疑义也必须是有权威的。通过这种权威性的力量,实行自上而下的体制改革,才能顺利地解除旧体制对现代化进程的束缚,又避免引起对现代化进程的自下而上的破坏性冲击。

第四,通过权威力量、权威方式,有效地把整个国家凝聚为坚不可摧的整体,从而抵御外侮,对抗国际社会的各种敌对势力。世界的整合化过程,并不意味着各国之间利益矛盾的尖锐化程度降低,仅是说明相互利益的依存更为密切,这种相互依存的密切化往往使利益发育空间日渐减少,使利益摩擦日益加剧。发达国家和不发达国家、欠发达国家的利益冲突的日益加深,正是明证。锱铢必较的发达国家的获利者们,决不会自动腾出生存与发展的空间来让不发达国家走向现代化。所以我们必须通过强有力的权威力量,保障国家的统一和稳定,把全国的人力、物力、财力凝聚为一体,有效地排除某些外国势力在我国发展道路上设下的障碍。

中国走向现代化,必须满足以上条件。而能提供和满足以上条件者,只能是社会主义。

三、四项基本原则是坚持社会主义的题中之意

既然社会主义是中国现代化的本质要求和前提条件,那么中国的现代化就必须坚持社会主义。而一旦要坚持社会主义,则坚持人民民主专政,坚持共产党的领导,坚持马列主义、毛泽东思想,也都成了题中应有之意。

先看人民民主专政即无产阶级专政。无产阶级专政是保卫社会主义经济基础的政治上层建筑。在国内阶级斗争仍然存在,国际帝国主义、霸权主义仍然存在的条件下,不可能设想国家专政职能的消亡,不可能设想常备军、公安机关、法庭、监狱等等的消亡。"它们的存在同社会主义国家的民主化并不矛盾,它们的正确有效的工作不是妨碍而是保证社会主义国家的民主化。事实上,没有无产阶级专政,我

们就不可能保卫从而也不可能建设社会主义。"①

再看共产党的领导。"自有国际共产主义运动以来,就证明了没有无产阶级的政党就不可能有国际共产主义运动。自从十月革命以来,更证明了没有共产党的领导就不可能有社会主义革命,不可能有无产阶级专政,不可能有社会主义建设。"②在中国,无论是历史上还是现实中,除了共产党,根本不存在另外一个能代表、联系和团结广大人民群众的党。"离开了中国共产党的领导,谁来组织社会主义的经济、政治、军事和文化?谁来组织中国的四个现代化?在今天的中国,决不应该离开党的领导而歌颂群众的自发性。"③

最后看马列主义、毛泽东思想。社会主义社会和以前的各种社会形态相比,有一个很重要的特点,即它是一个自觉建设、而非自发发展的社会,这就要求社会主义社会比以往的任何社会形态都更需要有正确思想的指导。马列主义、毛泽东思想的产生就是为了满足无产阶级和人民群众奔向社会主义的客观需要,它们产生以后的确也成了各国社会主义者前进的指南。对于中国人民来说,"毛泽东思想过去是中国革命的旗帜,今后将永远是中国社会主义事业和反霸权主义事业的旗帜"④。

总之,正如邓小平所说:"如果动摇了这四项基本原则中的任何一项,那就动摇了整个社会主义事业,整个现代化建设事业。"⑤

与坚持四项基本原则直接相关的问题是如何正确处理民主,因为"社会主义道路、无产阶级专政、共产党的领导、马列主义毛泽东思想,都同民主问题有关。"⑥邓小平一方面坦陈过去对民主宣传得不够,实行得不够,制度上有许多不完善,因此要继续努力发扬民主;另一方面又旗帜鲜明地指出:"一定要把社会主义民主同资产阶级民主、个人主义民主严格地区别开来,一定要把对人民的民主和对敌人的专政结合起来,把民主和集中、民主和法制、民主和纪律、民主和党的领导结合起来。"⑦如果离开四项基本原则抽象地空谈民主,那就必然会造成极端民主化和无政府主义的泛滥,造成安定团结政治局面的丧失,造成四个现代化的彻底失败。

---

① 《邓小平文选》(1975~1982年),第155页。
② 《邓小平文选》(1975~1982年),第155页。
③ 《邓小平文选》(1975~1982年),第156页。
④ 《邓小平文选》(1975~1982年),第158页。
⑤ 《邓小平文选》(1975~1982年),第159页。
⑥ 《邓小平文选》(1975~1982年),第161页。
⑦ 《邓小平文选》(1975~1982年),第162页。

第三节　改革开放是社会主义中国的强国之路

一、社会主义对外开放的不断扩大

建国以后,我国基本上执行一条"关起门来搞革命"的方针,随着社会主义革命的深入,大门越关越紧,同国外的联系越来越少。到"文革"后期,整个国家的经济、政治、文化和社会的发展,几乎完全走进了闭关锁国、与世隔绝的死胡同。直到党的十一届三中全会才确立了对外开放的方针。

开放的地区越来越广。1980年相继成立深圳、珠海、汕头、厦门四个经济特区(1988年又成立了全国最大的海南经济特区),实施一系列特殊的优惠政策,成为我国对外开放的"点"状前沿。1984年国家决定开放大连、秦皇岛、天津、烟台、青岛、连云港、南通、上海、宁波、温州、福州、广州、湛江和北海等14个沿海港口城市;1985年国家又决定将长江三角洲、珠江三角洲、厦漳泉三角地区、辽东半岛、胶东半岛和渤海湾地区开辟为经济开放区。至此,我国曲折而漫长的海岸线,从渤海之滨南下,中经黄海、东海,直到海南岛和南海的北部湾,已经全线开放,整个东南沿海地区呈"一"字长蛇阵,排列在对外开放的前沿。1990年国家决定开发、开放上海浦东新区,接着又开放芜湖、九江、武汉、岳阳、重庆等5个长江沿岸城市,从而使开放的大潮逆数千公里的长江奔腾而上,直冲大陆的腹地,我国对外开放的布局发展为"丁"字形。不久,从中国连云港至荷兰鹿特丹的国际铁路全线贯通,成为"新亚欧大陆桥",促使我国的对外开放格局发展为"π"形。1992年国家又抓住内陆边境地区同周边邻国的贸易和经济合作发展的契机,宣布开放黑河、绥芬河、珲春、满洲里、二连浩特、伊宁、博乐、塔城、凭祥、东兴、河口、畹町和瑞丽等13个东北、西北、西南地区的边境市镇,它们所在省(自治区)的省会(首府)也实行与沿海开放城市相同的政策;接着又宣布在11个内陆地区的省(首府)也都实行对外开放。对外开放的格局终于成为"四"字形,遍地开花。

开放的领域越来越宽。最早,仅仅在科学技术和经济管理即经济建设的领域实施对外开放。1984年中共十二届三中全会通过《关于经济体制改革的决定》,指出"十一届三中全会以来,我们把对外开放作为长期的基本国策,作为加快社会主义现代化建设的战略措施,在实践中已经取得显著成效。今后必须继续放宽政策……充分利用国内和国外两种资源,开拓国内和国外两个市场,学会组织国内建设和发展对外经济关系两套本领。"①此后,对外开放逐步扩大到精神文明建设的领域,1986年中共十二届六中全会通过《关于社会主义精神文明建设指导方针的决议》,进一步指出:"对外开放作为一项不可动摇的基本国策,不仅适用于物质文明建设,而且适用于精神文明建设。"②再后,对外开放又向政治和法律的领域扩展,特别是在确立了社会主义市场经济的改革目标以后,加快了引进市场经济发达国家经验、建设我国市场经济法规体系的步伐。

引进的东西越来越多。开始只限于引进资金和技术,接着扩大到引进成套设备和原材料,然后开始把外国微观经济管理即企业管理的经验引进来,又逐步扩大到引进外国宏观经济管理的经验;随着体制改革的深化,引进了市场,并在此基础上吸收和借鉴外国经济体制、思想文化、法律体系和行政管理方面的积极因素。"总之,社会主义要赢得与资本主义相比较的优势,就必须大胆吸收和借鉴人类社会创造的一切文明成果,吸收和借鉴当今世界各国包括资本主义发达国家的一切反映现代社会化生产规律的先进经营方式、管理方式。"③

为什么对外开放也要经历一个从无到有、再逐步扩大的过程?关键在于对外开放实施以后会有副作用。这种副作用主要分为两类:第一,正如窗子打开来以后,既涌进了大量的新鲜空气,也会不可避免地飞进灰尘乃至苍蝇、蚊子。随着资金、技术、商品和有益的经营方式、管理方式涌进国门,西方腐朽的意识形态、生活方式也一起进来了,让人防不胜防。第二,俗话说:"吃人的嘴软,拿人的手短。"对外开放也在一定程度上造成国外势力在经济上甚至政治上影响、控制我们的危险。目前大量的外资、洋货、外国品牌涌入,给我国幼嫩的民族工业造成巨大的压力,西方发达国家特别是美国经常利用其经济上的优势向我国施加政治上的压力。对这些副作用,国人还有一个认识过程,也要有一个防止和消化的过程;如果不顾这一过程,盲目地、一步到位式地全方位开放,就可能超越国人的认识水平,使国人对其防止和消化跟不上。

然而不管对外开放有多大的副作用,我们也必须坚持对外开放。因为,对外开放是社会主义社会发展的必要条件之一,而闭关自守恰恰是使我国社会长期落后的重要原因。本来,国际间的经济技术交流,是生产社会化、国际化的客观要求。人类社会发展到现阶段,生产的社会性达到了国际范围。当今世界,科学技术突飞

---

① 《中共中央关于经济体制改革的决定》,《人民日报》1984年10月21日。
② 《中共中央关于社会主义精神文明建设指导方针的决议》,《人民日报》1986年9月29日。
③ 《邓小平文选》第三卷,人民出版社1993年版,第373页。

猛进,生产力迅速发展,各国间的经济技术上的联系更为密切和广泛。现在没有一个国家能够生产本国所需要的一切产品,也难以找到一个国家拥有发展本国经济所需要的一切资源和先进技术。这就需要各国间进行经济技术交流以互通有无,取长补短。闭关自守是不能实现社会主义现代化的,中国经济的腾飞一点儿也离不开世界。因此,如何正确处理好国内条件和国外条件的关系,始终是社会主义建设过程中的一个突出问题。邓小平强调,独立自主、自力更生无论过去、现在和将来,都是我们的立足点。他又指出,必须把资本主义国家的先进技术同资本主义制度区别开来,在自力更生的基础上,不断扩大对外经济技术交流,争取外援。十一届三中全会以来,我们有计划、有选择地引进资本主义国家的先进技术、资金设备和管理经验,批判资本主义国家中消极、腐朽的东西,从而大大增强了我国的综合国力,促进了我国生产力的发展。

二、社会主义体制改革的逐步深化

在由对外"闭关"走向"开放"的同时,通过不断深化改革,对内也在由"关闭"走向"放开"。

经济的持续增长和四个现代化离不开与之相适应的经济体制。邓小平早在70年代末,通过对我国原有经济体制弊端的深入剖析,指出传统的高度集权的计划体制已束缚经济的发展,"如果现在再不实行改革,我们的现代化事业和社会主义事业就会被葬送"①,"要发展生产力,经济体制改革是必由之路"②,并强调"要从根本上改变束缚生产力发展的经济体制,建立起充满生机和活力的社会主义经济体制,促进生产力的发展"③。由于"农村人口占我国人口的百分之八十,农村不稳定,整个政治局势就不稳定,农民没有摆脱贫困,就是我国没有摆脱贫困"④,所以邓小平首先在农村倡导经济体制改革,实行家庭联产承包责任制,允许多种经营,解散人民公社,放宽农村经济政策,调动了农民的积极性,农村贫困落后的局面很快得到改观,农业生产及乡镇企业得到迅猛发展。与此同时,加快国有企业扩大自主权的试点,积极准备城市经济体制改革。

1983年下半年到1984年上半年,经过广泛的社会调查,邓小平和党中央认为把改革由农村推向城市、由初期的探索性试验推向全面展开和逐步深化的时机已经成熟,开始将改革的重心转移到城市。中共十二届三中全会通过《关于经济体制

---

① 《邓小平文选》(1975~1982年),第140页。
② 《邓小平文选》第三卷,第138页。
③ 《邓小平文选》第三卷,第370页。
④ 《邓小平文选》第三卷,第237页。

改革的决定》,以社会主义有计划的商品经济作为目标模式,全面推进经济体制改革。如果说在探索性试验阶段,我们的主要任务是冲破旧体制束缚,调动个人积极性,复苏商品货币关系,那么在改革的全面展开和继续深化时期,摆在我们面前的主要任务则是:勾画新体制的蓝图,确定改革的目标模式;研究体制改革的层次性与系统性,实行各项改革的组装配套;理顺基本的经济关系,有步骤地实现新旧体制模式的最终转换。10年来,经过放权、松绑,推行经济承包责任制,试点股份制、资产重组,改革价格、财税、分配等政策,一步步扩大市场调节的作用范围,把"经济搞活"。

既作为10年改革实践的总结、又作为进一步深化改革的推动,邓小平在1992年视察南方时作了重要讲话,指出:"计划经济不等于社会主义,资本主义也有计划;市场经济不等于资本主义,社会主义也有市场。计划和市场都是经济手段。"①从而提出了社会主义国家也可以搞市场经济的思想,这是认识上的重大突破,大大促进了以市场为导向的改革。同年中共"十四大"明确规定,社会主义市场经济体制是我国经济改革的目标模式。该目标模式一旦确立,科技体制、教育体制、文化体制,乃至法律、政治的改革也都有了自己的方向——同社会主义市场经济体制相适应。从此,我国的改革进入了一个新阶段。

三、既反"左"又反右,坚持一个中心两个基本点

综上所述,在党的十一届三中全会以后,逐步形成了"一个中心(经济建设为中心)、两个基本点(坚持四项基本原则、坚持改革开放)"的基本政治路线。到了党的"十三大",正式确立了党在社会主义初级阶段的基本路线,全文如下:"领导和团结全国各族人民,以经济建设为中心,坚持四项基本原则,坚持改革开放,自力更生,艰苦创业,为把我国建设成为富强、民主、文明的社会主义现代化国家而奋斗。"②

党的基本路线具有极强的概括性和精练性。一个中心、两个基本点的说法,简洁形象,通俗易懂。它以高度浓缩的形式包容了党从十一届三中全会以来路线方针政策的基本内涵,揭示了这时期党的所有重要决策的基本价值取向。只要真正理解了党的基本路线,就能够提高贯彻党的一系列路线、方针、政策的自觉性,更好地把自身的本职工作同党的奋斗目标结合起来。

党的基本路线具有极强的针对性和导向性。因为这些年来,无论是党内还是社会上,事实上都存在着两种错误倾向:一是深受"左"的思潮和僵化观念的毒害和

---

① 《邓小平文选》第三卷,第373页。
② 《沿着有中国特色的社会主义道路前进——在中国共产党第十三次全国代表大会上的报告》,《新华月报》1987年第11期。

影响,有极少数人散布流言蜚语,攻击中央所实行的一系列方针政策违反马列主义、毛泽东思想,是在搞资本主义,从而反对改革开放;二是有极少数人散布怀疑或反对四项基本原则的右倾思潮,企图把改革开放引入歧途,他们的言行得到党内外某些人的同情甚至纵容。客观上存在这两种错误倾向,就要求党坚持社会主义初级阶段的基本路线,同时开展反"左"和反右两条战线的斗争:坚定不移地坚持四项基本原则以击退怀疑或反对四项基本原则的右倾思潮;坚定不移地坚持改革开放以击退怀疑或反对改革开放的"左"倾思潮。而无论是反右还是反"左"的斗争,都不能影响经济建设这个中心,不能影响现代化建设这个大局。

两个基本点是必须同时加以坚持的,两种错误倾向也是必须同时加以反对的。有的人把四项基本原则说成是"纲",把改革开放说成是"目",这不符合党的基本路线的精神。有的人认为"'左'比右好",这也不符合客观事实。两个基本点一为立国之本,一为强国之路,二者唇齿相依,荣辱与共。"右可以葬送社会主义,'左'也可以葬送社会主义。中国要警惕右,但主要是防止'左'。"①因为"左"的东西根深蒂固,因为"左"的东西带有革命的色彩,容易吓唬人。

"左"倾和右倾两种错误思潮的认识论根源,深藏于对我国近现代社会历史的理解当中。资本主义充分发展的阶段在我国可以、而且已经逾越;但是生产的高度社会化和商品经济、市场经济的充分发展,则是不可逾越的。我国进入社会主义的时候,就生产力水平和生产的商品化、社会化程度来说,还远远落后于发达的资本主义国家。这就决定了我们必须在社会主义条件下,用整整一个历史阶段,去实现别的许多国家在资本主义条件下已经实现的工业化和生产的商品化、社会化、现代化的任务,去建立和发展社会主义应有的发达的生产力基础。所以中共十三大确认:"第一,我国社会已经是社会主义社会。我们必须坚持而不能离开社会主义。第二,我国的社会主义社会还处在初级阶段。我们必须从这个实际出发,而不能超越这个阶段。在近代中国的具体历史条件下,不承认中国人民可以不经过资本主义充分发展阶段而走上社会主义道路,是革命发展问题上的机械论,是右倾错误的重要认识根源;以为不经过生产力的巨大发展就可以越过社会主义初级阶段,是革命发展问题上的空想论,是'左'倾错误的重要认识根源。"②

---

① 《邓小平文选》第三卷,第375页。
② 《沿着有中国特色的社会主义道路前进——在中国共产党第十三次全国代表大会上的报告》,《新华月报》1987年第11期。

第十二章

建设中国特色社会主义的基本理论

第一节 社会主义本质论

一、邓小平关于社会主义本质的论述

在"中国特色的社会主义"当中,"社会主义"是一般,"中国特色"是特殊,因此要建设有中国特色的社会主义,首先就要弄清楚什么是社会主义。在党的基本路线的两个基本点当中,社会主义我们搞了几十年,改革开放则是十一届三中全会以后才开始的,那么现在与改革开放相联系的社会主义同过去我们搞的所谓社会主义有什么不同,也是坚持党的基本路线必须弄清楚的问题。邓小平作为中国共产党第二代领导集体的核心,作为建设有中国特色社会主义理论的创始人,系统地提出了他的社会主义本质观。邓小平关于社会主义本质认识的逐步深化,也折射出中国共产党人和中国人民对社会主义认识的飞跃。

长期以来,流行的办法一直是把社会主义的本质归结为经济、政治、思想文化诸方面的几条原则或特征,比如经济上通常是公有制、计划经济、按劳分配、人人平等参加劳动、为人民日益增长的物质文化需要而生产等五条。这在很大程度上束缚了人们的思想,限制了人民群众在社会主义建设中的首创行为。特别是长期以来,人们一直离开生产力的发展来讲社会主义,纯粹从政治的和意识形态的方面来考虑巩固和发展社会主义的问题,结果长期陷入贫穷之中。邓小平关于社会主义本质的再认识,正是针对过去的这种偏差、循着以下三条线索而进

行的:

第一条线索:从方法论上给出衡量社会主义的客观标准。

早在1982年邓小平就指出,各项工作"都要以是否有助于人民的富裕幸福,是否有助于国家的兴旺发达,作为衡量做得对或不对的标准。"[①]由于我们所做的各项工作都从属于建设有中国特色的社会主义,因此这段话也可以理解为:是否有助于人民的富裕幸福,是否有助于国家的兴旺发达,就是衡量是否坚持社会主义的客观标准。1992年邓小平则更加明确地强调:"姓'资'还是姓'社'的问题,判断的标准,应该主要看是否有利于发展社会主义社会的生产力,是否有利于增强社会主义国家的综合国力,是否有利于提高人民的生活水平。"[②]可见邓小平在前后长达10年的时间里,始终一贯地从实现民富国强的目标上来考虑衡量社会主义的标准。

第二条线索:从否定的角度认定社会主义不是什么。

邓小平在总结建国以来的经验教训时多次指出:"如果说我们建国以后有缺点,那就是对发展生产力有某种忽略。社会主义要消灭贫穷。贫穷不是社会主义,更不是共产主义。"[③]贫穷是过去错误的"左"倾思潮强加于科学社会主义体系、而实际上并非属于社会主义的东西,邓小平现在把它正式排除出社会主义的体系,这是一大功劳。到了1988年,从全国范围来看,已经完成了社会主义现代化建设"三步走"的第一步——国民生产总值翻一番,人民摆脱贫穷、实现温饱,当然还有数百个县的贫困地区和上亿的贫困人口。为了不仅对贫困地区有指导意义,而且也适用于摆脱了贫困的更广大地区,邓小平又进一步加以发展,在继续强调"贫穷不是社会主义"的同时,还提出"发展太慢也不是社会主义。"[④]

第三条线索:从肯定的角度认定社会主义是什么。

诚然,贫穷、发展太慢都不是社会主义,那么反过来,富裕、发展得快是否就一定是社会主义呢?显然也不能肯定。所以,邓小平作为中国社会主义现代化的"总设计师",不得不从正面来直接回答社会主义的本质究竟是什么的问题。从这方面的论述中,可以看到邓小平的认识也在不断深化。1984年以前,他把社会主义的本质归结为两条——公有制和按劳分配,相对于当时通行的把社会主义至少归结为五条、甚至十条的繁琐哲学,这是一大进步。1985年以后,鉴于经济改革在全国全面推开,多种所有制形式和多种分配方式开始并存,加上改革的实践向传统的发放"劳动券"的按劳分配模式提出挑战,理论研究也在究竟是按"活劳动"、还是按

---

① 《邓小平文选》第三卷,第23页。
② 《邓小平文选》第三卷,第372页。
③ 《邓小平文选》第三卷,第63~64页。
④ 参见《邓小平文选》第三卷,第255页。

科学社会主义的理论与实践

"潜劳动"、抑或是按"物化劳动"来分配的问题上展开了激烈的争论,邓小平又指出:"一个公有制占主体,一个共同富裕,这是我们所必须坚持的社会主义的根本原则。"①1986年他又把"发展生产"的地位由社会主义的根本任务上升为社会主义的原则本身,进一步提出:"社会主义原则,第一是发展生产,第二是共同致富。"②尽管在1989~1991年期间,邓小平也曾回到主张社会主义就是"公有制为主体加共同富裕"的观点上,但到了1992年,邓小平在视察南方的著名讲话中深刻而又全面地阐明:"社会主义的本质,是解放生产力,发展生产力,消灭剥削,消除两极分化,最终达到共同富裕。"③与他在1986年时的提法相比,"发展生产"的原则扩充为解放生产力、发展生产力,"共同致富"的原则扩充为消灭剥削、消除两极分化、最终达到共同富裕。

二、中国人社会主义思想观念的飞跃

邓小平建设有中国特色社会主义理论是中国共产党和中国人民集体智慧的结晶。在邓小平关于社会主义本质认识不断深化的同时,中国共产党和中国人民对于社会主义也在不断地再认识。1978年真理标准问题的大讨论引发了人们的第一次思想解放,1992年邓小平视察南方的讲话又引发了人们的第二次思想解放。经过这两次思想解放以及其间、其后的改革开放的实践,人们关于社会主义的思想观念发生了巨大的飞跃。

第一,转换了观察社会主义的视角。过去,人们习惯于把社会主义当成是一种理想或一种规则。对于这种理想,马列的著作作了最好的描述;对于这种规则,"斯大林模式"提供了样本,毛泽东同志晚年的理论和实践成了绝对的戒条。某个社会现象是否属于社会主义,就看它是否符合马列的规定;某种社会实践一旦有悖于传统的僵化模式就被扣上"资本主义"或"修正主义"的帽子。那时,人们观察社会主义的视角和参照系是书本和传统,满足于向书本上讨教,在传统中谋生。借口"无先例可循"、"无经验可依"、"无经典作家的论述作根据",因循守旧,墨守成规,几乎成了全民的心态和社会行为的范式。1978年的真理标准问题的讨论犹如巨大的冲击波,震醒了在书本和传统里生活惯了的人们,他们开始转换观察一切问题包括认识社会主义的坐标和视角,从书本出发转向了从实际出发,面向传统变成了面向未来。以邓小平为首的、真正以社会主义事业为己任的中国共产党人,带领人民

---

① 《邓小平文选》第三卷,第111页。
② 《邓小平文选》第三卷,第172页。
③ 《邓小平文选》第三卷,第373页。

"面向现代化,面向世界,面向未来"①,为建设有中国特色的社会主义而不懈地进行实践开拓和理论探索。

第二,更新了判断社会主义的标准。过去,人们总是从马列的书本和以往的经验中,把社会主义概括为这样或那样的几条特征,然后竭力使社会主义的实践活动向这样或那样的几条特征靠拢。直到党的"十三大"提出著名的生产力标准,主张以是否有利于发展生产力当作我们考虑一切问题的出发点和检验一切工作的根本标准,才令人耳目一新。可惜后来某些同志把这一标准简单化庸俗化地加以滥用,特别是有些人从"左"的立场出发否定这一标准,结果生产力标准并没有得到真正的落实。邓小平在视察南方的讲话中明确提出,判断姓"社"还是姓"资"的标准,应该主要看是否有利于发展社会主义社会的生产力,是否有利于增强社会主义国家的综合国力,是否有利于提高人民的生活水平。"三个有利于"是具有开放性的标准,它不是让社会主义实践去靠拢固有的条条框框,而是鼓励人民群众根据"三个有利于"的标准去大胆试验、创造,使社会主义的实践永远充满活力,不断自我更新。

第三,找到了坚持和发展社会主义的新的立足点。考察社会主义的视角和标准一旦发生了转换,其影响极为深远,它不仅带来了人们对社会主义根本特征认识上的一系列飞跃,更重要的是把坚持和发展社会主义的立足点由少数政治家、理论家转向了广大人民群众。在传统体制下,捍卫社会主义靠的是少数政治家、理论家坚定的原则性,建设和发展社会主义靠的是少数领导人天才的脑袋瓜,似乎人民群众天生地向往资本主义。然而社会主义是人民群众生动活泼的创造。我国许多正确的改革措施最初都是以群众自发行动的形式问世。正是由于坚持了马克思主义实事求是和人民创造历史的科学原理,我国的社会主义改革开放和现代化建设才取得了一系列举世瞩目的成就。社会主义的强大生命力就在于它扎根于人民群众之中。无论说得怎样天花乱坠、头头是道,如果不能解放生产力、发展生产力,如果不能让人民群众迅速摆脱贫困、逐步实现共同富裕,就注定得不到人民群众的赞同。相反,任何符合"三个有利于"的社会主义之举,都会得到人民群众由衷的支持。

由于人们的社会主义思想观念发生了上述三大飞跃,导致人们在关于社会主义的一系列问题上都有了全新的认识。以对社会主义所有制的认识为例。过去,人们认为社会主义就是纯粹的公有制,把非公有制经济统统当作"资本主义的尾巴"来割;只承认社会主义公有制有全民和集体两种形式,排斥其他一切形式;笃信"越大越公越优越",不间断地由"小集体"向"大集体"过渡,由集体向全民过渡;还

---

① 《邓小平文选》第三卷,第35页。

把所有权和经营权混为一谈,以为全民所有就得由代表全民的政府直接经营,等等。结果,对私改造、"穷过渡"、中央集权统一经营,就成了社会主义在所有制方面的全部内涵。现在,上述僵化观念销蚀了。人们认识到任何社会的所有制结构都不是纯粹的,社会主义社会也不能脱离生产力的实际水平人为地追求"一大、二公、三纯粹",从而确立了以公有制为主体、多种经济成分并存、竞争、发展的经济结构[①];认识到公有制绝非只有全民和集体两种形式,实际生活中已经涌现出多种新的公有制的表现形式[②];认识到经营权和所有权不仅可以分离、而且应当分离,农村普及了家庭联产承包责任制,城乡企业推广了承包经营、租赁经营,除了极少数企业以外,国有工厂一般也不再国营。总之,人们已经认识到在社会主义历史条件下,生产关系必须适应生产力发展的要求,生产关系究竟以什么形式为好,应当看哪种形式能够尽快地发展生产力,就采取哪种形式。因此,尽管有些"左"得可爱的人在一个劲地指责说"三资"企业是"和平演变的温床"、乡镇企业是"不正之风的源"、农村承包责任制是"集体经济瓦解的根源",但是有利于发展生产力、深受人民群众欢迎的"三资"企业、乡镇企业和农村承包责任制,仍然生机勃勃,发展势头越来越旺。

三、社会主义本质要通过中国特色表现出来

本质深藏于现象之中,并通过现象得到表现。上述社会主义的一般本质是从丰富多彩的中国特色社会主义当中概括出来的。建设有中国特色的社会主义,就是从中国的实际出发,坚持社会主义的本质,并使其民族化,以利于生产力的发展和人民生活水平的提高,从而推动社会主义社会前进。在现阶段,"中国特色"包含两个方面的意思:一是同马克思、恩格斯当时所设想的属于社会主义高级阶段的那种社会主义模式相比较而言的;二是同国际上其他社会主义国家的模式相比较而言的。因此,有中国特色的社会主义是共性与个性的统一,共性即社会主义的本质,个性即中国特色。两者不可分离:离开本质讲特色,就会偏离社会主义方向;离开特色讲本质,就会使社会主义凝固化。

社会主义的本质在不同的国家加以实现时必须表现出不同的民族特色,这取

---

① 这种认识不是一蹴而就的,经过了一个艰苦曲折的探索过程。如对非公有经济的定位,就先后经过社会主义经济的"补充"、"必要补充"、"有益补充",社会主义市场经济的"组成部分"、"重要组成部分"等多个阶段。

② 这种认识在改革开放后不久,先由专家学者们提出,如孙伯鍨、童星、严强撰写的《在反思和探索中前进》(南京大学出版社,1987年版)一书就详尽地分析了集团所有制(如许多乡镇企业和城里的劳动服务公司)、新合作制(如许多经济联合体和企业集团)、股份制等社会主义公有制的新形式;到了1997年党的"十五大"又正式确认公有制有多种实现形式,除了全民所有制和集体所有制以外,还有股份制和股份合作制等等。

决于"人们自己创造自己的历史,但是他们并不是随心所欲地创造,并不是在他们自己选定的条件下创造,而是在直接碰到的、既定的、从过去承继下来的条件下创造。"①这就是说,我们不是在自己选定的条件下建设社会主义,而是在既定的中国的历史条件下建设社会主义,因此考虑一切问题、办一切事情,都必须立足于我国的基本国情。社会主义革命和建设是没有固定模式的,正确的态度应该是根据本国的实际情况和所处的国际环境,运用马克思主义的立场、观点和方法,决定自己的路线和政策,作出自己独特的创造,在实践中摸索出一条符合我国国情的社会主义道路。当然,走自己的道路,并不排除借鉴别国的经验和别国的模式,但是,照抄照搬别国经验和别国模式则是不可取的,是从来不会得到成功的。

建设社会主义必须走自己的路,这也是历史经验的总结。1949年毛泽东在《论人民民主专政》一文中指出:"走俄国人的路——这就是结论。"②1982年邓小平在党的"十二大"开幕词当中说:"走自己的道路……这就是我们总结长期历史经验得出的基本结论。"③"走俄国人的路",就是要"以俄国为师",坚定不移地走社会主义道路,这在当时是无可非议的。问题在于,当时由于没有摆脱苏联在经济上高度集中、政治上高度集权的模式的束缚和影响,致使我们和其他社会主义国家一样,都遭受到不同程度的挫折。"走自己的道路",则是强调把马克思主义的普遍真理同本国的具体实践结合起来,从本国的国情出发,建设具有本国民族特色的社会主义模式。自中共十一届三中全会以来,我国坚持走自己的路,坚持"一个中心、两个基本点",现代化建设取得了举世公认的成就。这充分证明走自己的道路,建设有中国特色的社会主义,是完全正确的。

十一届三中全会以来,我们党在走自己的道路建设社会主义的过程中,从哲学、政治经济学、科学社会主义等领域全面地发挥和发展了马克思主义的科学理论,提出了:①关于解放思想,实事求是,以实践作为检验真理的唯一标准的观点。②关于建设社会主义必须根据本国国情,走自己的道路的观点。③关于在经济文化落后的条件下,建设社会主义必须有一个很长的初级阶段的观点。④关于社会主义社会的根本任务是发展生产力,集中力量实现现代化的观点。⑤关于社会主义经济是有计划商品经济的观点④。⑥关于改革是社会主义社会发展的重要动力,对外开放是实现社会主义现代化的必要条件的观点。⑦关于社会主义民主政治和社会主义精神文明是社会主义重要特征的观点。⑧关于坚持四项基本原则同

---

① 《马克思恩格斯选集》第一卷,人民出版社1972年版,第603页。
② 《毛泽东选集》(一卷本),人民出版社1966年版,第1476页。
③ 《邓小平文选》第三卷,第3页。
④ 到了1992年党的"十四大"上,这一观点又进一步发展为社会主义市场经济的理论。

坚持改革开放的总方针这两个基本点相互结合、缺一不可的观点。⑨关于用"一个国家、两种制度"来实现国家统一的观点。⑩关于执政党的党风关系到党的生死存亡的观点。⑪关于按照独立自主、完全平等、互相尊重、互不干涉内部事务的原则，发展同外国共产党和其他政党的关系的观点。⑫关于和平与发展是当代世界的主题的观点，等等。党的"十三大"确认，上述这些观点构成了建设有中国特色社会主义的理论轮廓。

第二节　社会主义初级阶段论

一、我国现阶段的基本国情

走自己的道路、建设具有中国特色的社会主义，就必须熟悉和了解中国现阶段的国情。所谓国情，是指在某一时期相对于一定的发展目标而言，一个国家各种客观因素的总和。它既是这个国家赖以发展的条件，也是这个国家的人们企图加以改变的对象。对于同一个国家的不同历史阶段来说，国情的内容也是不断变化着的。为了全面把握我国现阶段的具体国情，我们不得不实事求是地分析我国当前在经济、政治、思想文化等诸方面的具体情况。

在经济方面，"至少有两个重要特点是必须看到的：一个是底子薄。……第二条是人口多，耕地少。"①由于底子太薄，虽经几十年来的艰苦努力和由此取得的显著成绩，现在中国仍然是世界上欠发达的国家之一；耕地少，人口多特别是农民多，这种情况也不是短时间里就容易改变的。不了解我国在经济方面的这种国情，照抄照搬别国现代化的经验，是不会成功的。"比方说，现代化的生产只需要较少的人就够了，而我们人口这样多，怎么两方面兼顾？不统筹兼顾，我们就会长期面对着一个就业不充分的社会问题。"②

在政治方面，民主不完善、法制不健全以及行政管理效率低下，是我们突出的问题。正如邓小平所说："现在的问题是法律很不完备，很多法律还没有制定出来。

---

① 《邓小平文选》(1975～1982年)，第149～150页。
② 《邓小平文选》(1975～1982年)，第150页。

往往把领导人说的话当作'法',不赞成领导人说的话就叫做'违法',领导人的话改变了,'法'也就跟着改变。"①从党和国家的领导制度、干部制度方面来说,主要的弊端则是"官僚主义现象,权力过分集中的现象,家长制现象,干部领导职务终身制现象和形形色色的特权现象。"②我国的干部队伍人数庞大,素质较差。早在20世纪50年代中期,刘少奇就曾中肯地指出,大搞农业合作化,干部水平跟不上。这些年来许多问题的产生也是由于干部状况较差。

在思想文化方面,也有两个重要国情:一是科学和教育落后,"我们的科学技术和教育整整落后了二十年。"③"在这方面不用说落后一二十年,即使落后八年十年,甚至三年五年,都是很大的差距。"④二是封建主义残余和资本主义影响同时并存。我国从半殖民地半封建社会跨越了资本主义发展阶段,直接进入社会主义。这种历史经历不但给我们的社会主义建设带来特殊的、巨大的困难,而且常常使我们在传统的封建主义和外来的资本主义之间处于"腹背受敌"的境地:反封建主义时会助长资本主义,反资本主义时会纵容封建主义,同时反对封建主义和资本主义,又会精力分散、效果骤减。"是封建主义残余比较严重,还是资产阶级影响比较严重,在不同的地区和部门,在不同问题上,在不同年龄、经历和教养的人身上,情况可以很不同,千万不可一概而论。"⑤

二、我国正处于社会主义初级阶段

一国某一时期的具体国情确定了该国所处的历史阶段。那么具有上述国情的当代中国,究竟处于什么样的历史阶段呢?

从1952年下半年起,中共中央酝酿在10～15年时间内基本实现社会主义改造,1953年形成了"一化(国家工业化)三改造(改造农业、手工业和资本主义工商业)"的过渡时期总路线,1954年把这条总路线写进宪法,接着领导全国人民在1956年底基本完成了生产资料所有制的社会主义改造。其后即宣布结束了过渡时期,开始1958年的"大跃进"和"人民公社化",企图迅速超越社会主义阶段,"跑步进入"共产主义。这就是所谓的"小过渡"理论,又称"短过渡"理论。

现在回过头来看,过渡时期理论及过渡时期总路线基本上是正确的,但在实践过程中,特别是在"三改造"的后期,犯了两个错误:一是离开"一化"搞"三改造",离开生产力的发展一味变革生产关系;二是急于求成、急于求纯,原定10～15年的任

---

① 《邓小平文选》(1975～1982年),第136页。
② 《邓小平文选》(1975～1982年),第287页。
③ 《邓小平文选》(1975～1982年),第37页。
④ 《邓小平文选》(1975～1982年),第87页。
⑤ 《邓小平文选》(1975～1982年),第296页。

务在3年里就完成了,后来又把这种错误转到了用"大跃进"的方式搞经济建设,而根本无视客观经济规律。

由于"大跃进"和"人民公社化"运动的失败,加上连续三年遭受严重的自然灾害,我国国民经济面临巨大的困难,不得不大规模地调整政策;这时国外敌对势力掀起"反华"浪潮,又加剧了国内的阶级斗争。在这种情况下,毛泽东于1962年中共八届十中全会上"重提阶级斗争问题",号召全党"千万不要忘记阶级斗争",随即阶级斗争越抓越紧,直至发动"文化大革命"。这期间,流行的观点是:从新民主主义革命胜利直到共产主义建成,即从资本主义(或前资本主义)直到共产主义的整个社会主义历史阶段,都属于过渡时期;在这长达几百年甚至上千年的过渡时期里,无产阶级和资产阶级两个阶级、社会主义和资本主义两条道路、无产阶级革命路线和资产阶级反动路线这两条路线"谁胜谁负"的问题都没有得到根本的解决;因此始终要"以阶级斗争为纲"。这就是所谓的"大过渡理论",又称"长过渡理论"[①]。

"大过渡理论"对我国阶级斗争形势估计过于严重,直接导致了一系列急于求纯、阶级斗争扩大化的"左"倾错误。1981年《中共中央关于建国以来党的若干历史问题的决议》全面否定了"大过渡理论"和"以阶级斗争为纲"的基本路线,全面否定了在它们指导下所进行的实践即"文化大革命"。

扬弃"小过渡"和"大过渡"的理论,明确承认我国处于社会主义初级阶段,这是在党的十一届三中全会重新恢复和确立了实事求是的思想路线之后。1981年《中共中央关于建国以来党的若干历史问题的决议》中第一次提到"我们的社会主义制度还是处于初级的阶段。"[②]1982年党的"十二大"和1986年《中共中央关于社会主义精神文明建设指导方针的决议》都重申了这一观点。1987年党的"十三大"报告又对社会主义初级阶段正式作了如下的界定:"它不是泛指任何国家进入社会主义都会经历的起始阶段,而是特指我国在生产力落后、商品经济不发达条件下建设社会主义必然要经历的特定阶段。我国从五十年代生产资料私有制的社会主义改造基本完成,到社会主义现代化的基本实现,至少需要上百年时间,都属于社会主义初级阶段。这个阶段,既不同于社会主义经济基础尚未奠定的过渡时期,又不同于已经实现社会主义现代化的阶段。我们在现阶段所面临的主要矛盾,是人民日益增长的物质文化需要同落后的社会生产之间的矛盾。阶级斗争在一定范围内还会长期存在,但已经不是主要矛盾。为了解决现阶段的主要矛盾,就必须大力发展商

[①] 在当时,这一理论被正式命名为"无产阶级专政下继续革命的理论",与之相应的路线称为"党在社会主义时期的基本路线"。

[②] 转引自《人民日报》,1981年7月1日。

品经济,提高劳动生产率,逐步实现工业、农业、国防和科学技术的现代化,并且为此而改革生产关系和上层建筑中不适应生产力发展的部分。"①

由于我国近现代社会发展的特殊性,资本主义充分发展的阶段在我国可以、而且已经逾越。但是,社会经济形态的发展却是一个不以人的意志为转移的自然历史过程,在结束了自给自足的自然经济之后,不可能马上进入产品经济(我国的计划经济模式就是一种产品经济形态)阶段。换言之,在我国现在的历史条件下,生产的高度社会化和商品经济的充分发展,是不可逾越的必经阶段。我国进入社会主义的时候,就生产力水平和生产的市场化、社会化、现代化程度来说,还远远落后于发达的资本主义国家。这就决定了我们必须在社会主义条件下,用整整一个历史阶段去实现许多别的国家在资本主义条件下实现的工业化和生产的市场化、社会化、现代化的任务,去建立和发展社会主义应有的发达的生产力基础。所以中共"十三大"确认:"第一,我国社会已经是社会主义社会。我们必须坚持而不能离开社会主义。第二,我国的社会主义社会还处在初级阶段。我们必须从这个实际出发,而不能超越这个阶段。"②

三、坚持党的基本路线一百年不动摇

只有正确判断我国社会主义所处的历史阶段,深刻认识我国的基本国情,才能正确实现马克思主义的普遍原理同中国的具体实践相结合,建设有中国特色的社会主义。现在提出了我国正处在社会主义初级阶段的论断,就为认识和处理我国社会主义的一系列问题提供了钥匙,为制定和实行正确的路线、方针、政策提供了理论依据和客观依据,也为克服"左"的和右的错误提供了锐利武器。

社会主义初级阶段的本质究竟是什么呢？运用马克思主义对社会结构的分析方法加以考察:我国经过新民主主义革命的胜利,于1949年工人阶级及其先锋队——共产党直接从帝国主义、封建主义和官僚买办资本主义等"三座大山"手里夺得了政权,建立了社会主义的上层建筑;以后贯彻"一化三改造"的过渡时期总路线,于1956年底建起了社会主义的生产关系;但由于历史的原因,加上建国后离开发展生产力去一味变革生产关系,生产力没有实现市场化、社会化、现代化,即社会主义的物质基础还没有建立起来、或者说还很薄弱。社会主义的上层建筑、社会主义的生产关系、尚未社会化的落后的生产力,这三者的组合就是社会主义初级阶段

---

① "沿着有中国特色的社会主义道路前进——在中国共产党第十三次全国代表大会上的报告",《新华月报》1987年第11期。
② "沿着有中国特色的社会主义道路前进——在中国共产党第十三次全国代表大会上的报告",《新华月报》1987年第11期。

的本质。

从社会主义初级阶段这一实际出发,我们该怎么办?既然上层建筑和生产关系都已经是社会主义的了,而生产力还没有实现市场化、社会化和现代化,那么首要任务就是要大力发展生产力,全力充实社会主义的物质基础,所以第一个结论就是要"以经济建设为中心"。在社会主义物质基础还不具备的情况下已经建起了社会主义的上层建筑和生产关系,究竟是借口"基础"缺乏就去抛弃"上层",还是坚持"到手的决不放,缺少的赶快补"?正确的选择显然是后者,所以第二个结论就是要"坚持四项基本原则",因为社会主义的生产关系和上层建筑就是四项基本原则。既然过去我们是离开发展生产力去搞社会主义的生产关系和上层建筑,那么必然会在其中搞出许多阻碍生产力发展的东西,为了完成发展生产力的首要任务,就必须改掉它们;加上市场化、社会化、现代化的生产力尽管我国没有,但发达资本主义国家是有的,我们应当学习和借鉴它们,所以第三个结论就是要"坚持改革开放"。将这三个结论综合起来,自然就得到了"一个中心、两个基本点"的基本路线。

党在社会主义初级阶段的基本路线正是以经济建设为中心,坚持四项基本原则,坚持改革开放,为把我国建成富强、民主、文明的社会主义现代化强国而奋斗。社会主义初级阶段至少需要一百年,坚持党的基本路线就得一百年不动摇。为此,必须旗帜鲜明地反对"左"、右两种错误倾向。从表现形式上看,反对四项基本原则,是右;反对改革开放,是"左";它们的共同之处在于都背离了党的基本路线。从认识根源上看,不承认中国人民可以不经过资本主义充分发展阶段而走上社会主义道路,必然导致右;以为不经过生产力的巨大发展就可以越过社会主义初级阶段,必然导致"左";它们的共同之处在于都从根本上不承认社会主义初级阶段。

承认我国现在是、而且有一百年都仍将是社会主义初级阶段,就为我们防止重犯过去在"大过渡"、"小过渡"理论指导下所犯的急于求成、急于求纯的错误,提供了认识论的前提。大跃进、"跑步进入"共产主义,是急于求成;以阶级斗争为纲、"割资本主义尾巴",是急于求纯。它们都是过去被强加于科学社会主义体系、实则属于脱离我国社会主义初级阶段具体国情的空想的东西,今后必须把它们坚决地清除出科学社会主义的体系。

第三节 社会主义改革论[①]

一、改革是一场新的革命

从党的十一届三中全会开始,我国进入了以建设有中国特色的社会主义、实现社会主义现代化为目标的新的历史时期。这不仅是实现中华民族振兴和腾飞的宏伟事业,而且是一场新的伟大革命,是一场已经并正在引起涉及社会生活各个领域以及人们思想观念的深刻变革。其所以是一场革命性质的变革,关键在于我们的现代化建设是在改革开放的推动下、并且伴随着改革开放进行的,而不是在原有的体制框架和目标模式内量的积累和发展,也不只是对原有体制的修补、微调和改良。新时期最鲜明的特征是改革开放,新时期国民经济发展和社会全面进步最强大的动力也是改革开放;而开放说到底也是改革,是对原有闭关锁国体制的改革。"改革是中国的第二次革命"这个崭新的命题,就是在这一背景下,适应我国社会发展的新要求提出来的。最先提出这一命题的是邓小平。不过这个具有独创性的新思想,并不是"从一个人的脑筋中"突然"钻出来"的,而是随着新时期社会实践的推移和人们认识的深化逐步形成的。

(一)在党的十一届三中全会前后提出"实现四个现代化是一场深刻的伟大的革命"的论断

1978年10月11日,邓小平在中国工会第九次全国代表大会上的致词中指出,在20世纪末实现社会主义的四个现代化,"这是一场根本改变我国经济和技术落后面貌,进一步巩固无产阶级专政的伟大革命。这场革命既要大幅度地改变目前落后的生产力,就必然要多方面地改变生产关系,改变上层建筑,改变工农业企业的管理方式和国家对工农业企业的管理方式,使之适应于现代化大经济的需要。"[②]同年12月13日,邓小平在中央工作会议闭幕会上又指出:"在实现四个现代化的进程中,必然会出现许多我们不熟悉的、预想不到的新情况和新问题。尤其

[①] 邓小平的社会主义改革论内涵极为丰富,包括改革的根本性质、目标设定、起点选择、过程控制、效果评估等许多方面的内容。这里着重阐述邓小平关于社会主义改革根本性质的理论。

[②] 《邓小平文选》(1975~1982年),第125~126页。

是生产关系和上层建筑的改革,不会是一帆风顺的,它涉及的面很广……实现四个现代化是一场深刻的伟大的革命。在这场伟大的革命中,我们是在不断地解决新的矛盾中前进的。"①中共十一届三中全会公报也强调:"实现四个现代化,要求大幅度地提高生产力,也就必然要求多方面地改变同生产力发展不适应的生产关系和上层建筑,改变一切不适应的管理方式、活动方式和思想方式,因而是一场广泛、深刻的革命。"②

(二) 1982 年和 1984 年提出"精简机构和农村改革是一场革命"的论断

邓小平指出:"精简机构是一场革命。""当然,这不是对人的革命,而是对体制的革命。这场革命不搞,……不只是四个现代化没有希望,甚至于要涉及到亡党亡国的问题"③。他在 1984 年又指出:"这几年进行的农村的改革,是一种带革命意义的改革。"并指出:"即将召开的党的十二届三中全会的主题,就是城市和整个经济体制的改革。这意味着中国将出现全面改革的局面。"④值得注意的是,邓小平在这里不仅明确提出"改革是一场革命",而且认为这场革命的对象不是人,而是阻碍四个现代化的旧的体制,并预言这种带有革命意义的改革将从个别领域推进到所有领域。

(三) 1985 年和 1986 年提出"改革是中国的第二次革命"的论断

在会见日本自民党副总裁二阶堂进时,邓小平说:"现在我们正在做的改革这件事是够大胆的。但是,如果我们不这样做,前进就困难了。改革是中国的第二次革命。这是一件很重要的必须做的事,尽管是有风险的事。"⑤在会见希腊总理安德烈亚斯·乔治·帕潘德里欧时,邓小平又指出:我们把改革当作是第二次革命。这件事并不容易,没有前人的经验,全靠自己去摸索⑥。这期间,邓小平类似的讲话还有 5 次之多。他把改革这场革命界定为继我国第一次伟大革命(即新民主主义革命)之后的当代第二次革命,从而充分肯定和高度评价了我们所从事的改革事业的历史地位和伟大意义。

(四) 1992 年初邓小平视察南方的重要讲话对"改革是中国的第二次革命"论断的丰富和发展

这篇讲话一开始就精辟地指出:"革命是解放生产力,改革也是解放生产力。推翻帝国主义、封建主义、官僚资本主义的反动统治,使中国人民的生产力获得解

---

① 《邓小平文选》(1975~1982 年),第 142~143 页。
② "中国共产党第十一届中央委员会第三次全体会议公报",《新华月报》1978 年第 12 期。
③ 《邓小平文选》(1975~1982 年),第 351~352 页。
④ 《邓小平文选》第三卷,第 78 页。
⑤ 《邓小平文选》第三卷,第 113 页。
⑥ 参见《人民日报》1986 年 4 月 10 日。

放,这是革命,所以革命是解放生产力。社会主义基本制度确立以后,还要从根本上改变束缚生产力发展的经济体制,建立起充满生机和活力的社会主义经济体制,促进生产力的发展,这是改革,所以改革也是解放生产力。过去,只讲在社会主义条件下发展生产力,没有讲还要通过改革解放生产力,不完全。应该把解放生产力和发展生产力两个讲全了。"① 这段话,把革命与改革、解放生产力与发展生产力连贯起来,赋予了"改革是中国的第二次革命"这个命题以更加严整、更加丰满、更加深刻的内涵。

二、正确理解改革的革命性质

有的同志在论证"改革是一场新的革命"时说:"革命具有两种含义。一种是从狭义讲的革命,一般指一种社会制度代替另一种社会制度的革命性变革,由此实现社会飞跃性发展。这种革命,是在以阶级对抗为基础的社会中,通过一个阶级推翻另一个阶级的剧烈斗争形式实现的。另一种是从广义上理解的重大社会变革,如产业革命、科技革命、文学革命、语言革命等等。无论哪种含义的革命,都具有引起深刻社会变化的特征。我们现在进行的改革,是广义上的革命。"这种说法的可取之处,在于它把我们所进行的具有革命意义的改革,同通过一个阶级推翻另一个阶级的剧烈冲突而实现社会制度更替的那种社会革命或政治革命严格地区分了开来;但是,它把改革这一场"新的革命"特别是把邓小平指出的"改革是中国的第二次革命",同"产业革命、科技革命、文学革命、语言革命等等"等量齐观,而又归结为"广义上的革命",使人不能准确地理解邓小平关于改革是第二次革命的深刻思想。

关于社会革命,马克思主义的著作家们曾经作过如下论述:①社会革命的最深刻根源在于新的生产力和腐朽的生产关系之间的矛盾冲突。"社会的物质生产力发展到一定阶段,便同它们一直在其中活动的现存生产关系或财产关系……发生矛盾。于是这些关系便由生产力的发展形式变成生产力的桎梏。那时社会革命的时代就到来了。随着经济基础的变更,全部庞大的上层建筑也或慢或快地发生变革。"② ②社会革命的根本任务在于解决生产关系同生产力的矛盾,改变旧的生产关系和维护这种生产关系的上层建筑,建立新的生产关系和新的上层建筑,解放社会生产力。③社会革命是社会形态和社会基本制度的质变,而不是量变或局部的变化。④政治革命是社会革命中具有决定意义的环节,在阶级社会,改变社会基本制度的斗争,必然要集中地表现为革命阶级夺取国家政权的政治斗争乃至武装斗

---

① 《邓小平文选》第三卷,第370页。
② 《马克思恩格斯选集》第二卷,人民出版社1972年版,第82~83页。

争。⑤社会革命对社会历史的发展起着强大的推动作用,"革命是历史的火车头"①。这些基本观点是对社会历史运动的客观规律和千百年来社会变革实践经验的科学概括,其真理性毋庸置疑、颠扑不破。然而,我们不能把它们看作是绝对适用于一切时代和一切时期的不变的公式。马克思主义者必须考虑不断变化的生动的社会运动,结合新的实际使原有的理论得以发展。

可是,由于传统观念和因循守旧的思维模式的束缚以及教条主义的影响,人们对"改革也是一场新的革命"一直缺乏充分的认识。主要表现在:认为社会主义基本制度的建立既然为生产力的迅速发展开辟了道路,因而就不再存在束缚生产力的问题;认为社会主义革命的根本任务既然是解放生产力,那么在社会主义基本制度建立以后,就只有保护和发展生产力的任务;认为在社会主义制度下只能讲"改良",不能提"革命";认为社会革命的基本含义只能是一个阶级推翻另一个阶级的激烈冲突和拼死斗争,等等。

邓小平关于当代"中国的第二次革命"的理论,冲破了禁锢人们思想的上述传统观念,使我们对于社会主义改革事业的内容、性质、历史地位和重大意义的认识发生了一次飞跃和升华。

(1)经过社会主义革命,建立起社会主义的基本制度,固然使生产力摆脱了腐朽社会制度的桎梏而获得大解放,为生产力的发展创造了必要的前提和基础,提供了飞跃进步的可能性。但是,生产力与生产关系之间、经济基础与上层建筑之间的矛盾,依然长期存在;束缚生产力的手脚,特别是束缚人民群众建设社会主义积极性和创造性的问题,并没有也不可能一劳永逸地加以解决。尽管同社会主义革命胜利以前相比,对生产力束缚的情况已经迥然不同,但继续打破这种束缚,进一步解放生产力,仍然是一定时期的历史任务。在社会主义条件下,生产力仍然是最活跃的因素,它仍然要求摆脱各种束缚和克服各种障碍为自己的发展开辟道路。这些束缚和障碍正好存在于我们自己建立起来的生产关系和上层建筑中同生产力发展不相适应的部分。对于这些不相适应的部分,人们不可能很快认识清楚并加以解决,只有随着矛盾的发展,才会在实践中逐步认识其弊端,这就不可避免地要把通过改革来解放生产力的任务提上日程。

(2)在社会主义条件下还要调整乃至改革生产关系和上层建筑中不适应生产力发展的部分,这并不全是十一届三中全会以后的新主张;毛泽东在新中国成立以后,就多次提出和倡导过这种调整和改革,并且进行了一系列的尝试。但过去所说的"调整"和"改革",往往是针对生产关系和上层建筑中不适应生产力发展和经济基础需要的某些环节而言的,是在原有体制框架和目标模式内一定程度的调整、修

---

① 《马克思恩格斯选集》第一卷,人民出版社 1972 年版,第 474 页。

补或变动,目的是进一步维护和改善这种体制模式。这样的"调整"和"改革"尽管在整个社会主义社会也是必不可少的,但确切地说它还仅仅是一种改良。邓小平的贡献在于第一次赋予社会主义改革以"新的革命"的含义,企图从根本上变革长期以来形成的已经束缚生产力发展的那种高度集中的计划经济体制和经济运行机制,建立充满生机和活力的、适应现代社会化大生产和大规模商品经济内在需要的社会主义市场经济新体制,同时相应地改革政治体制和其他方面的体制。这种深刻而广泛的改革,已经并必将进一步引起包括经济、政治、教育、科技、文化在内的社会生活的深刻变化,已经并必将进一步引起人们精神面貌、价值观念、是非标准、生活方式、行为规范的重大变化。所以,从这场改革所引起的社会变革的广度和深度来说,足以同我国第一次革命相比拟,而不应同过去的改良性变动等量齐观。

正是在这样的意义上,党的"十四大"指出,我们从事的事业,就是坚持党的基本路线,通过改革开放,解放和发展生产力,建设有中国特色的社会主义。这一伟大的事业,"就其引起社会变革的广度和深度来说,是开始了一场新的革命",是"又一次伟大革命。"①显然,这是同我们党领导的第一次伟大革命即新民主主义革命相比较而说的。因此当代"中国的第二次革命"仍然属于社会革命的范畴,不过它已不是传统意义上的社会革命,而是具有新的时代内容的特殊的社会革命。

三、改革这场新革命的新特点

改革是一场新的革命,但它不是原来意义上的社会革命或政治革命,即不是一个阶级推翻另一个阶级的革命,而是如《中共中央关于建国以来党的若干历史问题的决议》所说的那种"转入和平发展时期的革命"。邓小平说:"我们把改革当作一种革命,当然不是'文化大革命'那样的革命。"②党的"十四大"对此作了更加完整的概括和表述:"这场新的革命,是在过去革命取得成功和社会主义建设取得巨大成就的基础上进行的,是在我们党领导下有秩序有步骤地进行的。它不是要改变我们社会主义制度的性质,而是社会主义制度的自我完善和发展。"③这就从两个方面划清了界限,排除了可能产生的两种混淆:一是这场新的革命,绝不是要否定过去革命的成功和建设的成就,绝不是要削弱、摆脱或取消共产党的领导,因此,也绝不是要通过过去那种疾风暴雨式的阶级斗争和大规模的政治运动来实现;二是经过这场新的革命,我国的社会主义制度将得到进一步巩固、完善和发展,而不是

---

① "加快改革开放和现代化建设步伐,夺取有中国特色社会主义事业的更大胜利——在中国共产党第十四次全国代表大会上的报告",《人民日报》1992年10月21日。
② 《邓小平文选》第三卷,第82页。
③ "加快改革开放和现代化建设步伐,夺取有中国特色社会主义事业的更大胜利——在中国共产党第十四次全国代表大会上的报告",《人民日报》1992年10月21日。

要动摇或否定社会主义,改变我们社会主义的性质,向资本主义蜕变。如果出现上述两种情况中的任何一种,那就不是任何意义上的革命和进步,而是社会的大破坏,历史的大倒退。

改革这场"当代中国的第二次革命",是"没有前人的经验,全靠自己去摸索"的全新事业。为了正确地领导和进行这场新的革命,就需要认真研究、努力掌握它的新特点。改革作为新的革命,具有以下的特点:

(1) 通常的革命,不论是政治革命还是社会革命,总是要从根本上动摇和摧毁原有社会的基本制度;而改革不但不能改变社会主义社会的基本制度,反而是要巩固、完善和发展社会主义基本制度,使这一制度的优越性充分表现出来。

(2) 通常的革命往往充满激烈的阶级冲突和急剧的社会震荡,往往是爆发性的、突变式的,表现为原有社会渐进过程的中断,社会历史由一种质态向另一种质态的飞跃;而改革尽管也要引起社会面貌广泛深刻的变化,但这种变化是非爆发性的、非突变式的,总体上表现为逐步前进、逐步积累的渐进过程,这种过程的实现不需要也不允许出现剧烈的社会震荡。恰恰相反,改革需要团结稳定的政治局面和社会环境,需要坚决排除一切导致混乱甚至动乱的因素。如果社会动荡不定,什么改革开放,什么经济建设,统统搞不成。

(3) 通常的革命,往往是原有制度之内的对抗性力量自下而上的冲击;而改革则是现有制度中的中坚政治力量领导和组织的自上而下的自觉行动,同时也要依靠作为这种制度社会基础的广大人民群众自下而上的支持和创造,因而是自上而下和自下而上的统一。也就是说,它是中国共产党的领导和群众力量的支持相结合的有序革命。

(4) 通常的革命,尤其是无产阶级革命,是要破坏旧世界,创造新世界,因此一般是"破字当头,立在其中",甚至在一定的情况下是先破后立;而改革尽管也包含破旧立新的内容和意义,但在破与立的关系上则和以往的革命不同,它应该是先立后破、边立边破、立破交错、立破结合。如果不能正确地处理破与立的关系,既不利于社会的稳定,也不利于改革事业的健康发展。

(5) 改革势必触及人们的利益和权力,势必要对利益、权力的关系结构进行调整,因而会出现各种各样的复杂情况和问题,对此要有清醒的估计和慎重的处置;但是,它毕竟与通常革命的矛头直接指向某一或某些阶级以及某些社会集团有着不同的性质和情形。所以邓小平反复强调:"这不是对人的革命,而是对体制的革命。"

综合邓小平的论述,他实质上把改革看成是不同于改良、也不同于传统意义上的革命,又与改良和革命相并列的第三种社会进步状态。革命、改革与改良三者之间的区别可列表显示如下:

	实质与目的	核心问题或标志	对象	方向	秩序	哲学概括
革命	解放生产力	政权易手	根本的社会经济政治制度	自下而上	一定要乱	根本质变
改革	解放和发展生产力	政权调整	经济政治体制	自下而上与自上而下相结合	一定会乱、但一定不能乱	总的量变过程中的部分质变
改良	发展生产力	政权不变	经济政治体系的环节与部分	自上而下	不会乱	量变

可见,改革介于革命与改良二者之间,又兼有革命与改良二者各自的特点。

四、改革是社会主义制度的自我完善和发展

在同革命、改良的相互比较中,我们可以准确地理解"改革"的内涵;在同社会主义的相互关系中,我们能够更深刻地把握"改革"的本质。改革同社会主义的关系,集中表现为这样的命题:"改革是社会主义制度的自我完善和发展"。

这里所说的"社会主义制度"是指社会基本制度,而不是指作为其实现形式和运行手段的体制和机制。社会基本制度,是在一定社会形态中占主要和支配地位的经济、政治、文化制度,它规定着该社会形态的本质和主要特征,构成一定社会之基质;体制则是指表现一定社会基本制度并为其服务的机构设置、隶属关系、权限划分等方面的体系和工作制度、管理制度;机制则泛指各项社会体制和社会生活赖以运转的一切方法、程序、环节的总和。社会基本制度具有质的稳定性,除非该社会形态被另一种社会形态所代替,否则社会基本制度的性质和主要内容是不会转变的。社会基本制度又具有一定的抽象性,即属于抽象层次的东西,它的本性和作用只有通过相应的具体体制、运行机制才能表现和发挥出来。同基本制度相比较,体制和机制既具有较大的可变性,又具有可操作性。认为社会主义基本制度一经建立,其优越性就能充分发挥出来,而忽视体制与机制的改革和建设,已被历史事实证明是错误的。社会基本制度和相应的体制、机制是紧密联系着的:合理的、符合于基本制度本性的体制、机制,可以使基本制度的优越性得到充分发挥;不合理的、不符合于基本制度本性的体制、机制,则妨碍着基本制度优越性的充分发挥。但是,基本制度和体制、机制毕竟是两个不同层次的范畴,各自具有相对独立的内容。我们通过改革所要"完善"的,是社会主义基本制度,而不是那些存在着缺陷和弊端的、不能体现社会主义本质的原有体制和机制;对于这种体制和机制来说,则不是"完善"的问题,而是改革、更新亦即"革命"的问题。

改革的对象既然不是社会主义的基本制度,而是束缚生产力发展的原有体制,

那么这还是不是社会的质变呢？回答是肯定的。首先，我国正在进行的改革，不是原有经济体制的细枝末节的修补，而是经济体制的根本性变革。因此把这种改革仅仅看成是"量变"，或者把量变和质变截然分开，是不适当的。因为"经济体制的根本性变革"，就是经济体制上的一次革命，是80多年来社会主义制度发展史上一场前所未有的对传统经济体制的革命。可以断言，经过这场革命，中国的社会主义必将焕发出新的生机和活力，以全新的面貌展现在世界舞台上。其次，认为改革只是"量变"而不是"质变"的观点，没有注意到质变的不同层次、不同范围。我们的改革，诚然不是社会主义基本制度的根本变革，却是经济体制的根本变革，这是社会主义总的量变过程中的阶段性质变。事实证明，社会主义根本制度的自我完善、特别是自我发展，只有通过对旧体制的革命性变革才能真正实现。

改革是社会主义制度的自我完善，表现在改革将对不适合生产力发展的经济体制和其他各项体制实行根本性变革，从而解决好社会主义社会生产力和生产关系、经济基础和上层建筑之间的矛盾，更好地发挥社会主义基本制度的优越性。改革是社会主义制度的自我发展，则表现在通过改革，社会主义将由初始的阶段发展为较为健全的阶段。由于社会主义改造是由无产阶级的国家出面领导的，改造的结果就自然建立起以国家为主体的社会主义社会。各社会主义国家包括我国在内，改革前的体制就是一种以国家为主体的社会主义。改革逐步深化的进程，越来越显现出其本质就在于促使社会主义由初始的以国家为主体的质态向较为健全的以社会为主体的质态飞跃[①]。这种飞跃具体表现在经济市场化、政治民主化、事业社会化、保障全民化。通过这种飞跃，社会主义将实现由一个阶段到另一个阶段的显著发展，从而展现出其"不断革命"的本质。关于社会主义是一个不断革命的过程的思想，最先是由马克思、恩格斯提出来的[②]。但是，这一正确的思想在实践中先是被托洛茨基所曲解，后来又被中国特定的历史插曲——"文化大革命"所搞乱，以至在很长时间里，马克思主义者对不断革命的问题避而不谈。社会主义改革的进程又把这个问题明确地提了出来。作为彻底的马克思主义者不应当回避这个问题。社会主义是一个不断革命的过程，不过，它绝不是托洛茨基的那种把政治革命强行推向农民阶级、推向一切国家的粗暴做法，也不是中国十年内乱时期不断以大规模群众性阶级斗争的形式搞"无产阶级专政下继续革命"的愚蠢之举。社会主义的不断革命是承认在社会主义社会形态内通过改革使这一形态趋于完善的自觉质变过程。因此，要抛弃的绝不是不断革命的思想，而是对不断革命的错误理解。

---

① 这一提法最早出现在童星、严强撰写的《由国家为主体向社会为主体的飞跃》一文中，载《理论纵横》，河北人民出版社1988年版，第146～161页。

② 参见《马克思恩格斯选集》第一卷，人民出版社1972年版，第479～480页。

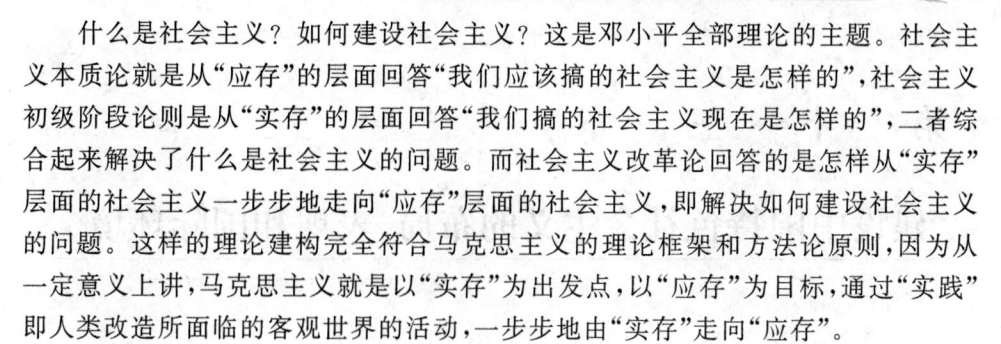

什么是社会主义？如何建设社会主义？这是邓小平全部理论的主题。社会主义本质论就是从"应存"的层面回答"我们应该搞的社会主义是怎样的"，社会主义初级阶段论则是从"实存"的层面回答"我们搞的社会主义现在是怎样的"，二者综合起来解决了什么是社会主义的问题。而社会主义改革论回答的是怎样从"实存"层面的社会主义一步步地走向"应存"层面的社会主义，即解决如何建设社会主义的问题。这样的理论建构完全符合马克思主义的理论框架和方法论原则，因为从一定意义上讲，马克思主义就是以"实存"为出发点，以"应存"为目标，通过"实践"即人类改造所面临的客观世界的活动，一步步地由"实存"走向"应存"。

第十三章

建设中国特色社会主义的布局、表现和国际环境

第一节 中国特色社会主义的总体布局

一、两手抓、两手都要硬

我们常说:邓小平是中国社会主义现代化建设的"总设计师"。既然是"总设计师",那么他就一定绘有"总设计图"。可"总设计图"在哪里呢？就分散在邓小平的一系列论文、著作、讲话、决策和战略部署当中,需要我们认真梳理、概括。为了准确地理解邓小平建设有中国特色社会主义理论的精神实质,提高贯彻这一理论的自觉性,的确也有必要把邓小平这一社会主义现代化建设的"总设计图"梳理、概括出来。

基于这样的考虑,我们尝试着把邓小平这一"总设计图"用"一、二、三、四"等4个数字、共10句话概括如下:

    一个中心
    两个基本点,两手抓
    三个坚定不移,三步走,三个有利于
    四化目标,四项前提,四化干部,四有公民

"一个中心",即以经济建设为中心。"两个基本点",即坚持四项基本原则(坚持社会主义道路,坚持人民民主专政,坚持中国共产党的领导,坚持马列主义、毛泽东思想[①]),坚持改革开放。如前所述,"一个中

[①] 党的"十五大"以后又加上了"邓小平理论"。

心"和"两个基本点",构成了党在社会主义初级阶段的基本路线。

这里着重阐述"两手抓"。

所谓"两手抓",有一系列不尽相同的提法。有时指既要抓建设,又要抓改革;有时指既要抓建设,又要抓法制;有时指既要抓改革开放,又要抓打击犯罪;有时指既要抓物质文明建设,又要抓精神文明建设。所有这些不尽相同的提法,其实都同党的基本路线中的两个基本点有关。"两手"当中的"一手",如建设、改革开放、物质文明等等,体现了坚持改革开放这一基本点、这一强国之路;而"另一手",如法制、打击犯罪、精神文明等等,则体现了坚持四项基本原则这一基本点、这一立国之本。"两手"都要硬,因为两个基本点都要坚持,不能有所偏废。有的同志简单地以为,"两手抓"就是指一手抓物质文明建设,一手抓精神文明建设,除此之外,就再也没有其他的意义了。这样的理解并不符合邓小平的原意。

如若不信,请看邓小平的几段论述。早在1980年深圳等经济特区刚刚建立的时候,邓小平就与广东省的同志谈到:"要两手抓,一手要抓改革开放,一手要抓严厉打击经济犯罪,包括抓思想政治工作。"①后来他又多次强调:"搞四个现代化一定要有两手,只有一手是不行的。所谓两手,即一手抓建设,一手抓法制。"②"要坚持两手抓,一手抓改革开放,一手抓打击各种犯罪活动。这两只手都要硬。打击各种犯罪活动,扫除各种丑恶现象,手软不得。"③

由此可见,邓小平讲的"两手抓",并非指的工作内容,而是指的领导方法。毛泽东早在民主革命期间就曾写过《党委会的工作方法》一文,强调领导干部要学会"弹钢琴"④。弹钢琴需要十个手指一起上,尽管有的手指经常使用,而有的手指仅仅偶尔点一下。不过十个手指一起上的前提,则是两只手一起上,而且这两只手不能一只硬、一只软。现在几乎人人都会说坚持两个基本点,但在实践中,往往会发现有的干部坚持四项基本原则非常坚定,但搞改革开放却办法不多;而有的干部则搞改革开放成效很大,但坚持四项基本原则却不力。究其原因,就是因为他们在实践中不会"两手抓、两手都要硬"。只有真正学会并灵活运用了"两手抓、两手都要硬"的领导方法,才能在工作实践中切实做到坚持两个基本点。

"两手抓、两手都要硬"的方针,具有鲜明的针对性和重要的现实意义。许多地方和部门,往往非常重视经济建设即物质文明建设,而对打击犯罪和精神文明建设则不够重视,措施不力。结果在一度时间里,经济上去了,但犯罪也上去了;经济上

---

① 《邓小平文选》第三卷,第306页。
② 《邓小平文选》第三卷,第154页。
③ 《邓小平文选》第三卷,第378页。
④ 参见《毛泽东选集》(一卷本),人民出版社1966年版,第1443页。

去了,但社会风气、道德水准却下来了。搞得群众意见很大。可以说,改革开放以来最大的失误就是没有抓好教育,这里的教育是指广义的教育,不仅指学校,更指社会,而且主要是指思想教育。

针对这种情况,邓小平和党中央反复要求"第一把手"要"抓两手","一定要教育好我们的后一代,一定要从各方面采取有效的措施,搞好我们的社会风气,打击那些严重败坏社会风气的恶劣行为。"[1]

二、"三抓"、"三步"、"三个有利于"

如果说"两手抓"指的是领导方法、并非工作内容,那么社会主义现代化建设的工作内容则是"三个坚定不移":坚定不移地抓好经济体制改革,坚定不移地抓好政治体制改革,坚定不移地抓好精神文明建设,并且使这几个方面互相配合,互相促进。

关于经济体制改革,其目的和出发点是为了调动企业和群众的积极性,保证我国的经济充满生机和活力;其难点和关键之处在于如何正确处理计划和市场的关系问题。中共十一届三中全会作出经济改革的决策,当时的提法是改革管理制度和经营方法,大力发展社会主义的商品生产和商品交换,但否认社会主义经济是商品经济。"十二大"前后提出"计划经济为主,市场调节为辅"的方针,开始启动市场,发挥市场调节的积极作用,但继续否认社会主义经济是商品经济。1984年十二届三中全会确认社会主义经济是有计划的商品经济,在全国城乡全面展开经济体制改革。"十三大"以后为了解决计划和市场不是有机结合而是"板块碰撞"的问题,曾提出过"国家调控市场,市场引导企业"的方针,但由于政府调控市场的能力跟不上,很快引起了1988年全国经济运行的紊乱。此后便又回到了"计划经济为主,市场调节为辅"的体制中,结果导致80年代末、90年代初三年经济发展较为缓慢。1992年春邓小平在其著名的南方讲话中强调:"计划多一点还是市场多一点,不是社会主义与资本主义的本质区别。计划经济不等于社会主义,资本主义也有计划;市场经济不等于资本主义,社会主义也有市场。计划和市场都是经济手段。"[2]同年秋天召开的"十四大",正式把社会主义市场经济体制作为我国经济改革的目标模式。

其实早在1992年以前,我国经济改革的实践就已经突破了计划经济的框架,一步步地朝着市场经济的目标探索前进。从地域上讲,先是经济特区、沿海开放城市,继而是沿海开放区、长江开放带和周边开放口岸,都被允许搞市场调节为主、甚

---

[1] 《邓小平文选》(1975～1982年),第163～164页。
[2] 《邓小平文选》第三卷,第373页。

至全部都是市场调节。从所有制上讲,在非国有企业当中,早已不搞计划经济为主。从行业上讲,在不是对于国计民生特别重要的行业部门,也允许较多地突破计划,搞市场调节。正是十多年的实践表明,凡是放开市场、充分依靠市场调节的地域、所有制和行业部门,其经济发展得就快,人民生活水平提高得就快;反之亦然。实践是检验真理的唯一标准。所以一旦1992年邓小平和党中央把计划和市场的关系问题点破,各地干部群众马上就理直气壮地搞起了社会主义的市场经济。

关于政治体制改革。随着经济体制改革的逐步深入,政治体制改革的问题也就不容回避地提上了议事日程。邓小平作为建设有中国特色社会主义总体布局的"总设计师",也精心设计了我国的政治体制改革。他于1980年作了题为《党和国家领导制度的改革》的报告,明确指出:"从党和国家的领导制度、干部制度方面来说,主要的弊端就是官僚主义现象,权力过分集中的现象,家长制现象,干部领导职务终身制现象和形形色色的特权现象。"[1]该报告不仅对这些弊端作了迄今为止最深刻、最有力的揭露和分析,而且强调:"如果不坚决改革现行制度中的弊端,过去出现过的一些严重问题今后就有可能重新出现。只有对这些弊端进行有计划、有步骤而又坚决彻底的改革,人民才会信任我们的领导,才会信任党和社会主义,我们的事业才有无限的希望。"[2]1986年他又为我国政治体制改革设计了"总的目标是三条:第一,巩固社会主义制度;第二,发展社会主义社会的生产力;第三,发扬社会主义民主,调动广大人民的积极性。"[3]并且设想了当前具体的三个目标,即:一是通过领导层干部的年轻化,始终保持党和国家的活力;二是克服官僚主义,提高工作效率;三是调动基层和工人、农民、知识分子的积极性[4]。在政治体制改革的实践中,他又提出了评价一个国家的政治体制、政治结构和政策,包括政治改革是否正确的三条标准,即"第一是看国家的政局是否稳定;第二是看能否增进人民的团结,改善人民的生活;第三是看生产力能否得到持续发展。"[5]有的人以为,我国对经济体制改革的态度是积极的,而对政治体制改革的态度则是消极的。这种看法不符合事实。我们只是在政治改革中比经济改革更为强调要保持稳定有序。邓小平多次告诫:"政治体制改革很复杂,每一个措施都涉及千千万万人的利益。所以,政治体制改革要分步骤、有领导、有秩序地进行。……一旦不稳定甚至动乱,什么建设也搞不成。"[6]

---

[1] 《邓小平文选》(1975~1982年),第287页。
[2] 《邓小平文选》(1975~1982年),第293页。
[3] 《邓小平文选》第三卷,第178页。
[4] 参见《邓小平文选》第三卷,第179~180页。
[5] 《邓小平文选》第三卷,第213页。
[6] 《邓小平文选》第三卷,第252页。

关于社会主义精神文明建设。我党和我国政府在狠抓经济建设和各项改革的同时,一直非常重视社会主义精神文明的建设。在以城市为中心、全国经济体制改革全面铺开以后不久,1986年十二届六中全会专门作了《关于社会主义精神文明建设指导方针的决议》;在确立了社会主义市场经济体制的目标、全国经济体制改革全面深入的形势下,1996年十四届六中全会又专门作了《关于社会主义精神文明建设若干问题的决议》。

如果把"三个坚定不移"看作是我国社会主义现代化建设布局中的横向的"纬度"的话,则邓小平还提出了纵向的"经度"——"分三步走"的发展战略。这就是到1990年国民经济翻一番,人民生活实现温饱;到2000年国民经济翻两番,人民生活实现小康;到21世纪中期国民经济赶上中等发达程度的国家,人民生活比较富裕。

那么在"三横三纵"的社会主义现代化建设中,碰到问题又以什么作为区分是非、评判对错的标准呢?邓小平提出了著名的"三个有利于",即以"是否有利于发展社会主义社会的生产力,是否有利于增强社会主义国家的综合国力,是否有利于提高人民的生活水平"[①]作为衡量是非、对错,甚至判断姓"社"姓"资"的标准。

三、实现"四化"的根本是培养人才

邓小平最初沿用周恩来在1964年三届人大一次会议、1975年四届人大一次会议上先后提出的"四个现代化"作为我国社会主义现代化建设的总体目标。四个现代化即农业现代化、工业现代化、国防现代化、科学技术现代化。其中,农业现代化是基础,工业现代化是主导,科学技术现代化是关键。粉碎"四人帮"后邓小平刚一复出,就反复强调:实现四个现代化就是当前最大的政治[②]。

邓小平不仅设定了"四化"目标,而且系统地提出了实现这一目标所必须具备的四项前提或保证,即:国内安定团结的政治局面,国际和平发展的有利环境,有一条坚定正确的政治路线,有一种艰苦奋斗的创业精神。

邓小平多次强调,要实现建设有中国特色的社会主义,关键在于要有人才。因为在确立了一切从实际出发、实事求是的思想路线以及搞社会主义现代化建设的政治路线以后,摆在当务之急的就是组织路线问题。而要正确地解决组织路线问题,最大、最难、最迫切的问题,就是选好接班人。"现在任何一个老同志和高级干

---

① 《邓小平文选》第三卷,第372页。

② "四个现代化"的提法有一定的历史局限性,它局限于经济的现代化,没有包括政治、文化、社会的现代化,也没有包括人的现代化及其生活方式的现代化,而且在经济的现代化中,也缺乏经济结构等方面的内容。所以,1990年以后,"四个现代化"的目标逐步被"富强、民主、文明的社会主义现代化国家"所取代。即使如此,我们也决不能低估"四个现代化"在当时对于全国人民所具有的凝聚人心、激励士气的伟大作用。

部,合乎不合乎党员标准和干部标准,就看他能不能认真选好合格的接班人。"①对于老同志来说,"其他的日常工作,是第二位、第三位、第四位、第五位、第六位的事情。第一位的事情是要认真选拔好接班人。"②

国家要实现"四化"(即四个现代化),干部队伍首先就得"四化",做到革命化、年轻化、知识化、专业化。根据干部"四化"的要求,经过多年的努力,特别是邓小平等老一辈无产阶级革命家的率先垂范,主动分阶段地退出领导岗位,中国共产党终于顺利完成了以邓小平为核心的第二代领导集体向以江泽民为核心的第三代领导集体的平稳过渡。这是国际共产主义运动史上的一个创举。

除了党和国家的各级领导人才以外,各行各业也都要培养、选拔专业人才,否则搞不成社会主义的现代化。为此,就要格外重视科技和教育工作。当1977年邓小平第三次复出时,就主动要求抓科学和教育,在他的主持下,先后召开了影响极大的全国科学大会和全国教育工作会议。当时他说:"我知道科学、教育是难搞的,但是我自告奋勇来抓。不抓科学、教育,四个现代化就没有希望,就成为一句空话。"③"一定要在党内造成一种空气:尊重知识,尊重人才。"④

在1978年全国科学大会上,邓小平提出:"科学技术是生产力。"⑤10年以后,他又进一步提出:"马克思讲过科学技术是生产力,这是非常正确的,现在看来这样说可能不够,恐怕是第一生产力。"⑥经过多年的实践,科学技术是第一生产力的观点已经深入人心,"科教兴国"的战略已经正式确立,我国在完成了工作中心由阶级斗争转向经济建设以后,又把经济建设的立足点转移到了依靠科技进步上来。在农业、工业、交通运输、通讯、金融、财贸、国防等各行各业,科学技术都在发挥着越来越重要的作用。

科学技术人才的培养,基础在教育。因此,"教育事业,决不只是教育部门的事,各级党委要认真地作为大事来抓。各行各业都要来支持教育事业,大力兴办教育事业。"⑦现在,全国普及九年制义务教育取得了很大的成绩;旨在援助因贫困而失学的青少年的"希望工程",得到了全国人民乃至全世界华人的热烈响应和慷慨解囊;各级各类学校得到了前所未有的发展;到21世纪创建100所著名大学的"211工程"正在全国高等教育战线开始实施;越来越多的地方和单位出资办教育、

---

① 《邓小平文选》(1975~1982年),第193~194页。
② 《邓小平文选》(1975~1982年),第199页。
③ 《邓小平文选》(1975~1982年),第65页。
④ 《邓小平文选》(1975~1982年),第38页。
⑤ 《邓小平文选》(1975~1982年),第84页。
⑥ 《邓小平文选》第三卷,第275页。
⑦ 《邓小平文选》(1975~1982年),第92页。

支持教育，越来越多的家庭乐于进行人力资源开发的投资。长期笼罩中国的"鄙视知识、鄙视知识分子"的陈规陋习正在被破除。

社会主义现代化建设是全体国民的事情，需要全体国民都具有现代化的素质。为此，邓小平提出了"四有"的素质标准，号召"教育人民成为'四有'人民，教育干部成为'四有'干部。'四有'就是有理想，有道德，有文化，有纪律。"①

当然，邓小平所勾画的上述总体布局，并没有终结人们对于社会主义现代化建设的真理性认识。比如，在这个总体布局中，就没有乡镇企业。邓小平在评价乡镇企业的发展时，用了"异军突起"这个成语。所谓"异军"意谓并非"邓家军"。乡镇企业的发展是中国农民的伟大创造，不仅超越了别国的实践，也突破了政府的计划和学者的预测。邓小平就曾坦率地承认："农村改革中，我们完全没有预料到的最大的收获，就是乡镇企业发展起来了，突然冒出搞多种行业，搞商品经济，搞各种小型企业，异军突起。这不是我们中央的功绩。乡镇企业每年都是百分之二十几的增长率，持续了几年，一直到现在还是这样。乡镇企业的发展，主要是工业，还包括其他行业，解决了占农村剩余劳动力50％的人的出路问题。农民不往城市跑，而是建设大批小型新型乡镇。"②正是因为有了"三个有利于"，邓小平把乡镇企业纳入了他的社会主义现代化建设大军当中，于是乡镇企业这支"异军"被收编为"邓家军"。

由此可见，"三个有利于"在这一"总体布局"中占有特殊的重要地位。它的存在保证了这一"总体布局"成为开放的体系、发展的体系。

第二节　中国特色社会主义的宏观表现

一、经济方面的主要特征

社会主义的本质就是解放生产力，发展生产力，消灭剥削，消除两极分化，最终达到共同富裕。"中国特色"，不是对社会主义本质的否定或背离，而是社会主义本

---

① 《邓小平文选》第三卷，第205页。
② 《邓小平文选》第三卷，第238页。

质在我国的具体体现,它不同于马克思、恩格斯身处当时发达资本主义社会所设想的社会主义模式,也不同于国际上其他社会主义国家的模式。"中国特色"主要取决于三个方面的条件:一是我国现阶段所处的具体国情,这就是社会主义初级阶段;二是我国实现社会主义现代化的基本路线,这就是"一个中心、两个基本点";三是我国社会主义现代化建设的总体布局。正是在我国社会主义初级阶段的具体国情下,按照"一个中心、两个基本点"的基本路线和上述总体布局来实践,社会主义的本质就必然表现出鲜明的"中国特色"。

这种中国特色的社会主义,在经济方面主要具备以下特征:

1. 在所有制上,坚持公有制为主体,多种经济成分共同发展。我国坚持公有制、不搞私有化。但绝不是像马克思当年所设想的那样搞单一的全民所有制,也不是如斯大林模式下只有全民所有制和集体所有制两种公有制形式,而是在坚持公有制为主体的前提下,积极发展新型的公有制形式,允许和鼓励公有制以外的其他经济成分存在并得到发展,使之成为社会主义经济的有益补充。目前,除了原有的全民所有制和集体所有制经济以外,还发展起了劳动者个体所有制经济、私营经济,以及包括中外合资经营企业、中外合作经营企业和外商独资企业在内的国家资本主义经济。公有制经济本身也拓宽了思路,出现了许多新的表现形式,如全民和集体联营,不同地区、不同部门、不同企业之间相互参股,形成了股份制企业、企业集团、协作中心、综合商社等混合所有制,以及劳动者组织的属于合作经济性质的所有制、股份合作制,等等。各种经济形式和经营方式在实践中还正在被不断地创造出来。这种以公有制为主体、多种经济成分共同发展的所有制格局,归根到底是由我国目前生产力的多层次性决定的。我国现阶段既有起主导作用的机械化大生产,也有相当数量的半机械化生产和手工劳动。在这样多层次生产力结构的基础上,不可能设想所有制形式整齐划一,更不应当重复过去"左"倾路线指导下的所谓"一大二公"。

2. 在经济运行机制上,实行宏观调控下的市场经济体制。计划和市场都是经济调节手段,社会主义和资本主义则是社会基本制度;计划经济不等于社会主义,资本主义也有计划;市场经济也不等于资本主义,社会主义也有市场。根据这一科学认识,改革开放以来我国着手改变过去计划统得太死、行政干预过多的弊端,一步步地扩大市场调节的作用,由允许发展商品生产和商品交换、但不准搞商品经济,先后经过计划经济为主、市场调节为辅,把计划和市场并重的有计划的商品经济,直到开始建立社会主义市场经济体制,从而完成了计划经济模式向市场经济模式的决定性转变。同时自觉利用价值规律,主要运用经济手段对国民经济进行宏观调控。社会主义同市场经济相结合,构成了我国社会主义的重要特色。

3. 在消费品分配方面,实行以按劳分配为主体、其他分配形式为补充的分配制度。随着所有制形式上公有制为主体、多种经济成分共同发展格局的确立,我国在分配制度上也出现了按劳分配为主体、多种分配方式并存的局面,开始打破平均主义的"大锅饭"。从目前情况看,分配方式主要有:全民所有制经济的分配方式,个人消费品除按劳分配以外,还存在某些非按劳分配的因素;城乡集体所有制经济的分配方式,在缴纳税金和留足公积金、公益金之后,其余部分在本集体成员中根据按劳分配原则进行分配;农村普遍推行家庭联产承包责任制,与此相适应在分配上采取"大包干"的形式,即在承包合同中规定上缴国家和集体的份额,余下部分均为农户所有;个体经济的分配方式,其经营活动所得收入,除照章纳税外,完全归个人所有;私营企业的分配方式,工人按劳动力价格取得工资,企业主则取得一部分非劳动收入;国家资本主义经济的分配方式,基本上采取资本主义管理方式经营,按劳分配原则在这些企业不起作用;合作经济、合股经济的分配方式,既有按资分配,也有按劳分配。分配形式的多样化,在社会主义初级阶段是不可避免的。一切非按劳分配收入,只要是合法的,就得到允许并予以保护。总之,我国在选择和确定分配制度时,坚持效率优先、兼顾公平,坚持既允许一部分人在合法经营、勤奋劳动的基础上先富起来,合理拉开收入差距,又防止贫富悬殊,促进共同富裕。

4. 在经营管理上,实行责任制和承包制。实行责任制和承包制,反映了我国生产经营管理的客观要求。从我国农村经济看,人多地少,劳动工具落后,生产社会化程度很低,必须实行以家庭为主的生产承包责任制。农村的改革乃至全国的改革,就是从家庭联产承包责任制开始的。实践的结果表明,承包责任制把劳动者的生产劳动和最终成果联系起来、劳动实绩和经济收入联系起来,极大地调动了劳动者的积极性和责任感,促进了农业生产率的大提高。后来又把责任制和承包制引进城市,推广到一切可以使用的部门和单位,取得的效果都是很显著的。

5. 在处理对外关系上,坚持自力更生和扩大对外经济技术交流。独立自主、自力更生,无论过去、现在和将来,都是我们的立足点。同时,又坚持把资本主义国家的先进技术和管理经验同资本主义制度区别开来,在自力更生的基础上,不断扩大对外经济技术交流,积极争取外援。社会主义不能自我封闭,对外开放也是我国社会主义的重要特色之一。

6. 在处理国家建设和改善人民生活二者关系方面,坚持"一能吃饭,二能建设"的原则。我国现在仍旧是底子较薄的穷国,加之人口众多,每年新增加的国民收入不多,既要用于国家建设,又要安排人民生活,资金很不宽裕。如果把新增的国民收入都用于扩大再生产,积累过高,就将影响人民生活的改善;如果都用于改善生活,也容易产生分光吃尽的偏向,缺乏未来发展的后劲。"一能吃饭,二能建设"①的原则,既反映了民富国强的共同要求,又体现了勤俭节约、艰苦奋斗的精神,适合我国的现状,将会得到长期的坚持。

二、政治方面的主要特征

中国特色的社会主义,在政治方面主要具备以下特征:

1. 人民民主专政的国家制度。人民民主专政的实质是无产阶级专政,但它又具有鲜明的中国特色,是马克思主义国家学说在中国的具体运用和发展。无产阶级专政通常是社会主义革命的产物,而人民民主专政则是我国新民主主义革命的产物。无产阶级专政通常只实行一个联盟,即工农联盟,而人民民主专政则实行两个联盟。在社会主义改造以前,这两个联盟分别是工农联盟以及工人阶级同民族资产阶级的联盟。在社会主义改造以后,两个联盟发生了新的变化:第一个联盟不仅包括工人和农民,还包括知识分子和其他劳动者;第二个联盟已发展为社会主义劳动者和一切拥护祖国统一的爱国者的联盟。无产阶级专政本来就包含民主与专政两个方面,但字面上只有"专政"二字,容易使一些缺乏马克思主义常识的人发生误解;而人民民主专政的提法直接标出民主和专政两个方面,明晰直观,并体现了我国专政对象的范围不断缩小,人民民主的范围不断扩大的趋势。因此邓小平说:"人民民主专政的提法更适合于我们的国情。"②

2. 人民代表大会的政权组织形式。人民当家作主是社会主义民主的共同本质。社会主义国家的政体应当是共和制,体现这一政体的政权组织形式则是多种多样的。在我国,实行的是人民代表大会制度,即以人民代表大会为政权组织形式,以民主集中制为组织原则,由人民选举代表组织国家权力机关,统一领导国家事务。人民代表大会制度是我国的根本政治制度,是符合我国国情的政权组织形式。

3. 共产党领导的多党合作的政治协商制度。中国共产党领导的多党合作制度是在长期的革命和建设实践中形成和发展起来的,它是共产党领导的、由一部分社会主义劳动者和一部分拥护社会主义的爱国者所组成的各民主党派共同参政的一种政治形式,是我国的一项基本政治制度。我国的多党合作不同于西方资本主义国家的多党制或两党制,也有别于一些社会主义国家实行的一党制。它是马克思列宁主义同中国革命和建设的实际相结合的一个创造,是符合中国国情的社会主义政党制度,从其内容到形式都具有自己鲜明的特点:共产党居于领导地位,是法定的执政党;各民主党派是参政党,社会主义是共产党与各民主党派合作共事的政治基础;共产党和各民主党派都受到宪法的承认和保护。我国的政治协商制

---

① 参见《陈云文选》(1956~1985年),人民出版社1986年版,第276页。
② 《邓小平文选》(1975~1982年),第332页。

度体现了人民民主专政国家的民主议事精神,政治协商的原则是:尊重少数,求同存异,共产党寓领导于协商之中。

4. 民族区域自治制度。我国历史上就是一个统一的多民族国家,在长期的历史发展过程中,统一是主流,分离是支流。各族人民共同开拓了祖国的疆域,共同抵御了帝国主义的侵略,共同的劳动和斗争使各族人民结成了亲密的友谊。这一历史和现实的国情,决定了只能采取民族区域自治制度。这样,既能保证中央政府的统一领导,又能保障各少数民族当家作主的权力;既能维护各族人民的共同利益,又能维护各少数民族的特殊权益;既能保障各少数民族地区的经济文化发展,又能共同抵御外来的侵略和颠覆,保证国家的独立和繁荣。

5. 民主管理和基层群众自治制度。社会主义民主不但是人民当家作主的国家制度,而且还要扩展到社会生活的各个方面。这就是说,我国人民不仅有通过人民代表大会管理国家事务的权力,还享有管理其他政治、经济、文化等社会事务的权力;不仅要发展代表制的民主,还要发展广大人民群众的直接民主。实行职工的民主管理,是社会主义企业的重要特征。职工代表大会是中国特色的民主管理形式,它同厂长负责制、党委的政治核心作用结合起来,既区别于过去苏联的"一长制",也不同于前南斯拉夫的"工人自治"。基层群众自治制度则是实现基层社会生活民主的基本形式,城市的居民委员会和乡村的村民委员会是有中国特色的基层群众性的民主自治组织。它们虽不是国家权力机关,却是居民和基层政权联系的"纽带"和"桥梁",是对基层人民群众进行最初步的民主生活训练的大学校。

6. 用"一国两制"实现国家统一。"一国两制"是我们党在新的历史条件下,为实现祖国的和平统一提出的重要战略方针和基本国策。它是从国际、国内的实际出发,尊重台湾、香港、澳门的历史和现状,照顾各方面的实际利益,而又能为各方面所接受的最佳方案。根据这一方案,在祖国统一后,我国主体部分大陆实行社会主义,在港澳台局部地区实行资本主义。这不仅不会改变我国社会主义制度的性质,而且有利于我们实行对外开放政策。"一国两制"是建立在实事求是的思想路线基础上的,完全符合我国的国情。1997年香港回归和1999年澳门回归,充分证明了"一国两制"的英明正确和无比威力;我们相信,台湾也必将会在"一国两制"的框架下实现与大陆的统一。

7. 独立自主的和平外交政策。我国政府从中国人民和世界人民的根本利益出发,把反对霸权主义、维护世界和平、发展同各国的友好合作和经济文化交流,作为自己对外工作的根本原则。我国奉行独立自主的和平外交政策,不依附于任何大国或国家集团,不同它们结成联盟,对一切国际问题都根据事情本身的是非曲直,独立自主地决定自己的态度和政策。我国信守互相尊重主权和领土完整、互不侵犯、互不干涉内政、平等互利、和平共处五项原则,同世界各国保持和发展正常关系。

三、思想文化方面的主要特征

中国特色的社会主义,在思想文化方面主要具备以下特征:

1. 坚持和发展毛泽东思想、邓小平理论。毛泽东思想是以毛泽东为代表的中国共产党人,在长期曲折的斗争中,对中国革命和建设实践经验的独创性的概括和理论总结,是有中国特色的马克思列宁主义。毛泽东思想是具有丰富内容的完整的思想体系,因此必须完整地、准确地理解毛泽东思想。掌握毛泽东思想的科学体系,核心问题就是要把握毛泽东思想的精髓——实事求是。把握了它,就能懂得一切脱离客观实践、为客观实践所证明是错误的思想理论,包括毛泽东晚年的错误,都不能称为毛泽东思想。毛泽东思想也是发展的。在新时期,要发展毛泽东思想,就要在马克思列宁主义基本原理的指导下,根据新的情况、新的问题去进行新的探索,而不应该停留在过去的现成结论上。邓小平建设有中国特色社会主义理论即邓小平理论,就是在我国新的历史条件下毛泽东思想的发展。所以中国特色的社会主义决不搞指导思想的多元化。正如江泽民在纪念毛泽东诞辰100周年大会上所说:"我们党在七十多年的奋斗历程中,在自己的旗帜上写着马克思列宁主义,写着马克思列宁主义与中国革命的实践之统一的思想——毛泽东思想,现在又写上了当代中国的马克思主义——邓小平建设有中国特色社会主义的理论。"[①]

2. 大力建设社会主义精神文明。我国坚持在建设物质文明的同时大力建设社会主义精神文明。邓小平说:"广东二十年赶上亚洲'四小龙',不仅经济要上去,社会秩序、社会风气也要搞好,两个文明建设都要超过他们,这才是有中国特色的社会主义。"[②]在社会主义精神文明建设方面,主要的思路有以下四点:

一是把精神文明作为社会主义本质的内在要求来抓,把它放在社会主义建设的战略位置上来抓。党的"十二大"把中国社会主义现代化建设概括为三个方面,即经济建设、政治建设、精神文明建设。这三个方面构成完整的社会主义现代化建设纲领,缺一不可。党的十二届六中全会通过的关于社会主义精神文明建设的指导方针,又把精神文明建设列为我国社会主义现代化的三大目标(富强、民主、文明)之一,从而进一步明确了社会主义精神文明建设的战略地位。

二是把造就社会主义新人作为社会主义精神文明建设的根本要求和根本任务。搞社会主义精神文明,主要是使我们各族人民都成为有理想、有道德、有文化、有纪律的人民。培养"四有"新人是社会主义精神文明建设的根本目标,是对马克

---

① 转引自《人民日报》1993年12月27日第2版。
② 《邓小平文选》第三卷,第378页。

思、恩格斯关于实现人的自由而全面发展思想的具体化。社会主义不仅要创造丰富的物质财富,更要实现人本身的彻底解放和充分自由。正是在这一点上,社会主义显示了它高于资本主义和一切剥削制度的崇高价值;也正是因为这一点,社会主义必须有高度发达的精神文明。

三是把思想建设和文化建设结合起来。社会主义精神文明建没包括思想建设和文化建设两个方面,思想建设决定着精神文明的社会主义性质,文化建设既是物质文明建设的重要条件,也是提高人民思想觉悟和道德水平的重要条件。思想建设和文化建设要结合起来,使之相互渗透、相互促进。

四是把精神文明建设与肃清封建主义和资本主义的影响结合起来。在我国,剥削阶级作为阶级已经消灭,然而其思想影响还远远没有肃清,阻碍着社会主义精神文明的建设。我国封建制度延续两千多年,其思想至今仍有较大的影响,例如宗法观念、等级观念等等。扩大对外文化交流,资本主义的腐朽思想和生活方式也会趁隙渗透进来腐蚀某些意志薄弱的人们。所以,我国思想文化战线还将长期存在着对封建主义和资本主义腐朽思想的斗争。

第三节 建设中国特色社会主义的国际环境

一、当今世界的主要矛盾和时代特征

20世纪初,列宁曾正确地提出人类已经进入帝国主义和无产阶级革命时代的论断。由于"在帝国主义阶段,战争是不可避免的"[①],所以帝国主义和无产阶级革命时代的特征就是战争与革命。基于这样的判断,他及时抓住帝国主义战争所造成的革命形势,领导俄国无产阶级和人民群众进行十月社会主义革命,变帝国主义战争为国内革命战争,开创了社会主义的新纪元。毛泽东根据列宁之后几十年的新情况、新经验,深入探讨了帝国主义和无产阶级革命时代的两个特征——战争与革命——之间的关系,概括出这样的公式:"战争引起革命,革命制止战争。"他说:"第一次世界大战以后,出了一个苏联,两亿人口。第二次世界大战以后,出了一个

---

① 《列宁全集》第二十一卷,人民出版社1959年版,第140页。

社会主义阵营,一共九亿人口。如果帝国主义者一定要发动第三次世界大战,可以断定,其结果必定又要有多少亿人口转到社会主义方面,帝国主义剩下的地盘就不多了,也有可能整个帝国主义制度全部崩溃。"①

改革开放以后,我们仍然把时代定为帝国主义和无产阶级革命的时代,但承认时代的特点已经由战争与革命转变成了和平与发展。这是一个非常巨大的转变,和平与发展,已经取代战争与革命,成为新的时代主题。

随着时代特征和时代主题的转换,世界格局中的主要矛盾也发生了变化。

列宁早就分析过资本主义世界的矛盾体系。俄国十月革命以前,在他看来,资本主义世界的矛盾体系中包括三种矛盾:一是帝国主义国家内部无产阶级同资产阶级之间的矛盾;二是殖民地半殖民地国家同帝国主义宗主国之间的矛盾;三是帝国主义国家之间矛盾。前一种矛盾属于一个国家内部的矛盾,后两种矛盾属于国家与国家之间的矛盾,即属于世界政治格局中的矛盾。在俄国十月革命以后,列宁认为在世界政治格局中又增加了一种矛盾,即社会主义国家同帝国主义国家之间的矛盾。

在第二次世界大战中,由于世界反法西斯统一战线的建立,上述世界政治格局及其主要矛盾曾发生过短暂的变化。但"二战"一结束,"冷战"很快开始,世界政治格局基本上又恢复了列宁在十月革命后所分析过的那种状况,存在着三种矛盾:社会主义同帝国主义的矛盾,殖民地半殖民地同帝国主义的矛盾,帝国主义之间的矛盾。其中,社会主义国家同资本主义(即帝国主义)国家之间的矛盾是世界政治格局中的主要矛盾。这一主要矛盾把世界分为东方和西方,形成东西两极对峙的格局。因此这一主要矛盾又被称为"东西矛盾"。

20世纪70年代开始,世界政治格局又发生了新的变化。刚刚独立不久、原先多半为殖民地半殖民地的广大发展中国家,盼望尽快摆脱发达国家的经济剥削和政治霸权主义,它们在世界舞台上迅速崛起,组成所谓的"第三世界"。它们同富国特别是其中的美苏两霸的矛盾日益尖锐,上升为世界政治格局中的主要矛盾。这一矛盾的双方分别为发展中国家(多半处于世界的南方)和发达国家(多半处于世界的北方),故又被称为"南北矛盾"。当时毛泽东提出的"三个世界"的理论,就是对"南北矛盾"超过"东西矛盾"成为世界政治格局中的主要矛盾这一新情况的科学概括。毛泽东晚年的国内政策犯了严重的错误,但是其外交政策基本上是正确的,毛泽东在恢复中美、中日关系等方面的重大决策成了党的十一届三中全会以后对外开放的基础,其根本原因就在于毛泽东用"三个世界"划分的理论取代"两极对峙"的理论,从而正确地把握了当时世界政治的总格局。

---

① 《毛泽东选集》第五卷,人民出版社1977年版,第398页。

科学社会主义的理论与实践

自20世纪90年代开始,随着东欧的剧变、苏联的解体、"冷战"的终止,世界政治格局中的矛盾体系又发生了新的变化。在"南北矛盾"继续占据第一位、成为主要矛盾的同时,西方资本主义国家或曰西方发达富国之间的矛盾即"西西矛盾"开始激化,其地位逐步上升。在这种情况下,如果我国采取正确的外交政策和策略,完全可以使"东西矛盾"退居"西西矛盾"之后,为我国社会主义现代化建设争取一个更为有利的国际环境,以加速中华民族的振兴。这就是邓小平之所以要提出"善于守拙、决不当头"的外交战略方针的理由之所在。如果采取相反的外交政策和策略,处处激化"东西矛盾",则无助于创设有利于我国现代化建设的国际环境。

值得注意的是,江泽民在首都各界迎接新世纪和新千年庆祝活动上的讲话高瞻远瞩地指出:"一千年来,人类历史发生了沧桑巨变。人类文明从古代文明发展到了现代文明。人类社会经过封建社会进入了资本主义社会;并且在一些国家诞生了崭新的社会主义制度。人类的经济活动从农业时代进入了工业时代,并正在转入高新技术产业迅猛发展的时期。"[①]这是对当今世界大势包括社会主义与资本主义相互关系的最新、最宏观的概括。面对经济全球化和世界政治多极化的大趋势,面对仍然具备很大进取心和扩张力的资本主义世界,社会主义的中国可谓问题与希望同在,挑战与机遇并存。当然,机遇毕竟多于挑战,希望终究大于问题!

二、争取和平的国际环境

邓小平根据当今国内的新形势,特别是时代主题转换和世界政治格局变化的大势,对我国的外交政策作了重大调整,以争取对我国现代化建设较为有利的和平的国际环境。按照曾任中国国务院副总理的钱其琛的概括,这一调整主要包括:

第一,对战争与和平问题实事求是地作出了科学判断,改变了战争不可避免、甚至迫在眉睫的论断,明确指出世界和平力量的增长超过战争力量的增长,世界大战可以避免,保护世界和平是有希望的。从而把维护世界和平和促进人类进步作为外交工作的根本目标。

第二,改变了"一条线"战略,不同任何大国结盟或建立战略关系,也不支持它们一方去反对另一方;对于一切国际问题,根据其本身的是非曲直,从中国人民及世界人民的根本利益出发,按照是否有利于维护世界和平、发展各国友好关系、促进共同繁荣和发展的标准,独立自主地作出判断,决定自己的态度和政策;"我们奉行反对霸权主义、维护世界和平的外交政策。谁搞和平,我们就拥护;谁搞战争和霸权,我们就反对。"[②]

---

① 江泽民:"2000年贺词",《人民日报》2000年1月1日。
② 《邓小平文选》第三卷,第156页。

第三,强调国与国的关系不应当以社会制度和意识形态划线,而应建立在和平共处五项原则的基础上。"处理国与国之间的关系,和平共处五项原则是最好的方式。其他方式,如'大家庭'方式,'集团政治'方式,'势力范围'方式,都会带来矛盾,激化国际局势。总结国际关系的实践,最具有强大生命力的就是和平共处五项原则。"①

第四,在新中国历史上第一次作出了对外开放的战略决策,号召中国人民利用国际国内两种资源,开拓国际国内两个市场,学会组织国内建设和发展国际交流两套本领,大胆吸收和借鉴人类社会创造的一切文明成果,吸收和借鉴当今世界各国包括资本主义发达国家的一切反映现代社会化生产规律的先进经营方式、管理方式,引进外资和技术,以加快我国的经济建设。

第五,提出了"一个国家,两种制度"的构想,以实现祖国的统一大业。根据"一国两制"的构想,我国政府先后同英国政府和葡萄牙政府进行谈判,并分别于1984年和1987年签署了香港于1997年、澳门于1999年回归中国的联合声明。台湾海峡两岸的中国人也将在"一国两制"的构想下最终实现祖国统一。

第六,80年代末、90年代初,在苏联、东欧剧变,两极格局解体,"冷战"结束,世界进入新旧格局交替的过渡时期,邓小平又及时提出了"冷静观察、稳住阵脚、沉着应付、韬光养晦、善于守拙、决不当头"等战略方针,使我国的外交工作克服重重困难,取得了巨大的成就,开拓了崭新的外交局面。我国的国际地位和影响大为提高,中国人民更加扬眉吐气了!②

三、反对霸权主义、保卫祖国的独立和安全

早在1980年,邓小平就把反对霸权主义、维护世界和平同实现祖国统一、加紧经济建设并列,当作摆在党和国家面前的三大任务。

当前一方面是和平、发展代替战争、革命成为时代的主题、世界的潮流,另一方面资本主义亡社会主义之心又未死。这是一个很大的矛盾。斯大林模式和我国改革开放前所实行的类似于斯大林模式的传统模式,已被实践证明是能够顶住资本主义的包围、渗透与颠覆的,具有强大的生命力;但它不利于经济的发展、科技的进步和民主的发扬。改革开放所要追求的目标模式,当然有利于经济的发展、科技的进步和民主的发扬,具有极大的优越性;但在资本主义的包围、渗透与颠覆面前,恐怕不像斯大林模式那样管用。如果国际形势只有一面而非上述的两面性,那么我们就很容易在上述两种模式中加以取舍。可是现在国际形势具有两面性。在这种

---

① 《邓小平文选》第三卷,第96页。
② 参见《毛泽东百周年纪念》(上卷),中央文献出版社1994年版,第22~24页。

情况下,看来只能采取如下的对策:经济上抛弃斯大林模式,政治上改良斯大林模式,军事上保留斯大林模式。有人说,经济决定政治,这二者怎么能够不一致呢?然而现实的情况是,二者在某段时期内的不一致并不一定是坏事。比如我国在1949~1956年期间,政治上已是社会主义的了,而经济上仍然是私有制占主体,是非社会主义的,这并不妨碍这段期间恰恰是我国建国后发展的"黄金时期"。

还要看到,当前西方资本主义主要是西方七国集团、又特别是美国,仍然控制着不合理的世界经济政治秩序,但是现在还没有条件和力量立即推翻这种不合理的世界经济政治秩序,重建新的合理的世界经济政治秩序。一个国家服从并顺应现存的世界秩序,往往容易发展上去;而反对现存的世界秩序,使自己公开站到秩序控制者的对立面位置上,则容易使本国的发展受到挫折。这又是一个很大的矛盾。如何既保持独立自主,又善于利用一切有利于我国现代化建设的国际因素,这是一门很高超的艺术。面对危及到我国的独立、主权和安全的霸权主义行径,必须坚决予以反击,当然这种反击应当"有理、有利、有节"。而在某些与我国没有多大直接关系的国际问题上,大可"善于守拙,决不当头",安心办好自己的事情。中国人只有把自己的国家首先建设好,才能对人类作出更大的贡献。

邓小平的外交思想浩瀚广博,对中国的国际定位、当代世界的根本特征以及我国对外政策的总体目标和原则策略都有精辟的分析,具有很强的指导意义。以江泽民为核心的党的第三代领导集体坚持和发展邓小平的外交思想,在全面认识世界形势的基础上,一方面坚持独立自主的和平外交政策,谋求中美、中俄、中日、中欧之间的政治、经济、文化的全面合作关系,为我国的社会主义现代化建设创造一个有利的国际环境;另一方面时刻防止外国敌对势力在国家主权和经济运作中对我国形成的威胁,贯彻积极防御的军事战略方针,加强质量建设,走有中国特色的精兵之路,全面保卫国家安全。

第十四章 社会主义初级阶段的建设纲领

第一节 社会主义初级阶段的经济建设纲领

一、"二十字方针"和"十二大关系"

邓小平在认真总结建国以来的经验教训和深入分析我国国情的基础上,为全党全国人民提出了指引前进方向的基本理论和基本路线,即社会主义初级阶段理论和党在社会主义初级阶段的基本路线——"一个中心、两个基本点"。这是非常伟大的历史功勋。在此基础上,以江泽民为核心的党的第三代领导集体继续前进。

党的"十五大"继续以社会主义初级阶段理论为立论的基础,总结改革开放和社会主义现代化建设的实践经验,系统地提出了党在社会主义初级阶段的建设纲领,包括经济建设纲领、政治建设纲领和文化建设纲领。其中经济建设纲领被规定为:"建设有中国特色社会主义的经济,就是在社会主义条件下发展市场经济,不断解放和发展生产力。这就要坚持和完善社会主义公有制为主体、多种所有制经济共同发展的基本经济制度;坚持和完善社会主义市场经济体制,使市场在国家宏观调控下对资源配置起基础性作用;坚持和完善按劳分配为主体的多种分配方式,允许一部分地区一部分人先富起来,带动和帮助后富,逐步走向共同富裕;坚持和完善对外开放,积极参与国际经济合作和竞争。

保证国民经济持续快速健康发展,人民共享经济繁荣成果。"①

(一)正确处理改革、发展与稳定关系的"二十字方针"

中央号召,要从整个中华民族的振兴出发,从"全国一盘棋"的角度出发,从经济工作本身的全局出发,正确认识和处理改革、发展和稳定的关系,使三者之间相互协调,相互促进。

从1993年党的十四届二中全会开始,中央便把全党工作的大局确定为"抓住时机,深化改革,扩大开放,集中力量把经济搞上去"②。到十四届三中全会时,中央进一步提出:"只有抓住有利时机,深化改革,扩大开放,加快发展,才能巩固安定团结的政治局面。"③ 1994年1月,江泽民在全国宣传思想工作会议上明确提出:"抓住机遇,深化改革,扩大开放,促进发展,保持稳定,是今年全党工作的大局。"④从此以后,"抓住机遇,深化改革,扩大开放,促进发展,保持稳定"的"二十字方针",就成为党中央总揽全局的、具有长期性的战略指导方针。

到了"十五大",中央又把改革、发展与稳定的关系问题同党在社会主义初级阶段的基本路线联系起来。基本路线要求坚持"一个中心、两个基本点"。以经济建设为中心,所以发展是硬道理;坚持四项基本原则,才能确保社会政治稳定;坚持改革开放,改革是一切事业前进的动力。正因为社会主义初级阶段大约要经历100年时间,所以坚持"一个中心、两个基本点"的基本路线要100年不动摇,因而坚持改革、发展与稳定三者的统一也要100年不动摇。为此,中央要求全党"必须把改革的力度、发展的速度和社会可以承受的程度统一起来,在社会政治稳定中推进改革、发展,在改革、发展中实现社会政治稳定。"⑤

我国目前正处于社会全面转型时期,正在加速由传统社会向现代社会转型,由农业社会向工业社会转型,由乡村社会向都市社会转型,由封闭(半封闭)社会向开放社会转型,由同质的单一性社会向异质的多样化社会转型,由伦理型社会向法理型社会转型⑥。这一由传统向现代的社会结构转型,并不是社会主义社会发展中的特有现象,而是所有国家都要经历的现代化过程的一个过渡性阶段。但是由于我国社会在历史传统、文化背景、经济基础、资源环境等方面的特殊性,我国社会结

---

① 《中国共产党第十五次全国代表大会文件汇编》,人民出版社1997年版,第19页。
② 《十一届三中全会以来党的历次全国代表大会中央全会重要文件选编》(下),中央文献出版社1997年版,第267页。
③ 《十四大以来重要文献选编》(上),人民出版社1996年版,第522页。
④ 《十四大以来重要文献选编》(上),第648页。
⑤ 《中国共产党第十五次全国代表大会文件汇编》,人民出版社1997年版。
⑥ 参见社会发展综合研究课题组撰:"我国转型时期社会发展状况的综合分析"(摘要),《社会学研究》1991年第4期。

构转型表现出若干不同于一般社会转型的特点。其中一个重要方面就是在实现由封闭(半封闭)的传统农业社会向开放的现代工业社会转型的同时,要完成由高度集中的计划经济体制向社会主义市场经济体制的转轨。社会转型和体制转轨如此紧密地联系在一起,这在其他国家的现代化过程中是很少见的。社会转型和体制转轨同时进行,使得这一过程中出现的结构冲突、体制摩擦、多重利益矛盾、角色冲突、价值观念冲突相互纠结在一起,增加了转型的难度。何况,这场变革又是在拥有近13亿人口、发展很不平衡的大国中进行,所以困难、复杂、艰巨的程度可以想见。这也是我们在实现社会转型、体制转轨的过程中要特别强调稳定机制、协调机制和创新机制的作用的原因之所在。

(二)正确处理现代化建设中的"十二大关系"

党在确定社会主义初级阶段工作大局的同时,不断研究和总结影响全局的当代中国社会的各种错综复杂的矛盾关系。1990年12月30日,江泽民在党的十三届七中全会上指出:"要通过改革正确处理各种利益关系,比如中央和地方,沿海和内地,城市和农村,大中型国营企业和其他企业,以及全局和局部,长远和眼前,国家、集体和个人等等之间的利益关系。……既要照顾各个方面的利益,又要坚持局部利益服从全局利益,眼前利益服从长远利益。"[①]但这种概括尚局限于利益方面的各种矛盾关系。1993年11月14日,江泽民在党的十四届三中全会上强调,要正确处理改革和发展的关系、加强宏观调控和发挥市场作用的关系,要坚持两手抓、两手都要硬的方针,以及要充分调动一切积极因素,发挥各个方面的积极性,等等。这已不再局限于利益关系,而涉及到了关系改革开放大局的一系列重大矛盾关系。到了1995年9月28日,江泽民在党的十四届五中全会上发表了《正确处理社会主义现代化建设中的若干重大关系》的重要讲话,系统地阐述了十二大关系,即:①改革、发展、稳定的关系;②速度和效益的关系;③经济建设和人口、资源、环境的关系;④第一、二、三产业的关系;⑤东部地区和中西部地区的关系;⑥市场机制和宏观调控的关系;⑦公有制经济和其他经济成分的关系;⑧收入分配中国家、企业和个人的关系;⑨扩大对外开放和坚持自力更生的关系;⑩中央和地方的关系;⑪国防建设和经济建设的关系;⑫物质文明建设和精神文明建设的关系。[②]

读了江泽民的论"十二大关系",我们很容易联想到1956年毛泽东的论"十大关系",论"十二大关系"是对论"十大关系"的继承和发展。

如果我们进行一下梳理,"十二大关系"大体可分为以下四类:

第一类:总揽全局的关系。即改革、发展和稳定三者的关系。

[①]《十三大以来重要文献选编》(中),人民出版社1991年版,第1431页。
[②] 参见《人民日报》1995年10月9日。

第二类：经济建设领域内的关系。包括速度和效益的关系，第一、二、三产业的关系，公有制经济和其他经济成分的关系，收入分配中国家、企业和个人的关系等四对。

第三类：经济建设的外部条件或环境方面的关系。包括经济建设和人口、资源、环境的关系，东部地区和中西部地区的关系，国防建设和经济建设的关系，物质文明建设和精神文明建设的关系等四对。

第四类：经济建设的指导方针方面的关系。包括市场机制和宏观调控的关系，扩大对外开放和坚持自力更生的关系，中央和地方的关系等三对。

在所有"十二大关系"中，江泽民都以马列主义、毛泽东思想和邓小平理论为指导，依据改革开放和现代化建设的实践经验，精辟地揭示了各大关系中的辩证联系，详尽地阐述了所应采取的原则、方针和政策，对统一全党认识、团结全国各族人民、调动一切积极因素、加快社会主义现代化建设，具有重大的意义。当然随着实践的发展，认识会不断深化，还会出现新的矛盾和问题，各方面的关系也会发生变化，所采取的方针和政策也必然会有所调整。所以中央希望全党同志特别是高级干部都要来研究这些重大问题，解放思想，实事求是，加强调查研究，集中群众智慧，提高领导水平，找出解决办法，把我国现代化建设更好地推向前进。

二、实施"两个根本转变"

所谓"两个根本转变"，是指全国经济工作必须实行以下两个具有全局意义的根本性转变：一是经济体制由传统的计划经济体制向社会主义市场经济体制转变；二是经济增长方式由粗放型向集约型转变，促进国民经济持续、快速、健康发展和社会全面进步。过去较早就注意到了经济增长方式的转变，但强调多时却效果不大。后来才知道，如果没有经济体制的根本性转变，经济增长方式的根本性转变是不可能实现的。

首次全面提出"两个根本转变"是在中共十四届五中全会通过的《中共中央关于制定国民经济和社会发展"九五"计划和2010年远景目标的建议》。

（一）粗放型和集约型经济增长方式的含义

粗放型和集约型，是经济增长的两种基本方式。粗放型经济增长方式是单纯依靠生产要素的大量投入和扩张，即通过扩大生产场所，添加机器设备，增加劳动力等所实现的经济增长。这种增长方式的实质是以数量的增长速度为中心。集约型经济增长方式是指依靠生产要素质量和使用效率的提高，以及生产要素的优化组合，即通过技术进步，提高劳动生产率，提高劳动者素质，增加资金、设备、原材料的利用率等所实现的经济增长。这种增长方式的实质是以提高国民经济整体素质和经济效益为中心。

第十四章　社会主义初级阶段的建设纲领

　　经济增长方式是与一定的社会经济发展条件相适应的。在生产力水平较低、科学技术落后的条件下,一般以粗放型增长方式为主;在科学技术迅速发展、生产力水平有了较大提高的条件下,则以集约型增长方式为主。在现实经济生活中,两种增长方式是难以截然分开的,通常是以粗放型或集约型为主并与另一种增长方式互相结合在一起。

　　我国长期以来采取的是粗放型经济增长方式,虽然也带来了国民经济的发展,但由于未能随着科技水平的提高及时地转变经济增长方式,使得其弊端日益暴露。这些弊端主要表现在:追求上项目、铺摊子带动经济高速增长,结果忽视经济效益,造成企业亏损严重;强调某些部门片面发展,使部门间的协调增长受到破坏,出现了长期难以克服的"瓶颈"和比例严重失调;盲目投资,重复建设,致使许多生产能力闲置,造成大量浪费;不注重科技,导致企业设备老化,科技进步缓慢,产品难以更新换代,国际竞争能力弱。

　　粗放型经济增长方式已成为当前经济生活中许多矛盾的症结所在,积极推进经济增长方式由粗放型向集约型转变,对促进国民经济持续快速健康发展意义重大。主要表现在:可以节省资金和资源的消耗,提高资金和资源的利用率,缓解经济发展与资金短缺的矛盾,有利于资源的合理开发和利用,防止生态环境恶化;可以减少固定资产投资,从根本上抑制需求过旺和成本攀比,有助于减少财政赤字,消除通货膨胀,促进经济和社会稳定;可以提高消费品的质量和档次,增加消费品种类,适应社会需求结构变化的需要,更好地满足人们日益增长的物质和文化生活需要;可以投入更多的资金用于企业技术改造和设备更新,充分发挥现有生产设备的能力,有利于提高企业效益,增强企业活力;有利于促进科技进步,提高劳动生产率,优化产品结构,降低产品成本,提高产品质量,增强国际市场的竞争能力;也有利于经济的适度增长、经济结构的合理化,避免经济增长的大起大落。

　　(二)实现经济增长方式转变的途径

　　经济增长方式的转变有赖于经济运行体制的转变。要实现经济增长方式的转换,必须做好五个方面的转变:从主要依靠增加投资、铺摊子、上项目,转到着重依靠利用现有基础,充分挖掘潜力上来;从主要依靠增加物质生产要素投入,转到主要依靠科技进步,提高劳动生产率,优化生产要素的配置上来;从主要依靠大量消费资源,增加产品数量,转到主要依靠提高管理水平,降低消耗和生产成本,着力提高产品质量和档次上来;从投资项目低水平、低效益重复建设,转到按照规模经济和合理布局的要求,不断优化产业结构和企业组织结构上来;从偏重追求经济总量和速度,转到注重提高经济整体素质和效益上来。

　　实现经济增长方式转变的关键是深化经济体制改革,建立和完善转变经济增长方式的经济运行机制;建立有利于节约资源、降低消耗、增加效益的企业经营机制;形成有利于自主创新的技术进步机制;形成有利于公平竞争和资源优化配置的市场运行机制。

建立适应社会主义市场经济体制要求的技术进步机制和创新机制,是实现经济增长方式转换的中心工作。在这方面:①技术进步要"两条腿走路",即"计划路径"(由国家推动技术进步的模式)和"市场路径",但更主要的是发挥"市场路径"的作用,即发挥企业和企业家的能动作用,利用市场竞争、平均利润等强制规律,实现社会技术进步的目标。②企业家是微观层次上推进社会技术进步的主体,应当围绕充分发挥企业家的作用进行相关的制度安排,主要包括建立和完善企业家成长机制、企业家市场和企业家创新激励机制、企业家的社会评价机制等。③企业是技术创新和技术进步的载体。一方面,要在政策上扶持中小企业的技术创新活动,对它们不能"一放了之";另一方面应通过市场的方式促成企业形成技术创新所需要的适度规模,同时通过法律的途径消除或防止垄断行为的产生。④大力推进市场关系、市场体系、市场制度的建设,使市场竞争真正内化为企业进行创新的压力,使某个或某些企业首先采用的新技术在市场竞争的强制规律下推广到全社会。⑤对知识、技术等产权,一方面运用法律,加强保护,另一方面加速其商品化进程。

2000年中共中央在《关于制定国民经济和社会发展第十个五年计划的建议》中,又提出了在新的21世纪经济工作新开局的蓝图。"十五"计划是进入新世纪的第一个五年计划,是开始实施现代化建设第三步战略部署的第一个五年计划,也是社会主义市场经济体制初步建立后的第一个五年计划。"十五"期间经济工作的指导思想是:"把发展作为主题,把结构调整作为主线,把改革开放和科技进步作为动力,把提高人民生活水平作为根本出发点。"[①]

这一《建议》在强调产业结构调整是促进经济增长的重要环节时,提出了"以信息化带动工业化"的思路。继续完成工业化是我国现代化进程中的艰巨的历史性任务,大力推进国民经济和社会信息化是覆盖现代化建设全局的战略举措。发达国家是在实现工业化的基础上进入信息化发展阶段的。新的历史机遇,使我们可以把工业化和信息化结合起来,以信息化带动工业化,发挥后发优势,实现生产力的跨越式发展。这就是说,要发展以电子信息技术为代表的高新技术产业,同时用高新技术和先进适用技术改造传统产业,努力提高工业的整体素质和国际竞争力,使信息化和工业化融为一体,互相促进,共同发展。可以预见,全社会计算机和网络的普及应用程度将大幅度提升,政府行政管理、社会公共服务、企业生产经营都会广泛运用数字化、网络化技术,国民经济和社会信息化水平会得到不断提高。

---

① 转引自《人民日报》,2000年10月12日。

三、实施"四大发展战略"

（一）可持续发展战略

可持续发展是 20 世纪 80 年代出现的一个新概念。1987 年，挪威首相布伦特兰夫人在对世界重大经济、社会、资源和环境问题进行系统调查和研究的基础上，提出了长篇专题报告——《我们共同的未来》。报告采纳了"可持续发展"的概念，并把它定义为既满足当代人的需要、又不损害后代人满足需要的能力的发展。可持续发展的核心思想是健康的经济发展应建立在生态可持续能力、社会公正和人民积极参与自身发展决策的基础上，它所追求的目标是既要使人类的各种需要得到满足，个人得到充分发展，又要保护资源和生态环境，不对后代人的生存和发展构成威胁。在发展指标上，不把国内生产总值作为衡量发展的唯一指标，而是用经济、社会、文化、环境等多项指标来衡量发展。这种发展观较好地把眼前利益与长远利益、局部利益与整体利益有机地统一起来，使经济能够沿着健康的轨道发展。

1992 年 6 月，在巴西里约热内卢召开的联合国环境与发展大会上，为了实现人类永恒的和持续不断的发展，为了保护发展的基本条件和自己唯一的家园——地球，人类空前一致地达成协议，通过了《里约热内卢宣言》、《21 世纪议程》等文件，表示要下决心彻底改变现行的生产方式、消费方式和传统的战略观念，努力建设起人与自然和谐的新的生产方式和消费方式，建立起与之相适应的"可持续"的发展观念。里约热内卢会议以后，联合国成立了持续发展委员会，以协调各国执行《21 世纪议程》的行动。从此，可持续发展成为人类的共识和行动纲领。

再从我国的国情来看。我国经济社会发展所面临的人口、资源和环境的压力越来越大。①人口众多给发展带来了沉重的负担。我国人口基数大，人口数量增长过快，使我们不得不每年拿出新增国民收入的 1/4 用来满足新增人口的生活需求。②资源短缺对发展产生很大的压力。我国是一个人均资源占有量较少的国家，加之技术水平低，经济增长方式粗放，资源利用率低，破坏和浪费严重，更加剧了资源短缺与经济发展的矛盾。③自然生态环境问题日趋严峻。我国生态环境脆弱，自然灾害频繁，不合理的生产活动和消费方式又加剧了生态环境的进一步恶化，导致植被破坏、水土流失、土地荒漠化等问题日渐突出。④环境污染直接危及着经济社会的发展。⑤经济尚未走上集约型增长轨道，不仅使经济增长缺乏后劲，也带来了资源短缺、生态破坏和环境污染等不良后果。因此，根据我国的具体国情，走可持续发展之路是必然的选择。

依据国际的大趋势和我国的实际，以江泽民为核心的党中央及时把"可持续发展"确定为我国的跨世纪发展战略。1994 年 3 月，由国家科委和国家计委牵头，我国 52 个部门与机构参与制定了全世界首部国家级可持续发展战略，即《中国 21 世纪议程——中国 21 世纪人口、环境与发展白皮书》,并由中国 21 世纪议程管理中心负责实施和管理。1995 年,江泽民在《正确处理社会主义现代化建设中的若干重大关系》(即前述的"十二大关系")的讲话中,强调"在现代化建设中,必须把实现可持续发展作为一个重大的战略"①。1996 年 3 月,全国人大八届四次会议通过的《国民经济和社会发展"九五"计划和 2010 年远景目标纲要》,再一次强调要实现我国跨世纪蓝图,必须实行科教兴国和可持续发展战略。

我国可持续发展行动计划的结构分为四个层次的内容和 3 个时序的分段。第一层次包括可持续发展的社会、经济、资源、环境及决策 5 个支持系统;第二层次包括每一个方案系统的若干方案领域;第三层次是根据总体战略目标及我国资源、环境与发展中所面临的重大问题,而设立的重点方案;第四层次包括重点方案之下的优先项目。3 个时序的分段则分别为近期、中期和远期的行动计划。近期行动计划重点在于分析我国社会发展所面临的重大问题、机会与风险,制定我国可持续发展的战略、机会的设计和资金的筹措,探索减缓环境与发展突出矛盾的应急措施;中期行动计划就是建立可持续发展的技术支持体系、管理体制和行为规范;远期行动计划则是恢复和健全我国自然生态系统调控功能,探索一条适合我国国情的、高效和谐的、可持续发展的现代化道路。

1998 年 3 月,在新一轮国务院机构改革中,新组建了国土资源部,这是新组建的国务院 4 个部委之一,可见中国第三代领导集体对国土资源工作的重视和对可持续发展的关注。新的国土资源部由原先的地质矿产部、国家土地管理局、国家海洋局、国家测绘局共同组建而成,其主要职能是:土地资源、矿产资源、海洋资源等自然资源的规划、管理、保护与合理利用。该部的组建和职能的行使,不仅对当前的社会经济发展具有极大的促进作用,而且对全面实施可持续发展战略也具有极为重要的深远意义。

(二) 科教兴国战略

科教兴国战略是指全面落实科学技术是第一生产力的思想,坚持以教育为本,把科技与教育摆在经济、社会发展的重要位置,增强国家的科技实力及向现实生产力转化的能力,提高全民族的科技文化素质,把经济建设转移到依靠科技进步和提高劳动者素质的轨道上来,加速实现国家的繁荣强盛和人民的富裕幸福。

"科教兴国"的发展战略继承并发展了邓小平的现代化建设思想。早在 1978 年 3 月召开的全国科学大会上,邓小平就严厉批判了"文革"迫害和摧残知识和知识分子的错误,鲜明地提出:"科学技术是生产力"、"知识分子是工人阶级的一部分"。以后又明确提出:"马克思讲过科学技术是生产力,这是非常正确的,现在

---

① 参见《人民日报》1995 年 10 月 9 日。

看来这样说可能不够,恐怕是第一生产力。"①

从1978年邓小平正式提出"科学技术是生产力"、"四个现代化的关键是科学技术现代化"起,中国领导人就开始了有关科教兴国的探索。1985年3月,中共中央颁布了《关于科学技术体制改革的决定》,明确指出:"科技体制改革的根本目的是,使科学技术成果迅速地广泛地应用于生产,使科学技术人员的作用得到充分的发挥,大大解放科学技术生产力,促进经济与社会的发展。"② 1987年1月,国务院作出了《关于进一步推进科技体制改革的若干规定》,提出要逐步实行行政管理与科研职责分开,国家对科研机构的管理应由直接调控为主转变为间接管理。1988年5月,国务院进一步作出了《关于深化科技体制改革若干问题的决定》,鼓励科研机构以多种形式发展成新型的科研生产经营实体,积极开发和组织生产高新技术产品,在智力密集地区兴办高新技术产业开发区,以发展高新技术产业。1993年,全国人大分别审议通过了《中华人民共和国科学技术进步法》和《中华人民共和国教师法》,1995年3月,又通过了《中华人民共和国教育法》,有力地促进了我国科教事业的法制化建设,大大加快了科教发展的步伐。1994年,我国召开了第二次全国教育工作会议,发布了《中国教育改革和发展纲要》,明确提出了到2000年中国教育事业发展的总目标。江泽民在讲话中强调把经济建设转到依靠科技进步和提高劳动者素质的轨道上来。这是在新时期动员全党全社会进一步从思想和行动上落实教育优先发展的战略地位、促进教育改革和发展的会议,充分体现了中国第三代领导人对教育工作的高度重视。

1995年是我国科教发展史上具有十分重要意义的一年。中共中央、国务院颁布了《关于加速科学技术进步的决定》,首次提出在全国实施"科教兴国战略"。《决定》明确提出了科技发展的目标,即到2000年,初步建立适应社会主义市场经济体制和科技自身发展规律的科技体制,经济建设、社会发展基本转向依靠科技进步和提高劳动者素质的轨道;到2010年,要使基本建立的新型科技体制更加巩固和完善,实现科技与经济的有机结合,主要领域的生产技术接近或达到发达国家21世纪初的水平,一些新兴产业的生产技术达到国际先进水平。《决定》还把技术创新作为推动企业科技进步、建立现代企业制度的重要内容。这一年还编制了《全国科技发展"九五"计划和2010年长期规划》和《"211工程"总体建设规划》,召开了全国科学技术大会,确立了"科教兴国"的战略。在这次大会上,江泽民指出:"创新是一个民族进步的灵魂,是国家兴旺发达的不竭动力。"③从此,科教兴国就成了时代

---

① 《邓小平文选》第三卷,第275页。
② 参见《新华月报》1985年第3期。
③ 《人民日报》1995年6月5日。

的最强音。

1997年党的"十五大"又站在跨世纪的高度,从实现20世纪末和21世纪经济与社会发展的战略目标出发,强调了科教兴国的战略意义,指出这一历史性选择,是把建设有中国特色社会主义事业全面推向21世纪的重大战略决策。

1998年3月,新任总理朱镕基在举行的首次中外记者招待会上强调:"科教兴国是本届政府最大的任务。……中央已经决定,成立国家科技教育工作领导小组,我担任组长,李岚清副总理担任副组长。这个决定已经江泽民主席批准。我们有决心进一步把科教兴国方针贯彻到底。"[1]同年5月,江泽民又在北京大学校庆100周年的纪念大会上,呼吁"全党和全社会都要高度重视知识创新、人才开发对经济发展和社会进步的重大作用,使科教兴国真正成为全民族的广泛共识和实际行动"。[2]

言必信,行必果。要想科教兴国,先应国兴科教。1998年,在走私猖獗导致国家财政收入锐减、长江中下游特大洪水导致国家财政支出激增的情况下,国家科技教育工作领导小组于6月和12月两次召开会议,分别听取并通过了中国科学院关于开展"知识创新工程"试点的汇报和教育部关于《面向21世纪教育振兴行动计划》的报告,从国家财政支出中拿出相当大的一个部分来支持科技和教育事业的发展。在1999年6月召开的全国教育工作会议上,中共中央、国务院决定:"自1998年起至2002年的5年中,提高中央本级财政支出中教育经费所占的比例,每年提高1个百分点。各省、自治区、直辖市人民政府也要根据本地实际,增加本级财政中教育经费的支出。"[3]

(三) 西部大开发战略和城镇化战略

实现国民经济持续、快速、健康发展,必须以提高经济效益为中心,对经济结构进行战略性调整。其中,对地区、城乡经济结构进行调整是经济结构战略性调整的重要内容。为了确保地区和城乡经济的协调发展,在新旧世纪之交,中央又先后推出了西部大开发和城镇化两大战略。

早在20世纪80年代,当改革开放和现代化建设全面展开以后,邓小平就对全国经济的协调发展进行过深刻的思考,提出了"两个大局"的思想。一个大局,就是东部沿海地区加快对外开放,使之较快地先发展起来,中西部地区要顾全这个大局。另一个大局,就是当发展到一定时期,比如20世纪末全国达到小康水平时,就

---

[1] 《人民日报》1998年3月20日。
[2] 《人民日报》1998年5月5日。
[3] 《人民日报》1999年6月17日。

要拿出更多的力量帮助中西部地区加快发展,东部沿海地区也要服从这个大局[①]。

1999年6月,江泽民在北京、西安召开的有关会议以及实地考察黄河途中(从中游的壶口直至入海口,行程数千公里),多次提出加快中西部地区发展步伐的条件已经具备,时机已经成熟,并强调加快开发西部地区是全国发展的一个大战略。同年11月中央经济工作会议在部署2000年经济工作时,决定抓住时机,着手实施西部地区大开发战略。

西部大开发是一项艰巨的历史性任务,需要几代人持之以恒地进行不懈努力,既要有紧迫感,又要有长期奋斗的思想准备。当前主要是抓好开局,突出重点。从地区讲,重点是依托交通干线,发挥中心城市作用,以线串点,以点带面,不能全面开花。从工作讲,重点要突出基础设施建设、生态环境保护与建设和发展科技教育。实施西部大开发,不能沿用传统的发展模式,必须研究适应新形势的新思路、新方法、新机制。

积极稳妥地实施城镇化战略,既是经济结构战略性调整的一项重要任务,也是带动工业化发展的一个强大动力。我国的城镇化不能照搬别国的模式,必须从自己的国情出发,走有中国特色的城镇化道路。发展小城镇是推进我国城镇化的重要途径,重点是发展县城和部分基础条件好、发展潜力大的中心镇。同时积极发展中小城市,完善区域性中心城市功能,发挥大城市的辐射带动作用,提高各类城市的规划、建设和综合管理水平。当然从根本上说,城镇化水平是由经济水平决定的,我国不同地区的经济发展水平和市场发育程度差异很大,因此不同地区的城镇化途径、发展模式及城镇体系也一定不会相同,所以必须从当地的实际情况出发,因地制宜。

四、关于所有制结构的新构想

(一)探索国有企业改革发展的新路

以江泽民为核心的第三代领导集体始终坚持以公有制为主体的原则。早在党的十三届四中全会上,江泽民指出:"在发展多种经济成分的同时,我们要千方百计地搞好搞活大中型国有企业。这是我们社会主义经济的骨干和基础。"[②]在庆祝中华人民共和国成立40周年大会上,江泽民又强调:"在我国经济发展中,我们要继续坚持以公有制为主体、发展多种经济成分的方针,发挥个体经济、私营经济以及中外合资、合作企业和外资企业对社会主义经济的有益的、必要的补充作用。坚持

[①] 参见邓小平1988年9月12日听取关于价格和工资改革初步方案的汇报和1992年视察南方的讲话,《邓小平文选》第三卷,第277~278、374页。

[②] 《十三大以来重要文献选编》(中),人民出版社1991年版,第550页。

这个方针，是为了更好地发挥社会主义经济的优越性，促进我国经济的更快发展，绝不是要削弱或取消公有制经济的主体地位，更不是要实行经济'私有化'。"① 1991年9月，中共中央就如何进一步搞好国营大中型企业的问题召开工作会议，把搞好国营大中型企业作为"不仅是经济问题，而且是政治问题"②的一件大事，摆到突出位置，认真加以部署。

在党的"十四大"将社会主义市场经济体制确立为我国经济改革的目标模式以后，认识有了深化。党中央意识到："社会主义市场经济是一个完整的概念。简要地说，就是要把公有制的优越性与市场经济对资源的优化配置有效地结合起来，二者不能割裂，也不能偏废。"③在党的十四届五中全会上，江泽民明确指出："坚持公有制的主体地位，是社会主义的一条根本原则，也是我国社会主义市场经济的基本标志。"④从此第三代中央领导集体开始了将公有制与市场经济加以"对接"的探索。在探索中，中央全面正确地分析国有企业的现状，既充分看到国有企业的优势和改革取得的成效，坚定搞好国有企业的信心；又正视国有企业存在的困难和问题，清醒地认识国有企业改革的艰巨性和长期性，从而扎扎实实地、锲而不舍地下苦工夫解决这些困难和问题。经过深入的调查研究，中央认为国有企业发展的根本出路还在于深化改革，而国有企业改革的方向就是建立现代企业制度，并把现代企业制度的基本特征概括为"产权清晰、权责明确、政企分开、管理科学"，强调"这四句话是相互联系的统一整体，缺一不可，不能只强调某一方面而忽略其他方面，必须全面、准确地领会和贯彻。"⑤建立现代企业制度，其实质就是从市场经济的基本要求出发来改革公有制经济，改变公有制经济的实现形式，使公有制经济步入高效率的轨道。这就需要解决三个方面的问题：一是国有资产经营的竞争性问题；二是国有资产的流动性问题；三是国有资产的所有者对经营者的激励、约束和监督等问题。

1999年9月党的十五届四中全会又在积极探索国有资产管理的有效形式和现代企业制度的有效组织形式方面迈出了新的步伐。在国有资产管理方面，按照国家所有、分级管理、授权经营、分工监督的原则，建立国有资产管理、监督、营运体系和机制，建立与健全严格的责任制度。国务院代表国家统一行使国有资产所有权，中央和地方政府分级管理国有资产，授权大型企业、企业集团和控股公司经营国有资产，确保出资人到位；并允许和鼓励地方试点，探索建立国有资产管理的具

---

① 《十三大以来重要文献选编》（中），第621页。
② 《十三大以来重要文献选编》（下），人民出版社1993年版，第1639页。
③ 参见《人民日报》1993年8月9日。
④ 引自《人民日报》1995年10月9日。
⑤ 参见《人民日报》1995年7月13日。

体方式。在现代企业制度的组织形式方面,中央决定对国有大中型企业实行规范的公司制改革,明确股东会、董事会、监事会和经理层的职责,形成各负其责、协调运转、有效制衡的公司法人治理结构。"所有者对企业拥有最终控制权。董事会要维护出资人权益,对股东会负责。董事会对公司的发展目标和重大经营活动作出决策,聘任经营者,并对经营者的业绩进行考核和评价。发挥监事会对企业财务和董事、经营者行为的监督作用。国有独资和国有控股公司的党委负责人可以通过法定程序进入董事会、监事会,董事会和监事会都要有职工代表参加;董事会、监事会、经理层及工会中的党员负责人,可依照党章及有关规定进入党委会;党委书记和董事长可由一人担任,董事长、总经理原则上分设。"[1]中央还确认,股权多元化有利于形成规范的公司法人治理结构,主张除极少数必须由国家垄断经营的企业外,要积极发展多元投资主体的公司。至此,党中央已经用非常细致而又具体的规定来策划和规范国有企业的改革、经营与管理了。

(二) 开拓公有制新的实现形式

早在20世纪30年代,斯大林就把公有制归结为、而且仅仅归结为两种:一种是以国家代表全体人民行使所有权的全民所有制(或曰国家所有制),另一种是劳动集体所有制(简称为集体所有制)。在这种理论观点的指导下,几十年的实践一直将公有制的实现形式局限于国有经济和集体经济的范围内;这种实践又反过来"证明"了将公有制分为国有经济和集体经济两种这一理论观点的正确。循环论证给人们带来了似是而非的"满足感",从而长期死守着源于斯大林的僵化观念。

改革开放以来,不仅个体经济、私营经济和外资经济等非公有制经济得到了长足的发展,而且打破了各种所有制经济之间的界限:各种经济成分相互融资、相互参股持股,形成了新的混合所有制经济;各种经济成分彼此合作、相互联合,形成了新的经济联合体。当时就有学者指出,公有制经济已经出现了除国有经济和集体经济之外的新的实现形式。但是,党和政府的正式文件,以及学术界和大众媒体的主流观点,仍然固守着公有制只有国有经济和集体经济两种实现形式的传统教条。直到党的"十五大"才最终突破了这一传统教条,实现了"第三次思想解放"。"十五大"正式宣告:"要全面认识公有制经济的含义。公有制经济不仅包括国有经济和集体经济,还包括混合所有制经济中的国有成分和集体成分。"[2]例如,在我国与外商办的合资企业中,都不同程度地存在着国有或集体的股份,有很多企业还是由国家或集体控股,这些企业就带有明显的公有性质,不能把它们都看成是非公有经济。

---

[1] 《人民日报》1999年9月27日。
[2] 江泽民:《高举邓小平理论伟大旗帜,把建设有中国特色社会主义事业全面推向21世纪》,人民出版社1997年版,第23页。

所谓所有制的实现形式,是指生产资料的占有制在出资形式、财产组合、支配方式、治理结构等等社会经济活动的微观层次上的具体体现。在我国从计划经济向市场经济的转轨过渡这一大背景下,公有制的实现形式必然会发生很大的变化。在社会主义市场经济体制下,公有制可以有多种实现形式。判断一种公有制实现形式的优劣,主要是看它是否符合邓小平首倡的"三个有利于"的标准。依据这一标准,我们应当大胆探索,勇敢实践。正如江泽民所说:"公有制实现形式可以而且应当多样化。一切反映社会化生产规律的经营方式和组织形式都可以大胆地利用。要努力寻找能够极大促进生产力发展的公有制实现形式。"①之所以如此,是因为社会主义公有制的实现形式,不仅要同社会主义初级阶段这个基本国情的要求相适应,而且还要同市场经济这个基本经济运行体制的要求相适应。根据国内外的实践经验,股份制、股份合作制不仅可以成为公有制的实现形式,而且非常有可能成为比单一的国有经济和集体经济更为有效的公有制的实现形式,因为它既同社会主义初级阶段的生产力水平相适应,也符合市场经济运行的基本要求。所以,"股份制是现代企业的一种资本组织形式,有利于所有权和经营权的分离,有利于提高企业和资本的运作效率,资本主义可以用,社会主义也可以用。"②

近几年来,我们在实践中摸索出来的公有制实现形式主要有:混合所有制、劳动者组织的属于合作经济性质的所有制、股份合作制,等等。混合所有制是公有制的主要实现形式之一。它是由各种所有制经济相互交错,形成多种形式的新的经济实体,其中股份制企业是最普遍的形式,另外还有企业集团、协作中心、综合商社等。劳动者合作经济的所有制形式,是公有制的又一种有效实现形式。它是农村和城镇劳动者自愿联合起来,共同进行经营的合作经济组织。农村中的合作经济组织主要是专业户为解决共同存在的生产和流通问题,实行专业化协作而成立的合作组织。城镇中的合作经济是适应商品经济发展要求,为了使各种生产要素得到更佳结合,提高经济效益而组织的。股份合作制是公有制的又一实现形式。它是一种劳动联合与资本联合相结合的企业组织形式。

(三)完善多种经济成分共同发展的结构

改革开放以前,由于受"左"的错误思潮的影响,在所有制问题上以为越大越公越好,搞"一大二公"和"所有制升级",结果成了清一色的公有,且国有经济的范围过大,比重过高。1978年,在全国工业总产值中,国有经济占80.8%,集体经济占19.2%,非公有经济为0;在社会商品零售总额中,国有经济占90.5%,集体经济占9.4%,而个体经济仅仅占0.1%。可以说,那时是公有经济的"一统天下"。

---

① ②江泽民:《高举邓小平理论伟大旗帜,把建设有中国特色社会主义事业全面推向21世纪》,人民出版社1997年版,第23~24页。

第十四章 社会主义初级阶段的建设纲领

改革开放以来,在所有制问题上纠正"左"的错误、调整所有制结构,是从打破公有经济的"一统天下"开始的,或者说是从承认非公有经济的合法地位开始的。禁锢一旦打破,非公有经济就得到了迅速的发展。据统计,非公有经济同公有经济的比例,在 1978 年还是 0∶100,到 1991 年提高到 9∶91,1996 年又提高到 29∶71。随着这一比例的提高,非公有经济的合法地位和社会作用在人们的心目中也越来越得到增强。最初,非公有经济仅仅被视为社会主义经济的"补充",而非社会主义经济本身。也就是说,在社会主义公有制经济达不到的地方和挤不进去的"缝隙",非公有经济才可以起到"拾遗补缺"的作用。后来,人们进一步认识到,非公有经济这种补充作用是"必要"而且"有益"的。所谓"必要"即不能缺少,不是可有可无;所谓"有益"即权衡利弊,利远远大于弊。再后来,人们开始把非公有经济看成是社会主义市场经济的"重要组成部分",就是说,非公有经济不再是社会主义经济的"补充",而成了社会主义经济的"本身",尽管它不是社会主义经济的"主体"。这时,人们还继续着"以公有制为主体、多种经济成分并存发展"的提法。最后,人们又进了一步,认识到多种经济成分,包括公有经济和非公有经济,都应当在市场经济的大环境下开展竞争、共同发展。如果一种经济成分没有竞争力,人为地保护它的主体地位也是靠不住的;如果一种经济成分有竞争力,人为地限制它发展也是徒劳的。于是人们的提法又成了"多种经济成分竞争发展"。

在社会主义初级阶段,我国的非公有经济包括劳动者个体所有制经济、私营经济和国家资本主义经济。个体经济是生产资料归城乡个体劳动者所有、由他们进行独立生产和经营的一种所有制经济形式。私营经济,按照《中华人民共和国私营企业暂行条例》,"是指企业资产属于私人所有,雇工 8 人以上的盈利性的经济组织"。党的"十三大"则将私营经济界定为"存在雇佣劳动关系的经济成分"[①]。国家资本主义经济则包括引进外国资本创办的中外合资经营企业、中外合作经营企业和外商独资企业,简称"三资企业"。

---

① "沿着有中国特色的社会主义道路前进——在中国共产党第十三次全国代表大会上的报告",《新华月报》1987 年第 11 期。

第二节 社会主义初级阶段的政治建设纲领

一、建立社会主义民主政治

党的"十五大"在总结改革开放以来实践经验的基础上,正式提出了社会主义初级阶段的政治建设纲领,即:"建设有中国特色社会主义的政治,就是在中国共产党领导下,在人民当家作主的基础上,依法治国,发展社会主义民主政治。这就要坚持和完善工人阶级领导的、以工农联盟为基础的人民民主专政;坚持和完善人民代表大会制度和共产党领导的多党合作、政治协商制度以及民族区域自治制度;发展民主,健全法制,建设社会主义法治国家。实现社会安定,政府廉洁高效,全国各族人民团结和睦,生动活泼的政治局面。"①

政治的现代化,究其本质是通过改革创造高度民主与健全法制的社会主义政治制度。社会主义的民主制度,按其本质来说,比资本主义的民主要优越得多,是真实的、广泛的、人民当家作主的民主。但是,由于历史的原因和现实的条件等多种因素的制约,社会主义民主的优越性远没有体现出来,所以,我们一方面要集中精力搞好社会主义的经济现代化,把物质文明搞上去,为社会主义民主的充分发展打下坚实的物质基础;另一方面又要不断地进行政治体制改革,通过改革来"创造"更高更切实的民主。长期以来,我们党和国家的具体领导制度中,存在不少弊端,如官僚主义、权力过分集中、家长制、干部领导职务实际上的终身制和形形色色的特权等;另外,还有机构庞大、人浮于事、拖拉扯皮等。所有这些现象的存在都告诉我们,政治也面临现代化的任务,在建立了社会主义基本政治制度以后,具体的政治体制也要不断完善。这样,社会主义的民主政治才能得到充分的发展。

---

① "高举邓小平理论伟大旗帜,把建设有中国特色社会主义事业全面推向二十一世纪——在中国共产党第十五次全国代表大会上的报告",《求是》1997年第18期。

党的"十五大"指出:"社会主义民主的本质是人民当家作主。"[1]坚持社会主义民主,实行民主选举、民主决策、民主管理和民主监督,其积极功能是多方面的:有利于保证人民依法享有广泛的权利和自由,有利于调动广大群众的积极性,有利于决策的科学化,有利于帮助各级党政机关防止和克服官僚主义和不正之风,有利于巩固和发展安定团结、生动活泼的政治局面,有利于促进生产力发展和社会进步,有利于增强党和国家的活力,发挥社会主义制度的优势。当前我国推行市场取向的经济改革,这与推行民主化的政治改革,方向也是完全一致的。但是,我们在宣传和实施民主的时候,一定要把社会主义民主同资产阶级民主、个人主义民主区别开来,一定要把对人民的民主同对敌人的专政结合起来,把民主和法制、民主和纪律、民主和集中、民主和党的领导结合起来。

推进民主政治建设,作为政治现代化的内容和目标,反映了人民群众的愿望,代表了人民群众的利益。这些年来,以江泽民为核心的第三代领导集体,以民主政治建设为中心,推进政治体制改革和政治现代化,下大力气做了以下几件事:

(一) 推进机构改革,实行政企分开

对于政治体制改革的内容,邓小平曾经概括为三条:一是党政分开;二是权力下放;三是精简机构[2]。党政分开是为了解决党如何进行领导的问题,党委应该管大事,不要抓小事,如经济管理应该由政府去管,不能党委包办。权力下放是为了解决中央与地方的关系,中央管不了、管不好的事应该交给地方管,这对于一个大国尤其必要。精简机构是为了克服官僚主义,提高工作效率。长期以来我国领导和管理机构庞大,不仅职责不清,相互扯皮,办事缺乏效率,滋生官僚主义,而且开支巨大,浪费严重,增加纳税人的负担,对经济发展和政府与群众的关系都有不利影响。因此,精简机构,裁减冗员,实属势在必行。改革的目的是由"大政府,小社会"向"小政府,大社会"转化,由国家为主体向社会为主体转化,充分发挥社会自身的管理功能。

精简机构的症结,在于转换政府职能,实行政企分开,这是经济体制改革与政治体制改革的一个结合点。政企不分是与计划经济相适应的政治体制,在这种体制下,企业成为行政机关的附属物。实行市场取向改革,建立现代企业制度,有人认为,最大的难点在于政企分开。为了深化改革,一定要按照市场经济的要求,实行政企分开,转换政府职能,把生产经营管理的权力还给企业,并根据精简、统一、效能的原则进行机构改革,建立办事高效、运转协调、行为规范的行政管理体系,提

---

[1] 《高举邓小平理论伟大旗帜,把建设有中国特色社会主义事业全面推向二十一世纪——在中国共产党第十五次全国代表大会上的报告》,《求是》1997年第18期。

[2] 参见《邓小平文选》第三卷,第177页。

高为人民服务的水平。这一轮的机构精简方案,大体上是把综合经济部门改组为宏观调控部门,调整和减少专业经济部门,加强执法监督部门,培育和发展社会中介组织。这样做,符合"小政府,大社会"的要求,把本该由社会管的事还给社会来管,应当由市场办的事交给市场来办,政府的职能主要是调控、协调、监督和服务。本着这一精神,从1998年春开始,先中央、后地方,各级国家机关开始了转变职能、机构调整、人员分流、定编定岗的工作,历时3年,其规模之大,牵涉人员之多,实属古今中外之罕见,但在党中央的正确领导下,机构调整工作进行得相当顺利。

(二) 完善民主监督,坚决反对腐败

政府对企业、市场、社会要依法实行监督,另一方面,各级政府和干部也必须受到人民和法律的监督。因为各级干部都是人民的公仆,他们的权力都是人民赋予的。实施政治现代化和民主政治建设的内容,包括:完善民主监督,建立和健全依法行使权力的制约机制;各级人大对同级政府机构及其领导人员实行评议制度;监察、审计部门对所有拟调任、离任的领导干部进行例行的审计并报告结果;本着公平、公正、公开的原则,直接涉及群众切身利益的部门要实行公开办事制度;有些地方还试行公民直接旁听人大、政府相关会议的制度,密切政权机关与人民群众的联系;把党内监督、法律监督和群众监督结合起来,发挥舆论监督的作用。

实行和完善民主监督,重点之一是坚决反对腐败和种种不正之风。民意调查的结果一再表明,当前群众最不满意的就是某些干部的腐败行为。党的"十五大"再次强调:"反对腐败是关系党和国家生死存亡的严重政治斗争;如果腐败得不到有效惩治,党就会丧失人民群众的信任和支持。反对腐败要坚持标本兼治,教育是基础,法制是保证,监督是关键。监督,包括纪委、检察部门和监察部门的监督,也包括人民群众的民主监督。"[①]

(三) 维护安定团结,搞好社会治安

随着改革开放的深入和经济关系的调整,我们取得了不少成就,但经济和社会生活中的各种矛盾也出现了不少新情况和新变化,其中一些涉及群众切身利益的矛盾比较突出。我们必须认真对待,满腔热情地去解决人民群众生活和工作中的实际问题;对人民内部矛盾要深入调研,做好思想政治工作,并区别不同情况,采取各种手段,防止矛盾激化。在经济社会转轨期,有一些不确定因素,往往也是不稳定因素,处理这些问题,稳定大局,一定要慎重。不然的话,出现了不稳定,经济改革和政治改革都无法进行,最后还是国家和人民蒙受损失。搞好社会治安,是关系到人民群众生命财产安全和改革、发展、稳定的大事,也是政治体制改革应有的内容。这些年来,党和政府花大力气打击各种犯罪活动,先后进行了打击拐卖妇女儿

---

① 关于反腐败斗争,将在第十五章中进行更详尽的阐述。

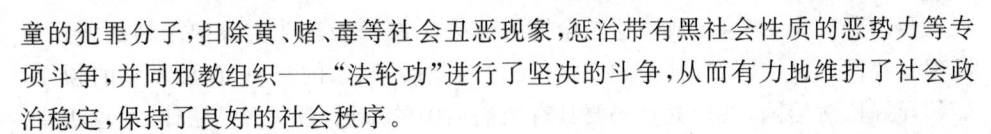

童的犯罪分子,扫除黄、赌、毒等社会丑恶现象,惩治带有黑社会性质的恶势力等专项斗争,并同邪教组织——"法轮功"进行了坚决的斗争,从而有力地维护了社会政治稳定,保持了良好的社会秩序。

二、建设社会主义法治国家

民主与法制从来就是不可分的。党的"十五大"指出:"依法治国,就是广大人民群众在党的领导下,依照宪法和法律规定,通过各种途径和形式管理国家事务,管理经济文化事业,管理社会事务,保证国家各项工作都依法进行,逐步实现社会主义民主的制度化、法律化,使这种制度和法律不因领导人的改变而改变。不因领导人看法和注意力的改变而改变。"①

改革开放以来,我国的法治建设取得了重大进展;但同整个现代化建设的要求,同建立比较完备的社会主义法制的要求,还有不小的距离,还需要进行长期不懈的努力。"经济在发展,社会在前进,新情况和新问题不断地出现,解决问题的新经验也会不断地产生。正因为如此,我们的法制建设也必然是一个不断地深化、加强、健全和完善的过程,不可能毕其功于一役。"②

依法治国,是党领导人民治理国家的基本方略,是社会文明进步的重要标志,是国家长治久安的重要保障。社会主义政治是民主政治,社会主义制度的本质决定了社会主义民主必须通过法律形式表现出来才能得以存在和发展。坚持和实行依法治国,就是要实现社会主义民主的制度化、法律化。

依法治国也与市场经济的发育、完善密切相关,"世界经济的实践证明,一个比较成熟的市场经济,必然要求并具有比较完备的法制。市场经济活动的运行,市场秩序的维系,国家对经济活动的宏观调控和管理,以及生产、交换、分配、消费等各个环节,都需要法律的引导和规范。在国际经济交往中,也需要按国际惯例和国与国之间约定的规则办事。这些都是市场的内在要求。我们要实现经济运行机制和经济增长方式的根本性转变,也必须按照市场的一般规则和我们的国情,健全和完善各种法制,全面建立起社会主义市场经济和集约型经济所必需的法律体系。"③

中国共产党是我国社会主义事业的领导核心,也是依法治国、建设社会主义法治国家的领导核心。在中国这样的大国,要把十几亿人口的思想和力量统一起来建设社会主义,没有一个由高度觉悟性、纪律性和自我牺牲精神的党员组成的能够真正代表和团结人民群众的党,没有这样一个党的统一领导,是不可能设想的,那

---

① "高举邓小平理论伟大旗帜,把建设有中国特色社会主义事业全面推向二十一世纪——在中国共产党第十五次全国代表大会上的报告",《求是》1997年第18期。

②③ "江泽民总书记在中共中央举办的法制讲座上的讲话",《人民日报》1996年2月9日。

就只会四分五裂,一事无成。这是全国各族人民在长期奋斗实践中深刻认识到的真理。我们人民的团结,社会的安定,民主的发展,国家的统一,都要靠党的领导。要领导好依法治国,共产党首先要具有依法治国的意识,带头服从法律,尊重法律,在宪法和法律的范围内活动。必须加强全党的法制观念,明确党主要是通过法律来治理国家,党领导人民制定和实施宪法和法律,从而实现对各项事业的领导。同时,应当树立依法执政意识,勤政、廉政,对人民负责;树立监督和受监督意识,领导人民监督政府,又接受人民对自己的监督;树立群众观念与公民意识,党是人民群众的服务者,必须像普通公民或者社会组织一样,遵守宪法和法律,不能有超越宪法和法律的特权。此外,党对依法治国的领导,关键在于加强干部队伍、特别是高素质的专门从事民主法制建设的干部队伍和专业人才队伍的建设,为社会主义民主法制建设提供可靠的组织保障。

要真正做到依法治国,就必须:

第一,做好立法工作。江泽民指出:"加强立法工作,特别是抓紧制订与完善保障改革开放、加强宏观经济管理、规范微观经济行为的法律和法规,这是建立社会主义市场经济的迫切要求。""有了新情况、新问题、新经验,经过研究和总结,就要适时地制定新的有关法律和法规。这样才能避免新问题出来了而仍然陷于用老的办法去处理问题的很不规范也很难从容行事的被动局面。"①除了制定各种基本的法律和法规以外,还必须在积累实践经验的基础上,搞出实施各种基本法律和法规所需要的具体条例来,没有这种条例,基本法律和法规的贯彻落实就会遇到许多的困难。

第二,依法行政,独立司法。法律的实施在我国实际上分为两个系统、两个渠道进行,一个是行政执法系统,一个是司法系统。党的"十五大"清晰地提出"执法"和"司法"两个并列的概念。这里讲的"执法"主要是指行政执法,即行政机关积极主动地实施法律,"一切政府机关都必须依法行政,切实保障公民权利,实行执法责任制和评议考核制",从而把依法行政与人权紧密结合起来;这里讲的"司法"主要是指法院和检察院系统,"推进司法改革,从制度上保证司法机关依法独立公正地行使审判权和检察权,建立冤案、错案责任追究制度"②,从而把司法独立与司法公正紧密结合起来。中央要求,"严格执行宪法和法律,加强执法监督,坚决纠正以言代法,以罚代刑等现象"。要"强化法律监督机关和行政监察机关的职能,重视传播媒介的舆论监督,逐步完善监督机制,使各级国家机关及其工作人员置于有效的监

---

① "江泽民总书记在中共中央举办的法制讲座上的讲话",《人民日报》1996年2月9日。
② 参见"高举邓小平理论伟大旗帜,把建设有中国特色社会主义事业全面推向二十一世纪——在中国共产党第十五次全国代表大会上的报告",《求是》1997年第18期。

督之下。"

第三,提高全民法律意识。江泽民指出,加强社会主义法制建设,坚持依法治国,一个重要任务是要不断提高广大干部、群众的法律意识和法制观念。"搞好法制教育,增强全体公民的法律意识和法制观念,是社会主义法制建设的基础工程,也是加强社会主义精神文明建设的重要内容。"①思想是行动的先导。公民自觉守法,依法维护国家利益和自身权益是依法治国的重要基础,广大干部和群众的法律水平的高低,直接影响着依法治国的进程。实践证明,如果人们的法律意识和法制观念淡薄,思想政治素质低,再好的法律和制度也会因为得不到遵守而不起作用,甚至会形同虚设。因此,加强社会主义法制建设必须同时从两个方面着手,既要加强立法工作,不断地健全和完善法制,又要加强普法教育,不断地提高干部和群众遵守法律、依法办事的素质和自觉性。二者缺一不可,任何时候都不可偏废。

第三节 社会主义初级阶段的文化建设纲领

一、高举邓小平理论的旗帜

党的"十五大"在总结改革开放以来实践经验的基础上,正式提出了社会主义初级阶段的文化建设纲领,即:"建设有中国特色社会主义的文化,就是以马克思主义为指导,以培育有理想、有道德、有文化、有纪律的公民为目标,发展面向现代化、面向世界、面向未来的,民族的科学的大众的社会主义文化。这就要坚持用邓小平理论武装全党,教育人民;努力提高全民族的思想道德素质和教育科学文化水平;坚持为人民服务、为社会主义服务的方向和百花齐放、百家争鸣的方针,重在建设,繁荣学术和文艺。建设立足中国现实、继承历史文化优秀传统、吸取外国文化有益成果的社会主义精神文明。"②

早在1989年庆祝中华人民共和国成立40周年的大会上,江泽民就指出:"邓小平同志关于建设有中国特色社会主义的理论,是经过十年实践检验而为亿万人

---

① "江泽民总书记在中共中央举办的法制讲座上的讲话",《人民日报》1996年2月9日。
② 《中国共产党第十五次全国代表大会文件汇编》,人民出版社1997年版,第19~20页。

民所认识和接受的科学理论,是指引我们继续前进的旗帜。"①这是我们党第一次明确指出邓小平建设有中国特色社会主义理论是指导我们前进的旗帜。

1990年12月,党的十三届七中全会通过《中共中央关于制定国民经济和社会发展十年规划和八五计划的建议》,概括了建设有中国特色社会主义的十二条原则。江泽民在高度评价这十二条原则的基础上指出:"建设有中国特色的社会主义是一篇大文章,邓小平同志已经为它确立了基本思路和基本原则。这是在新的历史条件下对马列主义、毛泽东思想的重大发展。"②这是我们党第一次对邓小平理论是在新的历史条件下对马列主义、毛泽东思想的重大发展的崇高评价。

1992年初邓小平视察南方的重要讲话发表以后,极大地推动了全国范围的第二次思想解放。同年9月3日,中央政治局会议通过了《中共中央关于加强党的建设,提高党在改革和建设中的战斗力的意见》,明确提出了"用建设有中国特色社会主义理论武装全党"的要求。

1992年10月,江泽民在党的十四大报告中,对建设有中国特色社会主义理论产生的时代背景、实践基础、理论来源以及作为"总设计师"的邓小平的历史贡献都作了中肯的分析:"建设有中国特色社会主义的理论,是在和平与发展成为时代主题的历史条件下,在我国改革开放和社会主义现代化建设的实践过程中,在总结我国社会主义胜利和挫折的历史经验并借鉴其他国家社会主义兴衰成败历史经验的基础上,逐步形成和发展起来的。它是马克思列宁主义基本原理与当代中国实际和时代特征相结合的产物,是毛泽东思想的继承和发展,是全党全国人民集体智慧的结晶,是中国共产党和中国人民最可珍贵的精神财富。邓小平同志是我国社会主义改革开放和现代化建设的总设计师。他尊重实践,尊重群众,时刻关注最广大人民的利益和愿望,善于概括群众的经验和创造,敏锐地把握时代的脉搏和契机,既继承前人又突破陈规,表现出了开辟社会主义建设新道路的巨大政治勇气和开拓马克思主义新境界的巨大理论勇气,对建设有中国特色社会主义理论的创立做出了历史性的重大贡献。"③这是第一次在党的全国代表大会上将邓小平理论确立为党的指导性理论思想。

为了更好地用邓小平建设有中国特色社会主义理论武装全党,党中央决定编辑出版《邓小平文选》第三卷。1993年11月2日,《邓小平文选》第三卷出版发行。为此,江泽民又明确提出了邓小平理论的旗帜问题:"中国共产党成立之初,就郑重

---

① 《十三大以来重要文献选编》(中),人民出版社1991年版,第617页。
② 《十三大以来重要文献选编》(中),第1430页。
③ "加快改革开放和现代化建设步伐,夺取有中国特色社会主义事业的更大胜利——在中国共产党第十四次全国代表大会上的报告",《人民日报》1992年10月21日。

地把马克思列宁主义写在自己的旗帜上。经过延安整风和党的七大,又郑重地把马克思列宁主义与中国革命的实践之统一的思想——毛泽东思想写到自己的旗帜上。从十一届三中全会开始,经过十二大、十三大到十四大,我们党又郑重地把邓小平建设有中国特色社会主义的理论写到了自己的旗帜上。这是我们党付出了巨大代价获得的极为珍贵的精神财富,是我们党和人民进行新的历史创造的科学总结,是我们发展社会主义事业的伟大旗帜,是我们民族振兴和发展的强大精神支柱。"[1]

1997年2月,邓小平逝世。江泽民在追悼大会上致悼词,第一次提出了中国共产党领导的两次伟大历史性的飞跃,一次是毛泽东领导的把半殖民地半封建的旧中国变成社会主义新中国的伟大革命,一次是邓小平在十一届三中全会以后领导的把中国由不发达的社会主义国家变成富强、民主、文明的社会主义现代化国家。两次飞跃,形成了两大理论成果——毛泽东思想和建设有中国特色社会主义理论,造就了两位伟大的人物——毛泽东和邓小平。在这里,党中央第一次把邓小平和毛泽东并列,把建设有中国特色社会主义理论和毛泽东思想并列,说明以江泽民为核心的第三代领导集体对邓小平及其理论的科学内涵、历史地位、指导意义已经有了自己深刻的认识和把握。

为了回答国内外对邓小平之后的中国将向何处去的关注,1997年5月29日江泽民在中共中央党校省部级干部进修班毕业典礼上发表重要讲话,表明了第三代领导集体高举邓小平建设有中国特色社会主义理论伟大旗帜的决心,强调指出:"旗帜问题至关紧要。旗帜就是方向,旗帜就是形象。"[2]这次讲话为党的"十五大"公开、正式提出"邓小平理论"作了直接的思想和理论准备。

1997年9月,在党的"十五大"上,江泽民以"高举邓小平理论伟大旗帜,把建设有中国特色社会主义事业全面推向21世纪"为题作报告,第一次公开提出了"邓小平理论"的科学概念[3],指出:"建设有中国特色社会主义理论,它的主要创立者是邓小平,我们党把它称为邓小平理论。"讲话强调,邓小平理论是"指导中国人民在改革开放中胜利实现社会主义现代化的正确理论。在当代中国,只有把马克思主义同当代中国实践和时代特征结合起来的邓小平理论,而没有别的理论能够解

---

[1] 《十四大以来重要文献选编》(上),人民出版社1996年版,第445~446页。
[2] 转引自《人民日报》1997年5月30日。
[3] 其实,早在90年代初,许多省(自治区、直辖市)就已成立名为"邓小平理论研究会"的学术团体,至于在非正式的文字和讲话中,就更常见到"邓小平理论"的提法了。不过在党和政府的正式文件和文献中,直到党的"十五大"才有"邓小平理论"的提法。

决社会主义的前途和命运问题。"①"十五大"修改的党章把邓小平理论确立为党的指导思想,明确规定:"中国共产党以马克思列宁主义、毛泽东思想、邓小平理论作为自己的行动指南。"②

二、认真学习和坚决贯彻邓小平理论

在全党确立邓小平理论为自己的指导思想和行动指南、兴起一个学习邓小平理论的新高潮之后,学风问题,即究竟是从本本出发,还是用马克思主义的立场、观点、方法来研究和解决当代中国的现实问题,就成了十分重要、亟待解决的首要问题。

毛泽东早在延安时期就指出:"所谓学风,不但是学校的学风,而且是全党的学风。学风问题是领导机关、全体干部、全体党员的思想方法问题,是我们对待马克思列宁主义的态度问题,是全党同志的工作态度问题。"③我们之所以重视马克思主义的理论指导,就是因为马克思主义理论具有科学性。而马克思主义理论的科学性则是来源于实践。因此学风问题的关键是如何正确处理理论和实践的关系问题。坚持马克思主义的学风,就是要坚持理论联系实际,做到理论与实践相结合。结合的问题如果处理不好,就必然导致理论的僵化和空洞,导致政策的偏差和实践的失误。而且实践是动态发展的,从实践中产生的理论也要随实践的发展而发展变化,因此理论和实践的结合绝不可能是一次性的、一劳永逸的。理论在指导实践的同时,还要老老实实地接受实践的检验,所有的路线、方针、政策和决议也要老老实实地接受实践的检验。经实践检验是正确的,我们就必须坚持;经实践检验是不完善的甚至是错误的,我们就必须改正或纠正。

以江泽民为首的第三代领导集体,一直把在社会主义现代化建设中坚持和发展邓小平理论作为学风建设的中心课题。

1993年11月2日,在学习《邓小平文选》第三卷报告会上,江泽民指出:邓小平反复强调的"解放思想、实事求是",是贯穿于建设有中国特色社会主义理论全部观点的精髓。十一届三中全会以来,我们的改革开放和社会主义现代化建设是全新的事业,我们的前人没有做过,其他国家也没有干过。在开创全新事业的过程中,我们只能以马克思主义的基本原理为指导,一切从国情出发,在实践中学习,在实践中探索,在实践中提高。他强调:"学习中要总结经验,紧密联系本地区、本部

---

① "高举邓小平理论伟大旗帜,把建设有中国特色社会主义事业全面推向二十一世纪——在中国共产党第十五次全国代表大会上的报告",《求是》1997年第18期。
② "中国共产党党程",转引自《求是》1997年第18期。
③ 《毛泽东选集》第三卷,人民出版社1991年版,第813页。

门、本单位的实际,紧密联系自己的工作实际和思想实际。我们要通过学习,进一步统一思想,大大增强坚持党的基本理论和基本路线的自觉性、坚定性和创造性。如果我们党有一大批同志,系统地而不是零碎地、实际地而不是空洞地掌握了建设有中国特色社会主义理论,并且能够运用这一理论去研究和解决重大问题,我们党领导改革开放和社会主义现代化建设的能力和水平就会大大提高。"①

1993年12月26日,在毛泽东诞辰100周年纪念大会上,江泽民强调:邓小平和毛泽东一样,从来都反对离开中国社会、中国革命和建设的实际去研究马克思主义。中国这样的一个发展中的大国,有许多不同于其他国家的国情和发展特点,在实现社会主义现代化的过程中,不能禁锢于教条,也不能照搬别人的模式,必须坚持从本国实际出发,走出一条有中国特色的社会主义建设道路。有了这条道路,谁也动摇不了我们实现自己伟大理想的坚强信念。有了这条道路,我们在社会主义建设问题上就同一切"左"的和右的错误倾向从理论上和实践上彻底划清了界限。②

1994年3月7日,在同出席全国党校工作会议的同志座谈时,江泽民指出:"理论联系实际,是我们党的一个好传统,一个好作风、好学风,一个特有的优势。坚持理论联系实际,是我们加强和改进理论学习必须解决好的一个重大问题,也是我们做好工作的一条重要方针。""我们要处理好改革、发展和稳定的关系,推动社会主义现代化建设取得新的突破,就要下苦工夫在理论联系实际上有一个大的进步。当前,在我们干部中,存在着学习理论不够的问题,也存在着脱离实际的问题,理论与实际的结合还解决得不那么好。要正视这个问题。""要提高各级党组织和广大党员干部的理论水平,需要一个艰苦学习的过程。你能用这个理论解决前进中的问题,才说明真正把理论学到手了。无'的'放'矢'不行,有'的'无'矢'也不行。要坚持用理论指导实践。这是我们学习理论的根本目的。……现在,我们的改革和建设都面临许多重大问题,亟须在党的基本理论和基本路线指导下,通过深入的调查研究,找到正确的答案。比如搞好国有大中型企业问题,加强农业基础地位问题,确保社会主义公有制的主体地位问题,缩小东西部地区经济发展差距问题,解决社会分配不公问题,加强各民族大团结问题,加强和改善党的领导问题,在国际竞争中立于不败之地的问题,等等。总之,国内国际的各个方面,需要我们研究的大问题很多。……大家都要在这方面做出努力。"③从一定意义上说,以江泽民为核心的第三代中央领导集体带领全党和全国人民在社会主义现代化建设事业

---

① 参见《人民日报》1993年11月4日。
② 参见《人民日报》1993年12月27日。
③ 江泽民:"学习学习再学习",《求是》1994年第13期。

中所取得的成绩,就是自觉学习和运用邓小平理论,研究和解决所面临的一系列重大问题,并通过实践加以检验和发展的结果。

三、努力培育"四有"干部和"四有"公民

"有中国特色社会主义的文化,就其主要内容来说,同改革开放以来我们倡导的社会主义精神文明是一致的。文化相对于经济、政治而言,精神文明相对于物质文明而言。只有经济、政治、文化协调发展,只有两个文明都搞好,才是有中国特色的社会主义。"[①]自改革开放以来,我们党在重视物质文明建设的同时,一直重视精神文明建设。

精神文明建设包括思想道德建设和科学文化建设,其目的是培养有理想、有道德、有文化、有纪律的"四有"干部和"四有"公民。

"有理想"是我们从事伟大事业包括中国社会主义现代化事业的基石,过去革命取得胜利,是依靠理想和信念去团结人民;现在和今后争取建设的胜利,同样要依靠理想和信念去团结人民。崇高的理想使人士气高昂,具有高度的社会责任感;使人信心百倍,不折不挠,勇往直前;使人为了事业锲而不舍,公而忘私,勇于奉献。而且有了理想才会"有纪律"。理想是纪律的思想基础,纪律是理想的组织保证。由于纪律建立在理想的基础上,这样的纪律就是自觉的纪律,是一种自律和自我约束。没有理想和纪律,就会像旧中国那样一盘散沙,革命不会胜利,建设也不会成功。共同理想和铁的纪律,"无论过去、现在和将来,这都是我们的真正优势"。[②]

"有道德"也蕴含丰富的内容和具体的要求。社会主义道德建设要以为人民服务为核心,以集体主义为原则,以爱祖国、爱人民、爱劳动、爱科学、爱社会主义为基本要求,在全社会形成团结互助、平等友爱、共同前进的人际关系。中华民族有优秀的传统道德,它们在新时期也得到了较好的发扬与光大;但是近十多年来,国民的道德素质确也存在不少问题。针对这些问题,党的十四届六中全会提出要大力倡导文明礼貌、助人为乐、爱护公物、保护环境、遵纪守法的社会公德,大力倡导爱岗敬业、诚实守信、办事公道、服务群众、奉献社会的职业道德,大力倡导尊老爱幼、男女平等、夫妻和睦、勤俭持家、邻里团结的家庭美德。[③] 这对于我国的精神文明建设和整个中华民族的道德水平提高是大有益处的。在 21 世纪第一个全国宣传部长会议上,江泽民又提出了"以德治国"的思想,强调把依法治国和以德治国结合

[①] "高举邓小平理论伟大旗帜,把建设有中国特色社会主义事业全面推向二十一世纪——在中国共产党第十五次全国代表大会上的报告",《求是》1997 年第 18 期。

[②] 《邓小平文选》第三卷,第 144 页。

[③] 参见《人民日报》1996 年 10 月 4 日。

起来。

"有文化"则涉及到精神文明建设的另一翼,即科学文化建设。要积极发展文学艺术、新闻出版、哲学社会科学等文化事业,满足人民群众日益增长的精神文化需要。文学艺术要坚持为人民服务、为社会主义服务的"二为"方针,弘扬主旋律,提倡多样化。新闻出版工作要牢牢把握正确的舆论导向,多出好作品,不断满足人民群众多层次、多方面的需要。哲学社会科学要坚持以马列主义、毛泽东思想、邓小平理论为指导,坚持理论联系实际,为党和政府决策服务,为两个文明建设服务。宣传和普及科学技术知识,通过各种宣传媒介和舆论工具、设施场所,以群众喜闻乐见的形式,在广大人民群众中大力普及科学技术知识、科学思想和科学方法,进行辩证唯物主义和历史唯物主义的教育,用科学战胜迷信、愚昧和贫穷落后,把人民的生产、生活导入文明、科学的轨道。

四、全面加强社会主义精神文明建设

以江泽民为核心的党中央,接过老一辈革命家交下来的"接力棒",把社会主义精神文明建设放到了更加突出的地位:

——明确奋斗目标。到2010年,我国精神文明建设的主要奋斗目标是:在全民族牢固树立建设有中国特色社会主义的共同理想,牢固树立坚持党的"一个中心、两个基本点"的基本路线不动摇的坚定信念;实现以思想道德修养、科学教育水平、民主法制观念为主要内容的公民素质的显著提高;实现以积极健康、丰富多彩、服务人民为主要要求的文化生活质量的显著提高;实现以社会风气、公共秩序、生活环境为主要标志的城乡文明程度的显著提高;在全国范围内形成物质文明建设和精神文明建设协调发展的良好局面。

——纳入发展规划,确保物质投入。精神文明建设和物质文明建设一样,都是我国社会主义现代化建设的奋斗目标。社会主义现代化建设的各项事业,是互相协调和全面发展的事业。经全国人大八届四次会议批准的"九五"计划和2010年远景目标《纲要》明确指出:社会主义精神文明建设,不单是思想文教部门的任务,而且是经济战线和一切部门的长期共同任务。要制定精神文明建设的规划,纳入经济和社会发展总体规划,并且建立必要的物质保障,逐年增加投入。随后召开的党的十四届六中全会的《决议》,全面落实了这一《纲要》,具体部署中央和地方财政对宣传文化事业的投入,要随着经济的发展逐年增加,增加幅度不低于财政收入的增长幅度。

——确定"一个根本指针,四个方面工作"。1994年1月24日,江泽民在全国宣传思想工作会议上为宣传思想战线制定了正确的指导方针,并全面部署了工作。他强调,宣传思想战线必须牢牢把握建设有中国特色社会主义理论这一根本指针,要"以科学的理论武装人,以正确的舆论引导人,以高尚的精神塑造人,以优秀的作品鼓舞人,不断培养和造就一代又一代有理想、有道德、有文化、有纪律的社会主义新人。"[1]这就为在建立社会主义市场经济新体制过程中加强宣传思想工作奠定了指导思想和总体布局。

——明确道德建设的"一个核心"、"三项原则"和"三大内容"。社会主义道德建设的核心是"全心全意为人民服务";道德建设要坚持集体主义原则、爱国主义原则和社会主义原则三者的统一;道德建设的内容则主要是社会公德、家庭美德、职业道德三项。

---

[1] 转引自《人民日报》1994年1月25日。

第十五章

以"三个代表"思想为指针,加强执政党建设

第一节 探索新时期执政党建设的新思路

一、新的历史条件下执政党建设的新问题

在改革开放的新的历史条件下,执政的中国共产党遇到了一些新问题。

在对待科学理论方面,存在着学风不正的问题。邓小平理论是毛泽东思想的继承和发展,是把马克思主义与当代中国实践和时代特征结合起来的、唯一能够指导中国人民在改革开放中胜利实现社会主义现代化的正确理论。正是在对待邓小平理论这样一个党的指导思想、当代的马克思主义的科学理论的问题上,在党内一些同志身上存在着非科学的态度和非马克思主义的学风。具体表现在:有的党员和党的干部缺乏学习理论的兴趣和热情,认为学不学无所谓,强调没时间学,却成天忙于不必要的应酬。有的学习不刻苦,不钻研,浅尝辄止,满足于一知半解,不掌握理论的科学体系和精神实质。有的理论与实际脱离,照本宣科,不去用或者不会用理论武器解决面临的实际问题。有的断章取义,各取所需,甚至把自己的不正确理解也说成是邓小平理论的原意和中央精神。有的摆样子,做表面文章,搞形式主义,甚至言行不一,说一套做一套。诸如此类的现象,虽然表现在一部分党员和党的干部身上,但害己害人,误党误国,危害极大。因此,很有必要大声疾呼,坚决反对不良学风。

在党和群众的关系方面,党内产生了较为严重的脱离群众甚至腐败的现象。有不少党的干部不能虚心听取群众意见,不关心群众疾苦,习惯于用官僚主义、形式主义和强迫命令的工作方法,违背了党的全心全意为人民服务的宗旨,破坏了党和群众之间的鱼水关系。也正因为严重地脱离群众,一些党员干部私欲膨胀,在金钱、美色、权力面前为所欲为;在享乐主义、利己主义、拜金主义的泥坑中越陷越深而无法自拔;甚至发展到肆无忌惮地以权谋私、行贿受贿、买官卖官、贪赃枉法。这些反过来又进一步恶化了党群关系。

特别是党内腐败现象由少变到多,由基层升到高层,由小规模演变到大规模,已经发展到相当严重的程度,在某些地方、某些领域、某些单位,可以说是腐败泛滥成风。这是我们党在领导改革开放和现代化建设的新的历史时期所碰到的又一种新情况、新问题,它比原来出现过的官僚主义、命令主义等现象有着更大的危害性。正如江泽民所说:"党风是关系到党的生死存亡的问题,如果听任腐败现象发展下去,党就会走向自我毁灭。"①

在党的基层组织和各级领导班子的建设方面,则存在着不同程度的软弱涣散状态。有的领导班子"纠缠小是小非,闹不团结;徒尚空谈,不务实事;弄虚作假,言行不一;软弱涣散,不讲原则"。"有一部分领导班子缺少正常的相互监督和帮助,成员之间很少有坦诚的思想交流,该提醒的不提醒,该批评的不批评,该制止的不制止"。更为严重的是,有些党的基层组织不严格遵守党的纪律,不能与党中央保持高度的一致。江泽民说:"现在有一种情况,中央和国务院在民主基础上形成的正确决策,在有的地方、单位却得不到贯彻落实。有些事情,上面三令五申,有的人却仍然我行我素,继续搞'上有政策下有对策'。"他们"往往只是从局部的、眼前的、小团体的利益出发,来决定自己对待中央和上级决策的态度,合意的执行,不合意的就不执行。"②

所有这些现象说明,在执政的共产党内确实存在"思想不纯、组织不纯、作风不纯"的问题。虽然我们党的主流是好的,但是,如果听任上述现象蔓延扩散,就会严重损害党的肌体,因此有必要探索新的历史条件下如何加强党自身的建设问题。

二、新的历史条件下执政党建设的指导方针

江泽民曾指出,当代中国最重要的历史真理有三条:只有社会主义才能救中国和发展中国;只有改革开放才能建设有中国特色的社会主义;只有走有中国特色的社会主义道路才能独立自主地建设富强、民主、文明的社会主义现代化国家。为了

---

① 《十三大以来重要文献选编》(下),人民出版社 1993 年版,第 1654～1655 页。
② 《十四大以来重要文献选编》(中),人民出版社 1997 年版,第 1692 页。

第十五章 以"三个代表"思想为指针,加强执政党建设

有效地推进有中国特色社会主义的伟大事业,就必须加强和改善党的领导,进一步把党建设好。

中国共产党是全国各族人民的领导核心,党的领导地位是经过长期斗争考验形成的。这是我们党的政治优势。但优势的确立是一个动态的过程,不可能一劳永逸,不可能停留在某种一成不变的水平上。事实上,党作为政治斗争的工具,在不同的历史时期都会面临许多考验与挑战。不仅要继续经受执政的考验,而且面临着改革开放和发展市场经济的考验,面临着反对和平演变的考验。

江泽民正确地指出:"现在历史条件变了,社会环境变了,党肩负的任务变了,因此党的建设和党的领导的方式、方法,也必须相应地加以改变或改进。过去党的建设的成功经验,应结合新的实际继续运用和发展,但光靠老经验老办法是不够的,必须有新的创造。这就要求我们根据邓小平同志建设有中国特色社会主义的思想,从理论和实践上加以努力。在理论上要结合新的历史条件大胆探索,力求在党的建设理论上有新的建树;在实践上同样要鼓励各级党组织和广大党员大胆探索,努力在思想、作风、组织建设上寻找和创造新的办法,积累新的经验。"①

1994年9月,中共十四届四中全会通过了《中共中央关于加强党的建设几个重大问题的决定》。《决定》全面地总结了改革开放以来我们在党的建设方面所取得的巨大成绩及经验教训,结合党的基本路线和我国现代化建设的跨世纪战略宏图等重大问题,并针对党的实际状况以及党建面临的形势、任务,运用邓小平的党建理论对新时期党的建设的总目标,第一次作出了比较系统的概括:"在当代世界风云变幻的条件下,在当代中国改革开放和现代化建设的伟大变革中,把党建设成为用建设有中国特色社会主义理论武装起来、全心全意为人民服务、思想上政治上组织上完全巩固、能够经受住各种风险、始终走在时代前列的马克思主义政党,这是以邓小平同志为核心的第二代中央领导集体开创的、以江泽民同志为核心的第三代中央领导集体正在领导全党继续进行的新的伟大工程。"②

1997年召开的党的"十五大",对上述提法作了一些变动,把"用建设有中国特色社会主义理论武装起来"改变为"用邓小平理论武装起来",在"始终走在时代前列"之后增加了"领导全国人民建设有中国特色社会主义"这样一个定语,完整地说就是:"把党建设成为用邓小平理论武装起来、全心全意为人民服务、思想上政治上组织上完全巩固、能够经受住各种风险、始终走在时代前列、领导全国人民建设有

---

① 《十三大以来重要文献选编》(下),人民出版社1993年版,第2083页。
② 《十一届三中全会以来党的历次全国代表大会中央全会重要文件选编》(下),中央文献出版社1997年版,第307页。

中国特色社会主义的马克思主义政党。"①

以江泽民为核心的第三代领导集体所制定的新时期党的建设的总目标,体现了我们党在加强自身建设上的新创造。这一总目标将坚持和改善党的领导、加强党的建设问题作为邓小平理论的重要组成部分,作为建设有中国特色社会主义理论的重要内容,作为推进有中国特色社会主义伟大事业的关键。江泽民曾多次重申:"加强和改善党的领导,始终是建设有中国特色社会主义的一个关键问题","要全面推进有中国特色的社会主义事业,关键是把党搞好"。

在中国,要团结凝聚10多亿人民,通过改革进一步解放和发展社会生产力,集中力量把经济搞上去,实现社会主义现代化建设的宏伟目标,关键在党;要深化改革,成功地创建人类历史上没有先例的社会主义市场经济体制,关键在党;要坚持"两手抓",搞好两个文明建设,关键在党;要保证社会政治稳定,实现国家长治久安,关键也在党。党的领导、党的建设是经济建设和改革开放取得成功的根本保证,越是改革开放、发展经济,越是要加强党的领导,抓好党的建设。

新时期党的建设的总目标充分体现了党在新时期所肩负的新的历史使命。江泽民指出,中国共产党有一条宝贵的经验,就是每当革命和建设处在重大历史关头时,总要结合不断发展的实际加强党员、干部的理论学习。现在建设有中国特色社会主义事业正处在重大历史关头,全党同志尤其是领导干部,务必站在面向世界、实现中国跨世纪发展大局的高度,以强烈的历史责任感和使命感,增强学习邓小平理论的自觉性。只有用正确的理论武装全党,才能完成历史所赋予的光荣使命。

新时期党的建设的总目标强调了共产党同人民的紧密联系以及全心全意为人民服务的宗旨。正如江泽民所指出的,我们党有许多优势,其中最根本的一条就是同人民保持着血肉的联系,在人民中生长、成熟和发展,始终为人民群众的利益而奋斗。这也正是我们党充满生机和活力的源泉所在。同过去相比,现在虽然历史条件变了,社会环境变了,党肩负的任务变了,但党的根本宗旨和优良作风决不能变。

新时期党的建设的总目标还强调了共产党必须经受各种新的考验与风险,不断增强领导和执政水平以及拒腐防变的能力。国际形势处在激烈的变动之中,国内的利益格局和利害关系也处在迅速的变动之中,只有提高执政党的领导艺术和执政能力,时刻与腐败作斗争,才能统观全局,因势利导,做到"任凭风浪起,稳坐钓鱼船"②。

---

① 江泽民:《高举邓小平理论伟大旗帜,把建设有中国特色社会主义事业全面推向21世纪》,人民出版社1997年版,第51页。

② 参见《毛泽东选集》第五卷,人民出版社1977年版,第327页。

三、新的历史条件下执政党建设的新思路

1. 要加强新时期执政党的建设,就必须从实际出发,继续丰富和创造性地发展邓小平理论,坚持"学习、学习、再学习",用邓小平理论武装全党。以江泽民为核心的第三代领导集体在坚持和完善邓小平理论方面作出了不懈的努力。首先是明确提出邓小平理论是中国共产党人的指导思想,是指引我们继续前进的伟大旗帜,要高举旗帜永不动摇。同时,利用一切场合、手段和多种形式宣传邓小平理论,号召全党倍加珍惜这一宝贵精神财富,在三个方面下工夫,即:学习理论,武装头脑,要努力在掌握理论的科学体系上下功夫;在掌握基本原理及精神实质上下工夫;在掌握立场、观点、方法并用以指导实践上下工夫。更为重要的是不断探索,不断开拓,总结新经验,形成新认识,得出理论上的新概括,从而充实和发展了邓小平理论。

2. 要加强新时期执政党的建设,就必须实行"党要管党"和从严治党的基本原则。"邓小平同志讲,党要管党,一管党员,二管干部。对执政党来说,党要管党,最关键的是干部问题。"针对如何管、怎样管的问题,江泽民指出:"各级党委要坚持'党要管党'的原则,把从严治党的方针贯彻到党的建设的各项工作中去,坚决改变党内存在的纪律松弛和软弱涣散的现象。这就要严格按党章办事,按党的制度和规定办事;就要对党员特别是领导干部严格要求,严格管理,严格监督;就要在党内生活中讲党性,讲原则,开展积极的思想斗争,弘扬正气,反对歪风;就要严格按照党章规定的标准发展党员,严肃处置不合格党员;就要严格执行党的纪律,坚持在纪律面前人人平等。"[①]

在从严治党问题上,江泽民提出"严重的问题在于教育干部",强调对领导干部一定要实行"三严",即严格要求、严格管理、严格监督;领导干部必须做到"四自":自重、自省、自警、自励。他严肃地指出,干部队伍的素质如何,关系到中国现代化建设的成败,关系到党和国家的盛衰兴亡,关系到社会主义在中国的命运。

从严治党就必须坚持不懈地同党内的腐败现象作斗争。党风不正,腐败不除,对于党的团结、统一、纪律、声誉和战斗力,都是一个致命伤。只要执政党自己不腐败,自己不蜕变,谁也演变不了我们。开展反腐败斗争是一个系统工程,要将教育、法制和监督三者结合起来。

3. 要加强新时期执政党的建设,就必须把"一定要讲政治"作为对党员和领导干部提出的首要的基本要求。早在1991年9月,江泽民就指出,"省部级以上领导干部肩负着重大的社会政治责任",号召他们"加强政治学习,增强政治敏感性,善

---

① 江泽民:《高举邓小平理论伟大旗帜,把建设有中国特色社会主义事业全面推向21世纪》,第56页。

于从政治上观察和处理问题,发挥我们党的政治优势,保证经济和各项建设事业的健康发展"。

1995年9月,在党的十四届五中全会上,江泽民作了《领导干部一定要讲政治》的讲话,第一次明确而系统地提出了讲政治应包括的几个方面。他说:"我这里所说的政治,包括政治方向、政治立场、政治观点、政治纪律、政治鉴别力,政治敏锐性。"而后,他又分别发表了《讲学习、讲政治、讲正气》、《关于讲政治》等重要谈话和文章。他指出:"对于邓小平同志所说的什么时候都得讲政治,大家一定要加深理解和自觉遵循。""讲政治,对共产党人来说任何时候都要坚持。"①

江泽民系统地阐述了"讲政治"的重要意义:"只有讲政治,才能保证把党的基本理论、基本路线、基本方针和各项政策,把国家的法律、法规,贯彻到经济建设和各项工作中去,防止和排除各种错误思想、错误倾向的干扰,保持正确的政治方向;只有讲政治,才能动员、鼓舞和团结全国各族人民,为实现党和国家确定的经济建设和社会发展的宏伟目标而共同努力奋斗;只有讲政治,才能正确认识和处理两类不同性质的社会矛盾,有力地打击国内外敌对势力的破坏活动和各种形式的犯罪活动,为经济的发展创造良好的社会政治环境;只有讲政治,才能妥善处理各种利益关系,最大限度地调动各方面的积极性,并把各方面的积极性引导好、保护好、发挥好;只有讲政治,才能提高广大干部特别是各级领导干部的思想政治素质,增强总揽和驾驭全局的能力,从而提高领导经济建设和现代化建设的水平;只有讲政治,才能坚持党的全心全意为人民服务的宗旨,保证党的坚强团结、党同人民的坚强团结,保持党同人民群众的血肉联系。"②

在当代中国,集中力量把经济搞上去,实现中国的现代化,本身就是最大的政治。"讲政治,绝不是像境外一些报刊歪曲的那样,中国又要回到过去搞什么以阶级斗争为纲,搞什么'左'的那一套了。更不是也绝对不会去搞什么运动","而是为了创造更加充分的政治条件和提供更强有力的政治保证,确保全国人民一心一意地把经济建设更好更快地搞上去。""我们讲政治,也绝不是简单重复一些政治口号,不是搞空头政治,而是像邓小平同志早就讲过的那样,要使政治同经济、政治同各项业务紧密结合在一起,保证经济工作和其他各项工作沿着正确的方向更好更有秩序地进行。"③

政治,包括政治方向、政治立场、政治观点、政治纪律、政治鉴别力、政治敏锐性。"核心是坚持正确的政治方向、政治立场。"政治方向,就是指由党的基本理论、

---

① 《十四大以来重要文献选编》(中),人民出版社1997年版,第1561页。
② 《十四大以来重要文献选编》(中),第1746页。
③ 《十四大以来重要文献选编》(中),第1745页。

基本路线指引的方向,即建设有中国特色社会主义的方向;政治立场,就是要求各级领导干部想问题、办事情必须站在党的立场、人民的立场,一切从党、人民、国家、民族的根本利益出发;政治观点,就是要求各级领导干部具有马克思列宁主义、毛泽东思想、邓小平理论的理论素养和理论水平,并在这些科学理论的指导下正确认识、解决社会主义现代化建设中出现的各种矛盾和问题;政治纪律最基本的就是要遵守党章,按党章的规定去做,顾全大局,严守纪律,从思想上、政治上、行动上同以江泽民为核心的党中央保持高度一致,切实维护党的团结和统一;政治鉴别力,就是指在复杂的国际国内环境中,能够分清是与非、美与丑、善与恶、荣与辱、主流与逆流,善于从宏观的角度、从全局上把握事物的发展趋势;政治敏锐性,就是要在政治问题上保持清醒的头脑,具有见微知著的能力,善于捕捉苗头,透过现象洞察本质,准确地判断形势发展的趋向。

4. 在新的历史条件下,要加强执政党建设,就必须进一步树立党员干部"全心全意为人民服务"的根本宗旨。全心全意为人民服务是党的根本宗旨,我们党领导广大人民群众,在新民主主义革命时期,推翻三座大山,实现人民的民族解放和社会解放;在新中国成立后,进行生产资料私有制的社会主义改造,消灭剥削制度;在社会主义制度建立以后,努力进行经济建设,特别是十一届三中全会以来,集中力量发展社会生产力,完善社会主义制度,不断改善人民的物质文化生活。这些都是在不同的历史阶段,为人民的最高、最根本的利益服务。在革命战争年代,我们党能够赢得人民群众的衷心拥护,就在于党以自己的实际行动表明,它是为人民利益而斗争的。

江泽民指出,我们党是全国各族人民利益的忠实代表。不管形势和任务发生怎样的变化,党的工人阶级先锋队、中华民族先锋队的性质永远不能变,全心全意为人民服务的宗旨永远不能变,密切联系人民群众的优良传统永远不能变,从群众中来、到群众中去的根本工作路线永远不能变。"党的领导地位,只有赢得人民群众的信赖和拥护,才能巩固和加强。如果失去人民的支持,我们党就会一事无成,就不能生存","敌对势力从外部搞垮我们党是不容易的,真正可怕的是脱离群众,自己毁了自己。""一切为了群众,一切相信群众,一切依靠群众,我们党就能获得取之不尽的力量源泉。"[①]

---

① 江泽民:《高举邓小平理论伟大旗帜,把建设有中国特色社会主义事业全面推向21世纪》,人民出版社1997年版,第54页。

第二节　探索高素质干部队伍建设的新途径

一、建设高素质干部队伍的迫切性

在新的历史条件下,我们干部队伍遇到了新的挑战,经受着新的考验。虽然干部队伍的主流是好的,但是在这些挑战与考验面前,还是有一部分干部垮掉了,倒下去了。究其原因是相当一部分干部的素质特别是政治素质与时代的要求,与党的事业已经不相适应。

目前部分干部素质不高的具体表现是:有的干部特别是一些年轻干部,由于对党和人民奋斗的历史经验不够了解,缺乏艰苦环境的锻炼,政治上还不够成熟,在思想作风和组织纪律上还需要进一步锻炼;有的干部不认真学习党的理论和政策,不注意大局,不注意政治,甚至分不清基本的原则是非界限;有的干部作风漂浮,脱离实际、脱离群众,官僚主义、形式主义严重;有的干部忘记了党的宗旨,经不起考验,以权谋私,甚至违法违纪,堕落为腐败分子、犯罪分子。

有些干部严重违背政治纪律,"对党的方针政策和决策,合意的就执行,不合意的就不执行,有些事情明明中央已三令五申,他在那里仍然充耳不闻,我行我素。有的地方和部门的保护主义发展到相当严重的程度,为了他那一点局部利益或者个人利益,甚至连犯罪的问题都加以保护。"[①]

不少干部在工作作风上也存在问题。现在党内批评和自我批评的空气薄弱,有一部分领导班子缺少正常的相互监督和帮助,成员之间很少有坦荡的思想交流,该提醒的不提醒,该批评的不批评,该制止的不制止。

现在,我们党和国家正处在建设有中国特色社会主义、实现中华民族全面振兴的重要历史时期,大力加强干部队伍建设显得尤为重要和紧迫。早在1994年江泽民就向全党指出:当前的国际竞争,尽管形式多样,矛盾错综复杂,实质上是以经济和实力为基础的综合国力的竞争,从一定意义上说,也是人才的竞争,是领导者的能力和民族素质的竞争。因此,各级领导干部的状况,将决定着党、国家和民族在

---

① 转引自《求是》1996年第13期。

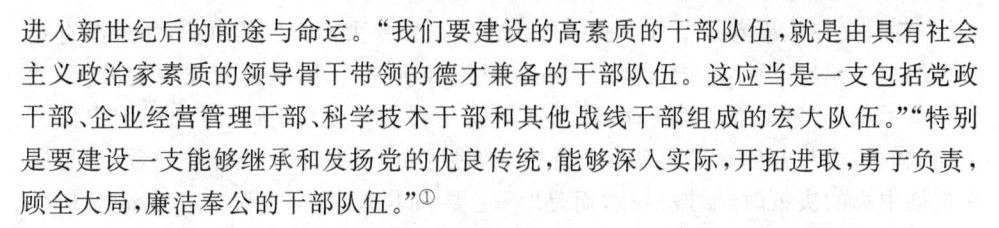

进入新世纪后的前途与命运。"我们要建设的高素质的干部队伍,就是由具有社会主义政治家素质的领导骨干带领的德才兼备的干部队伍。这应当是一支包括党政干部、企业经营管理干部、科学技术干部和其他战线干部组成的宏大队伍。""特别是要建设一支能够继承和发扬党的优良传统,能够深入实际,开拓进取,勇于负责,顾全大局,廉洁奉公的干部队伍。"[①]

二、新时期的干部队伍必须具备新素质

1. 新时期的干部必须具备政治思想素质。"社会主义现代化是我们当前最大的政治,因为它代表着人民的最大利益,最根本的利益。""经济是基础,解决中国的所有问题,归根到底要靠经济的发展。从这个意义上说,集中力量把经济搞上去,实现中国的现代化,本身就是最大的政治。"[②]只有坚持这一正确的政治方向,才能划清马克思主义同反马克思主义的界限,社会主义公有制为主体、多种经济成分共同发展同私有化的界限,社会主义民主同西方议会民主的界限,辩证唯物主义同唯心主义、形而上学的界限,社会主义思想同封建主义、资本主义腐朽思想的界限,学习西方先进东西同崇洋媚外的界限,文明健康生活方式同消极颓废生活方式的界限,等等。

在这样一些重大问题上,我们的领导干部不能是非不辨、美丑不分,不能对那些同党的主张背道而驰的言论听之任之,不能让那些同党的宗旨和纪律不相容的歪风邪气滋长起来。分清这些界限,保持清醒头脑,才能保护建设有中国特色社会主义事业的健康发展。坚持正确的政治方向与确立群众观点是联系在一起的。江泽民指出:"真正掌握和实践了群众观点、群众路线,也就真正掌握和实践了历史唯物主义和党的实事求是思想路线,也就从根本上懂得了政治。"[③]

1995年江泽民到张家口市看望人民群众时强调指出,改革越深化,经济越发展,我们的领导机关、领导干部越要注意总揽全局,心系群众。只要我们在邓小平建设有中国特色社会主义理论和党的基本路线指引下,正确处理局部与全局的关系,加强领导与群众的联系,上下一心,共图大业,我们就什么困难也不怕,就会乘风破浪胜利前进。"立场问题,感情问题是一个根本问题。脱离劳动群众,对群众疾苦漠不关心、麻木不仁,思想上必然蜕变,行为上难免腐败。"[④]

遵守党章、党纪也是政治思想素质的组成部分。像我们这样一个有7千万党

---

① 转引自《人民日报》1994年1月2日。
② 江泽民:"关于讲政治",《求是》1996年第13期。
③ 转引自《人民日报》1996年7月18日。
④ 江泽民在中央纪委第三次全体会议上的讲话,《人民日报》1994年3月6日。

员的大国,又在从事着改革开放和现代化建设这样伟大而艰巨的事业,如果没有党中央的统一领导,就不可能有全国的统一意志和统一行动,就会变成一盘散沙,就会一事无成。"讲加强政治纪律,最基本的就是要遵守党章,按党章的规定去做。"加强党的纪律与开创新局面是不矛盾的。加强党的纪律,和中央保持一致,不是说在贯彻中央的决策时,照搬照抄,而是"一定要和本部门、本地区的实际情况相结合,把中央的精神体现在扎扎实实地打开工作局面上,体现在解决实际问题上,认真地实事求是地把各项工作做好。"[①]加强政治纪律,领导干部还必须带头维护党纪国法的严肃性,切实负起领导者的责任。

2. 新时期的干部必须具备理论素质。干部有了理论上的清醒和坚定,才能保持政治上的清醒和坚定,贯彻执行党的基本路线才能更加全面和自觉,才会有社会主义现代化建设事业的成功。领导干部马克思主义理论水平的高低,在很大程度上决定着党的执政水平和领导水平的高低,决定着建设有中国特色社会主义事业的成败。1995年3月10日,江泽民在出席八届人大三次会议解放军代表团审议政府工作报告的全体会议时说,必须努力提高干部的理论素养,把干部的思想先搞通,以其昏昏,使人昭昭,是不行的。"缺乏马克思主义理论素养,不善于用正确的立场、观点和方法分析问题,解决问题,就不能成为合格的领导干部。"

加强干部的理论素养,很重要的一条就是要加强辩证唯物主义与历史唯物主义的学习。在许多同志的日常工作中常常发生片面性、绝对化、"一刀切"、"一哄而起"等等从方法论来说属于形而上学的东西,为什么?就是因为缺乏唯物辩证法的理论修养。1995年5月江泽民在全国科学技术大会上提出:"我们要在实现中国社会主义现代化的伟大事业中……深刻认识并掌握当今经济和社会发展的内在规律,运用科学的理论和方法去指导实践。""这里我要强调,一定要努力学习马克思主义的辩证唯物主义和历史唯物主义,树立科学的世界观。离开了科学的世界观,我们的决策、我们的事业就丧失了坚实的科学基础。"[②]他特别赞同陈云同志的观点,即在干部中特别是在领导干部中提倡学哲学有根本的意义,只有掌握马克思主义的认识论和方法论,思想上才能真正提高,工作上才能不犯大错误。

3. 新时期的干部必须具备道德素质。我们的领导干部,不仅要有胜任工作的理论政策水平和业务能力,而且要有政治上的坚定性,有良好的思想作风和道德品质。高级干部更要在这方面做出好样子。1997年12月,江泽民在全国组织工作会议上说,中华民族历来很看重领导者的榜样作用,"其身正不令而行,其身不正虽令不从",就是古人留下的警世名言。我们的高中级干部,要率先养成优良的道德

---

① 江泽民:"在全国组织工作会议上的讲话",《党建研究》1998年第4期。
② 转引自《人民日报》1995年6月5日。

品质和作风,廉洁勤政,艰苦奋斗,深入实际,调查研究,谦虚谨慎,联系群众,全心全意为人民谋利益。

江泽民还在《领导干部要讲政治》一文中提出:"我们的党员领导干部首先是高级干部,应该思想境界更高一些,坚持党的事业第一,坚持人民的利益第一,为国家、为民族奋不顾身地工作。有了这样的精神支柱,站得就高了,眼界就宽了,心胸就开阔了,对个人名利待遇等等,就能够正确处理。只有这样,人生才有意义,生活才充实。领导干部首先要堂堂正正做人。"①

4. 新时期的干部必须具备作风素质。江泽民指出:"我们党在长期的革命和建设中,形成和发展了一整套优良传统和优良作风。这是我们的政治优势,是我们治党治国的传家宝,任何时候都丢不得,丢了要吃大亏。"领导干部必须形成好的思想作风,"每个领导干部都要一分为二地认识自己,实事求是地估量自己,正确地对待自己。这样,才能保持良好的思想作风,做到以下'三个正确对待'"。即:

(1) 正确对待同志。"领导干部要心胸开阔,具有容人容事的宽阔胸襟,做到虚怀若谷"。"领导班子成员之间,要做到相互信任、相互支持、相互谅解,包括相互帮助克服错误和缺点,绝不能相互拆台,更不能挑拨离间、搞两面三刀"。

(2) 正确对待组织。任何人"任何时候都不能居功自傲,不能把工作成绩当成向组织讨价还价的资本,更不能把自己凌驾于组织之上"。"成绩越大,越要谦虚谨慎,戒骄戒躁,兢兢业业,把工作做得更好"。他告诫人们要以这方面的反面教训引以为戒。

(3) 正确对待群众。"所有的领导干部,都是人民的公仆,绝不能高居群众之上,而要始终置身群众之中,时刻心系群众,坚定地相信和依靠群众,倾听群众的呼声。"他要求全党同志特别是各级领导干部一定要高度警惕,坚决同那些"高高在上","不关心群众疾苦","沉迷于吃喝玩乐,灯红酒绿","滥用职权,牟取私利,贪赃枉法,欺压群众"的坏风气作斗争。②

5. 新时期的干部还必须具备文化、法律素质。江泽民指出:"掌握现代科学文化知识,这是成才的重要前提。"世界变化很大很快,特别是日新月异的科学技术进步深刻地改变了并将继续改变当代经济社会生活和世界面貌,任何国家的马克思主义者都不能不认真对待。他多次要求各级领导干部学习和掌握必要的法律知识,努力提高运用法律手段管理经济、管理社会的本领。③ 在党的"十五大"上,江泽民特别强调,要"着重提高领导干部的法制观念和依法办事能力"。④

---

① 《十四大以来重要文献选编》(中),人民出版社1997年版,第1561页。
② 参见《人民日报》1998年10月16日。
③ 参见《人民日报》1994年12月10日。
④ "高举邓小平理论伟大旗帜,把建设有中国特色社会主义事业全面推向21世纪",《求是》1997年第18期。

三、新时期培养高素质干部的新途径

1. 要选拔任用好干部。党的"十五大"指出:"加快干部制度改革步伐,扩大民主、完善考核、推进交流、加强监督,使优秀人才脱颖而出,尤其要在干部能上能下方面取得明显进展。选拔干部,必须全面贯彻德才兼备原则,坚持任人唯贤,反对任人唯亲,防止和纠正用人上的不正之风。要把群众公认是坚决执行党的路线、实绩突出、清正廉洁的干部及时选拔到领导岗位上来。"[①]

邓小平多次指出,"在人才的问题上,要特别强调一下,必须打破常规去发现、选拔和培养杰出的人才","要消除障碍","要打破老框框","不要按老规矩办事"。以江泽民为核心的党中央向各级党委、特别是主要领导同志以及组织人事部门的领导同志发出号召,要求他们一定要认真学习、深入领会邓小平的论述,并坚持用以指导工作,打破论资排辈、求全责备等陈旧观念,放开视野,拓宽渠道,把培养选拔德才兼备的干部,加强领导班子建设这件大事进一步做好。

在如何选拔干部的问题上,江泽民总结我党的历史经验,针对当前现实情况指出:"选拔任用干部要发扬民主,走群众路线,严格按规定程序办事,坚决防止和纠正用人问题上的不正之风。"[②]在纪念中国共产党成立75周年座谈会上,江泽民进一步指出:"选贤任能,历来不容易。根据我们党多年的经验,在选贤任能问题上,必须坚持解放思想、实事求是的思想路线,必须打破论资排辈、求全责备、迁就照顾和凭个人好恶等陈旧落后观念的束缚。同时要改进选拔干部的方法,特别是要把坚持党管干部的原则同坚持干部工作走群众路线结合起来。"

2. 要把理论学习放在首位。首先要学马列主义,学毛泽东思想,特别要学习邓小平理论。在跨世纪的征途上,我们要战胜种种困难和风险,不断取得事业的新胜利,就得依靠邓小平理论的正确指导。因此,加强理论学习,对于我们党和国家的前途命运,实在太重要了。

还要学习业务知识。关于干部要学习哪些业务知识的问题,江泽民在不同时期,针对不同地区、不同对象有不同的要求。1993年4月他在考察海南时提出各级干部应该懂得和具备基本的市场经济知识,基本的科学常识。例如,要了解市场经济运作的一般知识,了解国际金融、股票、证券交易、房地产的常识等等。同年7月5日,他在同全国省区市党委政研室主任座谈时提出,领导干部要努力学习和掌握发展社会主义市场经济的基本知识;努力学习和掌握现代科学技术的基本知

[①] "高举邓小平理论伟大旗帜,把建设有中国特色社会主义事业全面推向21世纪",《求是》1997年第18期。

[②] 《十四大以来重要文献选编》(上),人民出版社1996年版,第40页。

识;努力学习中国历史特别是中国近现代历史和党的历史,并通过这种学习努力发扬中华民族的优良传统和党的优良传统。1994年1月24日他在全国宣传思想工作会议上的讲话中,要求宣传理论干部"努力学习理论,学习一点社会主义市场经济和科学技术知识,学习一点文学史、音乐史,了解中国文化和世界文化发展的梗概。"

学理论、学业务知识,都要学以致用。江泽民在"十五大"报告中告诫全党:"离开本国实际和时代发展来谈马克思主义,没有意义。静止地孤立地研究马克思主义,把马克思主义同它在现实生活中的生动发展割裂开来、对立起来,没有出路。"① 在第二期中央委员和候补委员学习邓小平理论和十五大精神研讨班结业式上,江泽民又说,一个党委、一个领导干部,能不能坚持理论联系实际的学风,运用马克思主义的立场、观点、方法来研究和解决工作中面临的现实问题,是理论上和政治上是否成熟的一个根本标志。他强调:"学习邓小平理论,一定要学以致用。"②

3. 要加强干部的党性锻炼。共产党员增强党性,是保持党的先进性必不可少的。新的时期、新的任务、新的环境,要求共产党员更加自觉地加强党性锻炼。江泽民在《领导干部一定要讲政治》一文中,要求"各级领导干部尤其是高级干部务必带头加强党性锻炼,在改造客观世界的同时努力改造主观世界,严以律己,防微杜渐。"

江泽民还指出:"党对党员的党性要求,从来是和党在各个不同历史时期所肩负的任务紧密相连的。在新的历史条件下,增强共产党员的党性锻炼,要强调自觉地刻苦学习建设有中国特色社会主义的理论,坚定不移地贯彻执行党的基本路线和各项方针、政策,做解放思想、实事求是的模范,做艰苦奋斗、无私奉献、全心全意为人民服务的模范,做遵守纪律、坚持民主集中制的模范,做脚踏实地、勤奋工作、忠于职守的模范,做反对各种投机腐败现象、发扬社会主义新风尚的模范。"③

领导干部党风教育上要着重解决四个方面的问题:一是坚定建设有中国特色社会主义的信念,提高政治敏锐性和鉴别力,坚持党的基本路线不动摇;二是始终同党中央保持思想上、政治上的一致,坚决贯彻执行中央的方针政策和工作部署;三是增强在复杂形势下承受抵御各种风险的意识和能力,居安思危,树立长期艰苦奋斗的思想;四是密切联系群众,坚持反腐倡廉,正确行使人民赋予的权力。解决

---

① "高举邓小平理论伟大旗帜,把建设有中国特色社会主义事业全面推向21世纪",《求是》1997年第18期。
② "深入学习邓小平理论",《人民日报》1998年2月19日。
③ 转引自《人民日报》1993年7月1日。

这些问题,需要从多方面作出努力。基本的途径,还是要加强理论学习,掌握思想武器;积极投身人民群众的实践,汲取营养;坚持在严格的党内生活中自觉锻炼自己。

4. 要在实践中锻炼干部。干部加强学习,不仅要从书上学习,更要注重在实践中学习。"我们的各级干部要到艰苦环境和斗争实践中,砥砺革命的意志,培养坚强的党性,树立自觉奉献的精神。"[①]对于广大中青年干部来说,"要特别提倡到改革和建设的第一线去,到基层去,到艰苦的和困难多的地方去,到党和群众最需要的地方去"。

5. 要治理好领导班子和领导干部。江泽民指出:"从严治党,首先要治理好领导班子和领导干部。一个执政党,如果管不住、治理不好领导班子和领导干部,后果不堪设想。"各级党组织对所有干部必须真正做到"严格要求,严格管理,严格监督"。"党内不论什么人,不论职务高低,都要能接受批评,也都要勇于自我批评。领导班子更要带头正确地开展批评和自我批评。"

现在,有些党组织和领导班子,好人主义盛行,对错误的东西听之任之,把批评和自我批评的武器丢得差不多了。这种放弃原则、息事宁人、软弱涣散的状况必须加以纠正。我们党是代表全国人民根本利益的马克思主义政党,是立党为公、执政为民的党,是勇于坚持真理、纠正错误的党。我们始终相信和依靠群众,不仅不拒绝来自人民群众的监督,而且真诚欢迎各方面的意见和批评。江泽民要求:"各级党组织和领导干部,一定要相信和依靠人民群众,真诚和主动地接受监督,广开言路,听民声、察民意、知民情,不断改进我们的工作。"

第三节 探索新时期反腐倡廉的新举措

一、新时期反腐倡廉的重要性和紧迫性

腐败现象古已有之,但是,在社会主义国家的执政党内出现腐败则是新问题。在新中国建立以后,我们党进行过反腐败的斗争。但是,共产党内腐败现象的滋长

---

① 江泽民在纪念长征胜利60周年红军老战士座谈会上的讲话,《人民日报》1996年10月18日。

蔓延,则是发生在改革开放以后,而且有泛滥成风的趋势,这是客观事实。

共产党从革命党成为执政党以后,有了更好的为人民服务的条件。但是,由于地位的变化,加上实行改革开放,发展商品、市场经济,如果不能正确地运用权力,如果不能正确地抵制资产阶级和其他剥削阶级腐朽思想的侵蚀,就会滋长脱离人民群众的危险,就会出现权钱交换,以权谋私,就会导致腐败现象泛滥。改革开放后不久,邓小平就向全党严肃指出,改革开放"不过一两年时间,就有相当多的干部被腐蚀了。卷进经济犯罪活动的人不是小量的,而是大量的","这股风来得很猛。如果我们党不严重注意,不坚决刹住这股风,那么,我们的党和国家确实要发生会不会'改变面貌'的问题。"①

在对腐败现象的严重性进行估计时,以江泽民为首的第三代领导集体明确指出,腐败现象已经成风,腐败已经"渗透到广泛的领域","达到惊人的程度","有亡党亡国的危险"。反腐败已经成为关系到党和国家生死存亡的大问题。在1994年召开的中央纪委第三次全体会议上,江泽民严肃地指出:从已经揭露出来的问题来看,党内的腐败是严重的。腐败现象已经渗透到社会生活的广泛领域,尤其是侵蚀到我们的党政机关和干部队伍。利用职权营私舞弊、贪赃枉法、索贿受贿等犯罪行为,达到了惊人的程度。在中央纪委第九次全体会议通过的中共中央纪律检查委员会向党的"十五大"所作的工作报告中,专门列举了"十四大"以来我们党与腐败现象作斗争的情况。报告指出:反腐败斗争虽然取得了新的进展,但面临的形势依然是严峻的。有些腐败现象没有得到遏制,甚至还在一些党政机关、司法机关蔓延;党员领导干部贪污受贿、失职、渎职、贪赃枉法、腐化堕落案件增多;县(处)级以上领导干部的案件增加;大案要案、共同违法案件上升;铺张浪费、奢侈挥霍等歪风严重存在。

党内和干部中腐败现象的滋生蔓延,已经严重侵蚀了执政党的肌体,严重破坏了党群关系和干群关系,严重影响和干扰了改革开放和经济建设的顺利进行。同时,腐败现象还给国内外敌对势力对社会主义搞颠覆提供了借口。党的"十五大"严肃指出:"反对腐败是关系党和国家生死存亡的严重政治斗争。……堡垒最容易从内部攻破,绝不能自己毁掉自己。如果腐败得不到有效惩治,党就会丧失人民群众的信任和支持。在整个改革开放过程中都要反对腐败,警钟长鸣。既要树立持久作战的思想,又要一个一个地打好阶段性的战役。"②

---

① 《邓小平文选》(1975~1982年),第357~358页。

② "高举邓小平理论伟大旗帜,把建设有中国特色社会主义事业全面推向21世纪",《求是》1997年第18期。

二、反腐败斗争是一场严重的政治斗争

腐败现象从本质上说是剥削制度、剥削阶级的产物。"我国在社会主义条件下,仍然存在腐败现象,有种种复杂的原因。我国是一个封建社会历史很长的国家,封建主义和其他剥削阶级影响将长期存在,总要通过各种形式表现出来。我们实行对外开放,借鉴和利用世界各国包括发达资本主义国家的一切现代文明成果,资本主义腐朽的东西也会趁机钻进来。我们建立社会主义市场经济,要经历一个艰难的新旧体制转换过程。在这个过程中,由于制度和机制的不健全、不完善,工作中存在一些漏洞和薄弱环节,也会给腐败现象滋生以可乘之机。这些年来,我们有些地方、有些单位对党员和干部的思想政治教育抓得不紧,拜金主义、享乐主义和极端个人主义在一部分党员和干部中滋长,也是腐败现象得以蔓延的一个重要原因。"[1]

因此,在新时期开展反腐败斗争就具有重大的政治意义,它是贯彻执行党的基本路线的必然要求,是集中力量把经济搞上去的重要保证。我们建设有中国特色的社会主义,各项工作都要围绕经济建设这个中心进行,为这个中心服务。开展反腐败斗争,就是保证改革开放和经济建设的顺利进行的一项必不可少的重要工作,是社会主义精神文明建设的一个重要方面。把反腐败同经济建设对立起来,同改革开放对立起来,认为反腐败会影响经济建设和改革开放,是不对的;在反腐败过程中,不牢牢把握经济建设这个中心,不注意更好地为经济建设和改革开放服务,也是不对的。开展反腐败斗争,说到底是要在新形势下巩固和加强党同人民群众的联系,巩固我们党的执政地位,使我们党更好地担负起领导改革开放和社会主义现代化建设的历史重任。

执政党同群众的关系如何,涉及到共产党的事业兴衰成败和共产党的生死存亡。这个道理要反复讲,警钟长鸣,务必引起全党同志的高度重视。中国共产党是中国工人阶级的先锋队,也是中华民族的先锋队,以全心全意为人民服务为唯一宗旨。我们党是代表人民执掌政权,党的全部活动都是为了保护和实现广大人民群众的利益。如果不注意加强党同人民群众的联系,不注意克服脱离群众的现象,听任腐败现象蔓延,处于执政地位的共产党也就会蜕变,丧失人心。经济搞不好,会垮台;经济搞上去了,如果腐败现象泛滥,贪污贿赂横行,严重脱离群众,也会垮台。

在中央纪委第三次全体会议上,江泽民强调要坚定不移地把反腐败斗争引向深入,指出搞好党风廉政建设和反腐败斗争,是保持党的先进性和纯洁性,保持党同人民群众的血肉联系,保护改革开放和现代化建设健康发展的一个不可缺少的

---

[1] 江泽民:"在中央纪委第二次全体会议上的讲话",《人民日报》1993年9月15日。

重要条件。在党的"十五大"上,江泽民明确提出了"反对腐败是关系党和国家生死存亡的严重政治斗争"这一命题,指出:"我们党是任何敌人都压不倒、摧不垮的。堡垒最容易从内部攻破,绝不能自己毁掉自己。如果腐败得不到有效惩治,党就会丧失人民群众的信任和支持。"①

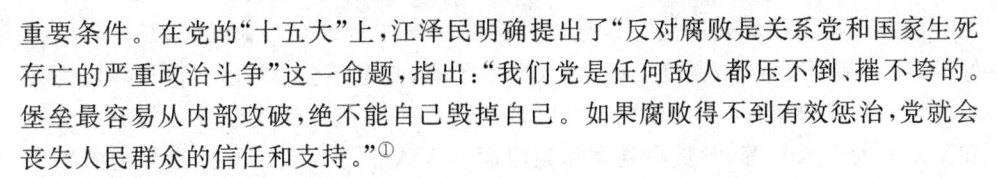

三、反腐败斗争是一个社会系统工程

第三代领导集体提出反腐败斗争是一项艰巨的社会系统工程,必须把阶段性战役与持久作战结合起来。

1. 反腐败斗争必须同经济建设结合起来,打持久战,抓好重点,讲究实效。江泽民多次指出不能把改革开放、经济建设与反对腐败对立起来。"那种把党风廉政建设和反腐败斗争,同经济建设和改革开放对立起来或者割裂开来,认为抓了党风廉政建设和反腐败斗争,就会冲击、影响经济建设和改革开放的认识,是没有根据的。"②反对腐败,搞廉洁政治,不是搞一天两天、一月两月,整个改革开放过程中都要反对腐败。反腐败的步子要稳妥、扎实,不搞大呼隆,不搞群众运动,不搞人人过关。只有抓好重点,取得实效,才能一步一步地把反腐败斗争引向深入。

2. 反腐败斗争必须是教育、法制和监督三者并举。教育是基础,法制是保证,监督是关键。首先,坚持抓好党员、干部的思想理论建设和思想教育。有些干部为了本地区、本部门、本单位的利益乃至个人利益,而不惜损害国家和人民的全局利益,少数人以权谋私、行贿受贿、贪污腐化。要消除这些消极腐败现象,就要加强党的思想理论建设和思想教育,让每个党员牢固树立马克思主义的世界观、人生观、价值观。一个共产党员要解决好这"三观"问题,不是一朝一夕的事情,不是一劳永逸的事情,也不会随着其党龄增长、职务上升而自然获得。各级党组织必须进行严格认真的理论和思想教育,让广大党员、干部掌握邓小平理论,自觉遵守党规党纪,健全党内生活,勇于批评和自我批评,在改造客观世界的同时改造主观世界。江泽民要求党员干部首先是高级干部,应该思想境界更高一点,坚持党的事业第一,坚持人民的利益第一,为国家、为人民的利益奋不顾身地工作。有了这样的精神支柱,站得就高了,眼界就宽了,心胸就开阔了,对个人的名誉地位,就能够正确处理。只有这样,人生才有意义,生活才充实,才能堂堂正正地做人。

其次,重视法纪制度建设。邓小平早就指出,反对腐败、克服特权,要解决思想问题,也要解决制度问题。与其他各种措施和手段比较起来,"制度问题带有根本

---

① "高举邓小平理论伟大旗帜,把建设有中国特色社会主义事业全面推向21世纪",《求是》1997年第18期。

② 江泽民:"在中央纪委第三次全体会议上的讲话",《人民日报》1996年3月1日。

性、全局性、稳定性和长期性"①。建立严格的制度非常重要。制度好,好人可以办好事,坏人钻不了空子;制度不好,好人办不了事,甚至还会办坏事。以江泽民为核心的第三代领导集体,十分重视在反腐败斗争中进行法纪制度建设。公民在法律和制度面前人人平等,党员在党章和党纪面前人人平等。人人有依法规定的平等权利和义务,谁也沾不了便宜,谁也不能犯法。不管谁犯了法,都要由公安机关依法侦查,司法机关依法办理,不许任何人干扰法律的实施,任何人都不能逍遥法外。谁也不能违反党章党纪,不管谁违反,都要受到纪律处分,不允许任何违反党纪的人逍遥于纪律制裁之外。只有真正抓好法纪制度建设,才能彻底杜绝搞特权、违法乱纪和腐败现象。

再次,加强监督,将自我监督、群众监督、专门机关监督结合起来。要建立一套群众监督制度,让群众和党员监督干部,特别是领导干部。凡是搞特权、搞腐败的,经过教育又不改的,人民有权依法进行检举、控告、弹劾、撤换、罢免,要求他们在经济上退赔,并使他们受到法律的和纪律的处分。对各级领导干部的职权范围、政治和生活待遇,要制定各种条例加以规范,对各级领导干部个人及其家庭的财产状况和重大事项,建立健全定期申报制度,并有专门的机构进行铁面无私的监督检查。

3. 反腐败斗争近期急需抓好的重点工作。按照以江泽民为核心的党中央的部署,近期反腐败斗争的重点工作主要有三项:一是领导干部廉洁自律。领导干部特别是高级干部无论是在工作中还是在日常生活中,都要严格要求自己,同时,还得管好配偶、子女和身边工作人员。二是要加大工作力度,查处大案要案,震慑违法犯罪分子,教育广大党员、干部,鼓舞人民群众。查处的重点是党政领导机关、行政执法机关、司法机关、经济管理部门和县处级以上领导干部违法违纪案例。尤其要集中力量查办贪污、贿赂、挪用公款、骗税、套汇、走私、贪赃枉法,以及严重失职渎职和严重虚报浮夸等案件。特别是对于发案率较高、大案要案较多的金融、证券、房地产、土地出租批租、建筑工程承包等领域,更要积极组织力量进行执法监察和专项检查。三是认真纠正部门和行业的不正之风。部门和行业不正之风是干部腐败行为的"土壤"和"温床",严重的不正之风本身就是腐败行为,所以近期必须重点抓好纠正部门和行业不正之风的工作。发现严重违法违纪的,不管涉及谁,都要一查到底。对瞒案不报、压案不办、拖案不结和干扰办案的,要严肃处理。必须维护宪法和法律的尊严,坚持法律面前人人平等,任何人、任何组织都没有超越法律的特权。

---

① 《邓小平文选》第二卷,人民出版社1994年,第333页。

第四节 用"三个代表"思想统辖执政党建设

2000年2月,江泽民在广东考察工作时第一次提出"三个代表"的思想。他首先总结党70多年的历史,得出"我们党所以赢得人民的拥护,是因为我们党在革命、建设、改革的各个历史时期,总是代表着中国先进生产力的发展要求,代表着中国先进文化的前进方向,代表着中国最广大人民的根本利益,并通过制定正确的路线方针政策,为实现国家和人民的根本利益而不懈奋斗。"他还号召全党:在新的历史条件下,我们党如何更好地代表中国先进社会生产力的发展要求,更好地代表中国先进文化的前进方向,更好地代表中国人民的根本利益,"要紧密结合国内外形势的变化,紧密结合我国生产力的最新发展和经济体制的深刻变革的实际,紧密结合人民群众对物质文化生活提出的新的发展要求,紧密结合我们党员干部队伍发生的重大变化",来深入思考这个重大问题。[①]

江泽民"三个代表"的思想,是对马克思列宁主义、毛泽东思想的继承和发展。在社会主义发展史上,马克思最早提出无产阶级是先进生产力的代表者,因而将其推翻资本主义社会、建设社会主义和共产主义社会的希望寄托在具有远大前途的无产阶级身上;列宁非常注重吸收人类先进的文化成果,要求青年用人类创造的全部知识财富来丰富自己的头脑以便成为共产主义者;毛泽东在其全部革命斗争生涯中,始终强调要为中国最广大人民群众的根本利益服务,并率先垂范、身体力行。

江泽民"三个代表"的思想,也是对20多年来改革开放和社会主义现代化建设实践经验的总结,对邓小平建设有中国特色社会主义理论的继承和发展。邓小平将社会主义现代化建设的具体任务确定为"三个坚定不移地抓好",即坚定不移地抓好经济体制改革,坚定不移地抓好政治体制改革,坚定不移地抓好精神文明建设;党的"十二大"把我国现代化建设的总体奋斗目标确定为"富强、民主、文明的社会主义现代化国家";党的"十五大"上,江泽民又全面地提出了社会主义初级阶段的经济建设纲领、政治建设纲领和文化建设纲领。所有这些,进一步发展的逻辑结果就是现在提出的"三个代表"的思想。

---

① 参见江泽民:《论"三个代表"》,中央文献出版社2001年版,第2页。

2001年7月1日,江泽民在庆祝中国共产党成立八十周年大会上的重要讲话,系统而深入地阐发了"三个代表"思想的丰富内涵。他指出:

——"我们党要始终代表中国先进生产力的发展要求,就是党的理论、路线、纲领、方针、政策和各项工作,必须努力符合生产力发展的规律,体现不断推动社会生产力的解放和发展的要求,尤其要体现推动先进生产力发展的要求,通过发展生产力不断提高人民群众的生活水平。"

——"我们党要始终代表中国先进文化的前进方向,就是党的理论、路线、纲领、方针、政策和各项工作,必须努力体现发展面向现代化、面向世界、面向未来的,民族的科学的大众的社会主义文化的要求,促进全民族思想道德素质和科学文化素质的不断提高,为我国经济发展和社会进步提供精神动力和智力支持。"

——"我们党要始终代表中国最广大人民的根本利益,就是党的理论、路线、纲领、方针、政策和各项工作,必须坚持把人民的根本利益作为出发点和归宿,充分发挥人民群众的积极性主动性创造性,在社会不断发展进步的基础上,使人民群众不断获得切实的经济、政治、文化利益。"

——"代表中国先进生产力的发展要求,代表中国先进文化的前进方向,代表中国最广大人民的根本利益,是统一的整体,相互联系,相互促进。发展先进的生产力,是发展先进文化,实现最广大人民根本利益的基础条件。人民群众是先进生产力和先进文化的创造主体,也是实现自身利益的根本力量。不断发展先进生产力和先进文化,归根到底都是为了满足人民群众日益增长的物质文化生活需要,不断实现最广大人民的根本利益。"①

在这个重要讲话中,江泽民还从以下五个方面提出了按照"三个代表"的要求加强和改进党的建设,即:①贯彻"三个代表"要求,我们必须坚持党的解放思想、实事求是的思想路线,大力发扬求真务实、勇于创新的精神,创造性地推进党和国家的各项工作,在实践中不断丰富和发展马克思主义。②贯彻"三个代表"要求,我们必须坚持党的工人阶级先锋队的性质,始终保持党的先进性,同时要根据经济发展和社会进步的实际,不断增强党的阶级基础和扩大党的群众基础,不断提高党的社会影响力。③贯彻"三个代表"要求,我们必须坚持民主集中制,建立健全科学的领导体制和工作机制,充分发扬党内民主,坚决维护党的集中统一,保持并不断增强党的活力。④贯彻"三个代表"要求,我们必须全面贯彻干部队伍革命化、年轻化、知识化、专业化的方针和德才兼备的原则,深化干部人事制度改革,努力建设一支高素质的、能够担当重任、经得起风浪考验的干部队伍。⑤贯彻"三个代表"要求,我们必须坚持党要管党的原则和从严治党的方针,各级党组织必须对党员干部严

---

① 参见江泽民:《论"三个代表"》,第153、157、160～161、163页。

格要求、严格教育、严格管理、严格监督,坚决克服党内存在的消极腐败现象。①

江泽民关于"三个代表"的思想,既为我们党在新的21世纪的发展壮大提供了指导方针,也为我国社会主义现代化建设事业和各项工作的顺利推进提供了精神动力,而且也是对马克思主义的重大发展。

---

① 参见江泽民:《论"三个代表"》,第165~176页。

第十六章

"全面小康"、"科学发展"与"和谐社会"

第一节 全面建设小康社会

一、确立"全面小康"的奋斗目标

2002年11月党的十六大,既是21世纪召开的第一次党的全国代表大会,也是继往开来、顺利完成中央领导集体新老交替、具有伟大历史意义的一次党的全国代表大会。自那以后,以胡锦涛为总书记的党中央,坚持以马列主义、毛泽东思想、邓小平理论和"三个代表"的重要思想为指导,先后提出了"全面小康"、"科学发展"、"和谐社会"等一系列极为重要的奋斗目标和发展思路,带领全党同志和全国人民开创了有中国特色社会主义事业的新局面。

党的十六大首先确认:"经过全党和全国各族人民的共同努力,我们胜利实现了现代化建设'三步走'战略的第一步、第二步目标,人民生活总体上达到小康水平。这是社会主义制度的伟大胜利,是中华民族发展史上的一个新的里程碑。"同时也实事求是地承认,"现在达到的小康还是低水平的、不全面的、发展很不平衡的小康。"①

所谓低水平,是指人均国内生产总值800美元的标准还不够,从而要求将人均800美元的标准调高到3 000美元;所谓不全面,是指精神

---

① 江泽民:"全面建设小康社会,开创中国特色社会主义事业新局面——在中国共产党第十六次全国代表大会上的报告",《人民日报》2002年11月18日。

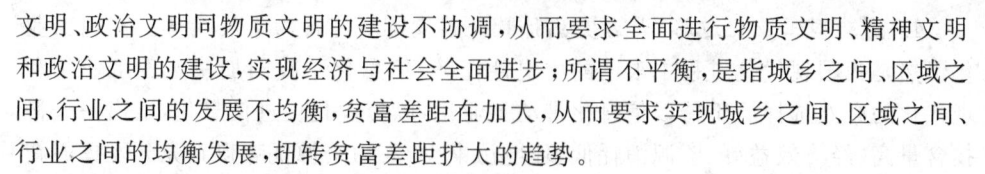

文明、政治文明同物质文明的建设不协调,从而要求全面进行物质文明、精神文明和政治文明的建设,实现经济与社会全面进步;所谓不平衡,是指城乡之间、区域之间、行业之间的发展不均衡,贫富差距在加大,从而要求实现城乡之间、区域之间、行业之间的均衡发展,扭转贫富差距扩大的趋势。

为此,党的十六大提出到2020年全面建成小康社会,或曰建成全面小康社会。并且具体勾画了如下的全面小康社会目标:

"——在优化结构和提高效益的基础上,国内生产总值到2020年力争比2000年翻两番,综合国力和国际竞争力明显增强。基本实现工业化,建成完善的社会主义市场经济体制和更具活力、更加开放的经济体系。城镇人口的比重较大幅度提高,工农差别、城乡差别和地区差别扩大的趋势逐步扭转。社会保障体系比较健全,社会就业比较充分,家庭财产普遍增加,人民过上更加富足的生活。

——社会主义民主更加完善,社会主义法制更加完备,依法治国基本方略得到全面落实,人民的政治、经济和文化权益得到切实尊重和保障。基层民主更加健全,社会秩序良好,人民安居乐业。

——全民族的思想道德素质、科学文化素质和健康素质明显提高,形成比较完善的现代国民教育体系、科技和文化创新体系、全民健身和医疗卫生体系。人民享有接受良好教育的机会,基本普及高中阶段教育,消除文盲。形成全民学习、终身学习的学习型社会,促进人的全面发展。

——可持续发展能力不断增强,生态环境得到改善,资源利用效率显著提高,促进人与自然的和谐,推动整个社会走上生产发展、生活富裕、生态良好的文明发展道路。"[①]

为了完成建设全面小康社会的宏伟目标,党的十六大提出了如下关于经济、政治、文化三项建设和三大体制改革的任务。

二、经济建设和经济体制改革

根据世界经济科技发展新趋势和我国经济发展新阶段的要求,21世纪头20年经济建设和改革的主要任务是:完善社会主义市场经济体制,推动经济结构战略性调整,基本实现工业化,大力推进信息化,加快建设现代化,保持国民经济持续快速健康发展,不断提高人民生活水平。前十年要全面完成"十五"计划和2010年的奋斗目标,使经济总量、综合国力和人民生活水平再上一个大台阶,为后十年的更大发展打好基础。具体要做好以下8项工作:

[①] 江泽民:"全面建设小康社会,开创中国特色社会主义事业新局面——在中国共产党第十六次全国代表大会上的报告",《人民日报》2002年11月18日。

1. 走新型工业化道路,大力实施科教兴国战略和可持续发展战略。实现工业化仍然是我国现代化进程中艰巨的历史性任务,信息化是我国加快实现工业化和现代化的必然选择。坚持以信息化带动工业化,以工业化促进信息化,走出一条科技含量高、经济效益好、资源消耗低、环境污染少、人力资源优势得到充分发挥的新型工业化路子。走新型工业化道路,必须发挥科学技术作为第一生产力的重要作用,注重依靠科技进步和提高劳动者素质,改善经济增长质量和效益,鼓励科技创新,推进国家创新体系建设。必须把可持续发展放在十分突出的地位,坚持计划生育、保护环境和保护资源的基本国策。

2. 全面繁荣农村经济,加快城镇化进程。统筹城乡经济社会发展,建设现代农业,发展农村经济,增加农民收入,是全面建设小康社会的重大任务。要逐步提高城镇化水平,坚持大中小城市和小城镇协调发展,走中国特色的城镇化道路。坚持党在农村的基本政策,长期稳定并不断完善以家庭承包经营为基础、统分结合的双层经营体制,尊重农户的市场主体地位,推动农村经营体制创新。

3. 积极推进西部大开发,促进区域经济协调发展。实施西部大开发战略,关系全国发展的大局,关系民族团结和边疆稳定,要打好基础,扎实推进,重点抓好基础设施和生态环境建设,争取十年内取得突破性进展。西部地区要进一步解放思想,增强自我发展能力,在改革开放中走出一条加快发展的新路。中部地区要加大结构调整力度,推进农业产业化,改造传统产业,培育新的经济增长点,加快工业化和城镇化进程。东部地区要加快产业结构升级,发展现代农业,发展高新技术产业和高附加值加工制造业,进一步发展外向型经济。鼓励经济特区和上海浦东新区在制度创新和扩大开放等方面走在前列。支持东北地区等老工业基地加快调整和改造,支持以资源开采为主的城市和地区发展接续产业,支持革命老区和少数民族地区加快发展,国家要加大对粮食生产区的扶持。

4. 坚持和完善基本经济制度,深化国有资产管理体制改革。根据解放和发展生产力的要求,坚持和完善公有制为主体、多种所有制经济共同发展的基本经济制度。必须毫不动摇地巩固和发展公有制经济,必须毫不动摇地鼓励、支持和引导非公有制经济发展,二者统一于社会主义现代化建设的进程中,不能把它们对立起来。国家要制定法律法规,建立中央政府和地方政府分别代表国家履行出资人职责,享有所有者权益,权利、义务和责任相统一,管资产和管人、管事相结合的国有资产管理体制。深化国有企业改革,进一步探索公有制特别是国有制的多种有效实现形式,大力推进企业的体制、技术和管理创新。

5. 健全现代市场体系,加强和完善宏观调控。在更大程度上发挥市场在资源配置中的基础性作用,健全统一、开放、竞争、有序的现代市场体系。完善政府的经济调节、市场监管、社会管理和公共服务的职能,减少和规范行政审批,把促进经济增长、增加就业、稳定物价,保持国际收支平衡作为宏观调控的主要目标。

6. 深化分配制度改革,健全社会保障体系。调整和规范国家、企业和个人的分配关系,确立劳动、资本、技术和管理等生产要素按贡献参与分配的原则,完善按劳分配为主体、多种分配方式并存的分配制度。初次分配注重效率,发挥市场的作用,鼓励一部分人通过诚实劳动、合法经营先富起来。再分配注重公平,加强政府对收入分配的调节职能,调节差距过大的收入。以共同富裕为目标,扩大中等收入者比重,提高低收入者收入水平。坚持社会统筹和个人账户相结合,完善城镇职工基本养老保险制度和基本医疗保险制度,健全失业保险制度和城市居民最低生活保障制度;有条件的地方,探索建立农村养老、医疗保险和最低生活保障制度。

7. 坚持"引进来"和"走出去"相结合,全面提高对外开放水平。适应经济全球化和加入WTO后的新形势,在更大范围、更广领域和更高层次上参与国际经济技术合作和竞争,充分利用国际国内两个市场,优化资源配置,拓宽发展空间,以开放促改革、促发展。

8. 千方百计扩大就业,不断改善人民生活。扩大就业是我国当前和今后长时期重大而艰巨的任务,国家实行促进就业的长期战略和政策,各级党委和政府必须把改善创业环境和增加就业岗位作为重要职责。发展经济的根本目的是提高全国人民的生活水平和质量,要随着经济发展不断增加城乡居民收入,拓宽消费领域,优化消费结构,满足人们多样化的物质文化需求。继续大力推进扶贫开发,巩固扶贫成果,尽快使尚未脱贫的农村人口解决温饱问题,并逐步过上小康生活。

三、政治建设和政治体制改革

发展社会主义民主政治,建设社会主义政治文明,是全面建设小康社会的重要目标。发展社会主义民主政治,最根本的是要把坚持党的领导、人民当家作主和依法治国有机统一起来:党的领导是人民当家作主和依法治国的根本保证,人民当家作主是社会主义民主政治的本质要求,依法治国是党领导人民治理国家的基本方略,共产党执政就是领导和支持人民当家作主,最广泛地动员和组织人民群众依法管理国家和社会事务,管理经济和文化事业,维护和实现人民群众的根本利益。推进政治体制改革要有利于增强党和国家的活力,发挥社会主义制度的特点和优势,充分调动人民群众的积极性和创造性,维护国家统一、民族团结和社会稳定,促进经济发展和社会全面进步。具体要做好以下9项工作:

1. 坚持和完善社会主义民主制度。健全民主制度,丰富民主形式,扩大公民有序的政治参与,保证人民依法实行民主选举、民主决策、民主管理和民主监督,享有广泛的权利和自由,尊重和保障人权。扩大基层民主,是发展社会主义民主的基础性工作,要健全基层自治组织和民主管理制度,完善公开办事制度,保证人民群众依法直接行使民主权利,管理基层公共事务和公益事业,对干部实行民主监督。

2. 加强社会主义法制建设。坚持有法可依、有法必依、执法必严、违法必究;适应社会主义市场经济发展、社会全面进步和加入世贸组织的新形势,加强立法工作,提高立法质量,到2010年形成中国特色社会主义法律体系;加强对执法活动的监督,推进依法行政,维护司法公正,提高执法水平,确保法律的严格实施。

3. 改革和完善党的领导方式和执政方式。党的领导主要是政治、思想和组织领导,通过制定大政方针,提出立法建议,推荐重要干部,进行思想宣传,发挥党组织和党员的作用,坚持依法执政,实施党对国家和社会的领导。

4. 改革和完善决策机制。要完善深入了解民情、充分反映民意、广泛集中民智、切实珍惜民力的决策机制,推进决策科学化民主化。

5. 深化行政管理体制改革。进一步转变政府职能,改进管理方式,推行电子政务,提高行政效率,降低行政成本,形成行为规范、运转协调、公正透明、廉洁高效的行政管理体制。

6. 推进司法体制改革。按照公正司法和严格执法的要求,完善司法机关的机构设置、职权划分和管理制度,进一步健全权责明确、相互配合、相互制约、高效运行的司法体制。

7. 深化干部人事制度改革。努力形成广纳群贤、人尽其才、能上能下、充满活力的用人机制,把优秀人才集聚到党和国家的各项事业中来。

8. 加强对权力的制约和监督。建立结构合理、配置科学、程序严密、制约有效的权力运行机制,从决策和执行等环节加强对权力的监督,保证把人民赋予的权力真正用来为人民谋利益。

9. 维护社会稳定。各级党委和政府要满腔热情地解决人民群众工作和生活中的实际问题,深入调查研究,区别不同情况,加强思想政治工作,正确运用经济、行政和法律等手段,妥善处理人民内部矛盾特别是涉及群众切身利益的矛盾,保持安定团结的局面。

四、文化建设和文化体制改革

全面建设小康社会,必须大力发展社会主义文化,建设社会主义精神文明。文化的力量,深深熔铸在民族的生命力、创造力和凝聚力之中,全党同志都要深刻认识文化建设的战略意义,推动社会主义文化的发展繁荣。具体要做好以下6项工作:

1. 牢牢把握先进文化的前进方向。在当代中国,发展先进文化,就是发展面向现代化、面向世界、面向未来的,民族的科学的大众的社会主义文化,以不断丰富人们的精神世界,增强人们的精神力量。

2. 坚持弘扬和培育民族精神。民族精神是一个民族赖以生存和发展的精神支撑。在5000多年的发展中,中华民族形成了以爱国主义为核心的团结统一、爱好和平、勤劳勇敢、自强不息的伟大民族精神,我们党领导人民在长期实践中不断结合时代和社会的发展要求,丰富着这个民族精神。

3. 切实加强思想道德建设。要建立与社会主义市场经济相适应、与社会主义法律规范相协调、与中华民族传统美德相承接的社会主义思想道德体系,引导人们树立中国特色社会主义共同理想,树立正确的世界观、人生观和价值观。

4. 大力发展教育和科学事业。教育是发展科学技术和培养人才的基础,在现代化建设中具有先导性和全局性的作用,必须摆在优先发展的战略地位。要制定科学和技术长远发展规划,在全社会形成崇尚科学、鼓励创新、反对迷信和伪科学的良好氛围。

5. 积极发展文化事业和文化产业。发展各类文化事业和文化产业都要贯彻发展先进文化的要求,始终把社会效益放在首位,完善文化产业政策,支持文化产业发展,增强我国文化产业的整体实力和竞争力。

6. 继续深化文化体制改革。把文化领域内的深化改革同调整结构和促进发展结合起来,理顺政府和文化企事业单位的关系,加强文化法制建设,加强宏观管理,深化文化企事业单位内部改革,逐步建立有利于调动文化工作者积极性,推动文化创新,多出精品、多出人才的文化管理体制和运行机制。

应当承认,尽管党的十六大针对已经实现了的"低水平、不全面、不平衡"的总体小康,系统地提出了建设高水平的、全面的、发展平衡的小康社会的目标和相应的任务,但是由于原有发展思路和发展模式巨大的惯性作用,实际上在十六大结束以后的一段时期内,真正得到扭转的仅仅是由"低水平"到"高水平",因为在十六大以后,再也没有哪个地方和哪个部门继续按照人均国内生产总值800美元的要求来安排规划、实施考核了,而是毫无例外地提高到了人均国内生产总值3 000美元的新标准,即在2000年的基础上再翻两番。至于如何解决"不全面"、"不平衡"的问题,着力实现由"不全面"到"全面"、由"不平衡"到"平衡",似乎还没有引起大多数地方和部门的高度重视。

第二节 贯彻落实科学发展观

一、科学发展观及其内涵

为了着重解决已实现了的总体小康当中仍然存在的"不全面"的问题,2003年10月,党的十六届三中全会提出了"科学发展观",即"坚持以人为本,树立全面、协调、可持续的发展观,促进经济社会和人的全面发展"。①

具体来说,"坚持以人为本,就是要以实现人的全面发展为目标,从人民群众的根本利益出发谋发展、促发展,不断满足人民群众日益增长的物质文化需要,切实保障人民群众的经济、政治和文化权益,让发展的成果惠及全体人民。全面发展,就是要以经济建设为中心,全面推进经济、政治、文化建设,实现经济发展和社会全面进步。协调发展,就是要统筹城乡发展、统筹区域发展、统筹经济社会发展、统筹人与自然和谐发展、统筹国内发展和对外开放,推进生产力和生产关系、经济基础和上层建筑相协调,推进经济、政治、文化建设的各个环节、各个方面相协调。可持续发展,就是要促进人与自然的和谐,实现经济发展和人口、资源、环境相协调,坚持走生产发展、生活富裕、生态良好的文明发展道路,保证一代接一代地永续发展。"②

也可以将"科学发展观"理解为"七个坚持",即:①坚持以经济建设为中心;②坚持经济社会协调发展;③坚持城乡协调发展;④坚持区域协调发展;⑤坚持可持续发展;⑥坚持改革开放;⑦坚持以人为本。

科学发展观的提出,标志着党中央正确回答了以下两个重要的问题:一是"究竟什么是发展?",二是"应当如何搞好发展?"。

二、贯彻落实科学发展观的具体要求

按照中央的要求,树立和落实科学发展观,必须注意把握好以下几个问题:

---

① 参见"中共中央关于完善社会主义市场经济体制若干问题的决定",《人民日报》2003年10月22日。
② 胡锦涛:"在中央人口资源环境工作座谈会上的讲话",《人民日报》2004年4月5日。

1. 始终坚持以经济建设为中心,聚精会神搞建设,一心一意谋发展。科学发展观是用来指导发展的,不能离开发展这个主题;如若离开了发展这个主题,就没有了任何发展观,当然也就没有了科学发展观。也就是说,科学发展观不是针对一般的"发展",而是针对不科学的"发展"。我国正处于并将长期处于社会主义初级阶段,仍然是一个发展中的大国,在国际综合国力竞争日益激烈的形势下,坚持以经济建设为中心,紧紧抓住和切实用好重要战略机遇期,大力解放和发展社会生产力,对我们这样一个发展中大国加快实现现代化,具有重大的战略意义。只有坚持以经济建设为中心,坚定不移地推动经济持续快速协调健康发展,不断增强综合国力,才能为全面协调发展打下坚实的物质基础;才能更好地解决前进道路上的矛盾和问题;才能胜利实现全面建设小康社会和社会主义现代化的宏伟目标。

2. 在经济发展的基础上,推动社会全面进步和人的全面发展,促进社会主义物质文明、政治文明、精神文明协调发展。经济发展、政治发展、文化发展和人的全面发展是相互联系、相互影响的,没有政治发展、文化发展和人的全面发展的不断推进,单纯追求经济发展,不仅经济发展难以持续,而且最终经济发展也难以搞上去。要坚持抓好经济建设这个中心,同时又要切实防止片面性和"单打一",全面推进社会主义物质文明、政治文明、精神文明建设,防止出现因"三个文明"建设发展不平衡而制约发展的局面。

3. 着力提高经济增长的质量和效益,努力实现速度和结构、质量、效益相统一,经济发展和人口、资源、环境相协调,不断保护和增强发展的可持续性。经济发展当然需要数量的增长,但又不能把经济发展简单地等同于数量的增长,经济发展应当是数量增长和结构优化、质量提高、效益增进的统一,这四者缺一不可。此外,还要看到,一方面,我们要充分运用我国的体制资源、人力资源、自然资源、资本资源、技术资源以及国外资源等多方面的有利条件和有利因素,推动经济发展不断迈上新的台阶;另一方面,我们又要充分考虑资源和环境的承受力,统筹考虑当前发展和未来发展的需要,既积极实现当前发展的目标,又为未来的发展创造有利条件,积极发展"循环经济",实现自然生态系统和社会经济系统的良性循环,为子孙后代留下充足的发展条件和发展空间。

4. 坚持理论和实际相结合,因地制宜、因时制宜地把科学发展观的要求贯穿于各方面的工作。科学发展观揭示的是发展的普遍规律,因而对全国都有重要的指导意义,各地区、各部门都要认真贯彻落实,都要对照科学发展观的要求,深刻反思过去的发展路径和发展模式,积极探寻符合科学发展观的新的发展路径和新的发展模式。同时,又要充分考虑到地区之间、部门之间在发展阶段和水平上的差异,以及各地区、各部门所具有的不同的实际情况和条件背景,坚持一切从实际出发,根据实际条件和发展需要,有重点、有步骤地采取措施,不能强求一律,搞"齐步走"、"一刀切"。总之,各地区、各部门都要结合自己的实际情况来贯彻落实科学发展观,注重解决自身发展中存在的突出矛盾和问题,更快更好地推进各项事业的发展。

三、科学发展观顺应了国际潮流

科学发展观的提出并得到迅速的贯彻落实,体现了我国发展思路和发展路径的改变,这是与国际上主流发展观的演进逻辑完全一致的。

从国际大范围来看,人们开始信奉纯粹的经济增长观,把发展简单地视为经济数量上的增长,只注重 GNP(国民生产总值)或 GDP(国内生产总值)的增加,美国著名经济学家罗斯托的"经济成长阶段论"和刘易斯的"二元经济结构论"等,正是这种经济增长观的理论基础。

罗斯托的经济成长阶段论将传统经济向现代经济的过渡分为以下 6 个阶段:①传统阶段;②起飞准备阶段;③起飞阶段;④成熟阶段;⑤高额群众消费阶段;⑥追求生活质量阶段。我国改革开放以来,几乎各地都在自觉地按照罗斯托这一理论来指导经济工作,但却讳言罗斯托著作的副标题为《非共产党宣言》。

刘易斯的二元经济结构论认为,发展中国家的经济并非一切都落后,其实是港口、沿海、城市的现代产业部门——工业制造业和广袤腹地、农村的传统经济部门——农业并存;由于劳动力的无限供给和资金的短缺,于是传统农业的剩余劳动力和引进的外来资金流入港口、沿海、城市的工业制造业,经济增长进入良性循环——劳动密集型产业迅速扩大;在达到一定的拐点(后被称为"刘易斯转折点")后,劳动力无限供给的条件结束,工业制造业的成本与工资上升,从而迫使经济增长进入下一个资本(及技术)密集型阶段。我国改革开放以来,鼓励沿海地区引进外资,默许农村剩余劳动力向沿海和城市转移,大力发展劳动密集型产业,就是自觉或不自觉地按照刘易斯的理论办事。现在我国还远没有到达"刘易斯转折点",但我们已经超前地转向资本与技术密集型的经济发展阶段,似乎背离了刘易斯的理论。而这种背离,恰恰能够解释如下诸多反常的现实:连续多年经济增长与失业扩大并存;凡有资本或技术的群体就富,而靠劳动力吃饭的群体就穷;实行了多年的"扩大内需"政策,效果却不明显,特别是在农村消费品市场的开拓方面。

进入 20 世纪 70 年代以后,人们意识到还要提高经济运行质量,即注重调整经济结构,让国民共享经济繁荣的成果,于是经济增长观演化为经济发展观,其中北欧著名经济学家缪尔达尔的"循环累积因果关系论"起到了转换观念的巨大作用。缪尔达尔发现许多发展中国家在经济增长的同时贫困状况却恶化了,通过研究他提出了"循环累积因果关系论",认为贫困人口陷入了"低收入——贫困——人口素质不高——生产率低下——低产出——低收入"的恶性循环,纯粹的经济增长不能打破这种贫困的恶性循环。从而主张不仅要注重经济数量上的增长,还要重视经济质量上的提高,即优化经济结构,确保国民共享经济发展的成果。这就需要进行社会改革,而社会改革的目标是解决不平等问题,以实现社会福利。于是,经济增长观演进为经济发展观。自2000年以来,党中央、国务院已经坚定不移地转向了经济发展观,具体表现在"十五规划"强调:"经济结构调整"是"主线","富民"是一切经济工作的"出发点"和"归宿"。然而许多地方政府恐怕还停留在经济增长观阶段,因为他们仍然把GDP及其增长速度放在一切工作的首位,甚至当成了目标本身。

到了20世纪80~90年代,人们又认识到,人不是"经济动物",人的需要是多方面的,不仅有物质需求,还有非物质需求,为了全面满足人们的需要,必须坚持经济发展与社会进步的全面协调,从而摸索出"巴里洛克模式"。最后人们才发现,我们现在的发展不仅要满足当代人的需求,还不能对后代人满足需求的条件和能力构成威胁与危害,因而可持续发展观应运而生,并迅速成为人类的共识和各国政府的共同行动纲领。在发展观的这一次升华中,"布伦特兰报告"功不可没。1980年,联合国提出"可持续发展"的概念;1983年,联合国决定成立以布伦特兰夫人为首的"世界环境与发展委员会",又称"布伦特兰委员会";1987年,"布伦特兰委员会"向联合国大会提交题为《我们共同的未来》的报告,又称"布伦特兰报告",确认我们只有一个地球,地球上的资源是有限的;根据这一报告的精神,1992年,联合国环境与发展大会在巴西里约热内卢召开,会议通过《里约宣言》27原则,制定《21世纪议程》40章,规定了可持续发展的定义与原则。关于可持续发展的定义,布伦特兰提出是指"既能满足当代人的需求而又不损害后代人需求满足能力的发展"。关于可持续发展的原则,则有可持续性原则、整体性原则、公平性原则、发展性原则等。

四、科学发展观符合国内现实

我国现在倡导科学的发展观,既是主动吸取了国际上主导发展观演进中"经济增长→经济发展→经济社会全面发展→可持续发展"的经验教训,也是自1978年党的十一届三中全会以来"经济建设为中心"、注重发展所带来的双重后果所致。20多年来,一方面我国经济以令人惊奇的高速度在持续增长,成就举世瞩目,甚至某些外国势力由此在那里叫嚣"中国威胁论";另一方面也引发了许多社会问题,有的还相当严重,由此另一部分外国势力又不负责任地鼓吹"中国崩溃论"。例如,日益恶化的贫富差距,迫切要求我们将经济增长观转变为经济发展观,调整经济结构和社会分配政策,真正让国民共享经济繁荣的成果;经济与社会的发展脱节,"三个文明"(物质文明、精神文明、政治文明)建设失调的现状,迫切要求我们将经济发展观扩充为经济社会全面进步观;经济建设与环境保护相冲突,人与自然不和谐的尖锐矛盾,又迫切要求我们将经济社会全面进步观提升为可持续发展观。所有这些,即统筹经济的数量增长与质量提高,统筹经济发展与社会进步,统筹人与自然的相互关系协调等等,实际上就构成了"科学发展观"的基本内容。

我国现在倡导科学的发展观,也是长期以来注重政绩考核带来的双重后果使然。改革开放以来,对各级干部增加了德、能、勤、绩考核,而且采用可操作的量化方法。这一方面有积极意义,促使各级干部坐不住了,再也不能"只做和尚不撞钟,占着茅坑不拉屎"了;但另一方面也带来了以下一系列严重后果:①指标的片面性,催生了单纯的经济增长。因为这些年来各级各类政府部门及其官员的政绩考核指标都以GDP为首要的或核心的指标,导致"发展才是硬道理"畸变为"GDP才是硬道理"。②指标的数量化,助长了形式主义、弄虚作假。各地"标志工程"林立,各类统计数据富含"水分","干部出数字,数字出干部"成了老百姓对这一丑恶现象的绝妙讽刺。③考核的定期化,强化了短期行为。半年1次中期考核,1年1次年终考核,并将结果与职务晋级、奖金分配等紧密挂钩,频繁的交流、换岗(当然这对于反腐败有好处),致使干部缺乏长期埋头苦干的精神与计划,"寅吃卯粮"、"吃子孙饭、花子孙钱",有的甚至连一个任期(通常为5年)都等不及,急于在1~2年内干出点名堂就"升迁"。④考核方式的单向性,导致对上负责、不对下负责。显然,现行政绩考核所带来的上述弊端,激化了许多地方的社会问题与社会矛盾,甚至引起干部与群众之间的尖锐冲突。

如前所述,党的十六大提出的"全面小康"目标,解决了将现有总体小康由"低水平"提升到"高水平"的问题;十六届三中全会提出的"科学发展观",又解决了将现有总体小康中的"不全面"转变为"全面"的问题;那么,现有总体小康中的"不平衡"问题又将如何克服呢?

第三节 构建社会主义和谐社会

一、"社会和谐"是中华优秀传统与马克思主义重要遗产

为了着重解决已实现了的总体小康当中仍然存在的"不平衡"的问题,2004年

9月,党的十六届四中全会又提出了建设"社会主义和谐社会"的新构想,强调"注重激发社会活力,促进社会公平和正义,增强全社会的法律意识和诚信意识,维护社会安定团结"。①

在我国历史上,早就产生过不少关于社会和谐的思想。孔子提倡"和为贵";墨子强调"兼相爱"、"爱无差等";孟子主张"老吾老以及人之老,幼吾幼以及人之幼";《左传·襄》记载了"八年之中,九合诸侯,如乐之和,无所不谐";《礼记·礼运》则描绘了"大道之行也,天下为公,选贤与能,讲信修睦。故人不独亲其亲,不独子其子,使老有所终,壮有所用,幼有所长,矜、寡、孤、独、废、疾者皆有所养"的理想社会。到了近代,洪秀全提出"务使天下共享"、"有田同耕,有饭同食,有衣同穿,有钱同使,无处不均匀,无人不饱暖";康有为则向往"人人相亲,人人平等,天下为公"的境界。孙中山更是努力实践着"天下为公"的理想。然而,由于当时存在着阶级压迫和阶级剥削的制度,所有这些美好的设想都无法实现。

建设和谐社会也是马克思主义的社会主义学说的重要组成部分。早在作为马克思主义三个理论来源之一的空想社会主义那里,傅立叶就曾于1803年以《全世界和谐》为题发文,指出现存不合理的资本主义制度必将被"和谐制度"所代替;欧文在1824年于美国印第安纳州进行的共产主义试验,也冠以"新和谐"的名称。1842年,魏特林在《和谐与自由的保证》一书中将社会主义社会称为"和谐与自由"的社会,并指出这里所谓的和谐是"全体和谐"。马克思称赞这本书是工人阶级"史无前例的光辉灿烂的处女作"。② 1848年,马克思、恩格斯发表《共产党宣言》向全世界宣布他们的共产主义学说,这个宣言指出,"提倡社会和谐"是"关于未来社会的积极的主张","代替那存在着阶级和阶级对立的资产阶级旧社会的,将是这样一个联合体,在那里,每个人的自由发展是一切人的自由发展的条件。"③按照马克思、恩格斯的设想,未来社会将在打碎旧的国家机器、铲除私有制的基础上,消除阶级之间的矛盾和冲突,缩小乃至消除城乡之间、工农之间、脑力劳动和体力劳动之间的对立和差别,极大地调动全体劳动者的积极性和创造性,使社会物质财富极大丰富,人民精神境界极大提高,实行"各尽所能、各取所需",实现每个人自由而全面的发展,在人与人之间、人与自然之间都形成和谐的关系。马克思、恩格斯的这些设想尽管现在还没有得以全面实现的条件,但为构建社会主义和谐社会指明了前进的方向。

中国共产党人在以马克思主义为指导,探索中国社会主义建设道路的实践中,

---

① 转引自《中共中央关于加强党的执政能力建设的决定》,人民出版社2004年版。
② 《马克思恩格斯全集》第一卷,人民出版社1956年版,第483页。
③ 《马克思恩格斯选集》第一卷,人民出版社1972年版,第283、273页。

也在"社会和谐"建设方面颇多建树。1956年,毛泽东发表《论十大关系》,提出了调动国内外一切积极因素的基本方针,论述了正确处理和协调我国经济与社会建设中的十大关系;1957年,毛泽东又发表《关于正确处理人民内部矛盾的问题》,创立了关于两类不同性质矛盾的学说,要求用民主的方法和批评与自我批评的方法解决人民内部矛盾,包括坚持百花齐放、百家争鸣的方针解决文化科学领域里的矛盾,坚持长期共存、互相监督的方针解决共产党与民主党派的矛盾,坚持统筹兼顾、适当安排的方针解决全国城乡各阶层以及国家、集体、个人三者之间的矛盾等等,并强调"我们的目标,是想造成一个又有集中又有民主,又有纪律又有自由,又有统一意志、又有个人心情舒畅、生动活泼,那样一种政治局面"。[①]当然后来不幸的是,发生了"文化大革命"那样全局性、长时间的严重错误,全面激化了各种社会矛盾。1978年,党的十一届三中全会果断地终止"阶级斗争为纲",坚定地转向"经济建设为中心",逐渐告别"斗争哲学";80年代中期,实行多年的"国民经济五年计划"扩充为"国民经济与社会发展五年计划";80年代末,中央提出"稳定压倒一切"的口号;2002年,党的十六大号召"全面建设小康社会",其中就包含了"社会更加和谐"这一重要内容;2003年,十六届三中全会提出"科学发展观",强调一系列的"协调"、多方面的"统筹";2004年,十六届四中全会又提出构建"社会主义和谐社会"的奋斗任务,目标日趋明确。

二、"和谐社会"的内涵

至于和谐社会的内涵,有多种多样的概括。可以将和谐社会界定为"经济更加发展,利益更加协调,民主更加健全,法治更加完善,科教更加进步,文化更加繁荣,社会更加融洽,生活更加美满",使之与长期以来的提法同各行各业的实际工作更好地衔接;也可以将和谐社会界定为"丰富多彩,和而不同;结构合理,比例协调;利益共享,各得其所;运作规范,各行其道;调解整合,兼容并包",使之更具有学理性、更突出重点;还可以将和谐社会界定为"民主法治、公平正义、诚信友爱、充满活力、安定有序、人与自然和谐相处"。最后这一28字的概括,按照胡锦涛总书记的阐释:"民主法治,就是社会主义民主得到充分发扬,依法治国基本方略得到切实落实,各方面积极因素得到广泛调动;公平正义,就是社会各方面的利益关系得到妥善协调,人民内部矛盾和其他社会矛盾得到正确处理,社会公平和正义得到切实维护和实现;诚信友爱,就是全社会互帮互助、诚实守信,全体人民平等友爱、融洽相处;充满活力,就是能够使一切有利于社会进步的创造愿望得到尊重,创造活动得到支持,创造才能得到发挥,创造成果得到肯定;安定有序,就是社会组织机制健

---

① 《毛泽东选集》第五卷,人民出版社1977年版,第456~457页。

全,社会管理完善,社会秩序良好,人民群众安居乐业,社会保持安定团结;人与自然和谐相处,就是生产发展,生活富裕,生态良好。"①

我们现在所要构建的和谐社会,不是指一种人类历史上从未出现过的最高理想状态——马克思、恩格斯所说的共产主义社会,而是通过艰辛的努力完全能够实现的一种愿景。人们都憧憬利益分配结果公平、人与人之间没有高低贵贱之分的理想状态,但难以实现;可是只要我们真正去努力奋斗,机会公平、竞争规则公平却是完全可以实现的。人们都有安居乐业、从容面对生老病死的诉求,这一要求并不高,完全可以实现,不过现在安居乐业越来越困难,生老病死的风险也越来越大。如果我们能够认真克服这类困难,有效规避这类风险,能够使广大老百姓真正实现安居乐业、从容面对生老病死这类并不过高的要求,那么就可以说离和谐社会不远了。

考察社会和谐可以有两种视角:一是纵向的考察,以利益为轴心,沿着"分层→流动→可整合→和谐"的思路;二是横向的考察,以结构为轴心,沿着"发展→协调→可持续→和谐"的思路。

三、和谐社会要求社会分层合理、整合有效

众所周知,针对当时西欧的社会现实,马克思曾经提出了"一元"的阶级分层理论,主张以人们同生产资料的关系即所有制的不同,将社会上的人们分层为不同的阶级、阶层,其中上层剥削、统治下层。其后德国人马克斯·韦伯则提出了"多元"的社会分层理论,除了沿用马克思的方法以财富的多寡为标准将人们分层为不同的阶级,还运用声望的高低将人们分层为不同的地位群体,运用权力的有无或大小将人们分层为不同的党派(集团)。当代社会学通常都使用"多元"的社会分层方法,以职业群体为单位,采用多指标,划出多层次。②

马克思主义传入中国并取得指导地位以后,中国共产党一直采用马克思的方法来纵向地划分阶级、阶层。不过,在革命战争年代,以下层为荣、上层为耻;掌握了政权以后,则以上层为荣、下层为耻;到了所有制改造完成以后,为了维持纵向分层,又不得不离开马克思的"一元"标准——所有制,采用所谓"思想政治态度"的新标准。

党的十一届三中全会以后,终止了"阶级斗争为纲",开始了经济建设为中心的

---

① 胡锦涛:《在省部级主要领导干部提高构建社会主义和谐社会能力专题研讨班上的讲话》,《人民日报》2005年6月27日。

② 马克思主义并非绝对排斥"多元"的分层方法。例如 20 世纪 30 年代,毛泽东在深入调查研究的基础上,科学地划分了农村阶级,他根据是否占有并出租土地从而是否有剥削,将地主与富农共同定为农村的剥削阶级,再根据是否参加劳动,将富农与地主区分开来,并分别采取"打倒地主"和"限制富农"的政策。

新时期。纵向分层不再适合实现现代化这一新时期"最大的政治"的需要,于是开始"横向分列",即不分等级地将几大群体如干部、知识分子、工人、农民并列为现代化建设中地位平等、作用相当的群体。到了纪念中国共产党成立80周年庆祝大会上,江泽民做出了新概括,指出除了原有的工人、农民、知识分子、干部、解放军指战员作为党的阶级基础以外,又产生了新的民营科技企业的创业人员和技术人员、受聘于外资企业的管理技术人员、个体户、私营企业主、中介组织的从业人员、自由职业人员,他们成为党的群众基础。尽管在"阶级基础"和"群众基础"两大板块之间有纵向分层的意思,但每一板块内部,各类人员之间仍是"横向分列",不分高低贵贱。

尽管宣称人们没有高低贵贱之分,然而事实上社会是纵向分层的。中国社会科学院社会学所的研究人员,依据组织资源(权力)、经济资源(财富)、文化资源(声望)的占有状况,通过广泛进行的抽样调查,结合自我评价与相互评价,得出了以下地位由高到低的十大社会阶层:①国家与社会管理者阶层;②经理人员阶层;③私营企业主阶层;④专业技术人员阶层;⑤办事人员阶层;⑥个体工商户阶层;⑦商业服务业员工阶层;⑧产业工人阶层;⑨农业劳动者阶层;⑩城乡无业、失业、半失业者阶层。①

这一"社会分层"研究的结果立即引起轩然大波,遭到许多的责难,尽管批评的人们无法指出上述的分层具体错在哪里。究其原因,主要归结为以下两个方面:一是和平时期搞纵向分层,似乎不合团结全体社会成员的政治需要;二是实事求是地说出了人们都不愿看到、看到了也不愿说出的事实,即工农已经滑到了社会的底层。

其实,社会出现纵向分层并不可怕,古往今来任何国家和民族从来都没有消除过社会的纵向分层,但却不乏社会稳定、社会繁荣乃至社会和谐。可怕的是,其一社会分层的依据缺乏社会共同价值观的支持;其二纵向分层成了唯一的社会分化;其三社会各层级之间缺乏流动的可能,以及所有的层级日趋两极分化。

先看社会分层的依据有无社会共同价值观的支持。我国这些年来,"分配不公"一直是人们愤愤不平的话题,可见社会分配的实际状况与人们的价值观发生了背离。究竟何为"公平"? 不同的人有不同的理解。但从科学的角度和各国发展的趋势来看,人们评价公平的"重心"发生"前移";由重视结果的公平(财富拥有状况),经关注过程的公平(分配规则合理),到强调起点的公平(人人机会均等)。考察结果公平最常用的指标是基尼系数,国际公认的标准值为0.3左右;低于标准值表明贫富差距过小,是一种不公平;高于标准值表明贫富差距过大,是另一种不公

---

① 陆学艺主编:《当代中国社会阶层研究报告》,社会科学文献出版社2002年版,第7~8页。

平;其警戒值为0.45。我国现在的基尼系数已接近或超过国际警戒线,形势相当严峻。过程公平就是分配规则的合理与透明。按资本分配、按劳动(含能力、技术等)分配、按权力分配、按需要分配、按风险分配等等都具有一定的合理性,不应当将它们当中的某一个同某种社会制度挂钩。我国现在确认按生产要素(包括资本、劳动、权力、风险等)分配的原则,并在分配完了以后辅以农村扶贫和城镇最低生活保障(即保证最基本的生活需要),就是明证。目前这方面存在的问题有二:各种分配规则的比例权重不当,"暗箱操作"导致国有和集体资产流失。起点公平也称机会均等,包括消除"进入"和"退出"的壁垒,确保每一次竞争的公平;健全累进所得税和社会救助制度,确保代内竞争的公平;实施遗产税和穷人孩子免费教育,确保代际竞争的公平。显然在这三种起点公平方面,我们都还有很多值得改进的不足之处。

早在1978年,根据当时平均主义盛行、人们普遍贫穷的现实,邓小平高瞻远瞩地提出了"允许和鼓励一部分人、一部分地区先富起来"的"大政策",1987年党的十三大又规定了"效率优先,兼顾公平"的指导思想。时至今日,平均主义、普遍贫穷的现实已让位于贫富悬殊,许多人安贫乐道、怕富仇富的心理已变成想尽法子、费尽心思地发家致富。我们的指导思想和方针政策也应当与时俱进。正如邓小平在改革开放和现代化建设全面展开以后,就对全国经济的协调发展进行过深刻的思考,提出了"两个大局"的思想:一个大局,就是东部沿海地区加快对外开放,使之较快地先发展起来,中西部地区要顾全这个大局;另一个大局,就是当发展到一定时期,比如20世纪末全国达到小康水平时,就要拿出更多的力量帮助中西部地区加快发展,东部沿海地区也要服从这个大局。[①]所以原先允许和鼓励一部分人、一部分地区先富,现在应改为规范先富人群和先富地区的致富方式,倡导富了以后应当为国家和社会多做贡献;原先的效率优先、兼顾公平也应改为微观领域(初次分配)效率优先、宏观领域(再分配)公平优先,或者说由市场体现效率、政府负责公平。

再看社会分层是否成为社会分化的唯一形式。社会分化是社会发展的基础,其一般表现为社会结构要素的增多、数量的扩大、社会结构形式的多样化以及功能的专一化。在社会分化不断发生的社会转型期,要素分化与结构整合之间难免会出现失衡与失调现象,从而致使社会资源配置不均,各种社会优势资源过于集中在某一群体或个人身上。例如,在利益群体的分化上,伴随着阶层、组织和区域的分化,各类利益群体的自主权不断扩大,其利益意识也会不断被唤醒和强化,对利益

---

① 参见邓小平1988年9月12日听取关于价格和工资改革初步方案的汇报和1992年视察南方的讲话,《邓小平文选》第三卷,人民出版社1993年版,第277、278、374页。

的追求会成为人们社会行为的一种强大动力,而利益的分化实际上也是利益格局重新调整的过程,一些人由于能力较强、机遇较好获得的社会资源较多,而另一些人却在改革与调整中不仅没有多获得资源,反而可能丧失原有的优势资源(如城市居民粮食制度的改革、户籍制度的松动使许多城市居民过去的优越感一扫而去)。不仅如此,在不同利益群体的资源分配中还会形成一种"马太效应",即本身原有较多资源的人在改革与调整中进一步获得资源的优势更强,而缺少资源的人持续获得资源的可能性越来越少,从而形成社会资源优势的集中化趋势,如拥有权力的人,往往意味着同时能拥有较高的经济收入和社会地位。权力、财富、声誉同时集中于一身,必然会导致社会不平等的增加,并在不同利益主体间产生广泛的矛盾和冲突,如当前普遍存在的农民工与城市居民之间的矛盾与冲突、企业管理者与工人之间的矛盾与冲突等,就是例证。因此,从社会和谐的角度来看,应当下大力气营造出让每一个社会成员、社会细胞、社会单元"各得其所"的社会环境,尽量使各种资源优势均衡分布。人们对各种社会资源的追求呈现出多样化的趋势。相应地,社会分层也呈现出了日益复杂的格局。在同一条折线上反复进行折叠的硬纸板很容易断裂,而裂纹纵横交错的龟背却有较好的稳定性。社会也是这个道理。在追求不同社会资源的过程中,众多的社会成员、社会细胞、社会单元之间总免不了有差别,但如果一个社会将各种类型的资源优势都赐予一部分成员,而使另一部分成员一无所获(如让一部分人获取改革所有成果的同时,却让另一部分人承担改革的全部成本),也就是说按不同资源进行社会分层所得到的结果都是相同的,这就好像在同一条折线上反复折叠一张硬纸板一样,非常容易断裂。反之,如果让每个社会成员、社会细胞、社会单元在不同种类的资源中"各得其所",或者说给他们都留下一定的生存和活动空间,使各种社会资源优势呈现出均衡分布的状态,那么运用不同资源标准所得出的社会分层结果就不再是重叠一致的单一结构,而是那种"龟背"式结构状态,从而有效地预防了社会结构的过度分化,使社会不易陷入严重的矛盾冲突之中。

最后看社会各层级之间的流动与整合。根据社会各层级之间流动的可能性与频率,学界将社会分层结构分为阶级体系与等级体系。所谓阶级体系(class system),指相对开放社会中的分层体系,其中流动相对容易和频繁,分层体系中的位置更多地由教育或技术这些后天的自致性特征所决定。而等级体系(caste system),则指相对封闭社会中的分层体系,其中流动相当困难,分层体系中的位置更多地由先赋性特征而非自致性特征所决定。一般而言,阶级体系比等级体系稳定。但也不绝对如此,在等级体系中,人们的参照系仅仅限于本等级,相对缺乏"妄想",因而也能保持稳定。由先赋性的"身份取向"转为自致性的"成就取向",是传统社会转向现代社会的一个重要特征。所以,应当拆除阻止社会流动的"藩篱",如承认国民的自由选择权,消除各种人为的隔离(包括城乡分治,招工招考中的身份限制,福利保障待遇中的身份差别等等)。在流动问题上,教育发挥着特别重要的作用。俗话说:"教育提供前程,知识改变人生。"常识认为教育是促进社会流动、终结阶级分裂的,但法国当代学者布迪厄的文化资本再生产理论令人信服地指出,文化资本的传承与积累是阶级再生产的重要环节。有鉴于此,就必须克服教育再造社会不平等的消极后果,更好地发挥教育促进社会流动、终结阶级分裂的积极作用。换言之,教育公平的问题就至关重要。反观我国的教育,城乡差别巨大,当农村义务教育还捉襟见肘时,城市已进入终身学习的社会,高等教育也已由精英教育发展为大众化教育,如果不迅速发展农村教育,缩小城乡教育差距,整个城乡之间的差别将会固化乃至加剧。值得一提的是,恩格斯曾说,无产阶级的形成和稳定依赖于最低投资额的提高,由于穷人无法筹措到进行投资所需要的最低款额,所以他们才永远不能改变出卖自己劳动力的局面,从而形成一个稳定的无产阶级队伍。[①]由此,一个社会如果有相当多的成员其收入处于中等水平,则比较有可能避免两极分化,比较有可能为低收入者提供向上流动的机会。

四、和谐社会要求结构合理、比例协调

社会作为一个有机体、一个系统,其结构是否协调就成了社会是否和谐的重要影响因素。按照结构功能论的基本假设,社会结构作为由各种结构要素构成的一个系统,在自然状态下,其结合往往是相对恒定、协调和均衡的。原本的社会可能是落后的,但同时也可能是结构协调的。一旦人们人为地改造社会(其最显著的就是"发展"),社会结构的不协调就有了可能。如前所述,20多年来,我们一心一意图发展,聚精会神抓发展,取得了举世瞩目的发展成就,但也带来了日益严重的负面影响。首先是分配不公,贫富悬殊,引起了上述人们利益结构的不协调;其次是经济发展与社会进步脱节,造成物质文明、精神文明、政治文明等三个文明建设不协调;最后是经济发展与环境保护相冲突,导致人与自然之间的不和谐。所有这些问题的出现都与发展观念及其路径的选择有关。分配不公、贫富悬殊说明我们相当一个时期里误把发展理解为单纯的经济增长,因而要尽快地由经济增长观转变为经济发展观;经济与社会脱节、三个文明建设失调说明我们曾经片面理解经济建设为中心,因而要尽快由经济发展观提升为经济社会全面进步观;经济与环境冲突、人与自然不和谐则说明我们没有正确认识人与自然的关系,靠拼资源、拼环境来换取经济发展,因而要尽快由经济发展观转变为可持续发展观。所有这一切,都要求我们将发展正确地定位于"手段",让其服从并服务于"目的"——人,即要"以

[①] 参见《马克思恩格斯全集》第二卷,人民出版社1957年版,第297页。

人为本"。所有这些,就是科学发展观的内涵。

除了上述利益分配所引发的阶层结构、发展观所引发的宏观结构以外,社会还有许许多多的其他结构,比如人口结构、民族结构、职业结构、地区结构、城乡结构、产业结构、家庭结构等等。仅仅考察人口结构,就又可分为年龄结构、性别结构、地区分布结构等等多项内容。不可否认,在全自然的状态下,人口的这些结构特别是其中的年龄结构和性别结构都是天然合理的。但是鉴于我国急剧膨胀的人口总量对经济、社会、资源环境所造成的巨大压力,就连一贯主张"人多力量大"的一代伟人毛泽东在其晚年也不得不提出"人口非控制不可",开始实行(人为的)计划生育,后来又进一步发展为"独生子女政策"。人为的干预打破了天然的平衡:在尚未富裕起来的情况下,我国提前步入老龄社会,"老少比"在短期内发生了急剧的"倒转";更为严重的是男女出生性别比发生了十分危险的剧增,而且年龄越是下降,性别比越是提高。其他各种社会结构在人为的干预下,也都发生了类似的偏离原有自然状态的变化。而包括人口结构在内的各种社会结构如果不协调、不合理,那么和谐社会就不可能建成。

五、必须重视和加强社会建设

建构社会主义和谐社会的宏伟目标,要求我们必须重视和加强社会主义的社会建设。

长期以来,人们一直采用"唯名论"的观点看待社会,即仅仅将社会看成是一个名称、或一个场所,供各个不同的人和各个不同的组织在其中进行经济、政治、文化等各类活动。例如,人们通常在将社会划分为经济、政治、文化等三个领域以后,以为就没有什么内容可剩了;人们通常把建设社会的任务分为经济建设、政治建设、文化建设等三项,除此以外,似乎也没有什么其他的事情可做了;即使是前述邓小平关于社会主义现代化建设总体布局设计中的"三个坚定不移",以及江泽民关于社会主义初级阶段建设纲领中的"三大纲领",乃至党的十六大提出的"三大文明"等等,都还带有经济、政治、文化"三分法"的痕迹。

然而,和谐社会的构建既不属于经济建设,也不属于政治建设、文化建设,甚至也并非这三大建设的简单相加,因此,要求人们对社会的认识必须由"唯名论"上升到"唯实论",即把社会看成是一个实实在在的"实体";它既同经济、政治、文化领域相并列,又统辖经济、政治、文化领域;它既为各个不同的人和各个不同的组织提供活动的场所,又作为客观外在的物质力量影响和制约着所有人和所有组织的行为。

可喜的是,党中央在提出构建社会主义和谐社会目标的同时,也相应地提出了社会主义社会建设的任务,并将其同社会主义的经济建设、政治建设、文化建设相并列。其实,党的十六大以来,中央强调要坚持立党为公、执政为民,做到权为民所用、情为民所系、利为民所谋;牢固树立和落实科学发展观,按照"五个统筹"的要求,推进经济社会全面协调可持续发展;发展党内民主和人民民主,充分调动一切积极因素;坚持以人为本,始终把最广大人民的根本利益作为党和国家工作的根本出发点和落脚点,切实做好关心群众生产生活的工作,等等,都是为了推进社会主义社会建设。可以预见,到了适当的时候,人们会意识到"社会文明"的重要性,并将其与物质文明、政治文明、精神文明相并列。

社会主义的社会建设,其本质和核心是维护和实现社会公平和正义。正如胡锦涛总书记所说:"维护和实现社会公平和正义,涉及最广大人民的根本利益,是我们党坚持立党为公、执政为民的必然要求,也是我国社会主义制度的本质要求。只有切实维护和实现社会公平和正义,人们的心情才能舒畅,各方面的社会关系才能协调,人们的积极性、主动性、创造性才能充分发挥出来。要坚持把最广大人民的根本利益作为制定和贯彻党的方针政策的基本着眼点,正确反映和兼顾不同地区、不同部门、不同方面群众的利益,在促进发展的同时,把维护社会公平放到更加突出的位置,综合运用多种手段,依法逐步建立以权利公平、机会公平、规则公平、分配公平为主要内容的社会公平保障体系,使全体人民共享改革发展的成果,使全体人民朝着共同富裕的方向稳步前进。要坚持在全国人民根本利益一致的基础上,妥善协调各种具体的利益关系和内部矛盾,正确处理个人利益和集体利益、局部利益和整体利益、当前利益和长远利益的关系。要高度重视收入分配问题,更好地处理按劳分配为主体和实行多种分配方式的关系,既坚持鼓励一部分地区、一部分人通过诚实劳动和合法经营先富起来,并推动先富带未富、先富帮未富,同时也要在经济发展的基础上,通过改革税收制度、增加公共支出、加大转移支付等措施,合理调整国民收入分配格局,逐步解决地区之间和部分社会成员收入差距过大的问题。要进一步完善社会保障体系,逐步扩大社会保障的覆盖面,切实保障各方面困难群众的基本生活,让他们感受到社会主义大家庭的温暖。要从法律上、制度上、政策上努力营造公平的社会环境,从收入分配、利益调节、社会保障、公民权利保障、政府施政、执法司法等方面采取切实措施,逐步做到保证社会成员都能够接受教育,都能够进行劳动创造,都能够平等地参与市场竞争、参与社会生活,都能够依靠法律和制度来维护自己的正当权益。"[①]

[①] 胡锦涛:"在省部级主要领导干部提高构建社会主义和谐社会能力专题研讨班上的讲话",《人民日报》2005年6月27日。

第四节　中国特色社会主义理论体系

一、勇于探索　形成中国特色社会主义理论体系

2007年10月,中国共产党召开第十七次全国代表大会,在全面总结改革开放以来成绩和经验的基础上,正式宣告中国特色社会主义理论体系业已形成。这标志着中国共产党领导下的中国特色社会主义伟大事业发展到了一个崭新的阶段。

中国的改革开放伟大事业,是在以毛泽东同志为核心的党的第一代中央领导集体创立毛泽东思想,带领全党全国人民建立新中国、取得社会主义建设伟大成就以及艰辛探索社会主义建设规律的基础上进行的;是以邓小平同志为核心的党的第二代中央领导集体带领全党全国人民开创的;是以江泽民同志为核心的党的第三代中央领导集体带领全党全国人民继承、发展并成功推向21世纪的。这场历史上从未有过的大改革、大开放,极大地调动了亿万人民的积极性、创造性,取得了令世人瞩目的大发展、大成就。概括总结改革开放历史进程的基本经验,就是"十个结合",即"把坚持马克思主义基本原理同推进马克思主义中国化结合起来,把坚持四项基本原则同坚持改革开放结合起来,把尊重人民首创精神同加强和改善党的领导结合起来,把坚持社会主义基本制度同发展市场经济结合起来,把推动经济基础变革同推动上层建筑改革结合起来,把发展社会生产力同提高全民族文明素质结合起来,把提高效率同促进社会公平结合起来,把坚持独立自主同参与经济全球化结合起来,把促进改革发展同保持社会稳定结合起来,把推进中国特色社会主义伟大事业同推进党的建设新的伟大工程结合起来"。[①]

改革开放以来我们取得一切成绩和进步的根本原因,归结起来就是开辟了中国特色社会主义道路,形成了中国特色社会主义理论体系。自此,邓小平亲自开创的中国特色社会主义理论已经发展完善为中国特色社会主义理论体系。"中国特色社会主义理论体系,就是包括邓小平理论、'三个代表'重要思想以及科学发展观等重大战略思想在内的科学理论体系。这个理论体系,坚持和发展了马克思列宁主义、毛泽东思想,凝结了几代中国共产党人带领人民不懈探索实践的智慧和心血,是马克思主义中国化最新成果,是党最可宝贵的政治和精神财富,是全国各族

[①] 胡锦涛:《高举中国特色社会主义伟大旗帜　为夺取全面建设小康社会新胜利而奋斗——在中国共产党第十七次全国代表大会上的报告》(2007年10月15日),人民出版社,2007年版,第10页。

人民团结奋斗的共同思想基础。"[1]同时,"中国特色社会主义理论体系"这一概念的提出,也为中国共产党人和全国各族人民今后的实践探索和理论创新留下了广阔的发展空间。

二、统筹兼顾,促进国民经济又好又快发展

2007年中国共产党第十七次全国代表大会,以及2008年十七届三中全会通过的《中共中央关于推进农村改革发展若干重大问题的决定》和2010年十七届五中全会通过的《中共中央关于制定国民经济和社会发展第十二个五年规划的建议》,根据科学发展观的要求,坚持统筹兼顾的根本方法,正确处理经济领域中的一系列矛盾和关系,促进国民经济又好又快发展。

统筹消费、投资和出口,推进经济发展方式转变和产业结构优化。多年来,我国主要依靠投资、出口来拉动经济,从而既导致内需不足、人民群众生活消费增长跟不上经济增长,也使经济增长的资源环境代价过大。针对这一实际情况,因而提出"要坚持走中国特色新型工业化道路,坚持扩大国内需求特别是消费需求的方针,促进经济增长由主要依靠投资、出口拉动向依靠消费、投资、出口协调拉动转变,由主要依靠第二产业带动向依靠第一、第二、第三产业协同带动转变,由主要依靠增加物质资源消耗向主要依靠科技进步、劳动者素质提高、管理创新转变。"[2]提高自主创新能力、建设创新型国家被提到"国家发展战略的核心、提高综合国力的关键"的高度,加快建设国家创新体系,加快建立以企业为主体、市场为导向、产学研相结合的技术创新体系,进一步营造鼓励创新的环境。

统筹城乡发展,推进社会主义新农村建设。相较于城市地区,我国农村地区的发展一直严重滞后,农业稳定发展和农民持续增收难度加大,"三农"问题(农村真穷、农民真苦、农业真危险)仍在相当程度上存在。按照科学发展观的要求,必须加强农业基础地位,发展现代农业,繁荣农村经济,建立以工促农、以城带乡长效机制,形成城乡经济社会发展一体化的新格局。几年来,全国范围内大力推进以"生产发展、生活宽裕、乡风文明、村容整洁、管理民主"为目标的社会主义新农村建设,确保到2020年实现:城乡经济社会发展一体化体制机制基本建立;农业综合生产能力明显提高,国家粮食安全和主要农产品供给得到有效保障;农民人均纯收入比2008年翻一番,消费水平大幅提升;农村基层组织建设进一步加强,农民民主权利

---

[1] 胡锦涛:《高举中国特色社会主义伟大旗帜　为夺取全面建设小康社会新胜利而奋斗——在中国共产党第十七次全国代表大会上的报告》(2007年10月15日),人民出版社,2007年版,第11~12页。

[2] 胡锦涛:《高举中国特色社会主义伟大旗帜　为夺取全面建设小康社会新胜利而奋斗——在中国共产党第十七次全国代表大会上的报告》(2007年10月15日),人民出版社,2007年版,第22~23页。

得到切实保障;城乡基本公共服务均等化明显推进,农村人人享有接受良好教育的机会,农村基本生活保障、基本医疗卫生制度更加健全;资源节约型、环境友好型农业生产体系基本形成。为此,还就稳定和完善农村基本经营制度、健全严格规范的农村土地管理制度、完善农业支持保护制度、建立现代农村金融制度、建立促进城乡经济社会发展一体化制度、健全农村民主管理制度等开始进行改革创新的试点。

统筹区域协调发展,优化国土开发格局。鉴于我国幅员辽阔,各地发展基础相差很大,加上改革开放以来采取了"梯度发展"的战略,更加大了区域间的发展不平衡。进入 21 世纪之后,先后实施西部大开发和振兴东北地区老工业基地,开始形成并继续推进"东部率先发展、西部大开发、中部崛起、东北老工业基地振兴"的格局和总体战略。通过多年促进区域共同发展的实践,进一步认识到:①缩小区域发展差距,必须注重实现基本公共服务均等化,引导生产要素跨区域合理流动。②加强国土规划,按照形成主体功能区的要求,完善区域政策,调整经济布局,遵循市场经济规律,突破行政区划界限,形成若干带动力强、联系紧密的经济圈和经济带。③走中国特色城镇化道路,按照统筹城乡、布局合理、节约土地、功能完善、以大带小的原则,促进大中小城市和小城镇协调发展;以增强综合承载能力为重点,以特大城市为依托,形成辐射作用大的城市群,培育新的经济增长极。

统筹人与自然关系,加强能源资源节约和生态环境保护。一方面,我国经济增长的资源环境代价过大;另一方面,坚持节约资源和保护环境的基本国策,关系人民群众切身利益和中华民族生存发展。基于这样的认识,必须统筹兼顾经济社会发展和环境生态保护,从增进人和自然和谐的高度,把建设资源节约型、环境友好型社会放在工业化、现代化发展战略的突出位置,落实到每个单位、每个家庭;完善有利于节约能源资源和保护生态环境的法律和政策,加快形成可持续发展的体制和机制。于是,节能减排扎实推进,环保投入大幅增长,环保产业得以发展,特别是认真加强应对气候变化能力建设,不仅改善国内生态环境,而且为保护全球气候做出应有的贡献。

统筹财税金融改革和市场体系建设,健全宏观调控下的现代市场体系。10 多年来,我们非常重视市场体系的建设,各类生产要素市场不断发展,反映市场供求关系、资源稀缺程度、环境损害成本的生产要素和资源价格形成机制得到建立,行业协会和市场中介组织纷纷成立并发挥出越来越明显的积极作用。但是财政、税收、金融体制的改革相对滞后。针对这一状况,按照科学发展观统筹兼顾的根本方法,近年来注重财税金融改革。在财政方面,围绕推进基本公共服务均等化和主体功能区建设,不断完善公共财政体系;加快"省直管县"的财政体制试点,探索中央和地方财力与事权相匹配的体制,提高一般性财政转移支付规模和比例;加大公共服务领域的投入,增强基层政府提供公共服务的能力。在税收方面,调整税收结构和征收标准,提高个税征收起点,试点开征房产税,服务于贫富差距的缩小和民生的改善;建立健全资源有偿使用制度和生态环境补偿制度,服务于科学发展。在金融方面,推进金融体制改革,发展各类金融市场,以形成多种所有制和多种经营形式、结构合理、功能完善、高效安全的现代金融体系;提高银行业、证券业、保险业的竞争力;加强和改进金融监管,防范和化解金融风险。上述一系列综合运用财政、税收、金融、货币工具的努力,既提高了宏观调控水平,也保证了我国在2008年国际金融危机大背景下仍然取得了经济持续发展的辉煌业绩,保证了人民生活的普遍持续改善。

三、关注民生,加强和完善社会建设和社会管理

近些年来,根据科学发展观的要求和让人民群众分享改革发展成果的原则,各级党委和政府明显加强了对民生的保障和改善,社会建设和社会管理日益被提上重要议事日程。

1. 社会建设

社会建设与人民幸福安康息息相关,社会建设的重点是保障和改善民生,社会建设的基本原则是共建共享,社会建设的总目标是"使全体人民学有所教、劳有所得、病有所医、老有所养、住有所居"。[①] 着力保障和改善民生,必须逐步完善符合国情、比较完整、覆盖城乡、可持续的基本公共服务体系,提高政府保障能力,推进基本公共服务均等化。

为此,"国民经济和社会发展第十二个五年规划"勾画了蓝图,提出了如下的具体要求[②]:

——促进就业和构建和谐劳动关系。实施更加积极的就业政策,大力发展劳动密集型产业、服务业和小型微型企业,多渠道开发就业岗位,鼓励自主创业,促进充分就业。健全统一规范灵活的人力资源市场,为劳动者提供优质高效的就业服务。加强职业培训和择业观念教育,提高劳动者就业能力,把解决高校毕业生、农村转移劳动力、城镇就业困难人员就业问题作为工作重点。做好退役军人就业工作。加强劳动执法,完善劳动争议处理机制,改善劳动条件,保障劳动者权益。发挥政府、工会和企业作用,努力形成企业和职工利益共享机制,建立和谐劳动关系。

——合理调整收入分配关系。坚持和完善按劳分配为主体、多种分配方式并

[①] 胡锦涛:《高举中国特色社会主义伟大旗帜 为夺取全面建设小康社会新胜利而奋斗——在中国共产党第十七次全国代表大会上的报告》(2007年10月15日),人民出版社,2007年版,第37页。
[②] 《中共中央关于制定国民经济和社会发展第十二个五年规划的建议》(2010年10月18日中共十七届五中全会通过)。

存的分配制度。初次分配和再分配都要处理好效率和公平的关系,再分配更加注重公平。努力提高居民收入在国民收入分配中的比重,提高劳动报酬在初次分配中的比重。创造条件增加居民财产性收入。健全扩大就业增加劳动收入的发展环境和制度条件,促进机会公平。逐步提高最低工资标准,保障职工工资正常增长和支付。规范分配秩序,加强税收对收入分配的调节作用,有效调节过高收入,努力扭转城乡、区域、行业和社会成员之间收入差距扩大趋势。完善公务员工资制度,深化事业单位收入分配制度改革。

——健全覆盖城乡居民的社会保障体系。坚持广覆盖、保基本、多层次、可持续方针,加快推进覆盖城乡居民的社会保障体系建设。实现新型农村社会养老保险制度全覆盖,完善实施城镇职工和居民养老保险制度,实现基础养老金全国统筹。推动机关事业单位养老保险制度改革。进一步做实养老保险个人账户,实现跨省可接续。扩大社会保障覆盖范围,逐步提高保障标准。发展企业年金和职业年金。发挥商业保险补充性作用。实现城乡社会救助全覆盖。积极稳妥推进养老基金投资运营。大力发展慈善事业。加强社会保障信息网络建设,推进社会保障卡应用,实现精确管理。

——加快医疗卫生事业改革发展。按照保基本、强基层、建机制的要求,增加财政投入,深化医药卫生体制改革,调动医务人员积极性,把基本医疗卫生制度作为公共产品向全民提供,优先满足群众基本医疗卫生需求。加强公共卫生服务体系建设,扩大国家基本公共卫生服务项目。健全覆盖城乡居民的基本医疗保障体系,逐步提高保障标准。建立和完善以国家基本药物制度为基础的药品供应保障体系,确保药品质量和安全,加强城乡医疗卫生服务体系建设,新增医疗卫生资源重点向农村和城市社区倾斜,加强医学人才特别是全科医生培养,完善鼓励全科医生长期在基层服务政策。积极稳妥推进公立医院改革,探索形成各类城市医院和基层医疗机构合理分工和协作格局。坚持中西医并重,支持中医药事业发展。积极防治重大传染病、慢性病、职业病、地方病和精神疾病。鼓励社会资本以多种形式举办医疗机构,促进有序竞争,加强监管,提高服务质量和效率,满足群众多样化医疗卫生需求。

2008年由美国肇始、迅速蔓延全球的金融危机,对我国也产生了不小的负面影响。面对这种不利的国际形势,我国坚持"保增长、保民生、保稳定"的方针,狠抓发展第一要务,实施扩大就业的发展战略,促进以创业带动就业,加快覆盖城乡的社会保障体系建设,既率先走出国际金融危机的阴影,确保国民经济持续稳定增长,为全球经济复苏做出了积极贡献,也使城乡人民群众的生活在国民经济发展的同时得到了有效提高。

2. 社会管理

伴随着社会建设的蓬勃发展,社会管理的任务也应运而生。政府职能开始被定位于"经济调控,市场监管,社会管理,公共服务"。对社会管理的实践探索和理论认识不断前行:首先,社会管理的格局被概括为"党委领导、政府负责、社会协同、公众参与";其次,认识到社会管理的实质就是公共治理,不能依赖党委政府包揽,必须调动党委政府、企事业单位、民间组织、媒体、社会成员各方面的积极性,合作联动;最后,社会管理的内容经不断凝练而日趋清晰,那就是①对"社"的管理即"社区管理";②对"会"的管理即"民间组织管理";③对"分化的社会"的管理即"妥善处理人民内部矛盾,党和政府主导群众维权";④对"开放的社会"的管理即"流动人口管理";⑤对"虚拟的社会"的管理即"互联网管理";⑥对"风险的社会"的管理即"突发事件管理"。最近,胡锦涛总书记用八个"进一步加强和完善",全面系统地阐述了社会管理及其创新[①]。

——进一步加强和完善社会管理格局,切实加强党的领导,强化政府社会管理职能,强化各类企事业单位社会管理和服务职责,引导各类社会组织加强自身建设、增强服务社会能力,支持人民团体参与社会管理和公共服务,发挥群众参与社会管理的基础作用。

——进一步加强和完善党和政府主导的维护群众权益机制,形成科学有效的利益协调机制、诉求表达机制、矛盾调处机制、权益保障机制,统筹协调各方面利益关系,加强社会矛盾源头治理,妥善处理人民内部矛盾,坚决纠正损害群众利益的不正之风,切实维护群众合法权益。

——进一步加强和完善流动人口和特殊人群管理和服务,建立覆盖全国人口的国家人口基础信息库,建立健全实有人口动态管理机制,完善特殊人群管理和服务政策。

——进一步加强和完善基层社会管理和服务体系,把人力、财力、物力更多投到基层,努力夯实基层组织、壮大基层力量、整合基层资源、强化基础工作,强化城乡社区自治和服务功能,健全新型社区管理和服务体制。

——进一步加强和完善公共安全体系,健全食品药品安全监管机制,建立健全安全生产监管体制,完善社会治安防控体系,完善应急管理体制。

——进一步加强和完善非公有制经济组织、社会组织管理,明确非公有制经济组织管理和服务员工的社会责任,推动社会组织健康有序发展。

——进一步加强和完善信息网络管理,提高对虚拟社会的管理水平,健全网上

---

① 胡锦涛同志于2011年2月19日在中共中央党校省部级主要领导干部社会管理及其创新专题研讨班开班式上的重要讲话,参见《人民日报》2011年2月20日。

舆论引导机制。

——进一步加强和完善思想道德建设,持之以恒加强社会主义精神文明建设,加强社会主义核心价值体系建设,增强全社会的法制意识,深入开展精神文明创建活动,增强社会诚信。

四、改革创新,推进党的建设新的伟大工程

中国特色社会主义事业是改革创新的事业。党要站在时代前列带领人民不断开创事业发展新局面,就必须以改革创新的精神加强自身建设,始终成为中国特色社会主义事业的坚强领导核心。党的建设新的伟大工程包括党的执政能力建设、党内民主建设、基层党组织建设、反腐倡廉和党的作风建设等等。

首先,看党的执政能力建设。当前,党的执政能力体现在领导社会主义市场经济建设的能力、领导社会主义民主政治建设的能力、领导社会主义精神文明建设的能力、构建社会主义和谐社会的能力,以及应对国内外各种突发事件的能力。党的执政能力建设关系到党的建设和中国特色社会主义事业的全局。这些年来,以提高领导水平和执政能力作为核心内容,按照科学执政、民主执政、依法执政的要求,各级领导班子建设不断加强;再以加强领导班子执政能力建设影响和带动全党,使党的全部工作始终符合时代要求和人民期待。

其次,看党内民主建设。党内民主是增强党的创新活力、巩固党的团结统一的重要保证。十七大以来,党内民主建设有了较大的进展:推进基层党务公开,营造党内民主讨论环境,推广基层党组织领导班子成员由党员和群众公开推荐与上级党组织推荐相结合的办法,逐步扩大基层党组织领导班子直接选举范围,探索扩大党内基层民主多种实现形式;实行党的代表大会代表任期制,选择一些县(市、区)试行党代表大会常任制;完善党的地方各级委员会、常委会工作机制,发挥全委会对重大问题的决策作用,推行地方党委讨论决定重大问题和任用重要干部票决制;实行民主集中制,健全集体领导与个人分工负责相结合的制度,反对和防止个人或少数人专断;建立健全中央政治局向中央委员会全体会议、地方各级党委常委会向委员会全体会议定期报告工作并接受监督的制度。在此基础上,以扩大党内民主带动人民民主,以增进党内和谐促进社会和谐。

再次,看基层党组织建设。党的基层组织是党执政的组织基础。这些年来,全面推进农村、企业、城市社区和机关、学校、新社会组织等的基层党组织建设;在党的基层组织和党员中深入开展创先争优活动,建立健全互帮互助机制;建立健全党内激励、关怀、帮扶机制,关心和爱护基层干部、老党员、生活困难党员。通过党的基层组织建设,坚持不懈地提高党员素质,拓宽党员服务群众渠道,构建党员联系和服务群众工作体系,健全让党员经常受教育、永葆先进性的长效机制,使党员真

第十六章 "全面小康"、"科学发展"与"和谐社会"

正成为牢记宗旨、心系群众的先进分子,基层党组织真正成为推动发展、服务群众、凝聚人心、促进和谐的坚强堡垒。在此基础上,以党的基层组织建设带动其他各类基层组织建设。

最后,看反腐倡廉和党的作风建设。优良的党风是凝聚党心民心的巨大力量,腐败现象与腐败分子则是败坏党的形象、离间党群关系的"害群之马"。胡锦涛强调指出:"中国共产党的性质和宗旨,决定了党同各种消极腐败现象是水火不相容的。坚决惩治和有效预防腐败,关系人心向背和党的生死存亡,是党必须始终抓好的重大政治任务。全党同志一定要充分认识反腐败斗争的长期性、复杂性、艰巨性,把反腐倡廉建设放在更加突出的位置,旗帜鲜明地反对腐败。"[1]可以说,十六大以来,党越来越重视改进党的作风,越来越抓紧惩治和预防腐败。党中央反复重申"权为民所用、情为民所系、利为民所谋";多次强调反对形式主义、反对官僚主义、反对弄虚作假、反对奢侈浪费;不断要求全党同志特别是领导干部都要讲党性、重品行、作表率。在反腐倡廉方面,坚持"标本兼治、综合治理、惩防并举、注重预防"的方针,扎实推进惩治和预防腐败体系建设,在坚决惩治腐败的同时,更加注重治本,更加注重预防,更加注重制度建设,从源头上防治腐败,力求形成拒腐防变教育长效机制、反腐倡廉制度体系、权力运行监控机制。

邓小平早就说过:"中国要出问题,还是出在共产党内部。"[2]只要中国共产党不断加强自身建设,坚持始终代表中国先进生产力的发展要求,始终代表中国先进文化的前进方向,始终代表中国最广大人民的根本利益,中国特色社会主义事业就一定能够取得胜利!中国人民全面小康和现代化的愿景就一定能够实现!中华民族的伟大复兴就一定能够到来!

---

[1] 胡锦涛:《高举中国特色社会主义伟大旗帜 为夺取全面建设小康社会新胜利而奋斗——在中国共产党第十七次全国代表大会上的报告》(2007年10月15日),人民出版社,2007年版,第55页。
[2] 《邓小平文选》第三卷,人民出版社,第380页。

第十七章

迎接两个"一百年",实现中国复兴梦

2012年11月,中国共产党召开第十八次全国代表大会,选举产生了以习近平为总书记的新一届党中央,发誓带领全国各族人民坚定不移地沿着中国特色社会主义道路继续奋勇前进。代表大会满怀自信地确认,"只要我们胸怀理想、坚定信念,不动摇、不懈怠、不折腾,顽强奋斗、艰苦奋斗、不懈奋斗,就一定能在中国共产党成立一百年时全面建成小康社会,就一定能在新中国成立一百年时建成富强民主文明和谐的社会主义现代化国家。"[①]

第一节 "五位一体":建设中国特色社会主义的总布局

一、"五位一体"建设总布局

党的十八大强调,中国特色社会主义不仅是"中国特色社会主义道路、中国特色社会主义理论体系、中国特色社会主义制度"的"三者统一",其中"中国特色社会主义道路是实现途径,中国特色社会主义理论体系是行动指南,中国特色社会主义制度是根本保障,三者统一于中国特色社会主义伟大实践";而且也是"社会主义市场经济、社会主义民主

[①] 胡锦涛:《坚定不移沿着中国特色社会主义道路前进 为全面建成小康社会而奋斗——在中国共产党第十八次全国代表大会上的报告》(2012年11月8日),《党建研究》2012年第12期。

政治、社会主义先进文化、社会主义和谐社会、社会主义生态文明"的"五位一体"。

按照"五位一体"的总布局,中国特色社会主义建设的内涵包括经济建设、政治建设、文化建设、社会建设、生态文明建设;"党的十八大把生态文明建设纳入中国特色社会主义事业总体布局,使生态文明建设的战略地位更加明确,有利于把生态文明建设融入经济建设、政治建设、文化建设、社会建设各方面和全过程。这是我们党对社会主义建设规律在实践和认识上不断深化的重要成果。"①

在经济建设方面,党的十八大强调:以经济建设为中心是兴国之要,发展仍是解决我国所有问题的关键,必须坚持发展是硬道理的战略思想,决不能有丝毫动摇;在当代中国,坚持发展是硬道理的本质要求就是坚持科学发展,以科学发展为主题,以加快转变经济发展方式为主线,是关系我国发展全局的战略抉择;要适应国内外经济形势新变化,加快形成新的经济发展方式,把推动发展的立足点转到提高质量和效益上来,着力激发各类市场主体发展新活力,着力增强创新驱动发展新动力,着力构建现代产业发展新体系,着力培育开放型经济发展新优势,使经济发展更多依靠内需特别是消费需求拉动,更多依靠现代服务业和战略性新兴产业带动,更多依靠科技进步、劳动者素质提高、管理创新驱动,更多依靠节约资源和循环经济推动,更多依靠城乡区域发展协调互动,不断增强长期发展后劲;坚持走中国特色新型工业化、信息化、城镇化、农业现代化道路,推动信息化和工业化深度融合、工业化和城镇化良性互动、城镇化和农业现代化相互协调,促进工业化、信息化、城镇化、农业现代化同步发展。

在政治建设方面,党的十八大强调:人民民主是我们党始终高扬的光辉旗帜,是社会主义的生命,国家一切权力属于人民;政治体制改革是我国全面改革的重要组成部分,必须继续积极稳妥推进政治体制改革,发展更加广泛、更加充分、更加健全的人民民主;必须坚持党的领导、人民当家作主、依法治国有机统一,以保证人民当家作主为根本,以增强党和国家活力、调动人民积极性为目标,扩大社会主义民主,加快建设社会主义法治国家,发展社会主义政治文明;更加注重改进党的领导方式和执政方式,保证党领导人民有效治理国家;更加注重健全民主制度、丰富民主形式,保证人民依法实行民主选举、民主决策、民主管理、民主监督;更加注重发挥法治在国家治理和社会管理中的重要作用,维护国家法制统一、尊严、权威,保证人民依法享有广泛权利和自由;要把制度建设摆在突出位置,充分发挥我国社会主义政治制度优越性,积极借鉴人类政治文明有益成果,绝不照搬西方政治制度模式。

---

① 习近平:《紧紧围绕坚持和发展中国特色社会主义 学习宣传贯彻党的十八大精神》(2012年11月17日),在十八届中共中央政治局第一次集体学习时的讲话,《党建研究》2012年第12期。

在文化建设方面,党的十八大强调:文化是民族的血脉,是人民的精神家园,实现中华民族伟大复兴,必须推动社会主义文化大发展大繁荣,兴起社会主义文化建设新高潮,提高国家文化软实力,发挥文化引领风尚、教育人民、服务社会、推动发展的作用;必须走中国特色社会主义文化发展道路,坚持为人民服务、为社会主义服务的方向,坚持百花齐放、百家争鸣的方针,坚持贴近实际、贴近生活、贴近群众的原则,推动社会主义精神文明和物质文明全面发展,建设面向现代化、面向世界、面向未来的,民族的科学的大众的社会主义文化;建设社会主义文化强国,关键是增强全民族文化创造活力,要深化文化体制改革,解放和发展文化生产力,发扬学术民主、艺术民主,为人民提供广阔文化舞台,让一切文化创造源泉充分涌流,开创全民族文化创造活力持续迸发、社会文化生活更加丰富多彩、人民基本文化权益得到更好保障、人民思想道德素质和科学文化素质全面提高、中华文化国际影响力不断增强的新局面。

在社会建设方面,党的十八大强调:加强社会建设,是社会和谐稳定的重要保证,必须从维护最广大人民根本利益的高度,加快健全基本公共服务体系,加强和创新社会管理,推动社会主义和谐社会建设;加强社会建设,必须以保障和改善民生为重点,多谋民生之利,多解民生之忧,解决好人民最关心最直接最现实的利益问题,在学有所教、劳有所得、病有所医、老有所养、住有所居上持续取得新进展,努力让人民过上更好生活;加强社会建设,必须加快推进社会体制改革,围绕构建中国特色社会主义社会管理体系,加快形成党委领导、政府负责、社会协同、公众参与、法治保障的社会管理体制,加快形成政府主导、覆盖城乡、可持续的基本公共服务体系,加快形成政社分开、权责明确、依法自治的现代社会组织体制,加快形成源头治理、动态管理、应急处置相结合的社会管理机制。

在生态文明建设方面,党的十八大强调:建设生态文明,是关系人民福祉、关乎民族未来的长远大计;面对资源约束趋紧、环境污染严重、生态系统退化的严峻形势,必须树立尊重自然、顺应自然、保护自然的生态文明理念,把生态文明建设放在突出地位,融入经济建设、政治建设、文化建设、社会建设各方面和全过程,努力建设美丽中国,实现中华民族永续发展;坚持节约资源和保护环境的基本国策,坚持节约优先、保护优先、自然恢复为主的方针,着力推进绿色发展、循环发展、低碳发展,形成节约资源和保护环境的空间格局、产业结构、生产方式、生活方式,从源头上扭转生态环境恶化趋势,为人民创造良好生产生活环境,为全球生态安全作出贡献。①

---

① 胡锦涛:《坚定不移沿着中国特色社会主义道路前进 为全面建成小康社会而奋斗——在中国共产党第十八次全国代表大会上的报告》(2012年11月8日),《党建研究》2012年第12期。

二、建设目标和体制机制保障

按照"五位一体"的总布局,社会主义现代化的建设目标有了新的丰富,显得更加明晰、更加具体化。早在1964年三届全国人大一次会议上,时任国务院总理周恩来就提出了到20世纪末实现"四个现代化"的宏伟目标,即实现农业现代化、工业现代化、国防现代化、科学技术现代化;1982年,邓小平在向党的十二大致开幕词中提出到21世纪中叶实现"富强、民主、文明"的社会主义现代化,丰富并拓展了原先的"四个现代化"内涵,实事求是地将现代化实现的时间推迟了整整50年,依据此目标,经济建设、政治建设、文化建设整体推进,物质文明、政治文明、精神文明渐趋协调;2007年,党的十七大将社会主义现代化的目标概括为"富强、民主、文明、和谐",从此,社会建设与经济建设、政治建设、文化建设并驾齐驱,保障改善民生与创新社会管理日益受到社会各界的重视;现在,社会主义现代化的目标又增加了"美丽",即努力建设美丽中国,实现中华民族永续发展。"富强、民主、文明、和谐、美丽"完整地勾画出了中国社会主义现代化的宏伟愿景,也是经济建设、政治建设、文化建设、社会建设、生态文明建设"五位一体"的必然结果。它在现阶段即全面小康建设阶段的具体表现就是:"经济持续健康发展,人民民主不断扩大,文化软实力显著增强,人民生活水平全面提高"。

按照"五位一体"的总布局,中国特色社会主义事业离不开体制机制的保障。"要加快完善社会主义市场经济体制,完善公有制为主体、多种所有制经济共同发展的基本经济制度,完善按劳分配为主体、多种分配方式并存的分配制度,更大程度更广范围发挥市场在资源配置中的基础性作用,完善宏观调控体系,完善开放型经济体系,推动经济更有效率、更加公平、更可持续发展。加快推进社会主义民主政治制度化、规范化、程序化,从各层次各领域扩大公民有序政治参与,实现国家各项工作法治化。加快完善文化管理体制和文化生产经营机制,基本建立现代文化市场体系,健全国有文化资产管理体制,形成有利于创新创造的文化发展环境。加快形成科学有效的社会管理体制,完善社会保障体系,健全基层公共服务和社会管理网络,建立确保社会既充满活力又和谐有序的体制机制。加快建立生态文明制度,健全国土空间开发、资源节约、生态环境保护的体制机制,推动形成人与自然和谐发展的现代化建设新格局。"[①]

[①] 胡锦涛:《坚定不移沿着中国特色社会主义道路前进 为全面建成小康社会而奋斗——在中国共产党第十八次全国代表大会上的报告》(2012年11月8日),《党建研究》2012年第12期。

第二节 深化改革：推进国家治理体系和能力的现代化

当年中国特色社会主义事业的开创依靠的是自十一届三中全会开启的全面改革；如今中国特色社会主义事业的推进同样离不开全面深化改革。2013年11月，十八届三中全会通过的《中共中央关于全面深化改革若干重大问题的决定》（以下简称《决定》），分"总论"、"分论"、"组织领导"等三大部分，涉及经济、政治、文化、社会、生态文明、国防和军队等六个领域，概述了16个方面、共60条改革举措，内容全面、丰富，路径清晰、可行，措施具体、有力，为全面深化改革铺平了道路、吹响了号角。

《决定》明确规定了全面深化改革的总目标、重点和核心。"全面深化改革的总目标是完善和发展中国特色社会主义制度，推进国家治理体系和治理能力现代化。必须更加注重改革的系统性、整体性、协同性"；"经济体制改革是全面深化改革的重点，核心问题是处理好政府和市场的关系，使市场在资源配置中起决定性作用和更好发挥政府作用"。

一、经济体制机制改革

《决定》提出了以下六条任务：
1. 坚持和完善基本经济制度

坚持和完善公有制为主体、多种所有制经济共同发展的基本经济制度。"公有制经济和非公有制经济都是社会主义市场经济的重要组成部分，都是我国经济社会发展的重要基础。必须毫不动摇巩固和发展公有制经济，坚持公有制主体地位，发挥国有经济主导作用，不断增强国有经济活力、控制力、影响力。必须毫不动摇鼓励、支持、引导非公有制经济发展，激发非公有制经济活力和创造力。"为此，就必须：

——完善产权保护制度。公有制经济和非公有制经济的财产权同样不可侵犯，保证各种所有制经济依法平等使用生产要素、公开公平公正参与市场竞争、同等受到法律保护，依法监管各种所有制经济。

——积极发展混合所有制经济。鼓励国有资本、集体资本、非公有资本等交叉持股、相互融合；国有资本投资项目允许非国有资本参股，允许混合所有制经济实行企业员工持股，形成资本所有者和劳动者利益共同体；完善国有资产管理体制，改革国有资本授权经营体制；划转部分国有资本充实社会保障基金，提高国有资本收益上缴公共财政比例，更多用于保障和改善民生。

——推动国有企业完善现代企业制度。以规范经营决策、资产保值增值、公平参与竞争、提高企业效率、增强企业活力、承担社会责任为重点，进一步深化国有企业改革；国有资本继续控股经营的自然垄断企业，实行以政企分开、政资分开、特许经营、政府监管为主要内容的改革，进一步破除各种形式的行政垄断；健全协调运转、有效制衡的公司法人治理结构，建立职业经理人制度和长效激励约束机制，强化国有企业经营投资责任追究；国有企业要合理增加市场化选聘比例，合理确定并严格规范国有企业管理人员薪酬水平、职务待遇、职务消费、业务消费。

——支持非公有制经济健康发展。坚持权利平等、机会平等、规则平等，废除对非公有制经济各种形式的不合理规定，消除各种隐性壁垒；鼓励非公有制企业参与国有企业改革，鼓励发展非公有资本控股的混合所有制企业，鼓励有条件的私营企业建立现代企业制度。

2. 加快完善现代市场体系

"必须加快形成企业自主经营、公平竞争，消费者自由选择、自主消费，商品和要素自由流动、平等交换的现代市场体系，着力清除市场壁垒，提高资源配置效率和公平性。"为此，就要：

——建立公平开放透明的市场规则。实行统一的市场准入制度，在制定负面清单基础上，各类市场主体可依法平等进入清单之外领域；探索对外商投资实行准入前国民待遇加负面清单的管理模式；推进工商注册制度便利化，削减资质认定项目；推进国内贸易流通体制改革，建设法治化营商环境；改革市场监管体系，反对地方保护，反对垄断和不正当竞争；建立健全社会征信体系。

——完善主要由市场决定价格的机制。凡是能由市场形成价格的都交给市场，政府不进行不当干预；放开竞争性环节价格；政府定价范围主要限定在重要公用事业、公益性服务、网络型自然垄断环节，提高透明度，接受社会监督。

——建立城乡统一的建设用地市场。在符合规划和用途管制前提下，允许农村集体经营性建设用地出让、租赁、入股，实行与国有土地同等入市、同权同价；缩小征地范围，规范征地程序，完善对被征地农民合理、规范、多元保障机制；建立兼顾国家、集体、个人的土地增值收益分配机制；完善土地租赁、转让、抵押二级市场。

——完善金融市场体系。扩大金融业对内对外开放，允许具备条件的民间资本依法发起设立中小型银行等金融机构；健全多层次资本市场体系；完善保险经济补偿机制,建立巨灾保险制度;完善人民币汇率市场化形成机制,加快推进利率市场化;落实金融监管改革措施和稳健标准,完善监管协调机制。

——深化科技体制改革。建立健全鼓励原始创新、集成创新、引进消化吸收再创新的体制机制;建立产学研协同创新机制;加强知识产权运用和保护,健全技术创新激励机制;发展技术市场,健全技术转移机制;整合科技规划和资源,国家重大科研基础设施依照规定应该开放的一律对社会开放;改革院士遴选和管理体制。

3. 加快转变政府职能

"科学的宏观调控,有效的政府治理,是发挥社会主义市场经济体制优势的内在要求。必须切实转变政府职能,深化行政体制改革,创新行政管理方式,增强政府公信力和执行力,建设法治政府和服务型政府。"为此,就要求:

——健全宏观调控体系。健全以国家发展战略和规划为导向、以财政政策和货币政策为主要手段的宏观调控体系;形成参与国际宏观经济政策协调的机制;深化投资体制改革,确立企业投资主体地位;建立健全防范和化解产能过剩长效机制;完善发展成果考核评价体系,纠正单纯以经济增长速度评定政绩的偏向,加大资源消耗、环境损害、生态效益、产能过剩、科技创新、安全生产、新增债务等指标的权重,更加重视劳动就业、居民收入、社会保障、人民健康状况;建立全社会房产、信用等基础数据统一平台,推进部门信息共享。

——全面正确履行政府职能。进一步简政放权,深化行政审批制度改革,最大限度减少中央政府对微观事务的管理,市场机制能有效调节的经济活动,一律取消审批,直接面向基层、量大面广、由地方管理更方便有效的经济社会事项,一律下放地方和基层管理;加强中央政府宏观调控职责和能力,加强地方政府公共服务、市场监管、社会管理、环境保护等职责;推广政府购买服务;加快事业单位分类改革,推动公办事业单位与主管部门理顺关系和去行政化;建立事业单位法人治理结构,推进有条件的事业单位转为企业或社会组织。

——优化政府组织结构。优化政府机构设置、职能配置、工作流程,完善决策权、执行权、监督权既相互制约又相互协调的行政运行机制;积极稳妥实施大部门制,探索推进省直接管理县(市)体制改革;严格控制机构编制,严格按规定职数配备领导干部,严格控制财政供养人员总量。

4. 深化财税体制改革

"必须完善立法、明确事权、改革税制、稳定税负、透明预算、提高效率,建立现代财政制度,发挥中央和地方两个积极性。"为此,就要求:

——改进预算管理制度。实施全面规范、公开透明的预算制度;重点支出一般不再同财政收支增幅或生产总值挂钩;建立跨年度预算平衡机制,建立权责发生制的政府综合财务报告制度,建立规范合理的中央和地方政府债务管理及风险预警机制;完善一般性转移支付增长机制,重点增加对革命老区、民族地区、边疆地区、贫困地区的转移支付。

——完善税收制度。深化税收制度改革,完善地方税体系,逐步提高直接税比重;推进增值税改革,适当简化税率;调整消费税征收范围、环节、税率,逐步建立综合与分类相结合的个人所得税制;加快房地产税立法并适时推进改革,加快资源税改革,推动环境保护费改税;加强对税收优惠特别是区域税收优惠政策的规范管理。

——建立事权和支出责任相适应的制度。中央和地方按照事权划分相应承担和分担支出责任,中央可通过安排转移支付将部分事权支出责任委托地方承担;保持现有中央和地方财力格局总体稳定,结合税制改革,考虑税种属性,进一步理顺中央和地方收入划分。

5. 健全城乡发展一体化体制机制

"城乡二元结构是制约城乡发展一体化的主要障碍。必须健全体制机制,形成以工促农、以城带乡、工农互惠、城乡一体的新型工农城乡关系,让广大农民平等参与现代化进程、共同分享现代化成果。"为此,就要:

——加快构建新型农业经营体系。坚持家庭经营在农业中的基础性地位;坚持农村土地集体所有权,依法维护农民土地承包经营权,发展壮大集体经济;赋予农民对承包地占有、使用、收益、流转及承包经营权抵押、担保权能,允许农民以承包经营权入股发展农业产业化经营;鼓励承包经营权在公开市场上向专业大户、家庭农场、农民合作社、农业企业流转,发展多种形式规模经营;鼓励农村发展合作经济,扶持发展规模化、专业化、现代化经营;向农业输入现代生产要素和经营模式。

——赋予农民更多财产权利。赋予农民对集体资产股份占有、收益、有偿退出及抵押、担保、继承权;慎重稳妥推进农民住房财产权抵押、担保、转让,探索农民增加财产性收入渠道;建立农村产权流转交易市场。

——推进城乡要素平等交换和公共资源均衡配置。保障农民工同工同酬,保障农民公平分享土地增值收益,保障金融机构农村存款主要用于农业农村;健全农业支持保护体系,完善农业保险制度;鼓励社会资本投向农村建设;统筹城乡基础设施建设和社区建设,推进城乡基本公共服务均等化。

——完善城镇化健康发展体制机制。坚持走中国特色新型城镇化道路,推进以人为核心的城镇化,推动大中小城市和小城镇协调发展、产业和城镇融合发展,促进城镇化和新农村建设协调推进;推进城市建设管理创新;推进农业转移人口市民化,逐步把符合条件的农业转移人口转为城镇居民;加快户籍制度改革,全面放开建制镇和小城市落户限制,有序放开中等城市落户限制,合理确定大城市落户条件,严格控制特大城市人口规模;稳步推进城镇基本公共服务常住人口全覆盖;建立财政转移支付同农业转移人口市民化挂钩机制,从严合理供给城市建设用地,提高城市土地利用率。

6. 构建开放型经济新体制

"适应经济全球化新形势,必须推动对内对外开放相互促进、引进来和走出去更好结合,促进国际国内要素有序自由流动、资源高效配置、市场深度融合,加快培育参与和引领国际经济合作竞争新优势,以开放促改革。"为此,就要求:

——放宽投资准入。统一内外资法律法规,保持外资政策稳定、透明、可预期;推进金融、教育、文化、医疗等服务业领域有序开放,放开育幼养老、建筑设计、会计审计、商贸物流、电子商务等服务业领域外资准入限制,进一步放开一般制造业;扩大企业及个人对外投资,确立企业及个人对外投资主体地位,允许发挥自身优势到境外开展投资合作,允许自担风险到各国各地区自由承揽工程和劳务合作项目,允许创新方式走出去开展绿地投资、并购投资、证券投资、联合投资等;改革涉外投资审批体制,完善领事保护体制,扩大投资合作空间。

——加快自由贸易区建设。改革市场准入、海关监管、检验检疫等管理体制,加快环境保护、投资保护、政府采购、电子商务等新议题谈判,形成面向全球的高标准自由贸易区网络;扩大对港澳台地区开放合作。

——扩大内陆沿边开放。创新加工贸易模式,形成有利于推动内陆产业集群发展的体制机制;支持内陆城市增开国际客货运航线,推动内陆同沿海沿边通关协作,实现口岸管理相关部门信息互换、监管互认、执法互助;允许沿边重点口岸、边境城市、经济合作区在人员往来、加工物流、旅游等方面实行特殊方式和政策;建立开发性金融机构,加快同周边国家和区域基础设施互联互通建设,形成全方位开放新格局。

二、政治体制机制改革

《决定》提出了以下三条任务:

1. 加强社会主义民主政治制度建设

"发展社会主义民主政治,必须以保证人民当家作主为根本,坚持和完善人民代表大会制度、中国共产党领导的多党合作和政治协商制度、民族区域自治制度以及基层群众自治制度,更加注重健全民主制度、丰富民主形式,从各层次各领域扩大公民有序政治参与,充分发挥我国社会主义政治制度优越性。"为此,就要求:

——推动人民代表大会制度与时俱进。健全立法起草、论证、协调、审议制度,提高立法质量,防止地方保护和部门利益法制化;健全"一府两院"由人大产生、对人大负责、受人大监督制度;健全人大讨论、决定重大事项制度;加强人大预算决算审查监督、国有资产监督职能,落实税收法定原则;充分发挥代表作用,通过建立健全代表联络机构、网络平台等形式密切代表同人民群众联系;完善人大工作机制。

——推进协商民主广泛多层制度化发展。构建程序合理、环节完整的协商民主体系,拓宽协商渠道,深入开展立法协商、行政协商、民主协商、参政协商、社会协商;加强中国特色新型智库建设,建立健全决策咨询制度;发挥统一战线在协商民主中的重要作用;发挥人民政协作为协商民主重要渠道作用。

——发展基层民主。畅通民主渠道,健全基层选举、议事、公开、述职、问责等机制;推进基层协商制度化,建立健全居民、村民监督机制,促进群众在城乡社区治理、基层公共事务和公益事业中依法自我管理、自我服务、自我教育、自我监督;健全以职工代表大会为基本形式的企事业单位民主管理制度,加强社会组织民主机制建设,保障职工参与管理和监督的民主权利。

2. 推进法治中国建设

"建设法治中国,必须坚持依法治国、依法执政、依法行政共同推进,坚持法治国家、法治政府、法治社会一体建设。深化司法体制改革,加快建设公正高效权威的社会主义司法制度,维护人民权益,让人民群众在每一个司法案件中都感受到公平正义。"为此,就要求:

——维护宪法法律权威。建立健全全社会忠于、遵守、维护、运用宪法法律的制度;坚持法律面前人人平等,任何组织或者个人都不得有超越宪法法律的特权,一切违反宪法法律的行为都必须予以追究;普遍建立法律顾问制度;健全社会普法教育机制,增强全民法治观念。

——深化行政执法体制改革。整合执法主体,相对集中执法权,推进综合执法,建立权责统一、权威高效的行政执法体制;减少行政执法层级,加强食品药品、安全生产、环境保护、劳动保障、海域海岛等重点领域基层执法力量;理顺城管执法体制;完善行政执法程序,规范执法自由裁量权,加强对行政执法的监督;完善行政执法与刑事司法衔接机制。

——确保依法独立公正行使审判权检察权。改革司法管理体制,推动省以下地方法院、检察院人财物统一管理,探索建立与行政区划适当分离的司法管辖制度,保证国家法律统一正确实施;建立符合职业特点的司法人员管理制度。

——健全司法权力运行机制。优化司法职权配置,健全司法权力分工负责、互相配合、互相制约机制,加强和规范对司法活动的法律监督和社会监督;改革审判委员会制度,完善主审法官、合议庭办案负责制;推进审判公开、检务公开;严格规范和监督减刑、假释、保外就医程序;广泛实行人民陪审员、人民监督员制度,拓宽人民群众有序参与司法渠道。

——完善人权司法保障制度。进一步规范查封、扣押、冻结、处理涉案财物的司法程序;健全错案防止、纠正、责任追究机制;废止劳动教养制度,健全社区矫正制度；健全国家司法救助制度，完善法律援助制度。

3. 强化权力运行制约和监督体系

"坚持用制度管权管事管人，让人民监督权力，让权力在阳光下运行，是把权力关进制度笼子的根本之策。必须构建决策科学、执行坚决、监督有力的权力运行体系，健全惩治和预防腐败体系，建设廉洁政治，努力实现干部清正、政府清廉、政治清明。"为此，就要求：

——形成科学有效的权力制约和协调机制。规范各级党政主要领导干部职责权限，科学配置党政部门及内设机构权力和职能，明确职责定位和工作任务；加强和改进对主要领导干部行使权力的制约和监督，加强行政监察和审计监督；推行地方各级政府及其工作部门权力清单制度，完善党务、政务和各领域办事公开制度，推进决策公开、管理公开、服务公开、结果公开。

——加强反腐败体制机制创新和制度保障。包括改革党的纪律检查制度，落实党风廉政建设责任制，推动党的纪律检查工作双重领导体制具体化、程序化、制度化，全面落实中央纪委向中央一级党和国家机关派驻纪检机构，改进中央和省区市巡视制度，健全反腐倡廉法规制度体系等。有关内容将在下一节中详细论述。

——健全改进作风常态化制度。围绕反对形式主义、官僚主义、享乐主义和奢靡之风，加快体制机制改革和建设；健全领导干部带头改进作风、深入基层调查研究机制，完善直接联系和服务群众制度等，也将在下一节中详细论述。

三、文化体制机制改革

《决定》要求："坚持以人民为中心的工作导向，坚持把社会效益放在首位、社会效益和经济效益相统一，以激发全民族文化创造活力为中心环节，进一步深化文化体制改革。"包括：

——完善文化管理体制。按照政企分开、政事分开原则，推动政府部门由办文化向管文化转变，推动党政部门与其所属的文化企事业单位进一步理顺关系；建立党委和政府监管国有文化资产的管理机构，实行管人管事管资产管导向相统一；健全坚持正确舆论导向的体制机制。

——建立健全现代文化市场体系。完善文化市场准入和退出机制，鼓励各类市场主体公平竞争、优胜劣汰，促进文化资源在全国范围内流动；继续推进国有经营性文化单位转企改制，加快公司制、股份制改造；鼓励非公有制文化企业发展，降低社会资本进入门槛；建立多层次文化产品和要素市场，完善文化经济政策，健全文化产品评价体系。

——构建现代公共文化服务体系。建立公共文化服务体系建设协调机制，统筹服务设施网络建设，促进基本公共文化服务标准化、均等化；建立群众评价和反馈机制；明确不同文化事业单位功能定位，建立法人治理结构，完善绩效考核机制；引入竞争机制，推动公共文化服务社会化发展。

——提高文化开放水平。坚持政府主导、企业主体、市场运作、社会参与，扩大对外文化交流，加强国际传播能力和对外话语体系建设，推动中华文化走向世界。

四、社会体制机制改革

《决定》提出了以下两项任务：

1. 推进社会事业改革创新

"实现发展成果更多更公平惠及全体人民，必须加快社会事业改革，解决好人民最关心最直接最现实的利益问题，努力为社会提供多样化服务，更好满足人民需求。"为此，就要求：

——深化教育领域综合改革。全面贯彻党的教育方针，促进学生德智体美全面发展；大力促进教育公平，逐步缩小区域、城乡、校际差距，统筹城乡义务教育资源均衡配置，破解择校难题；加快现代职业教育体系建设；创新高校人才培养机制；推进学前教育、特殊教育、继续教育改革发展；推进考试招生制度改革；推进管办评分离，强化国家教育督导；鼓励社会力量兴办教育。

——健全促进就业创业体制机制。建立经济发展和扩大就业的联动机制，健全政府促进就业责任制度；规范招人用人制度，消除一切影响平等就业的制度障碍和就业歧视；完善扶持创业的优惠政策；完善城乡均等的公共就业创业服务体系，构建劳动者终身职业培训体系；增强失业保险制度预防失业、促进就业功能；创新劳动关系协调机制，畅通职工表达合理诉求渠道；促进以高校毕业生为重点的青年就业和农村转移劳动力、城镇困难人员、退役军人就业。

——形成合理有序的收入分配格局。着重保护劳动所得，努力实现劳动报酬增长和劳动生产率提高同步，提高劳动报酬在初次分配中的比重；健全工资决定和正常增长机制，完善最低工资和工资支付保障制度；改革机关事业单位工资和津贴补贴制度；健全资本、知识、技术、管理等由要素市场决定的报酬机制；保护投资者尤其是中小投资者合法权益，多渠道增加居民财产性收入；完善以税收、社会保障、转移支付为主要手段的再分配调节机制，建立公共资源出让收益合理共享机制，完善慈善捐助减免税制度；规范收入分配秩序，完善收入分配调控体制机制和政策体系，建立个人收入和财产信息系统，保护合法收入，调节过高收入，清理规范隐性收入，取缔非法收入，增加低收入者收入，扩大中等收入者比重，努力缩小城乡、区域、行业收入分配差距，逐步形成橄榄型分配格局。

——建立更加公平可持续的社会保障制度。坚持社会统筹和个人账户相结合的基本养老保险制度，实现基础养老金全国统筹；推进机关事业单位养老保险制度改革;整合城乡居民基本养老保险制度、基本医疗保险制度;推进城乡最低生活保障制度统筹发展;建立健全合理兼顾各类人员的社会保障待遇确定和正常调整机制;完善社会保险关系转移接续政策;研究制定渐进式延迟退休年龄政策;健全符合国情的住房保障和供应体系;健全社会保障财政投入制度,加强社会保险基金投资管理和监督,推进基金市场化、多元化投资运营;加快发展企业年金、职业年金、商业保险,构建多层次社会保障体系;加快建立社会养老服务体系和发展老年服务产业。

——深化医药卫生体制改革。统筹推进医疗保障、医疗服务、公共卫生、药品供应、监管体制综合改革;深化基层医疗卫生机构综合改革,加快公立医院改革;完善合理分级诊疗模式,建立社区医生和居民契约服务关系;加强区域公共卫生服务资源整合;取消以药补医,建立科学补偿机制;健全全民医保体系和重特大疾病医疗保险与救助制度;鼓励社会办医;启动实施一方是独生子女的夫妇可生育两个孩子的政策。

2. 创新社会治理体制

"创新社会治理,必须着眼于维护最广大人民根本利益,最大限度增加和谐因素,增强社会发展活力,提高社会治理水平,全面推进平安中国建设,维护国家安全,确保人民安居乐业、社会安定有序。"为此,就要求:

——改进社会治理方式。坚持系统治理,加强党委领导,发挥政府主导作用,鼓励和支持社会各方面参与,实现政府治理和社会自我调节、居民自治良性互动;坚持依法治理,加强法治保障,运用法治思维和法治方式化解社会矛盾;坚持综合治理,强化道德约束,规范社会行为,调节利益关系,协调社会关系,解决社会问题;坚持源头治理,标本兼治、重在治本,以网格化管理、社会化服务为方向,健全基层综合服务管理平台,及时反映和协调人民群众各方面各层次利益诉求。

——激发社会组织活力。正确处理政府和社会关系,加快实施政社分开,推进社会组织明确权责、依法自治、发挥作用;适合由社会组织提供的公共服务和解决的事项,交由社会组织承担;支持和发展志愿服务组织;限期实现行业协会商会与行政机关真正脱钩,重点培育和优先发展行业协会商会类、科技类、公益慈善类、城乡社区服务类社会组织,成立时直接依法申请登记;加强对社会组织和在华境外非政府组织的管理,引导它们依法开展活动。

——创新有效预防和化解社会矛盾体制。健全重大决策社会稳定风险评估机制;建立畅通有序的诉求表达、心理干预、矛盾调处、权益保障机制,使群众问题能反映、矛盾能化解、权益有保障;改革行政复议体制机制,纠正违法或不当行政行为;完善人民调解、行政调解、司法调解联动工作体系,建立调处化解矛盾纠纷综合机制;改革信访工作制度,实行网上受理信访制度,健全及时就地解决群众合理诉求机制;把涉法涉诉信访纳入法治轨道解决,建立涉法涉诉信访依法终结制度。

——健全公共安全体系。完善统一权威的食品药品安全监管机构,建立最严格的覆盖全过程的监管制度,保障食品药品安全;深化安全生产管理体制改革,建立隐患排查治理体系和安全预防控制体系,遏制重特大安全事故;健全防灾减灾救灾体制;加强社会治安综合治理,创新立体化社会治安防控体系,依法严密防范和惩治各类违法犯罪活动;坚持积极利用、科学发展、依法管理、确保安全的方针,加大依法管理网络力度,加快完善互联网管理领导体制,确保国家网络和信息安全;设立国家安全委员会,完善国家安全体制和国家安全战略,确保国家安全。

五、生态文明制度建设

《决定》明确指出:"建设生态文明,必须建立系统完整的生态文明制度体系,实行最严格的源头保护制度、损害赔偿制度、责任追究制度,完善环境治理和生态修复制度,用制度保护生态环境。"包括:

——健全自然资源资产产权制度和用途管制制度。对自然生态空间进行统一确权登记,形成归属清晰、权责明确、监管有效的自然资源资产产权制度;建立空间规划体系,划定生产、生活、生态空间开发管制界限,落实用途管制;健全能源、水、土地节约集约使用制度;健全国家自然资源资产管理体制,统一行使全民所有自然资源资产所有者职责以及所有国土空间用途管制职责。

——划定生态保护红线。坚定不移实施主体功能区制度,建立国土空间开发保护制度,严格按照主体功能区定位推动发展;建立资源环境承载能力监测预警机制,对水土资源、环境容量和海洋资源超载区域实行限制性措施;探索编制自然资源资产负债表,对领导干部实行自然资源资产离任审计;建立生态环境损害责任终身追究制。

——实行资源有偿使用制度和生态补偿制度。加快自然资源及其产品价格改革,全面反映市场供求、资源稀缺程度、生态环境损害成本和修复效益;坚持使用资源付费和谁污染环境、谁破坏生态谁付费原则,逐步将资源税扩展到占用各种自然生态空间;稳定和扩大退耕还林、退牧还草范围,调整严重污染和地下水严重超采区耕地用途,有序实现耕地、河湖休养生息;建立有效调节工业用地和居住用地合理比价机制;坚持谁受益、谁补偿原则,完善对重点生态功能区的生态补偿机制;发展环保市场,推行节能量、碳排放权、排污权、水权交易制度,建立吸引社会资本投入生态环境保护的市场化机制。

——改革生态环境保护管理体制。建立和完善严格监管所有污染物排放的环境保护管理制度,独立进行环境监管和行政执法;建立陆海统筹的生态系统保护修复和污染防治区域联动机制;健全国有林区经营管理体制,完善集体林权制度改革;及时公布环境信息,健全举报制度,加强社会监督;完善污染物排放许可制,对造成生态环境损害的责任者严格实行赔偿制度,依法追究刑事责任。

此外,《决定》还涉及到国防和军队改革,指出"紧紧围绕建设一支听党指挥、能打胜仗、作风优良的人民军队这一党在新形势下的强军目标,着力解决制约国防和军队建设发展的突出矛盾和问题,创新发展军事理论,加强军事战略指导,完善新时期军事战略方针,构建中国特色现代军事力量体系。"

《决定》最后强调:"全面深化改革必须加强和改善党的领导,充分发挥党总揽全局、协调各方的领导核心作用,建设学习型、服务型、创新型的马克思主义执政党,提高党的领导水平和执政能力,确保改革取得成功。"

第三节 反腐倡廉:保持与增强党和人民的血肉联系

党的十八大以来,人们感受到的一个最大变化就是在反腐倡廉、从严治党的领域。中央坚持治标与治本相结合,抓近期与管长远相结合,体制内整治与体制外监督相结合,治庸问责与推进中心工作相结合,在整体推进的同时,实施重点突破。

多年来尽管中央一直强调党风问题事关党的生死存亡,多次承诺限期使党风得到根本好转,并一直进行反腐败斗争,但党风仍在下滑,腐败仍在蔓延,党群关系和干群关系仍在恶化。党的十八大以来,以习近平为总书记的党中央和以王岐山为书记的中央纪委,始终保持惩治腐败的强劲势头,严肃查处一系列大案要案,数量之多、频次之快,均创历史新高,赢得了人民群众的广泛赞誉和国际社会的高度关注。

一、加强党风廉政建设

党风政风与社风民风紧密相连、相互影响、相互作用;党风是关键,社风民风是风向标;党风决定民风,民风影响党风;党风正,则民风淳朴。勤俭节约是中华民族5 000年的传统美德,艰苦朴素是党继承传统文化精华提炼形成的优良作风,体现了中华民族的本色。刚刚解决温饱,过上小康生活,决不能未富先奢、滋长享乐主义。2012年12月,中共发布关于改进工作作风、密切联系群众的八项规定:① 要改进调查研究,到基层调研要深入了解真实情况,总结经验、研究问题、解决困难、指导工作,向群众学习、向实践学习,多同群众座谈,多同干部谈心,多商量讨论,多解剖典型,多到困难和矛盾集中、群众意见多的地方去,切忌走过场、搞形式主义;要轻车简从、减少陪同、简化接待,不张贴悬挂标语横幅,不安排群众迎送,不铺设迎宾地毯,不摆放花草,不安排宴请。②要精简会议活动,切实改进会风,严格控制以中央名义召开的各类全国性会议和举行的重大活动,不开泛泛部署工作和提要求的会,未经中央批准一律不出席各类剪彩、奠基活动和庆祝会、纪念会、表彰会、博览会、研讨会及各类论坛;提高会议实效,开短会、讲短话,力戒空话、套话。③要精简文件简报,切实改进文风,没有实质内容、可发可不发的文件、简报一律不发。④要规范出访活动,从外交工作大局需要出发合理安排出访活动,严格控制出访随行人员,严格按照规定乘坐交通工具,一般不安排中资机构、华侨华人、留学生代表等到机场迎送。⑤要改进警卫工作,坚持有利于联系群众的原则,减少交通管制,一般情况下不得封路、不清场闭馆。⑥要改进新闻报道,中央政治局同志出席会议和活动应根据工作需要、新闻价值、社会效果决定是否报道,进一步压缩报道的数量、字数、时长。⑦要严格文稿发表,除中央统一安排外,个人不公开出版著作、讲话单行本,不发贺信、贺电,不题词、题字。⑧要厉行勤俭节约,严格遵守廉洁从政有关规定,严格执行住房、车辆配备等有关工作和生活待遇的规定。

同时下达了六项禁令:①严禁用公款搞相互走访、送礼、宴请等拜年活动。各地各部门要大力精简各种茶话会、联欢会,严格控制年终评比达标表彰活动,单位之间不搞节日慰问活动,未经批准不得举办各类节日庆典活动。上下级之间、部门之间、单位之间、单位内部一律不准用公款送礼、宴请。各地都不准到省、市机关所在地举办乡情恳谈会、茶话会、团拜会等活动,已有安排的,必须取消。各级党政干部一律不准接受下属单位安排的宴请,未经批准不准参与下属单位的节日庆典活动。②严禁向上级部门赠送土特产。各地各部门各单位一律不准以任何理由和形式向上级部门赠送土特产,包括各种提货券。各级党政干部不得以任何理由,包括下基层调研等收受下属单位赠送的土特产和提货券。各级党政机关要严格纪律要求,加强管理,杜绝在机关收受和分发土特产的情况发生。③严禁违反规定收送礼品、礼金、有价证券、支付凭证和商业预付卡。各级领导干部一定要严格把关,严于律己,要坚决拒收可能影响公正执行公务的礼品、礼金、有价证券、支付凭证和商业预付卡,严禁利用婚丧嫁娶等事宜借机敛财。④严禁滥发钱物,讲排场、比阔气,搞铺张浪费。各地各部门不准以各种名义年终突击花钱和滥发津贴、补贴、奖金和实物;不准违反规定印制、发售、购买和使用各种代币购物券(卡);不准借用各种名义组织和参与用公款支付的高消费娱乐、健身活动;不准用公款组织游山玩水、安排私人度假旅游、出国(境)旅游等活动;不准违反规定使用公车、在节日期间公车私用。⑤严禁超标准接待。领导干部下基层调研、参加会议、检查工作等,要严格按

383

照中央和省委的有关要求执行。⑥严禁组织和参与赌博活动。各级党员干部一定要充分认识赌博的严重危害性,决不组织和参与任何形式的赌博活动。

此外,全面停止新建党政机关楼堂馆所,严格控制办公用房维修改造项目,全面清理党政机关和领导干部办公用房,严格规范党政机关办公用房管理,切实加强领导强化监督检查。

2013年7月底,印发《中共中央关于废止和宣布失效一批党内法规和规范性文件的决定》,发布了对1978年至2012年6月中央颁布的党内法规和规范性文件的清理结果:300件被废止和宣布失效,467件继续有效,其中42件将作出修改。

"踏石留印,抓铁有痕",令行禁止,不搞例外,坚决整治对中央规定变着法子进行规避的行为。中央纪委、监察部和许多省区市监察机关,及时相继通报违反中央八项规定和六项禁令的典型案件,对落实中央号令、促进党风政风好转、带动社风民风,起到了很好的警示教育作用,赢得了社会各界的好评。

按照党的十八大部署,中央决定从2013年下半年开始,用一年左右时间,在全党自上而下地分批开展以为民务实清廉为主要内容的党的群众路线教育实践活动;整个活动包括三个环节,其中学习教育、听取意见是基础,查摆问题、开展批评是关键,整改落实、建章立制是根本;按照"照镜子、正衣冠、洗洗澡、治治病"的总要求,聚焦作风建设,集中解决形式主义、官僚主义、享乐主义和奢靡之风这"四风"问题。

二、深入开展反腐败斗争

一手狠抓倡廉,一手狠抓反腐。当前,党的健康肌体深受腐败之害,人民群众对腐败现象深恶痛绝,每当查处违纪违法案件时,社会各界都给予高度关注和热烈支持。人民群众是党的力量之源、胜利之本,查办案件离不开人民群众的支持和参与。各级党委和纪委调动人民群众参与监督的积极性,充分发挥信访、举报和网络、媒体等的作用,并健全巡视制度,从反映的问题和现象中,主动出击,拓展案源,回应社会关切,为调查取证收集有力的证据和有价值的线索,决不让腐败分子逃避党纪国法的制裁。

为了坚决有力惩治腐败,中央坚持狠抓以下三件大事:

一是加大查办违纪违法案件力度,充分发挥惩治的震慑作用。坚持"老虎"、"苍蝇"一起打:严打"老虎",坚决查处领导干部违纪违法案件;勤打"苍蝇",切实解决发生在群众身边的腐败问题。如严肃查办领导干部贪污贿赂、权钱交易、腐化堕落、失职渎职的案件;严肃查办执法、司法人员徇私舞弊、枉法裁判、以案谋私的案件;严肃查办严重违反政治纪律的案件;严肃查办群体性事件、重大责任事故背后的腐败案件;严肃查办商业贿赂案件,加大对行贿行为的惩处力度等。坚持抓早抓

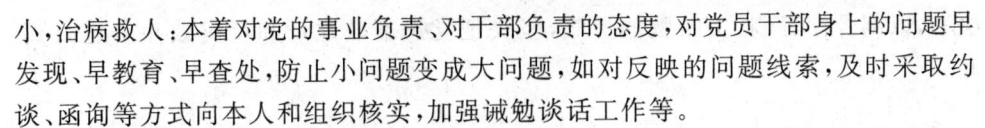

小,治病救人;本着对党的事业负责、对干部负责的态度,对党员干部身上的问题早发现、早教育、早查处,防止小问题变成大问题,如对反映的问题线索,及时采取约谈、函询等方式向本人和组织核实,加强诫勉谈话工作等。

二是严肃查处用人上的腐败问题,匡正选人用人风气。对违反组织人事纪律的行为绝不放过,坚决纠正跑官要官不正之风;对拉票贿选、买官卖官的腐败行为绝不姑息,发现一起查处一起;对违规用人问题及时发现、迅速处理、严格问责,不仅查处当事人,而且追究责任人。

三是查纠不正之风,着力解决群众反映强烈的突出问题。坚决纠正损害群众利益的不正之风,整治社会保障、教育医疗、保障性住房、征地拆迁、环境保护等涉及民生的突出问题;坚决查处发生在群众身边的以权谋私问题,治理乱收费、乱罚款、乱摊派和吃拿卡要等问题;认真贯彻落实领导干部廉洁自律规定,坚决纠正违规收送礼金、有价证券、会员卡、商业预付卡等问题。

为了科学有效预防腐败,中央坚持狠抓以下四项工作:

一是深化党风廉政教育,筑牢拒腐防变的思想道德防线。深入开展中国特色社会主义和中国梦教育、理想信念和宗旨教育、社会主义核心价值体系教育,以及加强党纪国法、廉政法规和从政道德教育;加强廉政文化建设,扬真抑假、扬善抑恶、扬美抑丑,培育良好的民风社风;加强宣传和舆论引导工作,完善反腐倡廉网络舆情信息工作机制。

二是加强反腐倡廉法律法规制度建设,把权力关进制度的笼子里:把好三环,即"厘权"、"确权"、"晒权";着重规范四权,即重大决策权、选人用人权、财务管理权、资源处置权。

三是强化权力运行制约和监督,确保权力正确行使。包括加强党内监督、法律监督、行政监督、民主监督,重视和加强舆论监督,运用和规范互联网监督。坚持用制度管权管事管人,确保决策权、执行权、监督权既相互制约又相互协调,确保国家机关按照法定权限和程序行使权力。

四是深化改革和转变政府职能,不断消除滋生腐败的体制弊端。贯彻党的十八届三中全会关于全面深化改革的总体部署,深化行政审批制度改革,进一步转变政府职能;深化干部人事制度改革,提高选人用人公信度;深化司法体制改革,解决影响司法公正的深层次问题;深化行政执法体制改革,做到严格规范公正文明执法;深化公共资源交易市场化改革,推进财税、金融、投资体制和国有企业改革,防范腐败问题发生。

2014年1月14日,习近平总书记在中纪委十八届三次全会上再次强调:"全党同志要深刻认识反腐败斗争的长期性、复杂性、艰巨性,以猛药去疴、重典治乱的决心,以刮骨疗毒、壮士断腕的勇气,坚决把党风廉政建设和反腐败斗争进行到底。"①

第四节 "中国梦":实现中华民族的伟大复兴

2012年11月29日,刚刚就任中共中央总书记的习近平带领新一届中央领导集体,参观中国国家博物馆"复兴之路"展览,总书记指出实现伟大复兴就是中华民族近代以来最伟大梦想,并满怀信心地表示这个梦想"一定能实现"。

2013年3月23日,国家主席习近平在首访俄罗斯期间,于莫斯科国际关系学院发表演讲,再次强调实现中华民族伟大复兴,是近代以来中国人民最伟大的梦想,我们称之为"中国梦",基本内涵是实现国家富强、民族振兴、人民幸福。

2013年4月7日,国家主席习近平出席博鳌亚洲论坛2013年年会开幕式,在演讲词中明确了"中国梦"的具体目标:我们的奋斗目标是,到2020年国内生产总值和城乡居民人均收入在2010年的基础上翻一番,全面建成小康社会;到本世纪中叶建成富强民主文明和谐的社会主义现代化国家,实现中华民族伟大复兴的中国梦。也就是说,"中国梦"的奋斗目标就是党的十八大提出的"两个一百年",这就把"中国梦"的路线图、时间表都列出来了。

国家主席习近平会见美国总统奥巴马时,还提出中国梦和美国梦以及各国人民的梦想是相通的。"中国梦要实现国家富强、民族复兴、人民幸福,是和平、发展、合作、共赢的梦,与包括美国梦在内的世界各国人民的美好梦想相通。"②

"中国梦"是国家的梦,也是人民的梦,其中包括民生梦、尊严梦、成功梦,因而将国家和人民连接起来。国家的梦想通过包括每个人在内的人民群众的努力而得以实现,人民的梦想也在成就国家梦的过程中得以实现。

"中国梦"是中国的梦,也是世界的梦,其中包括和平梦、发展梦、合作共赢梦,因而将中国和世界连接起来。中国梦的实现离不开和平发展的国际秩序,全球的

---

① "习近平在十八届中央纪委三次全会上发表重要讲话强调:强化反腐败体制机制创新和制度保障,深入推进党风廉政建设和反腐败斗争",《中国监察》2014年第2期。
② 习近平:《中国梦与美国梦相通》,新华网,2013.6.8。

和平、繁荣、睦邻友好也离不开日益强盛的负责任的中国。

"中国梦"源自于近代以来寻求救国救民道路的仁人志士之艰辛探索,光大于当代亿万人民群众励精图治的奋发努力,因而将近现代的中国与有五千年历史的东方文明古国连接起来。其灵魂就是中国特色社会主义,其实现之日就是中国和平崛起、中华民族伟大复兴、炎黄子孙昂首傲立之时。

让我们每个中国人都为"中国梦"的实现贡献自己的微薄之力吧!

结 束 语

回顾世界科学社会主义发展的历史，跌宕起伏，曲折前进，中间既有高潮，也有低潮。粗略地看来，可得到以下高低潮相间的简表：

次数	高潮期	低潮期
一	1848～1850 年	1851～1870 年
二	1871 年	1872～1916 年
三	1917～1920 年	1921～1943 年
四	1943～1960 年	1961～1979 年
五	1980～1988 年	1989 年？

从时间上来看，世界社会主义运动的高潮期远远短于其低潮期；但是从运动的能量、成果及其对人类历史的影响程度等方面来看，世界社会主义运动的高潮期又远远大于其低潮期。正如列宁所说："在革命时期千百万人民一个星期内学到的东西，比他们平常在一年糊涂的生活中所学到的还要多。"[1]

由于世界社会主义运动是跌宕起伏、曲折前进的，所以我们在顺利的时候不能麻痹大意，要谨慎，而在困难的时候又不能悲观失望，要有坚定的胜利的信念。特别是一些长期处于社会主义的低潮期，基本上没有经历过社会主义高潮期的年轻人，更应当从社会主义运动曲折前进的历史中吸取经验，增强自己对社会主义的必胜信心。"前途是光明

---

[1] 《列宁选集》第三卷，人民出版社 1972 年版，第 115 页。

的,道路是曲折的。"①

　　仔细研究世界社会主义运动曲折前进的历史,不难发现"时代课题"及其对它的科学解决在社会主义运动中的重大作用。社会主义既包含实践,也包含理论。正像人类要经历无数次的"实践——认识——再实践"的循环往复,才能获得改造世界的实践不断发展、把握世界的认识不断深化;社会主义也要经历无数次的"实践——认识——再实践"的循环往复,才能获得社会主义实践的成功和社会主义理论的完善。当社会主义的实践从总体上来说发展到一定的程度,就会碰到原有的理论不能解释现实、也不能指导实践的情况,这就是碰到了新的时代课题,于是社会主义的实践必然跌入低潮,社会主义的理论处于新突破的前夜;一旦科学地解决了这一时代课题,就不仅使社会主义理论发展到一个新阶段,而且必然推动社会主义的实践更好地向前发展,从而进入社会主义运动的高潮期。但是随着社会主义实践的新发展,不久又会碰到原有理论不能解释新的现实、也不能指导新的实践的情况,这就是说又遇到了新的时代课题,于是社会主义运动又跌入新的低潮。正是原有理论同新的实践的矛盾不断产生、又不断解决,即时代课题的不断出现、又不断得到正确的回答,导致世界社会主义运动跌宕起伏,曲折前进。这就是说,时代课题及其解决成为社会主义运动前进的契机。

　　从前面的分析可以看出,社会主义发展史上大体上先后出现过以下四个时代课题:

　　先看第一个时代课题。19世纪初、中叶,根据资产阶级启蒙学者关于"自由、平等、博爱、人道、理性"等等"天赋人权"建立起来的资本主义社会,开始显露出它并非那么自由、平等、博爱、人道、理性,而是充满了剥削、压迫、邪恶、疯狂和非人道,文艺复兴运动和资产阶级启蒙运动以来人们关于资本主义的美好理想遭到了破灭。在这种情况下,按照资产阶级启蒙学者的美好愿望和理想建立起来的资本主义社会为什么会有这么多的弊端,如何解救处在水深火热中的广大劳苦大众,就成了摆在当时人们面前的时代课题。面对这一时代课题,出现了三种不同的回答:第一种是资产阶级顽固派的回答,把问题归结为搞资本主义的时间还太短,否认资本主义社会存在任何问题;第二种是资产阶级改良派的回答,认为问题不出在资本主义的根本制度上,但对资本主义现行的体制、政策要作改革;社会主义者则反对资产阶级顽固派和资产阶级改良派的答案,主张用社会主义制度代替资本主义制度,经过马克思、恩格斯的努力,社会主义者的回答完成了由空想到科学的转变。科学社会主义的诞生标志着社会主义发展史上第一个时代课题得到了科学的解决,从而掀起了世界社会主义运动的第一个高潮。在短短的时间内,欧洲成千上万

---

① 《毛泽东选集》(一卷本),人民出版社1966年版,第1162页。

的革命工人和进步知识分子接受了马克思、恩格斯创立的科学社会主义学说,并积极献身于社会主义运动。

然而经过社会主义者几十年前仆后继的艰苦斗争,包括1848年欧洲革命和1871年巴黎公社革命在内,社会主义革命始终没能成功;在马克思、恩格斯关于无产阶级社会主义革命"共同胜利"理论的指导下,社会主义始终没有能够从理想变成现实,无产阶级一直处于积蓄革命力量的阶段。于是到了19世纪末、20世纪初,如何才能把社会主义由美好的理想变为现实的社会,就成了摆在社会主义者面前、不容回避的第二个时代课题。在这个时代课题面前,又出现了三种不同的回答:第一种是考茨基、普列汉诺夫的回答,他们继续坚守马克思、恩格斯原有的"共同胜利论",把社会主义至今尚未变成现实的原因归结为敌人太强大,无产阶级力量还不足,劝告无产阶级耐心等待,继续积蓄力量,准备共同胜利的到来;第二种是修正主义者伯恩施坦的回答,他把社会主义不能胜利归结为是由于采取了阶级斗争和暴力革命的方式,从而鼓吹放弃阶级斗争和暴力革命,宣扬议会道路,企图由此"和平长入社会主义";第三种则是列宁及其所领导的布尔什维克的回答,他们认为阶级斗争和暴力革命没有错,坚决反对伯恩施坦的"和平长入",但是主张随着形势的变化,改"共同胜利论"为"一国胜利论",并为此提出了变帝国主义战争为国内革命战争的战略方针。列宁和布尔什维克领导的俄国十月革命的胜利,既实现了社会主义由理想向现实的转变,也证明了列宁"一国胜利论"的真理性。正是由于列宁的"一国胜利论"成功地回答了第二个时代课题,推动世界社会主义运动出现了新的高潮,即席卷东中欧各国的无产阶级社会主义革命及其一系列胜利。

无产阶级社会主义革命"一国胜利论"并不排斥世界无产阶级社会主义革命最后的"共同胜利",甚至可以说,正是通过一个个的"一国胜利",才迎来最后的"共同胜利"。俄国十月革命以后最初几年的历史的确也是这样。但是20世纪20年代以后,随着东中欧几个国家无产阶级苏维埃政权在帝国主义联军的入侵面前垮台,另外一些社会主义国家同俄罗斯合并成立了苏联,加上西欧无产阶级社会主义革命形势的丧失,进入了唯一的社会主义国家苏联处于资本主义世界包围之中的局面。于是,处于资本主义世界包围下的单独的社会主义国家能否以及如何保住新生的社会主义制度,便成为摆在社会主义者特别是苏联社会主义者面前的紧迫的时代课题。面对这一课题,又出现了三种不同的回答:第一种是普列汉诺夫的回答,认为俄国无产阶级本来就不应当单独举行社会主义革命,现在遭到资本主义的包围、出现极大的困难,正好反证了过去革命的错误,从而对列宁和布尔什维克冷嘲热讽,幸灾乐祸;第二种是托洛茨基的回答,他混淆了社会主义在一国建成和在全世界最终建成的问题,把苏联社会主义制度的命运寄托在欧洲发达资本主义国家无产阶级革命的支持上,从而提出了臭名昭著的"不断革命论",主张既向国外

"输出革命",又在国内革农民的命;第三种则是列宁和斯大林的回答,他们认为尽管处在资本主义世界的包围下,社会主义也可以在苏联一国坚持下来并得到建成,从而坚决反对普列汉诺夫的悲观论调和托洛茨基自杀性的"不断革命论",经过探索建立了以后被称为"斯大林模式"的体制。"斯大林模式"顶住了资本主义的包围、特别是希特勒法西斯的进攻,保证了苏联独立自主地建成社会主义的国民经济体系,完成了工业化。这证明列宁、斯大林及"斯大林模式"科学地回答了第三个时代课题。正因为如此,世界范围内社会主义运动新的高潮出现了,东欧、亚洲乃至美洲的一些国家的无产阶级,纷纷以苏联为师,走上了社会主义的发展道路。

然而随着后来资本主义和社会主义两大体系和平共处,和平与发展成为新的世界潮流,由于社会主义国家普遍在革命前经济、政治、社会发育程度较低,这时往往在经济发展、人民生活、政治民主等方面遭受到来自资本主义发达国家的强大的"差距压力"。社会主义国家如何才能创造出比资本主义更高的劳动生产率和更广泛、更真实的民主,就成了摆在社会主义者面前的第四个时代课题。面对这一新的时代课题,仍然出现了三种不同的回答:第一种是僵化保守派的回答,他们把社会主义国家存在的问题完全归结为搞社会主义的时间太短,否认自身在体制和政策方面存在着不足;第二种是资产阶级自由化的回答,他们把一切弊端说成是社会主义使然,制造所谓"资本主义必然带来繁荣和民主"的神话,鼓吹放弃社会主义道路、走资本主义道路;第三种则是中国共产党和政府的回答,既反对僵化保守,坚持改革开放,又反对资产阶级自由化,坚持社会主义、人民民主专政、共产党的领导、马列主义毛泽东思想等四项基本原则。在邓小平理论、"三个代表"重要思想以及"一个中心、两个基本点"的基本路线指引下,我国人民正在为实现"全面小康"、落实"科学发展"、构建"和谐社会"而努力奋斗,中国社会主义现代化建设取得了举世瞩目的成就。人们从中国看到了社会主义的前途和希望。中国社会主义现代化建设的成功,必将促进新的社会主义运动高潮的到来。这是历史的经验,也是客观的必然。

从历史经验中我们可以看到:每遇到一个时代课题不能得到解决,社会主义的发展就陷入低潮;一旦科学地解决了这个时代课题,社会主义的发展就会进入高潮。这充分说明,时代课题所体现的理论和实践的矛盾成为社会主义事业发展的契机。新的实践向原有的理论提出挑战,形成时代课题→出现新的理论从而科学解答时代课题,推动实践更好地发展→发展了的实践又向理论提出挑战,又形成新的时代课题……。这就是社会主义事业曲折前进的历史轨迹。

参考文献

[1] 马克思恩格斯选集(第一~四卷). 人民出版社,1972.
[2] 资本论(第一~三卷). 人民出版社,1975.
[3] 列宁选集(第一~四卷). 人民出版社,1972.
[4] 斯大林选集(上、下卷). 人民出版社,1979.
[5] 毛泽东选集(一卷本). 人民出版社,1966.
[6] 毛泽东选集(第五卷). 人民出版社,1977.
[7] 邓小平文选(1975~1982年). 人民出版社,1983.
[8] 邓小平文选(第三卷). 人民出版社,1993.
[9] 江泽民. 论"三个代表". 中央文献出版社,2001.
[10] 十一届三中全会以来党的历次全国代表大会中央全会重要文件选编(下卷). 中央文献出版社,1997.
[11] 十三大以来重要文献选编(中卷). 人民出版社,1991.
[12] 十三大以来重要文献选编(下卷). 人民出版社,1993.
[13] 十四大以来重要文献选编(上卷). 人民出版社,1996.
[14] 十四大以来重要文献选编(中卷). 人民出版社,1997.
[15] 中国共产党第十五次全国代表大会文件汇编. 人民出版社,1997.
[16] 中国共产党第十六次全国代表大会文件汇编. 人民出版社,2002.
[17] 薄一波. 若干重大决策与事件的回顾(上卷). 中共中央党校出版社,1991.

[18] 薄一波. 若干重大决策与事件的回顾(下卷). 中共中央党校出版社,1993.
[19] 范若愚,江流主编. 科学社会主义概论. 江苏人民出版社,中共中央党校出版社,1983.
[20] 高放,张泽森,曹德成主编. 当代世界社会主义文献选编. 中国人民大学出版社,1990.
[21] 王中兴等. 当代国外社会主义. 辽宁大学出版社,1987.

编者的话

"科学社会主义的理论与实践"是各专业硕士生必修的公共政治理论课。认真修好这门课,对于今天的青年研究生提高自身的政治觉悟和思想水平,更好地迎接新时代的挑战,将来成为建国乃至治国的栋梁之材,具有重大的意义。多年来,我们一直为南京大学的硕士生开设这门课,并在授课实践中,不断积累资料,完善讲稿。为了方便研究生学好这门课,提高这门课的教学质量,我们根据多年的讲稿、资料和教学经验,本着"与时俱进"的精神,在1997年版、2002年修订版、2006年第三版、2011年第四版教材的基础上,编写了第五版,同第四版教材相比,增加了第十七章内容,着重概括了以习近平为总书记的中共第十八届中央委员会提出经济建设、政治建设、文化建设、社会建设、生态文明建设"五位一体"的总布局和全面深化改革的新决定,推进反腐倡廉和党的建设,带领全国人民实现中国复兴梦。这既反映了马克思主义和科学社会主义在中国的最新发展,也充分体现了中国特色社会主义的理论自信、道路自信和制度自信。

本教材仍由童星主编。初稿的编写分工如下:严强编写导论和第一、二、三、四、五章,庞绍堂编写第六、七、八、九章,童星编写第十、十一、十二、十三、十四、十五、十六、十七章和结束语。陆江兵为第一、二、三章的成稿,严强为第十五章的成稿提供了资料和素材。最后由童星逐章修改,定稿成书。

需要强调,由于我们的水平所限,本教材多有缺点和不当之处,敬请读者赐教。

编　者

2014 年 5 月 16 日